태학총서 48

한국정치·행정의 역사와 유교

儒教官僚制의 形成과 儒者官僚

박병련

태학사

박병련

한국관료제도사 · 한국정치사상사 전공, 한국학중앙연구원 한국학대학원 교수.
밀양 농은재(農隱齋)와 김해 월봉서당(月峯書堂)에서 한문을 공부하고, 부산대학교
사범대학을 졸업한 후 서울대학교 대학원에서 행정학 석·박사 학위를 받았다.
한국행정학회 이사, 전략기획담당 부회장, 동아인문학회 이사, 한국학중앙연구원
대학원장과 부원장 등을 지냈다.
주요논저로는『필화에 담긴 유교적 비판정신』(2017),『세종리더십의 핵심가치』(공
저, 2014),『남명학파와 영남우도의 사림』(공저, 2004),「한강학의 회통적 성격」(2015),
「조선조 유교관료제의 준거와 기본설계의 특징」(2012) 외 다수가 있다.

한국 정치·행정의 역사와 유교
—유교관료제의 형성과 유자관료

초판 1쇄 인쇄 │ 2017년 12월 21일
초판 1쇄 발행 │ 2017년 12월 28일

지은이 │ 박병련
펴낸이 │ 지현구
펴낸곳 │ 태학사
등 록 │ 제406-2006-00008호
주 소 │ 경기도 파주시 광인사길 223
전 화 │ 마케팅부 (031)955-7580~82 편집부 (031)955-7585~89
전 송 │ (031)955-0910
전자우편 │ thaehak4@chol.com
홈페이지 │ www.thaehaksa.com

이 책은 2007~2008년도 한국학중앙연구원의 연구과제로 수행된 연구 결과임.

값은 뒤표지에 있습니다.

ISBN 978-89-5966-932-5 94910
ISBN 978-89-7626-500-5 (세트)

서 문

조선조 관료제에 관한 박사학위 논문을 구상할 때부터 '관심'을 둔 문제는 '사람'과 '사상'이었다. 대학원에 재학할 당시는 '시스템이론', '과학철학', '국가론', '종속이론', '방법론' 등에 관한 논의가 활발하게 유행했다. 동시에 거대담론과 '과학성'의 신화는 개인의 지혜, 또는 집단지성, 엘리트의 리더십 같은 '인간'이 갖는 특성을 소홀히 다루는 흐름이 주류였다.

은사이신 김운태 교수님께 조선왕조의 행정에 관한 지도를 받으면서 가진 기본적인 의문도 '경국대전 체제'가 크게 변화한 것도 아닌데 '왜' 조선전기와 후기의 국정운영의 결과가 달라졌을까? 하는 것이었다. 아울러 김운태 교수님께서는 '어렵다'는 평을 듣는 당신의 역저(力著)를 보완할 수 있는 연구를 해 줄 것을 당부하기도 하셨다.

한국 관료제의 역사에 관한 기존의 연구 들을 검토해 보면 '제도'에 관한 연구나 파편화 된 '사실'에 관한 연구가 대부분이다. 그런데 제도를 만들고 운영하는 것도 '생각을 가진 사람'이 아닌가? 그리고 '생각'이나 '사상'이라는 것이 시대상황과 만나 교섭하지 않는다면 무슨 의미가 있는 것인가? 현실의 문제를 규정하고, 가치판단을 연역해 내는 '상위 문맥'은 엄연히 존재하는 것이 아닌가? 사상은 '사람'을 매개로 현실과 교섭했고, 그 결과가 제도나 시스템에 나타난 것이 아닌가? 또한 제도나 시스템이 갖는 '가치개입'을 통해 한 시대의 '엘리트'가 '어떤 사람'인지가 규정된 것은 아닌가? 전통시대 한국관료제에 미친 유교사상의 영향이 그렇다. 유교와 문치(文治)라는 상위 맥락이 고려되지 않은 조선시대 관료제 이해가 적실성이 떨어지는 이유가 그것이다.

그러나 '역사적 관료제'에 관한 얼마 안 되는 논의에서도 '어떤 사람'이 관료가 되었는지에 대한 연구는 분절적이면서 파편화되어 있다. '어떤 사람'이 '어떤 능력'으로 관료가 되며 '무슨 생각'을 가지고 '어떤 제도'를 통해 정치와 행정을 하는가? 하는 것은 이 책의 내용을 관통하는 기본적인 문제의식이다. 마루야마 마사오(丸山眞男)의 〈일본정치사상사〉에 담긴 전통시대 사상가에 관한 논의는 통치시스템을 떠나 '생각'에만 초점을 둔 것으로 조선왕조의 정치사상을 논하는 것과는 차원이 다르다. 현실의 정치와 행정에 관여해보지 않은 서생(書生)의 생각과 고위 관료가 현실과 교섭하면서 형성한 사상은 동일 차원에 놓고 논의할 수 있는 것이 아니기 때문이다. 오히려 토요토미 히데요시(豊臣秀吉)나 도쿠가와 이에야스(德川家康) 등 실제의 정치와 행정을 담당했던 고위 사무라이들의 사상을 연구하는 것이 우리의 문제의식에는 더 부합한다.

이 책은 박사학위논문을 작성할 때부터 갖고 있던 문제의식을 확장하고 보완한 것이다. 뼈대를 구성하는 박사학위논문 〈조선조 유교 관료제의 성격에 관한 연구〉는 통설로 자리 잡은 '가산관료제'의 '창(窓)'으로는 조선왕조 관료제의 특성, 즉 관료제의 사상적 기반과 시스템 구성의 특성, 나아가 '녹사(祿仕)'가 아닌 '행도(行道)'를 목표로 하는 관료의 특성을 제대로 포착할 수 없다는 관점에서 논의한 것이었다.

한국학대학원에서 강의를 하면서도 '관심'은 지속되었다. 나름의 계획을 가지고 우리 역사 속의 각 왕조에서 어떤 사람이 관료가 되고, 어떤 생각을 했으며, 제도적 특징은 어떤 것인가? 그리고 시대를 구획 짓는 사상적 지형은 어떤 것인가에 대한 연구도 지속했다. 각 시기별 특징적인 '인물'들의 사상과 정치적 활동에 대한 연구도 나름

일관된 구상아래 체계적으로 진행했다. 우리 전통 관료제의 거울 역할을 한 중국의 관료제에 대해서도 관심을 갖고 살펴보았다.

특히 전통시대 우리나라의 관료제와 관료, 그리고 사상의 변천에서 일관된 맥락을 찾아 보려했다. 정년을 맞으며 흩어져 있는 단편적인 연구결과들도 원래의 구상에 따라 재배열했다. 하나의 '맥락' 속에 배열하는 것만으로도 다른 '의미'를 갖기 때문이다. 저자의 결론은 '유교관료제'와 '유자관료'가 전통시대 우리나라 관료제의 종착점이라는 것이다. 조선왕조 특유의 '행도형(行道型) 유자관료(儒者官僚)' 라는 개념의 형성은 이 개념이 갖고 있는 '역사적 현상에 대한 설명력'에 의해 그 타당성이 검증될 수 있을 것으로 본다.

이 책은 저자의 '관심'을 만족시키기에는 아직 부족한 점이 많다. 일단은 '옹호가능성'이 있는 이해와 설명을 제시하는 것에 의미를 두면서 동시에 더 많은 '반론가능성'을 열어 두고자 한다. 부족한 점은 시간을 두고 지속적으로 보완해 나가려 한다.

이 책이 출판되기까지는 많은 분들의 도움이 있었다. 한국학대학원의 강의 시간에 심도 있는 토론으로 사고의 지평을 넓혀주었던 조광권, 이한수, 김태희, 권행완, 김성남, 김성문, 송치욱 박사께 이 기회를 빌려 고마움을 표시하고, 어려운 출판 사정과 원고의 지연에도 불구하고 흔쾌히 출판을 맡아주신 태학사의 지현구 사장님과 교정과 편집에 수고를 아끼지 않은 최형필 이사님께 감사한다. 특히 저자가 한국학중앙연구원에서 수행한 연구결과들도 일정 부분 이 책에 수용되어 있는 바, 애정을 갖고 봉직한 한국학중앙연구원에 특별한 감사를 표해 둔다.

2017년 12월
청계산 자락의 문형관 연구실에서
박병련

차 례

서문 ·· 3

머리말: 시좌(視座)와 시각(視角)을 탐색하다 ···················· 11

1부 _ 고유 형태의 관료제와 행정

1장 고유 형태의 관료제 이해를 위한 시좌 ························ 23

   1. 정복형 국가 형성과 관료제의 특징 ······················ 24

   2. 연합형 국가 형성과 관료제의 특징 ······················ 29

2장 한국 고대 관료제의 특징 ··································· 39

   1. 통치자와 관료 집단 ······································· 39

   2. 중국 관제의 영향과 정책 결정 과정의 특징 ············· 49

3장 삼국 시대 관료제의 특성과 관료 ························· 54

   1. 신라의 관제와 관료, 준거 사상 ·························· 56

   2. 고구려 관제와 관료, 준거 사상 ·························· 63

   3. 백제의 관제와 관료, 준거 사상 ·························· 70

2부 _ 유교관료제로의 과도적 전환

1장 유교 사상과 관료제의 결합 ······························· 87

   1. 통일신라와 독서삼품과 ··································· 89

   2. 관료 충원 제도의 혁명적 전환: 문인형 관료의 등장 ········ 92

2장 고려 관제의 준거 모델 ┄┄┄┄┄┄┄┄┄┄┄┄┄┄┄┄┄ 98

   1. 당의 삼성제와 중서문하 체제 ┄┄┄┄┄┄┄┄┄┄┄ 98

   2. 당제와 고려관제의 특성 ┄┄┄┄┄┄┄┄┄┄┄┄┄ 106

3부_ 유교관료제에 대한 시좌와 시각의 정초(定礎)

1장 조선조 관료제는 가산관료제인가? ┄┄┄┄┄┄┄┄┄┄ 133

   1. 베버의 가산관료제론 ┄┄┄┄┄┄┄┄┄┄┄┄┄┄ 138

   2. 가산관료제론의 특징 ┄┄┄┄┄┄┄┄┄┄┄┄┄┄ 144

   3. 유자 관료의 진출과 유가 정치 이념 ┄┄┄┄┄┄┄ 148

   4. 가산관료제론에 대한 평가 ┄┄┄┄┄┄┄┄┄┄┄ 154

2장 유교관료제에 대한 시좌와 시각 구성 ┄┄┄┄┄┄┄┄ 164

   1. 관료제 유형론과 기준 ┄┄┄┄┄┄┄┄┄┄┄┄┄ 164

   2. 유교관료제 분석을 위한 접근 방법 ┄┄┄┄┄┄┄ 176

   3. 유교관료제 구성의 특징 ┄┄┄┄┄┄┄┄┄┄┄┄ 182

4부_ 유교관료제의 사상적 기초

1장 유가 정치사상의 이론적 구조 ┄┄┄┄┄┄┄┄┄┄┄┄ 193

2장 제왕의 자격과 유교적 정당화의 논리 ┄┄┄┄┄┄┄┄ 200

3장 치자와 피치자의 관계: 민본주의적 지향 ┄┄┄┄┄┄┄ 211

   1. 민본 논리의 근거와 사상 형성 ┄┄┄┄┄┄┄┄┄ 211

   2. 민본주의 사상의 이론적 구조 ┄┄┄┄┄┄┄┄┄ 216

   3. 통치자와 관료의 관계 ┄┄┄┄┄┄┄┄┄┄┄┄┄ 221

   4. 조선조 개국과 민본 사상의 수용 ┄┄┄┄┄┄┄┄ 225

5부 _ 조선 초기의 개국 구상과 사상지형

1장 정도전의 개국 구상과 사상적 배경 ················· 231

  1. 정도전 정치사상의 특징 ························· 231

  2. 고려 왕조에 대한 비판과 유교화 기획 ················ 235

  3. 정도전 기획의 사상적 한계 ······················ 240

2장 행정의 원칙과 유자 관료 ······················· 248

  1. 유교적 행정과 도덕의 관여에 대한 시각 ··············· 248

  2. 행정의 주체와 목적 ··························· 255

  3. 관료제 설계의 원칙 ··························· 260

3장 '용비어천가'에 나타난 조선조 개국의 정당화 논리 ········· 266

  1. 정당화의 사상사적 배경과 맥락 ···················· 266

    −왕패겸용(王覇兼用)과 전통신앙의 수용

  2. 민심귀복(民心歸服)의 불완전 ····················· 271

  3. 〈용비어천가〉가 갖는 개국의 정당화 구조 ·············· 273

  4. 〈용비어천가〉의 대 중국관 ······················ 283

  5. 〈용비어천가〉의 정치적 기능 ····················· 285

    −집권세력의 단결과 반대세력의 포용

6부 _ 조선조의 엘리트 구조와 유자 관료의 특성

1장 조선조의 엘리트 구조와 관료의 위상 ················ 291

  1. 전통적 신분주의와 유교 이념 ····················· 291

  2. 조선조 엘리트 구조와 관료 ······················ 298

2장 행도형(行道型) 유자관료의 성격 ·················· 307

7부 _ 조선조 관료제의 기본 구조와 정책 과정

1장 조선조 관료제의 기본 특징 ……………………………………… 319

2장 조선조 관료제의 기본 구조 ………………………………………… 325

    1. 조직 구조의 특성 ……………………………………………………… 325

    2. 직무 구조 ……………………………………………………………… 347

3장 조선조 정책 과정의 특징 ………………………………………… 364

    1. 조선조의 개창과 유교이념의 수용 ……………………………………… 364

    2. 정책 결정 과정의 특징 ………………………………………………… 367

8부 _ 정치사상의 변화와 행도형 유자 관료의 변이

1장 조선 전기 정치사상의 특징과 경세형 유자 관료 ………… 391

    1. 선존백성(先存百姓)의 노선과 정책 의제의 형성 ……………………… 391

    2. 유리(儒吏) 융합형 유자 관료의 지향 ………………………………… 398

    3. 우산, 황소, 피리로 상징되는 유자 관료 ……………………………… 406

2장 조선 후기 정치사상의 특징과 이념형 유자 관료 ………… 409

    1. 주자학 독존과 선존중화(先存中華) 이데올로기 ……………………… 409

    2. 유리(儒吏) 분리형 유자 관료 ………………………………………… 413

    3. 숭정처사로 상징되는 유자 관료 ……………………………………… 426

참고문헌 ………………………………………………………………… 428

찾아보기 ………………………………………………………………… 438

시좌(視座)와 시각(視角)을 탐색하다

행정은 가장 오래된 직업 영역 중 하나다. 그만큼 오랜 역사를 갖는다. 체제와 국가를 초월하여 오늘날의 행정은 그래도 보편적 형태를 보이는 경우가 많다. 제2차 세계 대전 이후 미국적 관념의 행정이 지구상에 많이 퍼져 있다. 관료제도 동과 서를 떠나 널리 정착되어 있다. 국내 행정을 담당하는 부서와 다른 나라와 교섭을 담당하는 부서를 비롯하여, 국방과 경제, 무역 등 각 시대의 필요에 대응하는 업무 영역에 따라 관료제도가 정비되는 것은 거의 유사하다. 그러나 여러 제도 중에서도 관제는 가장 복잡하다. 역대의 관직 설치는 때에 따라 변하기 때문이다. 처음에는 처리하는 '업무'에 따라 관직을 설치하고 명칭을 부여했기 때문에 명칭을 보면 그 관장하는 일을 알 수 있었다. 그러나 변화가 심해지자 명칭과 실제 업무가 상응하지 않는 사례도 많이 생겨났다.[1]

특히 국가 간 교류라는 차원을 고려하면 더욱 복잡해진다. 상고 시대에 문명권 간 교류가 없거나 희소했을 때, 한 나라의 행정이나 제도는 무엇에 의해서 결정되었을까? 선진 문명을 일군 지역에서 다른 지역으로 문명이 옮겨 갈 때는 어떤 통로를 통했으며, 또한 얼마의 시간이 소요되었을까? 독창적인 제도가 새로운 우월적 문화와 교섭할 때 어떤 방식의 변용이 일어났는가? 제기할 수 있는 질문은 많다.

행정이라는 범주에서 행정의 역사가 담고 있었던 생각을 검토해도

---

1 呂思勉, 『中國制度史』(上海敎育出版社, 2005), 395면.

매우 복잡한 요소들이 서로 엉켜 있다. 행정을 담당하는 주체도 시기와 지역에 따라 여러 특징적 성격을 드러낸다. 행정의 대상 역시 마찬가지다. 행정이 의거하는 목적과 기술적 측면의 변화도 다양하다.

행정의 성공은 사람에 달려 있을까, 아니면 제도에 달려 있을까? 이 문제는 오래된 것이다. 유교권 국가의 전통에서는 행정을 하는 '사람'에게 무게를 두는 경향이 강하다. '인치(人治)'라는 비판도 있지만, 아직도 사람에 대한 미련은 남아 있다. 사람에게 무게를 두었기 때문에 '어떤 사람'이 '무엇'으로 관료가 되는지? 그리고 '어떤 생각'으로 행정을 하는지는 중요한 정치적 문제였다. 역사적으로 나타난 관료제와 관료는 보편을 넘어 의미 있는 '특수'를 내재한 경우가 많다. 그리고 그 특수는 자기 국가와 사회에만 독특한 문제에 대응하고자 하는 창조적 제도와 관련된다. 이러한 연관 구조는 현재의 문제와 관료제의 대응에 많은 시사점을 제공한다.

'역사는 귀감(龜鑑)'이라는 말처럼 전통적 관료 체제를 연구하는 의미가 여기에 있다. 그렇다면 어떻게 연구하는 것이 적실할까? 잊어서는 안 되는 국가적 기억을 전승하는 것 외에 과거의 시행착오, 실패와 성공의 과정, 지혜와 교훈을 축적하는 것은 오늘의 우리를 풍요롭게 하는 가장 확실한 기반이다.

우리나라에서는 고려와 조선왕조, 혹은 그 이전 국가의 관료 체제에 관한 지식 축적은 거의 국사학계의 연구에 의존하고 있다. 행정학계에서는 조선조와 고려조의 관료 체제에 대해 사회과학적 틀을 원용해서 종합적으로 접근한 김운태 교수의 연구[2]가 있으나, 그러한 '문제의식'의 전승은 답보 상태다.

---

2 김운태 교수의 『조선왕조 행정사』는 이 분야의 고전이 되었다. 만년에 출간한 『고려 정치 제도와 관료제』(박영사, 2005) 역시 역사학계의 연구 결과를 수용하여 체계화해 놓은 노작이다.

그런데 '역사적 사실'은 누구에게나 제시되는 것이 아니다. 모르고 지나친 길가의 이름 없는 바위가 부처가 명상하던 곳이거나 공자가 강학하던 곳임을 아는 순간, 그 바위는 역사적 사실이 된다. 역사적 사실을 발견해 내는 '눈'은 매우 중요하다. 어떤 '시좌(視座)'와 '시각(視角)'을 설정하는지에 따라 역사적 사실로 의미를 갖게 되는 '사실'은 다르게 발견되고, 해석의 방향도 달라진다. 이 눈은 많은 사실과 기록, 그리고 축적된 사관(史觀)들의 비판적 검토의 결과로 형성된다. 이 눈은 상호 경쟁적일 수 있고, 또한 경쟁적이라야 한다. 그래야만 새로운 역사적 사실과 해석이 수면 위로 부상한다. 조선조 사색(四色)의 권력 다툼과 이론 투쟁을 '당쟁(黨爭)', 즉 '당파 간의 정쟁'으로 보는 것과 '붕당 정치(朋黨政治)'로 보는 것은 같은 역사적 사실을 두고도 해석의 시각을 달리하는 대표적인 예다.

그러나 국사학계의 연구는 '사실'을 '역사적 사실화'하는 데 필요한 시좌와 시각의 중요성을 과소평가하는 경향이 있다. 그럼으로써 분절적이고 파편적인 연구가 중심을 이룬다. 반면 정치학계와 행정학계의 연구는 '사실'에 대한 지식 부족으로 인해 연구해야 할 '문제'가 도대체 '어떤 것'인지 갈피도 잡지 못하고 있는 실정으로 보인다. 국사학계에서도 관료 체제 구성과 운영에 관한 '사실' 발견에 곤란을 느끼고 있는 분야가 있다. 특히 고려와 조선의 정책 결정 과정에 대해서 그러하다. 이것은 '이론'의 역할이 제한적인 역사적 방법론에서 파생되는 문제이기도 하다. '이론'은 '역사적 사실'의 발견에 중요한 역할을 수행한다. '봉건론'이나 '아시아적 생산양식론', '동양적 전제론'은 완전한 이론은 아니지만, 새로운 역사적 사실의 발견과 토론 가능한 문제를 제시한 것은 부정할 수 없다.

전통 시대 우리나라 관료제[3]의 역사적 전개 과정을 어떻게 설명하

---

3 이때의 관료제는 막스 베버의 이념형적 관료제 개념이 아니라, 역사상 현실적으

고 이해하느냐의 문제는 우리나라 관료제의 성격을 어떻게 파악하느냐와 밀접한 관련이 있다. 이와 관련하여 절대주의(absolutism)나 전제주의(despotism) 등의 용어를 차용하는 관점도 있지만, 대체로 막스 베버(Max Weber)의 이른바 '가산관료제(家産官僚制: patrimonial bureaucracy)'라는 범주 속에서 이해하는 것이 일반적이다.⁴ 그리고 이에 대한 반론⁵이 제기되었지만 본격적인 학문적 논의는 진행되지 않고 있다.

가산관료제라는 개념 틀 속에서 우리나라 관료제의 역사적 전개를 이해하고 설명할 경우, 전통 시대 한국 관료제를 이론적인 측면에서 그 발전이나 변화를 이해하려는 노력은 별다른 의미가 없어진다. 즉 삼국 시대나 고려조, 조선조 모두 가산관료제로 설명될 수 있고, 그 차이란 이론적 의미가 없는 미미한 것이 되기 때문이다. 이런 경우 중국적 세계 질서 속에서 동일한 가산관료제의 성격을 띠는 우리나라 관료제는 중국의 관료제를 수용하여 뒤따라가는 것이라는 잠재적 구도 위에서 설명이나 해석이 전개된다. 따라서 전통 시대 우리

로 나타난 특정 형태의 관료제를 지칭하는 역사적 관료제(historical bureaucracy) 개념이다. 즉 진공 속에서 연구하는 합리화된 조직 구조로서의 관료제가 아니라, 관료 기구를 광범하게 포괄하는 통치 구조로서의 관료제 개념에 가깝다. Martin Albrow, Bureaucracy(New York: Prager, 1970), p.122; Nicos P. Mouzelis, *Organization and Bureaucracy*(Chicago: Aldine Publishing Co., 1968), p.35 참조. 중국에서는 '관료 정치 제도라는 용어를 사용하는데, 동북아 전통 시대 관료제의 구체적 특징을 지적하는 용어로 적실성이 높아 보인다.

4 박창희, 「고려 시대 '관료제'에 대한 고찰」, 『역사학보』 제58집(역사학회), 191면; 황산덕, 『막스 베버』(서문당, 1976), 159면; 박동서, 『한국 행정론』(법문사, 1981), 221면 외 다수.

5 남지대, 「조선 후기 정치 제도사 연구 현황」, 『한국 중세 사회 해체기의 제문제(상)』, 근대사연구회 편(한울, 1987), 68~70면; 손문호, 「고려 말 신흥 사대부들의 정치 사상 연구」, 서울대학교 정치학 박사 학위 논문(1990); 졸고, 「조선조 유교관료제의 성격에 관한 연구」, 서울대학교 행정학 박사 학위 논문(1991); 이옥선, 「조선조 사화기의 권력 구조에 관한 연구」, 이화여자대학교 정치학 박사 학위 논문(1990), 168~170면.

나라 관료제는 중국적 관료제의 아류로 인식되면서[6] 전혀 별다른 특성을 확인할 수 없는, 이론적 의미에서는 확인할 필요도 없는 것이 된다. 이 문제는 우리나라 전통 관료제의 본질을 이해하기 위해서는 반드시 살펴보아야 할 과제다.

전통 시대의 관료제에서 핵심적인 문제인 '제왕권'과 관련하여 우리나라에서는 왕권이 상대적으로 약했으므로 군권-신권 간의 균형적인 관점[7]이 등장하기도 했다. 반면 중국의 제왕권은 송대 이후 독자적인 기반이 약한 '문학지사(文學之士)'나 '도필지리(刀筆之吏)'가 과거를 통하여 관료가 됨으로써 황제의 전제권이 제도적으로 뒷받침되었다.[8] 따라서 진한 이후의 황제들은 천하를 자기의 가산으로 보고 관료를 자신의 재산을 관리하는 관리인 정도로 취급했다는 평가[9]를 받기도 한다. 그런데 중국과 달리 왜 전통 시대 우리나라 왕조의 왕권은 약했는가? 그리고 이 같은 차이는 '중국적 관료제'[10]라는 개념 틀 내에서 무시되어도 좋을 정도의 문제에 지나지 않는 것인가?

전통 시대 우리나라 관료제가 중국적 관료제인지 아닌지의 문제에서부터, '중국적 관료제'의 범주에 속한다 하더라도 그 하위 수준에서 중국과 다른 유의미한 특징을 식별해 낼 수 있는 가능성을 탐색하려는 노력은 우리나라 관료제의 특성을 이해하는 데 필수적이다.

우리나라 관료제가 중국적 관료제의 범주에 속한다고 할 때, 다른

---

6 황산덕, 『막스 베버』, 159면.

7 James B. Palais, *Politics and Policy in Traditional Korea*(Cambridge: Harvard Univ. Press, 1968), pp.32~33. 물론 국내의 모든 학자가 이 견해에 동의하는 것은 아니다.

8 신채식, 「송 이후의 제왕권」, 『동아사상(東亞史上)의 제왕권』, 동양사학회 편(한울, 1993), 73면.

9 黃宗羲, 『明夷待訪錄』 第一, 原君.

10 이 경우 중국적 관료제는 슈무엘 노아 아이젠슈타트(Shmuel Noah Eisenstadt)의 역사적 관료제 왕국(Historical Bureaucratic Empires)이라는 개념에 다른 역사적 관료제가 함께 포괄될 수 있는 것과 마찬가지로, 중국과 우리나라, 베트남 등의 관료제가 포함되는 것으로 이해할 수 있을 것이다.

역사적 관료제와 구별될 수 있는 핵심적인 요소는 아마도 '유교(儒敎)'의 존재일 것이다. 유교는 엘리트의 지배를 긍정하지만 권력 행사의 정당화 근거를 엘리트의 도덕적 수월성에 두는 사상 체계다. 도덕적 가치의 정치적 실현과 현실의 국가 행정이 항상 뒤엉키고 섞여 있는 것이 유교권 왕조의 특징이었다. 이 특징이 제도적으로 반영된 것이 바로 '관제(官制)'다. 중국적 관료제의 범주 안에서 우리나라 관료제의 독자적 전개 과정을 탐구할 때 그 핵심적인 것은 유교와 관료제의 결합 관계가 될 것이다. 지금까지는 관료제와 유교의 관련 문제가 중시된 적이 별로 없다. 더구나 전통 시대 관료 정치를 담당한 정치행정가의 특성에도 특별히 주목하지 않았다. 따라서 특정의 결합방식을 초래하게 된 '통치자와 관료 집단 간 관계'의 성격도 중요한 탐구 대상이다. 이것은 우리나라 관료제의 특징을 인식하는 비교의 근거가 일차적으로 전통 시대 중국의 관료제라는 것을 의미한다. 그것은 유교가 '한국적 관료제'의 원형과 연결되는 결합 방식의 특징을 드러내는 것이 될 것이며, 이를 위한 선행 작업으로 한국적 관료제의 원형을 탐색해야 할 필요성이 제기된다.

중국적 관료제의 범주 속에서 전통 시대 한국과 중국의 관료제를 비교할 수 있게 하는 어떤 이론적 틀이 구상된 것은 거의 없다. 다만 단편적인 비교나, 각자의 역사적 전개가 기록된 자료를 바탕으로 충실히 기술하거나 묘사한 것이 있을 뿐이다.

흔히 역사적 이해나 설명에서 자연과학적 설명 양식과는 다른 어떤 독특성을 인정할 것인지에 대해서는 여러 가지 논란이 있지만[11] 두 가지 논점 모두 역사적 연구의 방향을 정하는 데 도움을 줄 수 있음을 부정할 수 없다. 다만 역사적 설명이나 이해에서 헴펠류의

---

11 강신택, 『사회과학 연구의 논리』(박영사, 1995), 제6장; Alan Donagan, "Explanation in History", *Theories of History*, ed. by Patrick Gardiner(Illinois: The Free Press, 1960). pp.428~443.

이론(Hempelian Theory)을 엄격히 적용할 수 있는 역사적 법칙이 별로 없다는 이유로 역사적 설명의 특징을 반드시 기술적(記述的)인 것으로 보는 데는 한계가 있을 수 있다. 만약 헴펠의 일반 법칙에 해당하는 보편적 가설(universal hypothesis, hypothesis of universal form)[12]의 구상마저도 배제된다면 역사 기술은 선례 답습이나 선택된 기억과 자료에 의존한 기술만이 지배하는 영역이 될 위험성이 있다. 그것은 0.1퍼센트 이내의 엘리트들에 관한 기록만이 역사로 살아남게 하는 지름길이다. 중요한 역사적 사실에서 추상화된 개념으로 연결된 이론은 잊힌 역사적 존재나 사실을 발견할 수 있게 하는 안내자가 될 수 있다.

우선 중국적 관료제의 범주 안에서 중국과 비교될 수 있는 한국적 관료제의 원형을 그려 낼 수 있는 느슨한 가설이나 개념적 틀을 구상하고, 이에 따라 우리나라 관료제의 원형적 특징을 식별한 다음, 이러한 특징이 유교와 어떻게 선택적으로 결합하면서 전개되어 갔는지를 개관할 필요가 있다. 이것은 우리의 전통 관료제에 대한 새로운 이해를 가능하게 할지도 모른다. 왜냐하면 우리 관료제의 원형적 특징이 우리나라 관료 정치 문화의 기층을 형성하고 지속적인 영향을 미치고 있을 가능성이 크기 때문이다.

동양적 전제 왕조의 '관료'는 왕조와 시기에 따라 계급적 특징은 물론 사회적 기반과 의거하고 있는 가치관에서 다양한 스펙트럼을 보인다. 조선족이 세운 여러 왕조에서도 나름의 다양한 변이를 보인다. 누가 어떤 자격으로 관료가 되고, 무슨 가치관을 바탕으로 어떤 체제를 통해 정책 결정을 하고 집행을 했는가? 그리고 행정이 조준하는 최종의 목적은 무엇이었는가?

문제는 기록이나 흔적을 통해 과거의 행정을 이해하기 위한 방법론(methodology)도 공부하는 학생을 매우 당황스럽게 하는 것 중 하

---

12 Carl G. Hempel, "The Function of General Laws in History", 위의 책, pp.344~357.

나라는 점이다. 한때 한국에서 공부하는 학생들에게는 방법론이 진실에 접근하는 보편타당한 수단을 담보한다는 '신화'로 다가온 적이 있었다. 그러나 방법론이나 이론을 강조하는 것은 '사람'을 잊게 하는 경향을 노정했다. 특히 '무엇'을 알고 찾으려고 하는지에 따라 방법은 달라질 수밖에 없다. 미꾸라지를 잡는 데는 아무리 잘 만든 것이라고 하더라도 성근 그물은 소용이 없다.

정치, 사회의 변동상을 이해하기 위해서는 단일한 측면에서만 보는 것은 위험하다. 정치적, 경제적, 사회적 측면을 통해 두루 이해하려는 시도가 필요하다. 그러나 많은 경우 체계나 제도의 수준에서 접근하고, 제도와 체계를 개혁하고 변화시켰던 인간에 대한 관심은 빈약하다. 한층 정확한 이해를 위해서는 체계뿐만 아니라 제도와 인간 사이의 관계를 일방적이거나 고정적인 것으로 보지 않고 가변적이고 유동적인 관계임을 수용해야 한다. 이미 형성된 체계나 제도에 적응하거나 구속되는 인간 존재가 아니라, 사회 체제나 제도 역시 인간의 성찰과 의지의 영향을 받은 창조물임을 인정하는 것이 필요하다. 더구나 어떤 인간들은 통상적 가치를 벗어난 사고를 한다. 혁명가와 영웅의 사례가 그러하다.

거시적 차원과 미시적 차원에는 서로 다른 인과율이 적용된다. 미시적 차원은 거시적인 체계나 구조에 반드시 종속되는 것이 아니다. 반대로 거시적 차원에서의 변화도 미시적 차원에서 나타나는 인간들의 의도나 행동의 단순한 합이 아니다. 그렇다고 두 차원이 전혀 '연관'되어 있지 않은 것도 아니고, '간극'이 없는 것도 아니다. 두 차원 간의 연관과 간극을 어떻게 이해하고 통찰해 내는가 하는 것은 커다란 숙제이기도 하다.

유가 정치사상에서도 '수신제가(修身齊家=內聖)'와 '치국평천하(治國平天下=外王)' 사이에 이와 유사한 문제가 존재한다. 개인과 가족 단위의 확장이 국가와 천하라는 것을 '당연한' 전제로 받아들이는 유학자가 많은 반면에, 수신과 치국 사이에는 분명한 간극이 있다고 인식한 유학자들도 있었다.

이 책에서는 우리나라 관료제도의 변천과 관련하여 단순한 기록이나 자료 정리에 목적을 두지 않는다. 이런 것은 선행 연구에서 비교적 충실히 정리되었다.[13] 이 책의 목적은 우리 전통 관료제의 내적 발전 과정과 외부 영향을 수용하는 과정, 그리고 행정의 주체인 관료의 성격 변화에 초점을 두어 그 특징을 추적해 보는 것이다. 그것은 단순한 질문인 '누가' '무엇'으로 관료가 되며, '누구'를 위해 '어떤 생각이나 가치'에 근거하여 '어떤 제도적 장치나 수단'을 통해 행정을 했는가 하는 질문으로도 요약할 수 있다. 이런 질문에 답하기 위해서 우선 기왕의 질문 구성 방식과는 다른 방식을 사용해 보려 한다.

사물은 보는 사람이 서 있는 자리와 각도, 거리와 밝기에 따라 달리 보인다. 어두운 밤 등대의 불빛이 해안을 비출 때를 상상해 보자. 실제의 해안은 자갈과 모래, 잡초 등으로 덮여 있다. 이 해안을 모르는 낯선 사람이 어둠의 장막이 내려진 해안을 등대의 불빛에 의해 바라볼 때 해안은 어떤 모습으로 다가오겠는가? 이때 등대가 서 있는 곳은 시좌(視座)이고, 등대의 불빛이 비추는 각도는 시각(視角)이며, 불빛의 색깔은 보는 주체의 세계관이나 이데올로기일 것이다. 어둠 속에 가려진 역사를, 사건들로 널린 역사의 해안을 등대의 불빛에 의존해서 탐색하는 것은 '발견'의 작업이다. 불빛이 해안의 '모래'만 비출 때 낯선 사람은 해안은 모래로 구성되어 있다고 말할 것이다. 불빛이 '자갈'만 비춘다면 그 사람은 해안이 자갈로 구성되어 있다고 말할 것이다. 불빛에 색깔이 있다면 '빨간 모래'나 '파란 자갈'이 될 것이다. 수많은 '보기'의 축적이 있다면 이제는 종합이 필요하고, 한

---

13 김운태 교수가 진행한 일련의 연구를 비롯하여 정시채의 『한국 관료제도사』 등이 있다.

걸음 더 나아가 인간의 오성에 의한 상상과 통찰이 요구된다.

주희(朱熹)의 벗으로 이학가(理學家)면서도 탁월한 역사학도였던 여조겸(呂祖謙)은 "마땅히 자신이 그 역사적 상황 속에 있는 듯이(當如身在其中)"하여 역사를 이해해야 한다고 했다.[14] 임진왜란이라면 이순신 장군의 수군 '병졸'이 되어 그의 '눈'으로 역사를 바라보는 것도 필요하다는 가르침이다. 바닷가 가난한 어부의 아들로 태어나 수군(水軍)으로 충역(充役)되고, 전쟁 중에 병졸로 징집되어 훈련 받고, 전투에 나가는 '상황'속에 서서 역사를 보라는 의미다.

경험 과학은 '확인'이 가능할 수 있지만, 역사적 사실은 확인이 불가능한 경우가 많다. 역사는 '기억'과 '자료'에 의존한다. 그러나 기억은 재생산되면서 굴절될 수 있고, 후세의 정치적 의도에 따라 윤색되거나 소멸될 수도 있다. 자료 역시 의도적으로 멸실되거나 가공될 수 있다. 역사적 사실은 보는 자의 가치관에 따라 달라질 수 있다. 우리는 해안의 모든 것을 알려고 하지는 않을 것이다. 역사가 잠겨 있는 어둠은 완전히 걷힐 수 없음을 인정하고 최소한 역사의 해안을 구성하고 있는 그 하나의 무엇을 드러내는 것을 목적으로 할 것이다.

우리 역사를 이해하는 데 시좌를 고정하고 있는 경우가 많다. 설정된 시좌를 당연한 것으로 하여 약간의 각도 조정만으로 역사의 해안을 보는 경우가 많다. 유학사의 경우가 그렇고, 유학사와 연계되어 있는 사상사의 전개를 보는 안목도 그렇다. 행정의 역사는 보려는 시도조차 거의 없었다. 앞에서도 언급한 바 있지만, 우리 역사에서 구체적 관제의 조직도와 시대별, 왕조별 변천 과정은 앞선 연구에서 비교적 잘 정리되어 있으므로 이 책에서는 관제 형성의 내적 동력과 외부 영향의 수용, 관료의 성격과 유형, 각 시기별 행정이 근거한 사상과 철학에 초점을 두고 논의를 전개하려 한다.

---

14 潘富恩・徐余慶, 『呂祖謙 評傳』(南京大學出版社, 1992), 428～429면.

1부

고유 형태의 관료제와 행정

1장 고유 형태의 관료제 이해를 위한 시좌

전통 시대 동북아에서 집권 세력의 권력 행사와 체제 유지를 위한 관료 기구의 편제와 기능은 다분히 당시의 사회경제적 구조와 권력 관계를 반영하는 것이었다. 그런데 우리 민족의 국가 발생 초기에 우리나라의 독특한 사회적 자연적 조건을 반영한 관료제의 원형은 어떤 형태였을까? 그리고 전통 시대 상대적으로 약했던 왕권의 근본 원인은 국가 발생 과정과 어떤 연관이 있는 것은 아닐까?

하나의 주형(鑄型) 또는 형태의 발생[1]은 상관되는 요소들의 상호 작용이 어떤 발전 과정을 거쳐 제도화되는 것이다. 이런 제도화 과정은 엄밀히 구분하기는 어려우나 자연적 과정과 인위적 과정으로 나누어 볼 수 있다. 자연적 과정이 요소 간의 자연적 필요나 우연에 의하여 상호 작용이 생기고, 이것이 관습이나 관례화를 통하여 제도화로 이어지는 과정이라면, 인위적 과정은 정치적 리더십이나 위로부터 시작되는 개혁을 통해 강력하고 집중적인 에너지를 투입하여 제도화를 달성하는 과정으로 볼 수 있다.

일반적으로 역사적 관료제의 기본 형태는 자연적 과정에 따른 형성 과정이 중심이 된다. 역사의 진보에 따라서는 문화 접촉을 통한 선진 사상과 제도를 수용함으로써 정치적 규범이나 상징 등이 변화

---

[1] Walter Buckley, *Sociology and Modern Systems Theory*(New Jersey: Prentice-Hall, Inc., 1967), pp.58~66.

하는 인위적 과정이 중요한 역할을 한다고 볼 수 있다. 자연적 과정을 통한 제도 형성은 토착적 형태를 띠면서 특정 사회의 본질적 부분을 형성하는 경우가 많은 반면, 인위적 과정을 통한 제도 형성은 정치사회적인 혁명이나 상위 문화의 강력한 충격에 의한 경우가 대부분으로 그 사회 내부 지배 엘리트들의 능동적인 역할이 중요해진다. 물론 현실에서는 자연적 과정과 인위적 과정을 명백하게 구분할 수 없는 경우가 많을 것이다. 그럼에도 문명 교섭이 거의 없는 고대국가의 관료제 형성은 자연적 조건의 제약을 받는 정치체 구성과 밀접한 관련이 있다.

역사적 관료제의 형성은 국가의 형성과 밀접한 연관을 갖고 있으며, 국가의 형성은 역사적으로 보면 대체로 두 가지의 경로를 밟는다고 볼 수 있다. 하나는 강력한 하나의 세력이 이웃한 여러 세력을 정복하여 국가를 형성하는 정복형(征服型)의 특징을 나타낸다. 다른 하나는 여러 비슷한 세력이 연합하여 통합된 중심 권력을 창출하는 연합형(聯合型)의 성격을 띤다. 특히 고대 사회에서 국가 형성은 자연지리적 환경과도 밀접한 연관이 있는데, 기본적으로 광활한 평원 지역에서는 정복형의 국가가 형성되기 쉬운 반면에, 험준한 산악과 하천이 많은 지역에서는 정복형보다는 연합형적 국가가 형성되기 쉽다. 왕조 국가가 어떤 경로를 따라 성립했는지에 따라 관료제와 관료의 기본적인 성격과 유형도 달라진다.

1. 정복형 국가 형성과 관료제의 특징

국가가 정복형으로 형성될 때 관료 체제는 다음과 같은 특징을 나타낸다. 우선 집단의 우두머리를 중심으로 강화된 주종 관계를 나타내고, 전투 집단은 수많은 싸움을 통해 일종의 가신단(家臣團)의 성격을 띤다. 이 경우 우두머리의 측근 참모나 신변잡사를 돌보는 사람과 직능이 관료 체제에 수용되는 형태를 나타낸다. 대개 정복형 국가에서 우두머리의 권력은 강력하고 관료에 대한 생살여탈권을 갖는 것이 일반적이다. 정복형을 기초로 한 관료 체제의 기본 틀을 그림으로 나타내면 다음과 같다.

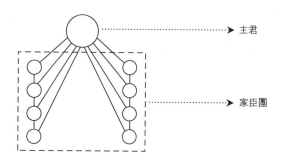

이 경우 하나의 정치체(또는 세력 집단)와 다른 정치체는 전쟁을 통하여 승패를 결정하며, 대체로 패배한 측은 승리한 측의 가신으로 편입되거나 노예로 전락했다. 물론 모든 경쟁 정치체를 정복하고 난 뒤에는 처음부터 따르던 가신단의 구성원들에게 식읍이나 봉토를 나누어 주는 경우도 있지만, 그것의 본질적인 성격은 군주가 그들에게 사여(賜與)한 것이다.

고대에서 자연 지형과 무기 체제의 우열은 정치권력과 관료제의 성격에 영향을 미쳤다. 중국의 역사에서 여러 세력의 각축장이 되었던 중원은 황허 유역의 넓고 비옥한 평야를 일컫는 말이다. 비옥한 토지는 인구의 집중을 가져왔고, 토지 이용도를 높였으며, 문명의 발달을 촉진했다. 넓게 퍼진 다양한 정치적 중심들은 정치력과 무력의 우열에 노출되었고, 서로 경쟁했다. 넓은 평야는 '통일'에 대한 욕망을 부추겼다.

'하늘에 두 개의 태양이 있을 수 없다[天無二日]'는 믿음 아래 영웅은 어깨를 나란히 하는 다른 영웅을 용납하지 않았다. 저항인가? 굴복인가?는 중국적 질서를 만들어 가는 과정에서 각 정치 집단이 선택해야 하는 것이었다. 전쟁과 정복은 '국가' 형성을 촉진했다. 전쟁을 수행하기 위해서는 조세를 거둘 권력이 필요했고, 효율적인 군대 조직과 보급 행정을 필수적으로 요구했다. 이처럼 정치, 군사 집단들의 경쟁은 관료제를 태동시키고 발전시켰다.

중국 고대 하(夏)나라는 탕(湯)이 이끄는 상나라(은나라)에게 중원의 패권을 넘겨주었다. 엘리트 교체를 통해 새로운 인재들이 관료제를 장악했다. 이윤(伊尹)은 왕조의 기반이 농민에게 있음을 통찰한 뛰어난 재상이었다. 그러나 하나라의 폭군 걸(桀)의 치세에서는 그역시 한낱 가난한 농부에 지나지 않았다. 왕조의 교체는 엘리트의 순환을 가져왔고, 농민의 지지를 받는 새로운 사상을 태동시켰다. 『서경(書經)』에서 "백성이 나라의 근본임[民惟邦本]"을 천명한 것은 당시 중국의 상황을 간결하게 표현한 것이라 할 수 있다. 이후 엘리트와 대중(mass)의 관계가 왕조의 운명을 결정한다는 사상은 중국의 사상사를 꿰뚫는 핵심적인 흐름이 되었다.

주나라 초기의 문물제도를 정비한 것으로 알려진 주공(周公)은 이러한 사상을 현실 정치로 구체화한 인물로 추앙받는다. 그러나 인민을 위해 노력하는 정치가의 출현은 쉽지 않았다. 수탈과 징발은 일반화되어 있었고, 엘리트들은 인민 대중의 처지를 잊는 경우가 많았다. 군주와 관료가 인민의 적이 되거나 관료제가 수탈의 도구로 전락하면 인민의 불만을 배경으로 한 새로운 세력이 등장하여 왕조를 교체했다.

중국의 자연환경은 영웅들의 타협이나 연합을 방해했다. 곳곳에 자리한 비옥한 평원은 대규모 병력에 의한 전투를 가능하게 했고, 그것은 천하 통일의 욕구를 불러일으켰다.

전쟁의 승리를 위해서 효율적인 행정은 필수적이었다. 인원과 물자를 동원하고, 도로와 교량을 건설하며, 정책 결정 체제를 정비하는 것은 생존의 문제였다. 영역 내 인민의 지지를 확보하는 것과 능력 위주로 인재를 발탁하는 것[2]은 궁극적 승리를 위한 필수 조건이었다.

전투 집단은 수많은 전쟁을 거치면서 명령 체계를 명확하게 한다. 명령 체계 정비는 주종 관계를 상하 관계로 편제하는 힘을 갖는다. 우두머리의 측근 참모들과 신변잡사를 돌보는 사람과 기능은 관료 체제에 수용되었다. 영웅은 왕이 되었고, 그를 따르던 무리는 관료제의 핵심 구성원이 되었다. 관료는 사적인 가신에서 공적인 지위를 점하는 신료가 된다. 아울러 경쟁과 정복의 '틀'은 행정의 대상인 인민에 대한 관념도 변화시켰다.

정복을 통해 넓어진 영역과 많아진 인민을 통치하기 위해 관료제는 지속적으로 정교화되고 확대되었다. 행정의 대상은 개개의 인민이기보다는 '가(家)'와 '호(戶)'가 중심이었다. '성(姓)'은 한 집단을 다른 집단과 구분해서 식별하는 일종의 상징 부호였다. '족(族)'은 혈연으로 구성된 사회적 단위였다. 인간 존재는 네트워크 망 위에서 파악하게 되었다. 안정된 농경 정착 사회가 전개됨에 따라 어느 지역의 어느 집단, 어느 종족에 속하는지가 한 인간의 아이덴티티(정체성)를 결정했다. 정체성은 사회적으로 결정되었고, 부여된 개인의 정체성은 세금과 노동, 특산품 헌납의 기본 단위가 되었다. 혼란한 시기에 백성들은 국가 전투력의 중심으로 징발되었다. 더구나 엘리트들의 호사스런 생활은 백성과 노비의 노동 위에서 가능했다. 전투력역시 마찬가지였다. 인민의 현실적 중요성은 '민본 사상'으로 체계화

---

2 고대의 명재상인 이윤과 부열(傳說)이 논밭과 시장거리에서 발탁되고, 주 문왕이 강태공이 낚시하는 장소로 찾아가서 기다린 일화는 당시의 시대 상황을 잘 보여 주는 예다.

되었다. 『서경』은 초기 형태의 사서(史書)이자 정치적 교훈서로 전해진 것이다. '백성을 어떻게 생각하는지'와 '백성을 어떻게 생각해야 하는지'는 전통 시대 유교권 국가를 이해하는 데 중요한 열쇠다. 백성은 국가의 근원적인 힘으로 인식되었다. 끊임없는 수탈만으로는 경쟁에서 이길 수 없었다. 노동력과 전투력이 재생산되거나 확대되는 방향으로 나라를 이끄는 것은 군주들의 임무였고, 그것은 하늘의 명령(天命)으로 인식되었다.

이처럼 여러 나라들 간의 경쟁은 행정과 관료제를 발달시켰다. 서한(西漢) 말기 관료들의 총수는 약 12만 명에 달했다.[3] 진한 시대의 열경 제도(列卿制度)가 수·당 시대의 육부 제도(六部制度)로 바뀌는 것도 이러한 사실을 반영한다. 왕실 사무와 국가 사무도 이때부터 서서히 구분되고 분리되기 시작했다. 특히 진한 시대의 행정 담당 주체는 유생(儒生)이 아니라 회계와 율령, 그리고 행정 문서 작성에 능숙한 문리(文吏: 文史法律之吏)였다.[4] 이는 훗날 유학과 문장으로 인재를 선발하던 시대와 대비된다.

이러한 왕조 국가 형성의 패턴은 『삼국지연의(三國志演義)』에서도 나타난다. 유비(劉備)의 삼고초려로 참모가 된 제갈량(諸葛亮)은 촉한의 승상(국무총리)이 되었다. 한 군벌의 사적인 참모에서 국가의 승상으로 바뀐 것이다. 그럼에도 이렇게 성립한 왕조의 관료는 가신의 성격을 쉽게 탈피하지 못했다. 정복형 왕조의 우두머리는 대개 강력한 권력을 가졌고, 관료에 대한 통제력도 매우 컸다. 물론 경쟁 집단들을 정복한 뒤 가신들에게 식읍이나 봉토를 나누어 주기도 했지만, 그것 역시 주군이 준 것이다. 주나라 봉건제나 일본 도쿠가와(德川) 막번(幕藩) 체제 같은 것이다.

---

3 吳宗國 主編, 『中國古代官僚政治制度研究』(北京大學出版部, 2004).

4 위의 책, pp.38~40.

2. 연합형 국가 형성과 관료제의 특징

역사적, 사회적 기억을 공유한 족적 기반을 가진 집단들은 외부의 자극이나 도전에 공통의 반응을 보이기 쉬웠다. 부여와 고구려, 백제, 신라가 이러한 공통의 기반을 가지고 있었다. 이들은 각 국가별로 언어적 기반을 공유한 것으로 보이고, 관습과 의식도 공통적이었다. 부족의 조상끼리도 깊은 관련을 가졌다. 부여와 고구려, 백제의 지배층은 국가를 넘은 공통의 언어적 기반을 가졌을 것으로 짐작되며, 신라 역시 크게 벗어난 것으로는 보이지 않는다.

중국 대륙과 변방 세력이 인식의 지평에 떠오르면서 그들은 연합했다. 이른바 '연맹체' 국가다. 연합형의 국가 형성은 비슷한 세력의 연대를 통해서다. 이때 우두머리는 쟁취가 아니라 추대에 의해 결정된다. 추대에 의한 우두머리의 권력은 본질적으로 제한된다. 이때 관료 체제의 의사 결정 구조는 '회의제'의 형태가 된다. 왕권이 강화되어 가도 기본 원형은 쉽게 바뀌지 않고 흔적이 남는다. 관료제는 이원적으로 구성되며, 관료 집단의 상층부는 귀족적 성격을 가지며, 권력의 지분을 갖고 왕권에 대해서도 상대적인 자율성을 갖는다.

전통 시대 중국의 관료제와 우리나라 관료제는 상당한 유사성을 갖고 있는 것으로 이해되나, 관료제 형성의 경로와 문화는 크게 다르다. 중국 역사에서 왕조 국가의 성립 과정을 보면 대체로 정복형 왕조가 중심이다. 요 임금이 순 임금에게 왕위를 물려주고, 순 임금이 우 임금에게 왕위를 물려주었다는 '선양(禪讓)' 모델은 유교적 이상이 투영되어 있다. 아황과 여영이라는 요 임금의 두 딸은 모두 순 임금에게 시집갔다고 한다. 이것은 경쟁 집단이 부각되지 않은 시대의 권력 승계이지 쟁취는 아니다.

좀 더 현실적으로 다가오는 역사에서 은나라의 탕왕(湯王)은 하나라의 걸왕(桀王)을 축출하고 왕조를 세웠다. 주나라의 무왕(武王)은 은나라의 주왕(紂王)을 쳤는데, 목야(牧野)의 전투는 핏물에 절구 공이가 떴을 정도로 참혹했다고 기록되어 있다.[5]

춘추전국의 패권 경쟁은 진나라의 정복에 의해 통일되었다. 시황제는 강력한 중앙 집권을 위해 군현제를 실시하고, 도량형과 문자, 도로의 규격을 통일했다. 이러한 일련의 조치를 단행하려면 방대한 조직을 갖춘 관료제가 필요했다. 관료제는 통일된 중국을 유지하는 중추적인 제도로 각인되었다. 그러나 진시황과 이사(李斯) 등이 주도한 법가(法家)적 부국강병책은 적국을 칠 때는 유효했지만 통일된 중국의 마음을 얻는 데는 실패했다.

춘추전국 시대의 수많은 전쟁은 인민을 고통 속에 있게 했고, 강력한 패자에 의한 통일을 염원하게 했다. 법으로 잘 정비된 관료 체계와 엄격한 군율로 무장한 진나라 군대는 강력했다. 그들은 여섯 나라를 차례로 정복하고 중국을 통일했다. 그러나 법가 사상은 여러 국가가 경쟁할 때는 유효했지만 통일된 제국의 통치 원리로는 부적합했다. 진시황은 고통 받는 지식인과 인민을 자유롭게 하기보다는 더욱 강력한 통제 정책을 도입했고, 언론과 학술을 탄압했다. 그는 통일된 중국의 유지는 강력한 전제와 군현제에 의한 일률적 통제에 의해 달성된다고 믿었다. 천하의 지식인과 인민은 오히려 통일 전의 옛 국가를 그리워하기 시작했다.

결국 단일 잣대에 의한 강력한 통제는 저항을 불러왔다. 장량(張良)은 역사(力士)를 고용하여 박랑사에서 진시황 암살을 시도했고, 수많은 저항 세력이 각지에서 일어났다. 결국 항우(項羽)와 유방(劉邦)이라는 강력한 두 리더에 의해 진나라는 무너졌다. 항우의 초(楚)나라와 유방의 한(漢)나라가 전쟁 끝에 유방의 한(漢) 제국으로 다시 통일되었다. 이후로도 군웅의 할거와 전쟁을 매개로 한 통일은 하나의

---

5 『서경』, 『맹자(孟子)』에 이에 관한 언급이 있다.

패턴이 되었다. 조조(曹操), 유비, 관우(關羽), 장비(張飛), 제갈량 등이 등장하여 우리에게 익숙한 삼국 시대를 거쳐, 제갈량의 적수였던 사마의(司馬懿)의 손자 사마염(司馬炎)이 천하를 통일하여 진(晉)을 세웠다. 진은 다시 분열하여 여러 세력이 경쟁하다가 수·당으로 통합되었고, 이후 다시 분열했다가 송으로 통일되었다.

이후로도 요, 금, 원, 명, 청으로 이어지는 왕조 교체가 평화로운 과정에 의해 달성된 예는 없다. 통일과 분열, 안정과 혼란이 반복되는 중국사의 전개 과정은 '한 번 다스려지고 한 번 혼란에 빠지는[一治一亂]' 것이었다. 『삼국지연의』의 첫머리는 "분열이 오래되면 반드시 통일되고, 통일이 오래되면 반드시 분열된다[分久必合, 合久必分]"는 말로 시작한다. 중국인의 순환 사관을 엿볼 수 있는 말이다.

정복형 왕조 건설은 왕조의 관료 체제에 중요한 영향을 미쳤다. 전쟁 중에 일종의 막부처럼 운영되던 군사 조직은 거의 그대로 관료 기구로 전환했다. 이 경우 왕조를 창업한 영웅은 황제가 되고, 측근들은 핵심 관직에 포진한다. 중국에서 행정 관료를 나타내는 '관(官)'은 '문서와 도판이 있는 곳[文書版圖之處]'[6]이라는 말에서 유래했지만, 그 담당자들은 주군을 측근에서 모시던 노예들인 '신(臣)' 집단에서 유래했다.[7]

베버는 관직의 발생이 군주의 가계(家計)에 관한 행정에서 출발한 것[8]으로 이해했다. 베버는 서구에서도 이와 같은 관직 발생의 역사를 보았던 것이다. 군사 조직의 막료들이 국가 관료 조직의 구성원이 되는 유형에서 관료 집단이 갖는 특징은 여러 측면에서 나타난다. 군사 조직의 막료들이 관료 조직으로 그대로 옮겨 가는 유형에서

---

6 吳宗國 主編, 앞의 책, p.38.

7 이성무, 『한국 역사의 이해』(집문당, 1995), 16~17면.

8 Max Weber, *Economy and Society*, eds. by Guenther Roth and Claus Wittich(New York: Bedminister Press, 1968), p.1025.

도 관료 집단의 핵심적 성분을 유의해 볼 점이 있다. 즉 상층 고급 관료단에는 다분히 무신 집단이 우월한 지위를 점유하고, 다음에는 광대한 영역을 통치하기 위하여 조세 출납과 회계 장부 작성 등 행정 문서 작성에 능통한 실무형 문인 관료들이 우대되었다. 이른바 유교적 이데올로그들인 유학자들은 높은 녹봉을 받지는 못했다. 주원장(朱元璋)이 건국한 명나라를 보면 초기의 상층 관료 자리는 상우춘(常遇春), 서달(徐達) 등 그를 따르던 장수들이 차지했고, 그 다음은 이선장(李善長), 호유용(胡惟庸) 등 조세 출납과 회계에 대한 전문 지식을 갖춘 실무형 인재들이 포진했다. 유기(劉基), 송렴(宋濂) 등은 주원장을 도운 대표적 유학자들로 유적(流賊) 집단의 성격을 벗어나지 못하던 주원장에게 중국 통일의 대망을 불어넣은 것이 그들 이었다. 한산동(韓山童)-한림아(韓林兒)로 이어지는 홍건적(紅巾賊)의 최고 권위를 일거에 부정하고 유교사상에 기반한 독자 노선을 걷게 했으며, 중국의 실질적 지배 계층이던 신사(紳士)-지주 계층을 포용하도록 한 것도 그들이었다.[9] 그러나 통일 뒤 유기가 받은 녹봉은 이선장(李善長)의 몇 십 분의 일에 지나지 않았다.

이와는 별도로 최고 권력자인 황제와 그 가족을 돌보기 위한 노복이라고 할 수 있는 환관의 존재도 중국적 관료 체제의 중요한 특징이다. 원래 환관은 궁형(宮刑)을 받은 전쟁 포로나 범죄자로 궁중 안에서 황실 구성원의 수발을 드는 순수한 노예의 신분이었으나, 역사의 흐름에 따라 이들 중 일부 상층 환관은 관료의 신분을 획득했다.[10] 황제의 최측근에 있다는 그들 지위의 특수성은 중국 관료제의 기본적인 특성을 구성하는 중요한 요소다.

중국에서는 이처럼 다양한 성격의 관료군이 있었으나 종국적으로

---

9 吳晗, 『朱元璋傳』(陝西師範大學出版社, 2008), pp.86~96.

10 徐華靑, 『中國宦官制度史』(上海: 上海人民出版社, 1993), p.14.

최고 권력자인 황제는 '과거제'를 통해 관료를 충원함으로써 관료들은 황제의 수족이나 하수인의 지위로 격하되었다. 원래 한대의 '향거리선제(鄕擧里選制)'나 진대의 '구품중정제(九品中正制)' 아래의 관료 집단은 지방의 문벌이나 세력가들로 구성되었으므로 황제도 그들을 무시할 수 없는 측면이 있었다. 그러나 수·당 이래로 과거 제도를 실시하면서부터 황제는 집중된 경제력으로 마음대로 부릴 수 있는 신복을 선택했다. 이들은 지식을 이용해 생활을 하는 중산 계급이나 한미한 집안 출신이었다.[11]

반면 한반도의 왕조 개창은 정복이 아니라 유력한 씨족이나 부족의 연합체로 출발했다. 고구려의 오부족(五部族)이나, 백제의 팔성(八姓) 귀족, 신라의 육촌(六村)이 이를 말해 준다. 국가 형성의 처음에는 각 세력의 수장들이 상하 관계가 아니라 동배(同輩) 또는 일종의 합의제 아래 회원 자격으로 권력을 공유했다.

국가가 연합형으로 형성될 때 관료 체제는 다음과 같은 성격을 띠게 된다. 이 경우 국가 형성은 비슷한 세력의 연대에 의해 한 세력의 우두머리가 일종의 맹주로 추대되는 형태를 취하기 때문에 맹주가 행사할 수 있는 권력은 본질적으로 제한된다. 즉 연합형 국가 형성의 경우 관료 체제의 주형(鑄型)은 회의체 중심의 형태를 나타내는데, 나중에 외견상 집권적 관료 체제의 형태로 전환하더라도 관료 집단의 성분은 근본적으로 귀족적 성격을 띠며, 최고 권력자에 대해서도 상당한 자율성을 갖는다. 이러한 현상 때문에 전제 왕권이라는 틀에 따라 해석을 하면서도 왕권의 상대적 약화라든지, 왕권-신권의 균형론 등이 나타나게 된다. 이 경우 상급 관료단의 토지 지배력은 왕에게서 받은 것이 아니라 원래부터 갖고 있었던 것이다.

연합형을 기초로 한 관료제의 기본 틀을 그림으로 나타내면 다음

---

11 張金鑑, 『中國政治制度史』(臺北: 三民書局, 民國 70年), pp.84~85.

과 같다.

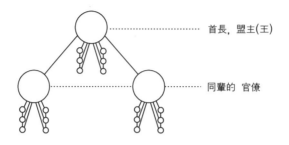

首長, 盟主(王)

同輩的 官僚

일반적으로 전통 시대의 중국적 관료제와 우리나라의 관료제는 상당히 유사하다고 이해한다. 그러나 위와 같은 개념 틀에 의거하여 분석해 보면 상당히 유의미한 차이점을 발견할 수 있다.

중국이 그 광대한 영역에서 계속 통일 왕조가 탄생할 수 있었던 데는 중국 영토의 핵심적 중요성을 가지는 지역이 평야였다는 점이 가장 중요한 원인으로 꼽힌다. 즉 전쟁이 게릴라전의 형태라기보다 대규모 병단에 의해 승패가 결정되는 형태였으며, 전술에서도 기마대와 전차가 매우 중요한 지위를 점하고 있었기 때문에 가능했다.

그런데 우리나라에서는 산악이 많은 지형으로 인해 대규모 병단에 의한 정복이 용이하지 않았으며,[12] 흩어져 있는 산간 평야는 인구의 단일 지역 집중도를 약화시켰다.[13] 따라서 특정 지역을 세력 거점으로 하는 부족 집단들이 집단 사이의 경제적 교환 관계나 혼인 관계 같은 인적 결합, 외적에 대한 공동 방어의 필요성에 의해 상호 협력하는 과정에서[14] 더 상위의 정치체를 탄생시키는 형태가 기본 틀이

---

12 김철준, 『한국 고대 사회 연구』(지식산업사, 1975), 140면. 역시 우리나라의 고대 국가에서는 한 부족이 다른 부족을 점령하고 지배하는 일이 용이하지 않았음을 지적했다.

13 『三國志』, 卷之三十, 魏書, 烏丸鮮卑東夷傳, 高句麗條, "高句麗在遼東之東千里 (…) 多大山深谷 (…) 隨山谷以爲居 (…)."

14 노중국, 『백제 정치사 연구』(일조각, 1988), 63면.

되었다. 다시 말하면 자연지리적 환경인 반도적 다산악적(半島的 多山岳的) 주거 상황은 산과 들과 하천의 흐름이 사회적·경제적인 삶의 형식을 규정하게 했다. 이러한 사회적·경제적 삶의 형식은 나아가 정치권력의 성격과 행사 방법에 영향을 미쳤으며, 이것이 관료제의 형성에 기본적인 주형으로 작용했다.

특히 우리나라는 이러한 기본적 환경의 토대 위에서 장기 지속적인 토지와 인민 지배 세력이 존재할 수 있었고, 이들이 한반도의 모든 왕조에서 관료 집단의 주 공급원이 됨으로써 다른 나라의 왕조 체제에서는 볼 수 없는 여러 독특한 특징을 나타내게 되었다.

연합형 국가의 관료제에서 중앙의 고급 관료들은 강력한 지역 지배력을 소유하고 있었으며, 심지어 전쟁까지 독자적으로 수행할 수 있었다.[15]

이러한 현상은 한반도 북방의 고구려, 부여 지역뿐만 아니라 한반도 남단의 이른바 한(韓) 지역에서도 찾아볼 수 있는데, 수많은 소국들이 산과 하천을 경계로 존재했다는 데서 그 특성을 이해할 수 있다. 이러한 형태의 정치체들은 한반도의 다산악적 지리와 정착 농업 경제가 일찍이 뿌리내린 데서 기인한 것으로 볼 수 있다. 아무튼 인민의 지역 간 이동이 용이하지 않아 지역 고착도가 강력했으며, 동시에 인민 간에 혈연과 같은 일차적인 인적 유대가 강화되는 계기가 된 것으로 보인다. 그런데 이러한 상황은 집단 간, 부족 간을 구별하는 의식을 강화했고, 동시에 자기 집단을 다른 집단과 차별 짓고 구분해서 보는 경향을 띠었다. 이러한 의식이 강력한 신분제가 형성될 수 있는 토양을 제공했다고 볼 수 있다. 그러나 이들은 더 큰 정치적·사회적·경제적 필요에 의해 연합할 수 있었고, 또 이러한 연합

---

15 『三國志』, 卷之三十, 魏書, 東夷傳, 夫餘條, "諸加別主四出道 大者主數千家 小者數百家 (…) 有敵 諸加自戰."

을 지탱할 수 있었던 것은 중심 부족의 지도력과 중앙 관료 체제였다고 볼 수 있다.

연합형 국가에서 관료 정치의 초기적 기능은 갈등하고 경쟁하는 부족 간의 이해 조정이라 할 수 있는데, 화백 제도 등에서 보이는 만장일치제는 이 같은 현상을 반영한 것이라고 볼 수 있다.

중심 부족의 족장(왕)은 장기적으로 '권력의 중앙 집중'을 기도하고, 다른 부족들은 그들의 정체성을 유지할 수 있을 정도의 '권력 분산'을 지향하는 기본적인 속성을 가지고 있었다. 이 같은 '중앙 집권 완성을 향한 끊임없는 지향'과 '강력한 지역적, 인적 유대를 배경으로 한 분권화 지향'이라는 두 가지 지향이 동시에 존재한 것이 전통적 관료 체제의 기본 틀을 구성하는 데 깊은 영향을 미쳤다.

이러한 영향으로 우선적으로 들 수 있는 것은 관료제도의 이원적 구성의 전통이다. 강력한 지역적, 인적 유대에 근거하여 중앙의 고위 관료에 진출한 일군의 관료단은 그들의 정치적 영역을 확보하고 있었다. 이러한 사실 때문에 정치적 영역이 존중되는 상층 관료와, 행정적 실무나 최고 권력자의 신변잡사를 돌보는 가신적 전통을 지닌 하층 관료단을 구분하는 전통이 일찍부터 성립했다.

둘째, 상층 관료단의 정치적 영역이 존속한 것과 아울러 이들의 정책 결정 과정에 '합의제적 요소'가 끈질기게 존속한 것을 들 수 있다. 자기가 속한 집단을 다른 집단과 구별하는 성격이 강한 정치체를 운영하면서 갈등을 조정하려면 각 세력 간 합의 외에는 별다른 대안이 없었다는 점도 그 하나의 이유일 것이다.

셋째, 강력한 신분제적 요소가 존재한 점이다. 사회적 신분의 형성은 한 정치 공동체의 형성 과정과 연관된다고 이해할 수 있는데, 무엇이 사회적 신분을 결정하는 데 결정적 조건인지는 각 정치체마다 차이가 있다. 그러나 일반적으로 귀속적(歸屬的) 조건이 강력한 영향력을 발휘한다면 '사회적 안정성'이 높은 사회일 것이고, 반대로 성취적 조건이 강한 영향을 발휘할 수 있다면 사회적 안정성이 낮은 사회일 것이다. 그리고 전통 시대의 정착 농업 경제가 경제적 기초를 이루는 사회에서 사회적 안정성을 나타내는 중심 측도는 '토지 지배의 장기 지속'의 정도일 것이다. 우리나라는 지역 지배 세력의 장기 지속성을 특징으로 하는 만큼 사회적 안정성이 높고, 강력한 신분제가 성립할 수 있는 기초가 일찍부터 마련되어 있었다고 볼 수 있다.

넷째, 강력한 지역 할거성이다. 지역적 경계는 한 집단과 다른 집단을 구별하는 핵심적인 기준이 되었다. 동시에 상층 관료들은 지역의 세력을 근거로 중앙 무대에서 정치 활동을 하는 형태를 보였는데, 지역 기반은 중앙 정치 무대에서의 활동에 중요한 요소였다.

이처럼 우리나라의 초기 단계 국가 형성은 사회적, 자연적 조건에 영향을 받아 정복형이 아니라 비슷한 세력의 부족들이 손을 잡는 연합형 방식이었음을 보았다. 동시에 이러한 연합형 모델은 고려나 조선조의 건국 과정에서도 기본적으로 채택된 것으로, 관료제 형성에 결정적인 영향을 미쳤으며 왕권이 제약되는 기본 틀로 기능했다.

앞에서 언급한 바처럼 연합형 틀에 근거한 관료제 구성은 수장의 가신단에서 발전하는 것이 아니라, 동등한 신분의 동배들에서 출발한다. 그것은 합의제적 관료제 운영을 원칙으로 했는데, 바로 이것이 우리나라 고대 관료제의 특징이다. 물론 수장의 가신단은 하층 관료층을 형성하기는 하나, 동배들로 구성되는 상층 관료단에 비할 바는 아니다. 이러한 기본 특징으로 인하여 국왕의 권한은 제약 속에서 출발했던 것이다.

중국과의 문화 접촉으로 왕권을 강화하려는 왕들은 관료 충원 방식으로 능력과 자질에 의거하는 과거제를 도입하려 했으며, 분권적 성향을 띤 귀족 관료들은 이에 반대하는 경향을 보였다. 신라의 독서삼품과(讀書三品科)는 과거제적 형식을 지녔으나 골품제(骨品制)의 한계를 극복하지 못했으며, 고려의 과거제 실시에 의해 비로소 골품제적 제약이 타파되었다. 이로써 한층 개방적인 인재 등용의 길이 열렸다. 그러나 고려조에는 비록 과거제가 유교 경전과 제도적 관련을 맺고 있기는 했지만 유학은 소수의 문인 관료나 예비 집단에만 개방되어 있었고, 사회 변동을 이끌어 내는 '사상'으로서의 역할은 상대적으로 약했다.

조선조는 신유학을 통치 이념으로 했다. 신유학은 관학계(官學系)와 사학계(私學系) 두 갈래로 나누어 전승되며 관료 공급원의 유교화를 활발하게 했다. 관학은 주로 재경 사대부들에 의해 전승되었고, 사학은 지방의 유력 세력들에 의해 수용되고 확산되었다. 이들은 유교 이념을 실천하는 데 깊은 관심을 기울인 집단으로, 과거나 천거를 통해 관직에 나감으로써 고려조의 문인 귀족 관료와는 다른 '유자 관료(儒者官僚: Confucian bureaucrat)'의 특징을 나타내었다. 이러한 유자 관료의 진출과, 우리나라 관료제의 기본 구조와 높은 적합성을 보인 '군신공치(君臣共治)'라는 유교 정치 이념이 상호 조화하여 '유교관료제'의 완성적 형태를 구현한 것이 조선조였다. 전통 시대 중국에서는 송(宋)대의 특정시기를 제외하면 유자 관료의 진출 비율이 상대적으로 저조하고 또 고위직 진출자가 적은[16] 반면 환관과 같은 황제의 근시(近侍)들은 높은 관품과 핵심 권력을 담당했는데, 그런 사실과 비교하면 조선조 유교관료제의 특징을 짐작할 수 있다. 이처럼 완성적 형태를 드러낸 조선조의 유교관료제는 이론상으로나 실제상으로 왕권이 제약될 수밖에 없는 구조적 · 사상적 특성을 갖고 있었는데, 연합형 관료제의 특성이 변용되어 나타났음을 알 수 있다.

---

16 졸고, 「동양적 관료 체제에 관한 비교 연구」, 『한국행정학보』 제27권 제4호(1993, 겨울).

2장 한국 고대 관료제의 특징

1. 통치자와 관료 집단

앞 장에서 검토해 보았듯이 우리나라의 고대에는 통치자와 상층 관료 사이에 엄격한 주종 관계가 성립되었다고 볼 수는 없다. 그들 사이의 관계는 같은 동배들로서, 수장은 다만 동배 중에서 수석인 자이며 그 한도 안에서만 지배권을 갖는다. 이는 베버가 말한 원시적 가부장제(primary patriachalism)[17]와 유사해 보인다. 그러나 하나의 차이라면 원시적 가부장제의 수장은 사적인 행정 막료를 갖지 않는 것으로 이해되는데, 우리나라 고대의 왕은 동배적 성격의 부족장들과 마찬가지로 사적인 막료들을 갖고 있었다는 점이다. 즉 우리나라의 고대 관료제는 베버가 말한 이른바 원로제(元老制: Gerontocracy) 또는 원시적 가부장제의 요소를 가짐과 동시에 행정과 군대가 군주의 순수한 사적 도구로 간주되는 가산제(家産制: patriachalism)[18]적 요소를 함께 갖고 있었다고 볼 수 있다. 그런데 살펴본 바처럼 중국의 통치자와 우리의 통치자는 그 출발에서부터 상당한 차이를 보인다.

---

[17] Max Weber, 앞의 책, pp.231~235.

[18] Reinhard Bendix, *Max Weber* (California: Univ. of California Press, 1977), pp.333~334.

1) 중국의 황제와 관료제

중국에서 군주 제도의 연원은 오래되고 깊다. 그것은 하나라 시대에 성립한 것으로 보이지만, 은나라 시대에 이르러 이미 상당한 기초가 잡힌 것으로 보인다. 포사(褒姒)는 중국 고대의 미인으로 하나라의 마지막 왕인 걸(桀)의 폭정과 연관된 이야기의 단골 주인공이다. 탕(湯)이 걸을 정벌하고 새 왕조를 개창한 기록은 『서경』에도 나와 있다. 은허(殷墟)에서 발굴된 갑골문에는 은 왕조의 군주에 대한 구체적인 기록이 많이 나타나 있다.[19]

중국 고대의 군주는 강력한 군사력을 배경으로 한다. 넓은 평원은 대규모 병단의 이동을 가능하게 했다. '정벌'과 '정복'은 새로운 왕조 건설의 필수적인 과정이 되었다. '높고[高: highest]' '크고 위대한[太: greatest]' 영웅(高祖, 太祖)이 용맹하고 지혜로운 부하들을 거느리고 상대편 영웅이나 군주를 굴복시키고 왕조를 여는 것이 기본 패턴이었다.

주나라 봉건 체제가 기능을 상실하자 주 왕실을 대신하여 힘센 제후가 천하의 질서를 무력으로 유지하는 시대가 도래했다. 위대한 성인 공자가 이 시대의 역사를 정리하여 '춘추(春秋)'라 명명함으로써 '춘추 시대'라 불린다. 이 시대는 중국적 예의와 무력이 함께 공존하는 독특한 문화적 양상을 드러내었다. 제후의 회맹(會盟)에서는 의례와 무력이 공존하고, 외교와 살육이 함께했다.

중국의 자연은 통일의 상황에서는 분열을 향한 원심력을 촉발했고, 반대로 분열의 상황에서는 통일을 향한 구심력을 복원시켰다. 중국적 패턴에서 춘추 시대는 분열을 향한 과정이었고, 그 분열의 극단이 '전국 시대'로 나타났다. 진시황은 여섯 나라로 나누어진 것을 종

---

19 楊鴻年, 歐陽鑫, 『中國政制史』(武漢大學出版社, 2005), p.3.

식하고 천하를 통일했다. '봉건'은 '군현'으로 바꾸었고, 법령과 도량형을 통일했으며, 천하를 소통시키는 도로를 동일 규격(天下同軌)으로 정비했다. 이제 '왕(王)'은 더는 그의 공적을 표현할 수 있는 이름이 아니었다. 중국 고대의 신화적 군주를 상징하던 '황(皇)'과 '제(帝)'를 결합하여 스스로 '황제(皇帝)'라 했다.[20] 중국의 오랜 전통인 황제제도는 이렇게 출발했다. 주의 '봉건'이 '군현'제로 바뀌면서 중국의 관료제는 획기적으로 정비되었다. 그러나 법리(法吏)를 통한 강력한 통제 정책은 인민의 이반을 불러왔고, 체제의 존속을 위태롭게 했다. 관료는 황제의 명령을 집행하는 '하수인'이자 노비였고, 인민은 조세 부담과 군역을 지는 수단이나 자원으로 간주되었다. 황제는 백성에 대한 책무가 없는 최고 권력이자 권위의 상징인 '지존(至尊)'이었다.

이후 중국사에서 명멸한 수많은 야망가들은 '황제'가 되기를 희구했다. 『삼국지(三國志)』의 원술(袁術)도 망하기 직전이었음에도 황제를 칭했고, 당 말 농민 반란의 수장인 황소(黃巢)에서부터 청나라 말기의 원세개(袁世凱)에 이르기까지 수많은 야망가들이 황제를 꿈꾸었다.

국가 기관으로서의 황제권은 타율적인 제약이 거의 없는 '지고무상(至高無上)'이었다. 그러나 황제에 따라서 실질적으로 장악한 권력은 차이가 컸다. 경전을 불로 태우고 선비들을 구덩이에 묻어서 죽인 진시황이나, 몸통을 강하게 하고 가지를 약화시키는[強幹弱枝] 정책을 추진한 한 무제는 황제권을 최대로 행사[21]한 전형이다. 어린 황제가 옹립되면 황제의 어머니나 할머니가 실질적 권력을 행사하는 수렴청정(垂簾聽政)을 실시하고 외척이 권력의 중심에 섰다. 우리나라의 역대 왕조와 달리 중국에서는 환관이 정치권력을 장악하는 경

---

20 『史記』, 秦始皇本紀.

21 張創新, 『中國政治制度史』(北京: 淸華大學出版社, 2005), pp.107~109.

우도 많이 발생했다. 황제 제도의 불안정은 황제가 언제나 뛰어난 인물일 수 없다는 점과, 인척과 황제의 측근들인 근시(近侍)의 권력 남용에 있었다. 나관중이 지은 『삼국지연의』에는 환관들인 십상시 (十常侍)가 어떻게 발호하고, 왕조의 멸망 과정에 관여하는지를 생생하게 묘사했다. 그들은 황후의 형제이자 군부의 실권자를 살해하기도 하고, 뇌물을 받고 인사를 하면서 권력 유지를 위해 황제를 무력화했다.

황제 제도 아래에서 관료제는 황제의 생활을 유지하고 정책 결정을 보완하는 구조로 형성되었다. 황제는 법령의 근원으로, 법령을 초월하는 존재였다. 정복을 통한 왕조 건설 과정에서 공을 세운 가신들은 관료로 전환되었다.

중원에 대한 패권을 다투는 수많은 전쟁은 인민의 생활을 황폐하게 했다. 수많은 병사가 전장에서 목숨을 잃었고, 과부와 고아가 천하에 가득했다. 학자들은 중국의 문제를 여러 차원에서 고민했다. 그들은 유력자의 보호를 받으면서 자신의 사상을 다듬기도 하고, 실제의 정치와 행정에 적용하기 위해 실력자들을 설득하려고 노력하기도 했다. 공자는 중국적 질서를 담보하던 봉건 체제가 무너지는 것을 안타까워했다. 제후가 왕을 무시하고 대부가 제후의 권력을 탈취하는 '하극상'을 싫어했다. 맹자는 도덕적 정치 리더십인 '왕도(王道)'를 높이 주장했고, 한비자(韓非子)는 통치자가 어떻게 해야 권력을 유지할 수 있는지를 고민했다.

진나라에서 한나라로 교체되면서 중국 정치와 행정의 패러다임은 바뀌었다. 법을 앞세운 작위적 정치 행정은 도덕을 앞세운 무위의 정치 행정으로 중심을 이동했다. '약법삼장(略法三章)'으로 상징되는 한나라의 정치 노선은 고통 받는 인민들을 권력과 토호에게서 풀어 쉬게 하는 것이었다. 이것은 당시의 민심 흐름을 간파한 것이었다.

한나라 건국을 도운 세 사람의 대표적 인물 중에서도 장량은 매우 독특하다. 그는 도가적 군략가였다. 그는 개인적 영달에 관심이 없었고, 민생을 외면하는 폭력과 무력을 싫어했다. 군막 속에서 전략을 세워 천 리 밖의 전쟁에서 승리를 가져오는 지혜를 가졌으며, 유가, 도가, 병가, 법가 등 여러 학문을 융합하여 독특한 인격 현상을 창조해 냈다. 재상 조참(曹參)은 백성을 괴롭히지 않는 정치를 계승했다. 그는 부역을 줄이고 세금을 감면했다. 전쟁의 고통과 진시황의 전제에 지친 백성을 쉬게 하는 것은 새로운 한나라의 기초를 튼튼히 할 수 있는 좋은 방책이었다. 수탈적 행정이 휴양적 행정으로 전환했다.

그러나 황노(黃老)사상에 기반한 행정은 오래가지 못했다. 한 무제는 유교를 국가통치의 중심사상으로 하고, 동중서의 건의를 받아들여 연호(年號)를 정하고 주변국가에 사용을 강요했다. 이것은 팽창적 중화주의의 시작이기도 했다.

한나라 초의 엘리트 관료들은 인민을 새로운 눈으로 바라보았다. 그들은 시대의 문제를 통찰하고 정치와 행정의 '틀'을 전환했다. 중국에서 '인'과 '민'은 원래 구체적 계층을 지칭한 것으로, 인은 지배층, 민은 피지배층으로 보는 견해[22]가 설득력이 있다. 후세로 오면서 인 계층이 분화하면서 인민이 결합하고 피지배층을 지칭하는 용어로 정착되었다.

인민의 힘은 다양한 형태로 증명되었고, 역사적 경험으로 기록되었다. 토호나 지역의 강자들로부터 백성의 이익을 보호할 수 있을 때는 황제권이 안정화되었으나, 지역의 토호와 중앙의 지배 엘리트의 탐욕을 억제하지 못할 때는 민란이 일어나 왕조가 전복되었다. 중국의 유가와 도가의 정치사상은 이러한 현실을 반영한다. 고대의 사서(史書)라 할 수 있는 『서경』은 유가 정치사상의 원형과 주공(周公)이라는 유가 정치인의 이상적 모델을 보여 준다. 주공은 은나라를

---

22 趙紀彬, 『論語新探』(人民出版社, 1974)의 주된 논조임.

멸망시키고 중국의 통치권을 장악한 무왕의 아우다. 그는 권력과 덕망을 가지고 있었으나, 스스로 왕이 되지 않고 어린 조카의 왕위 계승과 왕권의 안정을 도왔다. 경건함과 성실함으로 정치에 임했고, 인민의 삶을 정치의 최종 목적으로 설정한 위대한 정치가였다. 그는 유가적 가치의 구현자였고, 그러한 가치를 관료제 설계에 담아 낸 위대한 인물[聖人]으로 묘사된다. 공자는 주공의 사상을 계승하고 재해석함으로써 중국 진신(縉紳) 사대부 계층의 중심 사상이 되게 했다. 그럼에도 방대한 영역의 통일국가를 통치하는 데는 유가적 '덕정(德政)'만으로는 부족했고, 법가(法家)와 병가(兵家) 등의 관점도 수용하여 행정에 반영했다.

2) 한반도의 군주와 관료제: 협의체의 수장

단군 신화에서 환웅은 풍백(風伯)과 운사(雲師)와 우사(雨師)를 거느리고 국가를 건설했다. 그들은 식량과 질병, 형벌, 선악 등 인간 사회에서 일어나는 일을 맡아 다스렸다. 바람과, 구름, 비는 자연의 상징이며 농경을 지배했다. 고대에서 자연과 교섭하게 하는 것은 기도였다. 샤먼은 자연의 의지를 해석하는 존재였다. 큰 샤먼은 작은 샤먼들을 거느리고 정치체를 형성했고, 작은 샤먼들은 관료의 모태가 되었다. '신시(神市)'는 주술과 인간의 결합이라는 두 가지 성격으로 나눌 수 있다. 시(市)는 의도적 모임과 비의도적 모임을 포괄한다. 시 내부에는 서로 구별되는 다양한 연대 기반을 가진 집단이 있었다. 여러 집단들은 큰 샤먼의 매개에 의해 연결되었고 일체화의 문을 열었다.

자연은 극복의 대상이 아니라, 사람이 자연의 의지에 순응하는 것은 당연하게 여겨졌다. 자연의 뜻을 해독(解讀)할 수 있는 인물은 큰 샤먼이었고, 그가 가진 주술적 능력은 사람들을 결집시킬 수 있었다.

자연은 제도를 형성하는 근원적인 주형이었다. 단군이라는 정치적 중심이 등장한 것은 사회적 계층이 분화되어 가고 있음을 보여 준다. 이것은 이론상 군(群: Band) 사회에서 부족 사회를 거쳐 군장(君長: Chiefdoms) 사회로 진입했음을 상징한다고 볼 수 있다.

환웅 집단은 압록강 유역의 여러 원시 사회적 기반을 갖는 집단을 능가하는 문명 수준을 가진 것으로 보인다. 그들이 습득한 문명의 원류가 어느 곳인지는 불분명하지만, '하늘'은 그들 문명의 근원이었다. 새로운 세력은 토착 세력을 정벌하지 않고 손을 잡았다. '곰' 부족은 여인을 시집보냄으로써 환웅 집단의 안착을 견인했고, '웅녀'가 '단군'을 낳음으로서 고조선의 중심이 형성되었다고 할 수 있다. 신석기 시대, 특히 시베리아와 연관된 고아시아족의 토템은 곰이었다. 높은 문명권에서 낮은 문명권으로 이주한 집단이 건설한 정치체는 비교적 강력한 정치권력을 확보할 수 있었다. '단군'은 문명이 가진 우월적 권위와 토착 세력의 수장이 가진 토착적 권위 위에서 정치권력을 확보한 것으로 보인다. 그는 '하늘'의 권위와 '땅'의 권위를 공유한 '신성(神性)'의 소유자로 여겨졌고, 이 신성한 지위는 문명의 격차에 의해 담보되었다.

주나라 무왕이 은나라 왕족인 기자(箕子)를 조선에 봉했다는 『사기(史記)』「송미자세가(宋微子世家)」의 기록은 그 진위에 대한 논란이 많다. 그럼에도 이 기록은 몇 가지 중요한 함의를 갖는다. 첫째, 은 최고의 지식과 문명이 고조선 지배층에 깊은 영향을 주었으며, 둘째, '봉(封)했으나 신하로 하지는 않았다[不臣]'[23]는 것은 이후 중국과 조선의 관계를 규정하는 기본 틀이 되었다. 중국의 왕에 상응하는 명칭은 '임금'과 유사한 음으로 표현되었으며, 한자 사용과 함께 '왕'으로 기록되었다. 이것은 고조선과 접경해 있던 전국 시대 연나라의 제후

---

23 『史記』, 宋微子世家, "(…) 於是武王乃封箕子於朝鮮而不臣也."

가 '왕'을 칭했던 것에서 자극받은 측면이 있다.

『위략(魏略)』에 기록된 고조선의 '팔조법금(八條法禁)'은 기초적인 관료제가 형성되어 있었음을 간접적으로 보여 준다. '살인[殺]', '상해[傷]', '도둑질[盜]'을 하면 사형에 처해지거나, 곡식으로 배상하거나, 노비가 되거나 속죄금을 물어야 했다. 나름의 일관된 기준이 존재했고, 소박한 수준이지만 행정력이 없이는 집행할 수 없는 일이었다. 준왕(準王)이 중국에서 도망쳐 온 위만(衛滿)을 지방 관리인 '박사'로 삼았다는 기록도 고조선이 지방 관직을 설치하고 관리를 파견했음을 알려 준다.

고조선 시대는 '느린 문명 변화'의 시기였다. 그럼에도 단군 조선-기자 조선-위만 조선으로 명기되는 기간은 짧은 것이 아니다. 이 시기 정치체의 통치 영역은 관료제의 발전과 밀접한 관련이 있다. 고조선의 지배영역을 방대한 지역으로 보는 견해도 있지만, 관료제의 발전이 수반되지 않는 방대한 통치 영역은 존재하기 어렵다. 하나의 문화 권역이 하나의 정치 권역과 맞아떨어진다는 인식은 매우 위험하다.[24]

아무튼 원래부터 귀족 신분으로 출발한 관료는 노예와 같은 낮은 신분으로 출발한 중국의 '관(官)', '환(宦)', '신(臣)' 등과 본질적인 차이를 나타낸다.

구체적으로 우리나라에서 고대 국가 형성은 대체로 유력 부족이 타 부족을 정복하여 이룩한 것이 아니라 여러 유력 부족의 연합으로 출발했다. 고구려가 계루부(桂婁部), 소노부(消奴部), 절노부(絶奴部), 관노부(灌奴部), 순노부(順奴部)라는 오부족 연합체로 출발한 것이나, 신라가 육촌장의 추대로 박혁거세(朴赫居世)를 왕으로 삼은 것은 이러한 상황을 말해 준다. 따라서 국가 형성의 기본 틀이 연합형에 근

---

24 김정배, 『한국 고대의 국가 기원과 형성』(고려대학교출판부, 1986), 21~22면.

거함으로써 중앙 정부의 관료 체제도 중심 부족 족장의 막료나 하인들로만 구성되는 것이 아니라, 상층의 고위 관료는 각 부족의 족장급 인사들로 구성된 것으로 보인다. 즉 각부의 족장들은 중앙 정부의 상가(相加), 대대로(大對盧), 태대형(太大兄) 등의 관직에 나간 것으로 보이며, 특히 각 족장들은 사자(使者), 조의(皂衣), 선인(先人) 등의 자기 막료를 거느리고 있었음을 『삼국지』 위서(魏書) 동이전(東夷傳)의 기록에서 확인할 수 있다.[25] 이런 구조로 인해 왕을 정점으로 하는 관료조직에도 조의(皂衣)가 있고, 대가(大加) 역시 조의(皂衣)를 두고 있었던[26] 까닭을 이해 할 수 있다.

그리고 전 왕족(소노부)이나 왕의 처족 족장에게는 '고추가(古鄒加)'의 직위를 주었다.[27] 이러한 고구려 관료제도의 기본 틀을 그림으로 나타내면 다음과 같이 '연합형' 국가의 관료제가 갖고 있는 특징을 나타낸다.

고구려 관료체제의 기본 형태

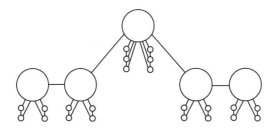

위 그림에서 알 수 있듯이 고구려 초기의 관료제도는 이중적인 구

---

25 『三國志』, 高句麗條, "(…) 諸大加自置使者 皂衣先人 (…) 如卿大夫之家臣 (…)."
26 김철준, 「고구려·신라의 관계조직의 성립과정」, 『한국 고대 사회 연구』(지식산업사, 1995).
27 위의 책, 卷之三十. 동이전에 의하면 왕족의 각 대가들과 소노부(전 왕족), 절노부(왕비족)의 대가가 고추가라는 칭호를 받았다.

조를 갖고 있음을 알 수 있다. 이러한 형태의 극단적인 발전이 일본의 대명제(大名制)라고 볼 수도 있다. 아무튼 이러한 이중적 구조를 원형으로 출발한 고구려는 이민족, 특히 중국과 투쟁하는 과정에서 서서히 중앙 관료제도가 정비되어 갔으며, 각 부족의 유력자들이 중앙 관제의 고위직으로 포섭되는 과정을 거친 것으로 판단된다. 다만 각 부족의 지도 그룹이 중앙 관제의 고위직으로 진출한다 하더라도 자기 출신 지역의 토지 지배권이나 영역 지배권(강, 산, 전답, 인민에 대한 지배권)은 계속 유지했다. 그럼으로써 이들은 자신들의 실력을 기반으로 해서 유력 부족 가신단의 상위에서 회의체적 관료제도를 구성했고,[28] 따라서 행정에서 국왕의 일인 전제는 출발선에서부터 제약을 받았다.[29] 이와 같은 국왕 일인 전제에 대한 제약은 이후 우리 역사의 전개에서 본질적인 전통으로 남게 되었다. 반면 관료 집단은 귀족, 호족, 양반 사대부로 그 명색을 달리하면서도 상당한 자율성을 확보하고 있었다.

신라에서도 육촌의 촌장들이 회의를 통하여 지도자를 선출했는데, 이러한 사실은 신라 역시 연합형으로 국가가 형성되었음을 보여 준다.[30] 물론 신라의 발전 과정을 보면 육부족(六部族) 연합체에서 박, 석, 김 삼성(三姓) 연합체로, 다시 김, 박 이성(二姓) 연합체(성골 체제)로 변화하고, 최종적으로 김 씨 단독 성 체제(진골 체제)로 최고 권력이 재편되면서 관료 집단의 구성에도 상당한 변화가 있었다. 그럼에도 연맹체적 구조와 성격을 근본적으로 벗어나지는 못했다. 그것은 신라에서 관료 집단은 원칙적으로 귀족적 성향과 혈통 존중의 바탕

---

28 김철준, 「고구려·신라의 관계 조직의 성립 과정」, 『한국 고대 사회 연구』(지식산업사, 1975).

29 위의 책, 129면. 고구려는 후기까지 오부(五部) 계통의 세력이 강력하여 오부 연맹의 성격에서 완전히 탈피하지 못했다고 본다.

30 위의 책, 153면.

위에서 형성되었고, 고위직은 김, 박 두 씨족이 거의 오로지했으며, 모든 관직은 골품제에 의하여 기본적인 제한이 가해진 것에서 알 수 있다.

고구려의 건국 시조인 주몽(朱蒙)이 문명 수준이 한층 높았던 북부여에서 이주한 것과, 신라의 건국 시조인 박혁거세가 하늘에서 온 아이로 여섯 마을의 세력가들이 그를 거서간(居西干)으로 추대한 것은, 높은 문명권의 인물들이 낮은 문명권에서 정치체를 형성하는 패턴에 따른 것이다. 백제 또한 북방에서 남하한 유이민 집단이 중심이 되어 지역 토착민과 연합하여 국가를 형성한 패턴을 따랐다. 그러나 백제 역시 8대 성이 왕족인 부여족과 연합하여 국가를 형성한 점에서는 고구려, 신라와 별반 다르지 않다. 이들 씨족 출신이 백제의 고위 관직을 독점하는 관료 집단을 형성했다.

이처럼 우리나라의 고대에서 상층 관료 집단은 다분히 자신의 권력 지분을 갖고 중앙 관제에 참여하는 귀족적, 호족적 성향을 지녔으며, 이러한 관료 집단의 존재로 말미암아 국왕이 권력을 오로지하는 권력 집중 현상은 상대적으로 약할 수밖에 없었던 것으로 이해할 수 있다.

2. 중국 관제의 영향과 정책 결정 과정의 특징

중국 대륙은 전국 시기 말기에 접어들면서 수많은 전쟁이 있었고, 이때 많은 인구가 전쟁이 없는 한반도 서북 지역으로 유입되었다. 위만은 약 천 명의 무리를 이끌고 망명했는데, 그는 아마도 연나라 군대의 중견 장교였을 가능성이 크다. 위만은 조선 왕 준(準)에게 항복 의사를 밝히고 서북 경계 방어를 담당하는 역할을 자원했다. 위만의 눈에는 당시의 조선이 확고한 통치 기반을 구축하지 못한 어수

룩한 정치체로 보였을 것이다. 중국에서 위만 그룹이 경험한 것은 조선의 지배층으로서는 상상하기도 어려운 것이었다. 위만 그룹은 전국 시대를 거치면서 발달한 중국의 군사 조직과 관료 조직은 물론 그것을 운영하는 기술까지도 알고 있었다. 위만은 준왕을 속여서 쫓아내고 느슨하게 결합되어 있던 조선을 접수했다. 그들은 중국에서 경험한 관료제와 군대 조직 편성 방법을 적용하여 이전에는 볼 수 없던 강한 국가를 만들었다. 강력한 위만의 군대는 주변의 여러 집단을 지속적으로 정복해서 병합[31]했고, 늘어난 영역을 관리하는 데 중국에서 겪은 경험은 매우 유용했다. 위만 조선의 엘리트들이 가진 민족적 성격이 학문적 이슈가 되지만, 더 중요한 것은 위만 정권의 관료 체제를 구명하는 것이다.[32]

한 무제 시대 사마천이 저술한 『사기』 「조선전」에는 조선상(朝鮮相) 노인(路人), 니계상(尼谿相) 참(參), 장군 왕협(王唊) 등의 인물이 나타난다. 상(相)은 문반 계열의 관직 명칭이고, 장군은 무반 계열의 관직 명칭으로 보이나, 더 이상의 기록은 나타나지 않는다.

중국적 관료제에서 문반 계열과 무반 계열 분리는 상당히 오랜 전통을 가지고 있다. 문반이 엄밀한 제도로 나타난 것은 진시황 때[33]이나, 문직과 무직 구분은 그 이전에도 기본 흐름은 있었다. 주나라에는 제사를 주관하는 관료와 영토와 사직을 보위하는 것을 임무로 하는 관료가 있었다. 『예기(禮記)』 「곡례(曲禮)」 편에는 문관 계열의 '육태(六太)' 관직이 실려 있다. 태재, 태종, 태사, 태축, 태사, 태복이 그것이다. 이것은 문헌상 나타나는 가장 오래된 기록으로 문관직의 이름이다. 이들 관직의 명칭은 일정 부분 제사와 관련된다. 사회의 발

---

31 위만 조선의 성립 과정에서 '정복'의 의미를 부각한 것은 김정배, 앞의 책, 35~41면.

32 김정배, 앞의 책, 43면.

33 楊鴻年 외, 앞의 책, p.212.

전에 따라 사도(司徒), 사마(司馬), 사공(司空)의 명칭이 등장하면서 전차(戰車)전을 상징하는 사마(司馬)라는 군사 부문[34]도 중요한 영역으로 나타났다.

우리나라의 고대 관료제도는 아직 중국의 육전(六典) 체제의 근본적 내용이 알려지지 않았거나 그 집권적 특징이 우리와 맞지 않았기 때문에 전통적인 회의체적 특징을 강력히 나타내었다. 부여의 정치권력은 유력한 네 부족의 연합에 의해 형성되었다. 말[馬]과 소[牛]와 멧돼지[豬]와 개[狗]로 상징되는 부족이 그들이다. 이 시기 부여 지역에서는 농경보다는 가축을 중시했고, 각 부족은 독자적인 전투력을 보유했다. 문명의 격차가 없었기 때문에 각 부족은 동등했다. 정치적 수장은 동배 집단 가운데서 추대되었다는 성격이 강했다. 중요한 것은 회의를 통해 결정했고, 추대된 왕의 권한은 약했다. 가뭄이나 천재지변이 왕의 책임이 되어 살해되는 경우도 있을 정도였다.

고구려의 국가 형성 초기에는 왕이 오부족 부족장들의 선거에 의해 추대되었다. 계루부의 고 씨(高氏) 부족이 왕의 자리를 세습하는 것으로 변했지만, 회의체의 유풍이 소멸된 것 같지는 않다.[35] 부족장인 대가(大加)와 대가의 대표 격인 상가(相加)가 존재하고 대대로, 태대형, 울절, 태대사자, 조의두대형, 대사자, 대형, 소사자, 소형, 제형, 선인 등의 중앙 관제를 갖추고 기존의 족장들을 중앙 관제에 흡수했어도 중요 국사나 군사 등 기밀에 관한 사항은 부족적 기반을 갖고 있는 상위직 관료들이 회의를 통하여 결정한 것으로 보인다.

신라의 관료제도 역시 여섯 촌장들의 합의로 왕을 추대한 사실이나 화백 제도 등에서 볼 수 있듯이 회의체적인 성격을 강하게 띠었

---

34 陳茂同, 『中國歷代 職官沿革史』(天津: 百花文藝出版社, 2005), pp.29～30.

35 『後漢書』, 卷之八十五, 東夷列傳 第七十五, 高句麗條, "無牢獄 有罪 諸加評議便殺之 (…)."

다. 이러한 측면은 서구적 관직의 발생이 최고 권력자의 신변 관리 업무나 가사 관리 업무가 발달하여 형성된 가산관료제적 특징과는 상당한 차이를 보인다.

회의체적 성격은 법흥왕 이후 급속하게 중앙 부서와 17관계(官階)가 정비되어도 없어지지 않고 존속한 것 같으며, 골품제의 기초 위에서 성골과 진골 귀족 집단이 중요 정책을 결정하고 집행하는 형태로 운영되었다. 즉 국가 체제와 왕권이 강화되는 상황 아래에서도 강력한 정치적 기반을 갖고 있던 부족장들은 왕권 강화를 자신들의 이익에 부합하는 방향으로 행사했다. 그와 동시에 국가의 일정한 통제를 감수하는 형태로 회의체적 관료제 운영을 제도화했는데, 대등(大等)이나 이들의 의장인 상대등(上大等) 등의 관직이 이러한 상황을 잘 보여 준다. 신라에서 '갈문왕(葛文王)', '대등(大等)', '상대등(上大等)' 등은 초기 신라 관료제도의 특징을 잘 나타낸다.

갈문왕은 왕의 장인 등에게, 대등은 각 부족장에게 주는 관직이었으며, 상대등은 부족장 회의체의 우두머리였다. 그런데 이들 협의체적 성격의 관직은 내물왕, 법흥왕, 진흥왕 등의 업적을 바탕으로 김씨 왕권 강화기를 지나 삼국을 통일한 뒤에는 왕권 중심의 시중(侍中) 등의 관직으로 권력이 넘어갔다. 그러나 이러한 경향도 상대적인 왕권 강화를 나타내는 것이지 본질적인 것은 아니었다. 이것은 고위 관직자들이 여전히 지역성에 근거한 강력한 토지 지배 세력이었기 때문이다. 동시에 이러한 귀족 세력의 강고한 존재는 왕권의 상대적 강화라는 변화에도 불구하고 이른바 관직의 품계를 혈통에다 연관짓는 골품제라는 기본 틀에 의해서 유지된 것과 관련이 깊다. 골품제는 장기 지속적인 토지 지배에 근거한 귀족 집단의 상층 관료 독점권으로, 그것은 왕권에 대한 제약임과 동시에 일반 인민에 대한 억압 장치로도 기능했다.

백제 또한 유이민 집단이 토착 세력의 협력을 바탕으로 이룩한 나라인 만큼 왕권이 취약한 측면이 있었고, 이러한 점이 오히려 중국의 문화를 쉽게 수용할 수 있게 한 것 같다. 즉 이른바 육전 체제와 유사한 육좌평을 두어 왕명 출납(내신), 재정(내두), 의례(내법), 형옥(조종), 숙위(위사), 병마와 군사(병관)의 업무를 분장하여 맡아 보게 했으며, 관품도 16등급으로 구분했다. 백제에서도 정사암(政事岩)의 고사(故事)에서 보듯이 귀족들의 회의체적인 운영과 결정이 관료제 운영의 기본 틀이 되고 있음은 의심의 여지가 없다.

백제 역시 유이민 집단의 우두머리를 둘러싼 가신단이 관료제의 중추를 형성했다기보다는 유이민단의 지도 세력과 유력한 토착 세력이 상층 관료 집단을 구성한 것으로 보는 것이 타당한 것 같다. 따라서 고구려의 '상가'나 신라의 '상대등'처럼 백제에는 '상좌평(上佐平)'이 있어 관료단의 우두머리 역할을 했다. 그는 유력 씨족들의 우두머리라는 성격을 아울러 갖고 있었으며, 회의체의 장 역할을 수행했다. 백제도 시간이 흐름에 따라 왕권이 강화되었으나 기존의 귀족 세력을 인정하는 범위 안에서 그러했다. 그들은 본질적으로 국왕이 사여하는 '녹봉'에 자기의 모든 생활을 의탁하는 관료단이 아니라, 고구려와 신라와 마찬가지로 자신의 토지 지배력을 온전히 소유하고 있는 사람들로 구성된 관료단이었으므로 왕권 강화에는 한계가 있었다.

3장 삼국 시대 관료제의 특성과 관료

　불교와 유교, 도교의 사상이 언제 어떤 경로로 우리나라에 들어와 어느 정도의 영향을 미쳤는지를 정확히 아는 것은 어렵다. 고구려 소수림왕 시기의 태학과 경당(扃堂)에 관한 기록, 신라 원성왕대의 독서삼품과 설치, 강수와 설총에 관한 기록, 『삼국사기』에 나타나는 외교 문서, 이차돈의 순사, 각종 불사 등에 관한 기록은 의외로 일찍부터 유교 경전과 불경 등 한자 기록은 물론 그것에 담긴 사상과 접할 수 있었음을 알 수 있다.

　더구나 왕의 순시(巡視)와 진제(賑濟)와 구휼(救恤)에 관한 기록은 정치와 행정이 유교와 불교의 보편적 가치에 근거하여 실행된 사례라 하겠다. 그럼에도 삼국의 지배 엘리트 구성은 씨족이나 부족 혈통의 우월성이라는 토착적 가치관에 깊숙이 뿌리를 두고 있었다. 유교와 불교와 도교의 가르침이 보여 주는 인격과 능력 우선의 평등적 가치관은 '혈통과 세력의 우월성'을 강조하는 토착적 가치관을 극복하는 데는 근본적 한계가 있었다. 그 극단에 신라의 골품제가 존재했고, 고구려의 오부족, 백제의 팔성 귀족과 같은 정치 행정 엘리트의 모집단은 소수의 특권 계층으로 제한되었다. 나머지 대다수의 인민들은 노동과 조세 납부를 통해 국가 경제를 지탱했고, 전쟁에 동원되어 국가를 방어했다. 보편 가치를 깨달은 각성한 정치적 리더가 나타나도 지배 엘리트의 이익을 무시하면서 선진적 정치사상을 현실에 구현하기는 매우 어려웠다.

신라, 고구려, 백제 삼국은 국가 형성 과정상에 미세한 차이는 있지만, 국가 구성과 관료제 형성 과정과 내용 면에서는 상당한 공통분모를 가지고 있다. 그중에서도 핵심은 정치와 행정을 담아내는 체제가 왕실과 귀족 중심으로 만들어졌다는 것이다. 이 시대는 아직 정치와 행정이 인민을 위해 존재한다는 사상이 힘을 얻지 못했다. 국가는 왕족과 귀족 등의 특권 계급을 위해 존재하는 것이었으며, 인민은 그들의 삶을 지원하는 수단으로 간주되었다. 다만 불교적 자비 사상이나 도가적인 겸하(謙下) 사상, 유가의 충효 사상이 엘리트들의 가치관으로 수용되는 경우, 지배 엘리트 그룹의 건강성이 배려와 솔선으로 나타나고, 인민의 지지를 획득했다.

왕실의 일원이거나 귀족 세력가의 경우, 독자적인 무력과 가산을 관리하는 수종(隨從) 집단을 거느렸다. 따라서 정책 결정 구조는 우두머리들의 회의체와 이 우두머리들이 장악한 행정의 각 부문에서 수종들이 실무에 관여하는 방식이었던 것 같다. 물론 국왕은 가장 큰 지분을 가지고 자신의 수종들을 실제의 행정 요직에 배치했다. 그 가운데서도 우두머리와 수종 집단 간을 준별한 나라는 신라로서, 골품은 혈통을 신성시하는 관념이 제도로서 나타난 것이었다. 『삼국사기』 신라 편에 등장하는 관직자들이 거의 모두 왕족인 것은 이러한 정치 구조를 가장 잘 드러낸다. 가야 왕족 출신인 김유신(金庾信)의 부친 김서현(金舒玄)이 신라 왕족과 결혼하는 것도 당시의 관념으로는 매우 어려운 일[36]이었다. 그만큼 신라에서는 신분제적 요소가 매우 강했다.

고구려에서도 건국 과정에 참여한 오부족의 우두머리들이 중요 정책을 결정하는 핵심 엘리트들이었고, 각자는 독립적으로 지배 영역을 가지고 있었으며, 각 지배 영역에는 행정을 담당하는 수종 집단

---

36 金富軾, 『三國史記』, 列傳, 金庾信 上.

이 있었다. 이 책의 관심에 따라 삼국시대의 관제구성과 관료, 준거 사상을 요점을 부각하는 방식으로 간단히 정리해 보자.

1. 신라의 관제와 관료, 준거 사상

1) 신라 사회의 구성과 지배 엘리트

현재의 경주 지역인 서라벌은 고조선의 유민들이 피난하여 정착한 곳이었다. 중국의 후한이 삼국으로 나누어져 쟁패하는 혼란의 와중에 넘어온 위만이 고조선왕조를 교체했다. 중국의 정치술을 터득한 위만이 고조선 조야의 신망을 얻는 일은 쉬웠다. 후한과 고조선의 문명 격차는 몇 백 년의 거리가 있었을 것이고, 위만의 지식과 지혜는 경이로움 그 자체였을 것이다. 위만 조선의 출발은 고조선 지배층 모두에게 환영받을 수는 없었다. 일부의 지배층과 유민들은 남으로 이주했고, 이들 가운데 일부가 경주 지역에 정착한 것으로 볼 수 있다. 이들 이주민들과 토착민들 사이의 문명 격차 또한 매우 컸다. 이주민이 중심이 되어 정치체를 형성한 것이 신라다. 그들은 자신들의 지위를 영속하고 싶어 했고, 그러한 열망이 골품 제도로 나타났다고 볼 수 있다.

신라의 지배 계급을 구성하는 엘리트의 모집단은 소수였다. 신라 사회는 매우 다층적인 계급으로 구성되었다. 전쟁을 통해 형성된 정치체가 아님에도 엄격한 계급으로 나누어진 것은 지배와 피지배의 계기가 문명의 수준 차이에서 비롯되었기 때문인 듯하다. 고급 문명을 가진 이주 집단의 위계가 상위에 위치하고, 원래의 토착민들이 가지고 있던 권력적 위계가 하위에 위치한 것으로 보인다. '두품(頭品)'은 부모의 혈통에 의해 결정되는 생득적인 것이었다. 신라의 엘리트는 성골(聖骨)과 진골(眞骨)에 속한 사람이어야 했다. 탈해왕 11년(서기 67), 봄 정월에 박 씨 귀척들을 나라 안의 주와 군을 나누어 다스리게 하고, 주주(州主)와 군주(郡主)라 한 것도 골품제 내의 인사가 갖는 특징이다.

통치를 하려면 관료제적 수단이 필요하고, 관료제는 어떤 권력적 기반 위에서, 어떤 사람들이 충원되는지에 따라서 성격이 결정된다. 그리고 관료제가 궁극적으로 '누구'의 이익을 위해 기능하는지도 중요하다.

김부식의 『삼국사기』는 고려가 신라를 계승하고 있다는 관점에서 구상되었다는 것은 일반적으로 인정된다. 그런데 신라의 정치체 구성이 고구려나 백제보다 앞섰다는 것에 의문을 갖는 학자들이 많다. 대륙의 문명권에서 멀리 떨어진 신라 지역의 정치체 구성이 늦을 것이라는 것은 상식적 판단이다. 그러나 정치체 구성의 핵심 세력이 우월한 문명 지역(하늘, 태양 등으로 표현되는)에서 이주한 사람들이라면 문제는 달라진다.

서두에서 본 것처럼 신라 건국의 핵심 세력은 조선의 유민[37]이었다. 당시 고조선과 신라 지역 토착민들 간의 문명 격차는 수백 년에 이르렀을 수 있다. 시조 왕 박혁거세 역시 이주민이었을 것이고, 골품제적 정치 사회 구성이라는 측면에서 보면 고조선 왕실과 같은 신성한 혈통에 속하는 인물이었을 것으로 추정된다. 혁거세를 추대하는 과정은 이러한 추정을 가능하게 한다. 그가 지도자로 추대되었을 때는 소년이었다. 신라는 대륙이나 북방에서 정변이 일어날 경우 고급문화를 가진 지배층의 피난 지역이 되었다. 고구려 대무신왕(大武神王: 무휼)이 낙랑을 쳐 멸망시킬 때도 5,000명이 투항했고, 그들을 육

---

37 『역주 삼국사기』 권제1, 「신라본기」 제1, 정구복 외 옮김(한국학중앙연구원출판부, 2012), 91면.

부(六部)에 나누어 살게 한 사례[38] 역시 이러한 맥락과 관련이 있다.

신라는 이웃한 백제와 가야, 그리고 왜와 위말갈 등의 세력과 끊임없이 충돌하면서 체제와 제도를 정비해 나갔다. 최고 지도자와 지배 계급은 혈통의 '신성성'에 기초한 '골품'으로 구성되었으며, 이는 골품 집단 지배 체제라고도 할 수 있다. 계급 내에서는 행정 능력과 군사 운영 능력이 중요시되었다. '군무와 국정'의 실질적 책임은 이찬(伊飡) 또는 이벌찬(伊伐飡)이 맡았다. 이벌찬과 이찬은 신라 17관등 가운데 1, 2위인데, 이벌찬은 특별한 경우가 아니면 비워 둔 듯하다. 대부분 2위 관등인 이찬[이척찬(伊尺飡)]이 실질적인 재상 역할을 수행했다.

초기의 이찬은 명선 → 창영 → 익종 → 웅선 → 대선 → 계원 → 흥선으로 이어져 갔다. 이들이 실질적인 집정자였다. 파진찬(波珍飡)과 일길찬(一吉飡)은 부책임자로서 이찬을 보좌했다. 전쟁이 빈번했으므로 파진찬과 일길찬은 유사시 군사령관의 임무를 맡았다. 신라의 관등 체제에서 특별히 파진찬과 일길찬이 많이 거론되는 것은 군사 문제와 관련한 것으로 보인다. 벌휴왕 2년 파진찬 구도(仇道)와 일길찬 구수혜(仇須兮)를 좌우 군주(軍主)로 삼은 것은 실상을 제도화한 것이다. 자비왕 16년에는 아찬(阿飡) 벌지(伐智)와 급찬(級飡) 덕지(德智)를 좌장군과 우장군으로 삼았다. 무관에서 군주(軍主)와 장군(將軍)이란 직책이 비로소 나타났다.

이들은 일성왕 5년부터 등장하는 '정사당(政事堂)'[39] 체제의 핵심 멤버이기도 했다. 정사당의 구성은 골품의 범위 안에 있었다. 골품 내혼의 관습은 중첩혼(重疊婚)을 야기했고, 그로 인한 극소수의 혈족이 정치의 핵심 세력을 구성했다. 이웃 국가와 빈번하게 벌인 전쟁은

---

38 위의 책, 99면, 儒理尼師今 十四年.

39 위의 책, 108면, 逸聖尼師今 五年條.

군사 제도와 지방 행정 제도의 발전을 견인했다. 관등과 관직이 점차 분화되기 시작했고, 주, 군, 성을 단위로 한 행정이 발달했으며, 수도에도 방리(坊里) 제도가 도입[40]되었다. 법흥왕 18년(531) 나랏일을 총괄하는 '상대등'의 관직을 설치하고 이찬 철부(哲夫)를 상대등으로 임명했다. '각간(角干)' 역시 관직 명칭으로 보아야 한다. 군주(軍主) 역시 관직이었다. 법흥왕 4년에는 병부를 설치했고, 진흥왕 2년에 이사부를 중앙과 지방의 군사 사무를 관장하는 병부령으로 임명한 기록[41]이 있다. 법흥왕은 독자 연호인 건원(建元)을 사용(536)했고, 진덕왕 때까지 독자연호를 사용했다.

같은 관등의 인물은 여러 명이 있었고, 관직을 맡는 것은 또 다른 문제였다. 관직 체계가 정비되고 발전함에 따라 관등과 관직은 확실히 분리되어 갔다. 이찬 노리부(弩里夫)가 상대등을 맡고, 같은 이찬인 후직(后稷)이 병부령을 맡는 것과 같이 관등과 관직은 별개로 분리되기 시작했다.[42]

신라에 병합되는 가야의 경우는 '연맹체'론이 통설인데, 정복을 통한 관제를 정비하면서 고대국가를 형성해 간 것이라는 반론이 있다. 그러나 우리의 가설적 관점에 따르면, 강력한 전쟁행위를 통한 정복이 이루어지지는 않았을 것으로 보이고, 우리나라 특유의 강력한 '국'을 중심으로 연합형 정치체를 형성했거나 형성하는 과정에 신라와 통합된 것으로 추정된다. 즉 약한 나라의 군주들이 강한 국가의 고위관직으로 완전히 흡수된 것으로 보이지는 않고, 회의체 내지는 연맹체 조직의 구성원으로서 역할을 한 것으로 추정된다.

---

40 위의 책, 慈悲麻立干 十年二.
41 위의 책, 卷第四, 眞興王 二年.
42 위의 책, 卷第四, 眞平王 元年, 二年.

2) 신라 행정의 준거 사상

신라는 엄격한 신분제 사회로 출발했으나 '백성 수탈'을 통해 지배 계급의 이익만 도모한 것은 아니었다. 귀족들은 외적 방비와 진휼과 같은 국가적 임무 역시 적극적으로 수행했다.

"농사는 정치의 근본이고, 먹는 것은 오로지 백성이 하늘로 여기는 것이다[農者政本 食惟民天]. 여러 주와 군은 제방을 수리 보완하고 밭과 들을 널리 개간하라"[43]는 일성왕 11년의 정령(政令)은 알려 주는 바가 크다. 첫째, 신라의 고위 관료들이 중국에서 생산된 정치와 행정에 관한 자료를 볼 수 있었다는 점을 알 수 있다. 인용한 문구는 남제(南齊) 왕융(王融, 467~493)의 「영명구년책수재문(永明九年策秀才文)」에서 나왔다. 둘째, 진휼과 개간이라는 고대 동양 왕조의 위민 정책이 수용되고 있음을 알 수 있다. 이것은 동왕(同王) 14년에 인재 천거를 명령한 것과 함께 한층 발달한 국가 경영 방법을 이해하고 있었음을 알게 한다. 엄격한 신분제를 통하여 엘리트 지배 체제를 공고하게 유지했지만, 잦은 전쟁은 '백성'과 '인재'에 대해 주의를 기울이지 않을 수 없게 했다. 이 시기 신라는 당(唐)의 국가 경영 방식이나 행정에 대해 상당한 이해 수준에 도달해 있었다. 실성왕 42년 7월에 하슬라주에 가뭄과 흉년이 심했다. 왕은 곡사(曲赦)를 단행하고, 1년간의 조(租)와 조(調)를 면제하는 조치를 취했다.[44] 대사(大赦)와 곡사의 분별과 조(租), 용(庸), 조(調) 같은 부세법은 당나라의 제도였다. 국가 경영에 관한 중국적 경험을 선별적으로 수용하고 있음을 알 수 있다.

신라의 엘리트들이 수용한 가치관과 사상적 체계는 최치원(崔致遠)

---

43 위의 책, 109면.
44 위의 책, 卷第三, 實聖尼師今 四十二年, "(…) 年荒民饑 曲赦囚徒 復一年租調."

의 「난랑비서(鸞郞碑序)」에 직접적으로 드러나 있다. 나라에 '풍류(風流)' 라는 현묘(玄妙)한 도가 있고, 이것은 유, 도, 불 삼교의 가르침을 포괄하고 있음을 지적했다. 유교의 충효와, 노장의 무위불언의 도, 악행을 짓지 않고 선행을 격려하는 불교의 가르침을 융합하고 있음을 보여 준다.[45]

나라에 현묘(玄妙)한 도가 있으니 풍류(風流)라 한다. 가르침의 근원에 대해서는 선사(仙史)에 자세히 갖추어져 있거니와, 실로 삼교(三敎)를 포함하고 뭇 백성들과 접하여 교화한다. 이를테면 집 안에 들어와서는 효도하고 나아가서는 충성하는 것은 노나라 사구(司寇)의 가르침이고, 순리에 따라 일이 자연히 성취되게 하고 말 없는 가르침을 행함은 주나라 주사(柱史)의 뜻이며, 모든 악을 짓지 말고 모든 선을 받들어 행하라 함은 축건태자(竺乾太子)의 교화다.

신라의 엘리트들이 유교적 사유를 중요한 준거로 한 사례도 여러 곳에서 나타난다. 『논어(論語)』와 『맹자(孟子)』는 엘리트들의 정치 사상과 교양의 영역으로 수용되었고, 중국의 서적들이 들어와 정치적 논리 구성에 적극적으로 이용되었다. 내물왕 18년 백제 독산성 성주가 300명을 이끌고 항복해 왔고, 육부에 나누어 살게 한 일이 있었다. 백제 왕이 화친 약속을 앞세워 돌려보내라고 항의하자 신라에서는 『맹자』와 『양자법언(楊子法言)』의 논리로 반박했다.

"백성은 일정한 마음이 없습니다. 생각나면 오고 싫어지면 가는 것이 진실로 그런 까닭입니다. 대왕께서는 백성의 편치 않음은 걱정하지 않고 도리어 과인을 나무람이 어찌 이토록 심하십니까?"

신라는 항복한 백제인들을 소환하려는 백제 왕의 요구에 대해 유

---

45 위의 책, 卷第四, 眞興王 三十七年.

교적 민본의 논리를 내세워 물리쳤다. 신라 초기에 거듭 나타나는 진휼과 구제, 충효를 권장한 정책은 불교적 자비 신앙 또는 인과응보 사상과 유교적 가치관이 무리 없이 융합된 기반 위에 있음을 알 수 있다. 그럼에도 유교, 불교, 도교가 가지고 있는 보편적 가치는 '골품 제'라는 지배 엘리트 위주의 혈연적 연대를 해체하는 단계로까지 나아가지는 못했다. 골품제에 관한 설계두(薛罽頭)의 한탄은 골품에 들지 못하는 두품 엘리트들의 좌절을 극단적으로 보여 준다.

신라에서는 사람을 등용하는 데 골품을 따지기 때문에 진실로 그 족속이 아니면 비록 큰 재주와 뛰어난 공이 있어도 그 한계를 넘을 수 없다. 원컨대 중국에 가서 뛰어난 지략으로 큰 공을 세워 영광스러운 관직에 올라 칼을 차고 천자의 측근에 출입하면 만족하겠다.[46]

그런데 골품제라는 폐쇄적인 신분 제도에도 불구하고 민심의 이반을 극복하고 강력한 군대를 육성하여 삼국 통일을 이룬 원인은 무엇일까? 여러 가지 이유가 있겠지만 가장 중요한 것은 엘리트들의 '건강성'이었다. 그들은 전쟁 등 국가와 공동체를 위해 앞장서는 것을 의무로 생각했다. 우리가 익히 알고 있는 화랑 관창(官昌)의 이야기 같은 것은 그 하나의 예다. 엘리트의 건강성을 담보할 수 있었던 배경에는 유, 불, 도의 사상이 제시하는 가치를 지키고 실천하며, 무예 수련과 단체 생활을 일상화한 '화랑도'가 있다. 화랑도는 인재 배출의 근원이었고, 그들의 절제[47]와 헌신의 정신은 건강한 신라의 기초가 되었다.

---

46 위의 책, 列傳 第七, 薛罽頭.

47 위의 책, 卷第四十四, 列傳, 斯多含, "(……) 왕은 공을 책정하여 가라(加羅) 사람 삼백 명을 사다함에게 주었으나 그는 받아서 모두 다 놓아 주고 한 사람도 남겨 놓지 않았다."

2. 고구려 관제와 관료, 준거 사상

1) 고구려 지배 엘리트의 특성

문명의 전파 속도는 고대일수록 느리다. 고대인들에게는 접촉하는 집단과 자연 환경이 그들이 인식할 수 있는 세계의 전부였다. 의식의 확장은 좁은 영역에 머물렀고, 뒷산의 산봉우리나 큰 나무는 그들의 수호신이었다. 중국의 존재가 인식의 지평에 떠오른 것은 고조선에 이르러서였다. 중국 측 기록에 남아 있는 여덟 가지 법조 가운데 일부는 고조선 사회의 운영을 짐작하게 한다. 법과 형을 집행하는 기능이 있었고, 배상의 개념과 숫자의 관념이 확립되어 있었다. 이것은 소박한 의미의 행정을 가능하게 하는 자산이었다. 행정은 그 사회가 존중하는 가치를 실현하고 유지하는 수단으로 발생했다. 도구와 기술의 격차는 짧은 기간에 극복될 수 없었다. 석기와 청동, 그리고 철제 도구와 무기의 출현은 시대의 패러다임을 변화시켰다. 행정도 시대의 패러다임을 벗어날 수 없었다. 교육 현상은 한층 뚜렷한 형태를 드러내었다. 활쏘기와 칼쓰기는 물론, 무기 제조 같은 기능도 교육 체계 속에 들어가 있었을 것이다. 다만 체계적인 교육 시스템이 어떤 형태로 어떤 시기에 도입되었는지의 기록은 더 나중에 나타났다.

한사군 설치는 중국의 행정 기술이 도입되는 출발점이었다. 자극을 받은 고구려와 백제는 문무의 직제를 개편하고 왕권을 강화하는 방향으로 권력을 조직화해 나갔다. 고구려의 각 부족장은 왕과 동배적 지위에서 서서히 지분을 갖는 고급 관료로 변해 갔다. 오부족이 핵심 권력을 나누어 점유하던 것이 계루부로 세습되었다.

주몽(朱蒙)은 부여국에서 훈련된 인물이었다. 부여국의 문명은 압록강 유역에 존재한 여러 집단의 문명 수준을 훨씬 앞섰다. 주몽이 추종자들을 거느리고 별다른 저항을 받지 않고 나라를 세울 수 있었던 주된 이유도 문명 격차였다.

주몽의 아버지 해모수는 아마도 고조선의 유민으로 부여에 거주한 것 같다. 부여족 역시 동이족의 한 갈래로 조선족과는 언어 소통에 큰 문제가 없었을 것이다. 주몽의 건국도 유력 부족들의 협력 위에서 가능했다. 부족들의 연대에는 공통의 문화와 관습, 언어, 혈연적 친근성, 공통의 조상을 모신다는 신념 등이 매개되어 있었을 것이다. 압록강 유역의 지리적 특성은 한나라의 군사력이 미치기 어려웠고, 부여 역시 적극적으로 경략하기에는 장애가 많은 힘의 공백지였다.

고구려의 관료 집단은 이중적 구조를 가졌다. 중앙 정부에 참여하는 고급 관료들은 각 부족의 세력가들이었다. 그들의 수하들과 왕을 배출한 부족의 수하들이 실무적 행정을 담당하는 구조였다. '대로'와 '형', '우태(于台)', '패자(沛者)' 등으로 구성된 관직 체계는 부족적 관습과 권력관계를 담아 낸 것으로 보인다. 즉 족적인 위계가 관제에 반영된 것이다. 나라의 정치와 행정은 어른과 형이 담당하는 것이었다. 이러한 구조는 부여국에서도 마찬가지였다. 전쟁이 나면 각 지역을 지배하는 부족에서 군사를 내었다.

행정 기술[文]과 전쟁 기술[武]은 함께 중시되었다. 이 두 가지는 당시 동북아의 형세 상 국가를 유지하고 지켜내는 데 필수적인 것이었기 때문이다. 부여의 압박과 한사군의 존재는 고구려를 힘들게 했지만, 반면 건강한 나라의 기초를 정비하게 했다. 무예를 숭상했고, 교육을 장려했다. 성곽을 수축하고 도로를 정비하는 데 필요한 토목과 건축 기술이 발달했다. 행정에 충원되는 관료도 군사적 경험과 출중한 무예를 갖추어야 했다. 문약한 귀족은 상상하기 어려웠다. 고구려 고분인 각저총에는 씨름과 택견의 원래 형태라고도 할 만한 벽화가 남아 있다. 말 타고 활을 쏘며 사냥하는 벽화에서도 고구려인들의 일상과 그들이 귀중하게 여기는 가치를 엿볼 수 있다.

어비류(於卑留)와 좌가려(左可慮)의 반란은 고구려 초기의 권력 투쟁 가운데 하나였다. 그것은 강화되는 왕권에 대한 부족권의 저항이기도 했다. 고국천왕은 반란의 후유증 수습을 고심했다. 그는 각 부족의 세력가들에게 국상(國相) 추천을 위임했다. 회의 결과 안류(晏留)가 추천되었는데, 그는 자신의 세력을 가졌을 뿐만 아니라 여러 부족의 신망을 받고 있었다. 안류는 국상의 자리를 사양하고 자신보다 더 뛰어난 인물이라면서 을파소(乙巴素)를 추천했다. 을파소는 고관을 지낸 을소(乙素)의 손자로, 압록강 가에서 낮에는 농사를 짓고 밤에는 독서를 하며 지내고 있었다. 김부식이 『삼국사기』 고구려기를 서술할 때 지금은 사라진 『구삼국사』를 참고한 것으로 보이는데, 김부식은 을파소를 주목했다. 을파소는 촉한의 명재상 제갈량을 연상하게 하는 인물이었다. 안류와 을파소의 일은 당시 고구려 최고 지성들의 사상과 지적 지형을 알 수 있게 하는 사건이다. 전국 시대 제나라의 명재상 관중(管仲)과 그 친구 포숙(鮑叔)의 우정은 '관포지교(管鮑之交)'로 널리 알려져 있다. 포숙은 제환공의 공신이자 핵심 참모로서 관중을 추천했지만, 안류는 공적인 추천을 받아서 을파소를 천거했다. 자기보다 유능한 인물을 추천하는 안류에게서 훗날 강성한 고구려가 이룩될 수 있었던 까닭을 엿볼 수 있다. 반란으로 흔들리던 고구려의 인민들은 국상 을파소의 행정에 안도하고 환호했다. 부족의 대표들이 순환하며 담당하던 국상의 자리가 비로소 '능력'을 감안한 직위로 바뀌었는데, 이것은 고구려 행정의 발전을 의미했다.

좌보(左輔)와 우보(右輔)의 직능이 '국상(國相)'의 기능으로 통합되고 '능력' 위주로 선임된 것은 하나의 사례라 해도 여러 가지 뜻을 내포한다. 고구려 오부족의 전통은 매우 강고했다. 이때에 이르러 반란을 진압하고 오부족의 동의 과정을 거쳐 국상을 임명할 수 있었던 것은, 제한적이나마 왕권의 신장을 나타낸다. 중외대부 패자(沛者) 어비류와 평자(評者) 좌가려 등이 왕후의 친척으로 절노부 세력을 배경으로 반역했다가 왕의 관할 영역인 기내(畿內)의 군대에 의해 진압된 것은 왕권 신장의 계기가 되었다. 이로써 국왕 중심의 관료제가 한층 강화될 계기가 마련되었다. 오부족의 지배 종족이 아니었던 을파소가 국상이 되자 조정의 대신들과 국가의 인척들은 신진으로서 구신 귀족들 사이로 비집고 들어왔다고 을파소를 미워했다. 그러자 왕이 "귀천을 막론하고 정말로 국상의 명을 따르지 않는 자는 멸족하겠다."[48]라고 할 수 있었던 것은 그 증거다.

고구려의 관제는 그 밑바탕에 오부족 연합이라는 현실을 담아내는 구조가 녹아 있다. 국가의 관직 체계와 각부의 족적 기반을 나타내는 명칭이 뒤섞였다. 좌보나 우보, 국상, 중외대부와 같은 것은 국가의 관직 체계이며, 패자와 평자 같은 것은 각 부족의 지배 엘리트를 부르는 명칭으로 보인다. 관등과 관직은 상당한 분화가 이루어져 있었던 것으로 보이고, 중앙정부와 부족 관할의 관등과 관직 명칭은 중복도 있었던 것 같다.

"환나 우태 어지류를 좌보로 임명하고 작위를 더하여 대주부(大主簿)로 삼았다. 겨울 10월에 비류나 양신(陽神)을 중외대부(中畏大夫)로 임명하고 작위를 더하여 우태로 삼았다."[49]

여기서 보면 '환나 우태가 있고, 우태가 있음을 알 수 있고, 좌보와 중외대부는 관직명칭이고 우태, 대주부' 등은 관등임을 알 수 있다.

각 부족의 지배 계급이 국가 관료제의 핵심 지위를 차지하는 것은 당연시되었다. 이로써 좌가려의 난을 계기로 '바닷가에서 을파소를

---

48 위의 책, 卷第十六, 高句麗本紀, 第四, 故國川王 十三年, "於是 朝臣國戚謂素 以新間舊 疾之 王有教曰 無貴賤 苟不從國相者族之."

49 정구복 외, 앞의 책, 〈高句麗本紀〉, 第三(次大王). 343면.

뽑아' '여러 사람의 입놀림에도 흔들리지 않고 모든 관료의 윗자리에
두는' 혁명적인 개혁이 단행된 것이었다. 이러한 진전은 국력의 신장
으로 이어져 19대 광개토대왕은 391년 중국과 다른 독자의 연호(年號)
인 영락(永樂)을 사용했다. 중국왕조와 대등한 황제체제를 표방했던
것이다.

국가 권력의 정당화는 선진적 이념뿐만 아니라 건국 과정의 경험
을 통해 가능했다. 곳곳에서 드러나는 '진휼' 정책과 '천거'에 의한 인
재 등용은 이웃 나라와 벌이는 전쟁과 갈등 속에서 그 정당성과 합
리성을 인정받았다. 유교적 가치관은 명확히 인식되지 않았고,[50] 그
것이 고구려인의 일상을 지배하기는 어려웠다.

2) 관료의 신분과 선발 기준의 원형

고구려에서는 '누가', '무엇'으로 관료가 되었는가? 그리고 그들은
어떤 생각과 가치관으로 행정에 임했는가? 관료 문화나 관료제 구성
의 기층(基層)은 어떤 특성을 가지고 있는가?

앞에서 살펴 본 바처럼 고구려에서도 오부족의 지배 혈족들이 상
층 관료단을 점유했으며, 하층 관료단은 그들 지배 혈족의 수종 집단
으로 구성되었을 것이다. 다만 강대한 대륙 세력과 충돌하고 갈등하
는 과정을 거치면서 형성된 국가였기 때문에 '무예'와 '용감성' 등을
숭상하는 상무적 기풍이 강했다.

특히 국가 건설의 초기에는 국가 경영을 위한 행정력뿐만 아니라,
우선적으로 무예, 즉 활을 잘 쏘는 능력이나 전마(戰馬)를 잘 다루는
능력 등에 가치를 두었다. 주몽이 "활을 만들어 쏘면 백발백중이었

---

50 『三國史記』 高句麗本紀, 山上王 一年條. 산상왕(山上王)은 자기를 왕으로 만들어
준 고국천왕(故國川王: 산상왕의 형)의 왕비이던 우 씨(于氏)를 왕후로 삼았다.

다"는 기록이나, 비류국왕 송양(松讓)과 벌인 활쏘기 시합에 대한 기록, 날랜 말을 알아내어 얻어 낸 기록 등은 당시 중요하게 여긴 가치가 무엇인지를 추측하게 한다.

이것은 당시의 만주 지역이 소연맹체들의 각축장이었음을 말해 준다. 주몽 자신이 송양의 비류국으로부터 항복을 받아냈고, 부분노(扶芬奴)를 시켜 행인국(荇人國)을 정복했으며(동명성왕 6년), 부위염(扶尉猒)으로 하여금 북옥저를 정복한 사실에서도(동명성왕 10년) '무(武)'의 영역에서 뛰어난 인물이 핵심 관료가 될 가능성이 높았으리라 생각된다.

고구려 건국 주도 세력 역시 선민의식이 강력했다. 주몽이 '천제(天帝)의 아들'임을 천명하고, 햇빛을 받아 태어났다고 한 것이 그것이다. 이 시대의 정당성의 근원은 신앙적 차원의 '하늘' 또는 '하늘 임금[天帝]'이었음을 알 수 있다. 원래의 성을 '해(解)'라고 표기한 것은 우리말로 태양을 '해'라고 부른 것과 상관있는 것으로 보인다.

그럼에도 원래의 후원 세력에 더하여 새로운 세력 규합이 절실하던 고구려 초기의 인재 발탁에서는 출신을 불문하고 '능력'을 우선시한 것으로 보인다. 주몽이 남으로 내려갈 때, 그는 오이(烏伊)와 마리(摩離), 협보(陜父)를 '벗'으로 삼아 함께 갔다. 이때 함께한 이들이 '종자(從者)'나 노복 또는 부하의 위치에 있는 것이 아니라 '벗'이었음은 상징하는 바가 크다. 모둔곡에 이르러서는 재사(再思)와 무골(武骨), 묵거(默居)를 만나 성씨를 내리고 함께했다. 이들이 '삼베', '중', '마름[水藻]'의 옷을 입고 있었고, "성을 말하지 않았다"고 기록한 것은 그들이 널리 알려진 출신이 아니었음을 말해 준다.

유리왕이 부여를 떠나 고구려로 아버지를 찾아올 때도 옥지(屋智), 구추(句鄒), 도조(都祖) 등 세 사람과 함께였다.[51] 그는 주몽 때 항복한

---

51 위의 책, 卷第十三, 瑠璃明王 元年.

다물후 송양의 딸을 왕비로 삼았으며, 왕비가 죽자 골천 출신의 화희(禾姬)와 한나라 사람 치희(稚姬)를 후비로 삼았다. 고대 국가의 세력 확대와 유지를 위한 패턴 가운데 하나인 혼인 정책을 사용한 것은 이후의 인재 등용에 귀족과 외척의 영향력이 증대하리라는 것을 보여 준다.

그러나 여전히 인재 발굴과 등용에서 신분은 신라에 비해 크게 작용하지 않은 것으로 보인다. 유리왕은 수도 이전을 위해 국내로 가서 지세를 보고 오다가 사물택(沙勿澤)에 이르러 한 장부를 만나 위(位) 씨 성과 사물(沙勿)이라는 이름을 주어 신하로 삼았다(유리왕 21년). 위사물(位沙勿)의 경우 이름도 성도 갖지 못한 인물이었음을 알 수 있다. 유리왕의 아들 대무신왕 역시 인재 포용 정책을 지속하는 한편 국력을 크게 신장시켰다. 그는 부여 정벌 과정에서 부정(負鼎) 씨와 북명(北溟) 사람 괴유(怪由), 적곡(赤谷) 사람 마로(麻盧) 등을 발탁했다.[52] 이처럼 고구려에서는 능력 위주로 인재를 등용했으며, 출신에 의한 속박은 느슨했음을 알 수 있다. 이것은 수많은 위험과 위협에 노출되어 있던 국가의 필연적 선택이기도 했다.

다섯 부족 간의 내부적 경쟁도 능력 중시 풍토를 형성하는 데 일조한 것으로 보인다. 대무신왕 8년에 국왕은 을두지(乙豆智)를 우보로 삼아 그에게 군무(軍務)와 국정을 맡겼고, 동왕 10년에는 을두지를 좌보로 삼고 송옥구(松屋句)를 우보로 삼았다. 이는 유리왕 시기의 수상이라 할 수 있는 대보(大輔)가 좌보와 우보로 나누어졌음을 보여 준다. 이처럼 좌우로 나누는 것은 북방 민족의 관직 분류 방식으로, 흉노도 좌현왕과 우현왕으로 나누어 통치했다. 이는 중국의 전통적인 관제 편제 방식과는 다르다.

---

52 『三國史記』高句麗本紀 第二, 大武神王 五年條.

3) 정치, 행정의 준거 사상

고구려의 정치와 행정이 어떤 목적과 가치를 준거로 했는지는 명확하게 드러나지는 않는다. 아마도 상고 시대의 부족 연맹체 같은 정치 공동체가 공통으로 가지고 있던 영역과 인민 수호 외에 정치와 행정 등 권력 행사를 정당화하는 관념은, 상위 문명권과의 교섭을 통하면서 전통적 가치를 세련화한 결과로 보인다.

대무신왕 11년 요동태수가 침략해 왔을 때, 우보 송옥구는 "신이 듣기에 덕을 믿는 자는 번창하고 힘을 믿는 자는 망한다고 했습니다"라고 했다. 이는 진한 시대의 덕정이나 왕도의 논리를 공유하고 있었음을 말해 준다. 여기서는 고구려를 '덕을 믿는 나라'로, 요동태수를 '힘을 믿는 자'로 규정했다. 이때 좌보인 을두지는 "작은 적은 강해도 큰 적에게는 잡히는 법[小敵之堅 大敵之擒也]"라고 했는데, 이는 『손자병법(孫子兵法)』에 나오는 말로 이 시기 고구려 지배 엘리트들이 중국의 정치사상과 군사 사상을 상당 부분 공유했음을 말해 준다.

3. 백제의 관제[53]와 관료, 준거 사상

1) 백제의 관제

백제는 부여와 고구려를 거쳐 남하한 유이민 세력과 토착세력의 연합으로 성립한 국가다. 개로왕이 위(魏)에 올린 표문(表文)에 '신은 고구려와 더불어 근원이 부여에서 나왔습니다.(源出扶餘)'라 하고 있

---

53 노중국, 「백제의 관제와 그 성격」(2006)에서 밝혀진 지식을 기반으로 하고, 저자의 분류방식과 문제의식에 따라 새로운 근거를 더하는 방식으로 정리했음.

는데, 백제 왕족의 '기억'의 실상을 보여 준다. 그들은 토착 세력보다 우월한 무기와 정치 능력을 갖고 있었으나, 인구에서는 절대적 열세였다. 이 점에서 유이민 지배층은 유력한 토착 세력의 협력을 받아 나라의 기틀을 잡을 수밖에 없었다. 초기의 고급 관료는 이들 토착 세력의 우두머리들로 구성되었을 것이고, 실력의 현실적 여건에 맞추어 관직이 발생했다. 『삼국사기』에 나타난 좌보(左輔)와 우보(右輔)가 종신직이었다는 것은 저간의 현실을 보여 준다. 이런 까닭에 말단의 관리까지 중앙 정부에서 임명하는 시스템이 아니라 호족들의 영역 안에서는 각 토착 세력의 우두머리가 인사권을 행사했다고 보는 것이 타당하다. 백제의 관료와 관료제는 고이왕 27년을 기점으로 혁명적으로 전환되었다.

고이왕(古爾王)은 개루왕의 둘째 아들로 개루왕(蓋婁王)-초고왕(肖古王)-구수왕(仇首王)-사반(沙伴)의 왕위 계승을 중단시키고 왕위에 올랐다.[54] "사반이 왕위를 이었으나 어려서 정치를 할 수 없으므로 초고왕의 동모제인 고이가 왕위에 올랐다"라고 되어 있으나, 정치권력의 속성상 상당한 권력 투쟁이 있었음을 짐작할 수 있다. 고이왕 7년 진충(眞忠)을 좌장(左將)으로 삼아 내외의 군무(軍務)를 맡겼다. 좌장이라는 관직의 등장은 행정 업무와 군사 업무 분리가 진행되었음을 보여 준다. 이것은 기왕의 좌보, 우보를 비롯한 유력 귀족의 손에 분산되어 있던 군사 업무를 통합하여 왕의 지휘 아래 두었음을 뜻하는 것으로 왕권 강화와도 연결된다.

고이왕은 정치력이 뛰어난 군주였다. 아마도 초고왕 계열의 집권 세력을 쫓아내고 권력을 장악한 것으로 보이는데, 정무적 재능과 군사적 재능이 탁월했던 것으로 보인다. 그가 집권하는 데는 진 씨(眞氏) 세력[55]이 중요한 역할을 한 것으로 보인다.

---

54 『三國史記』, 卷第二十四, 百濟本紀 第二, 古爾王.

백제는 한층 발달한 문명과 무기, 지식을 소유하고 있던 고구려의 귀족 집단에 의해 건국되었다. 비류와 온조는 고구려의 왕자였다. 둘은 왕위 계승에서 북방 세력을 배경으로 한 유리왕에게 밀린 뒤 남방으로 이주했다. 토착 세력은 이주 집단이 갖고 있는 발달한 행정 조직을 구성할 능력과 발전된 무기를 갖춘 현격한 차이의 전투력을 인정할 수밖에 없었다. 더구나 제한된 인구에 비해 상대적으로 땅은 넓었다. 마한의 왕이 온조에게 "동북쪽의 100리 땅을 떼어 주어 편하게 살게 해 준"[56] 것도 영토 의식이 철저하게 성립하지 않았음을 반영한다. 결국 마한은 발전한 전투 기술을 습득하고 있던 온조 세력에 의하여 멸망하고, 저항은 철저히 분쇄되었다.[57] 백제는 넓어진 영토를 효율적으로 경영하기 위해 영역을 남부와 북부로 나누고, 다시 동부와 서부로 나누었다.[58] 이러한 방식은 고구려의 영역 경영 방식을 모방한 것으로 생각된다. 그렇다고 삼한에서 가장 강력한 힘을 가진 마한 지역 정복이 쉬운 일은 아니었다. 따라서 중요한 토착 씨족 세력을 관료제에 적극적으로 수용함으로서 백제의 건국은 마무리된 것으로 보인다.

백제 초기에는 고구려 관제를 따라 좌보와 우보를 두었다. 먼저 우보를 설치하여 군국의 중대사를 통괄하는 재상 역할을 맡겼다. 온조왕 때 이미 고구려를 모델로 한 초기 관제가 성립한 것으로 보인다. 온조왕 2년 3월에는 지혜와 담력을 갖춘 일족인 을음(乙音)을 우보로 삼았다.[59]

---

55 백제 군부의 총수인 초대 좌장이 진충이었다. 진충이 우보로 승진하자 진물(眞勿)이 뒤를 잇는 것으로 보아(고이왕 14년) 고이왕의 등장에 진 씨 세력이 핵심적인 역할을 한 것으로 추정된다.

56 『三國史記』, 卷之二十三, 百濟本紀 第一, 溫祚王 二十四年 七月.

57 위의 책, 溫祚王 二十六, 二十七年.

58 위의 책, 溫祚王 三十一, 三十三年.

59 위의 책, 卷之二十三, 百濟本紀 第一, 溫祚王 二年 三月.

좌우보 제도가 정착한 것은 제2대 다루왕 때이며, 온조왕[60] 대까지만 하더라도 우보만 있고 좌보라는 직책은 없었다. 이후 이 제도는 제8대 고이왕 27년에 좌평 제도가 성립할 때까지 유지되었다. 고구려와 신라에서는 대보(大輔)가 있었고, 고구려 역시 나중에 좌보와 우보로 나누고, 다시 국상으로 바꾸고, 또 다시 대대로(大對盧)로 바꾸는 경로를 밟았다.[61]

온조왕에서 고이왕까지 관제와 충원된 관료는 귀족과 토착 세력의 이해관계를 벗어날 수 없었다. 좌보와 우보는 왕족이나 유력한 귀족의 차지였다. 더구나 좌보와 우보의 직위는 왕이 함부로 임면할 수 있는 자리가 아니었다. 대부분 죽을 때까지 그 자리를 지켰다. 그것도 온조왕 대에는 우보만 있고 좌보는 없었다. 온조왕은 토착 세력을 정복하기보다는 타협을 통해 국가를 건설했고, 이것이 백제 초기 관제의 성격을 결정했다. 즉 백제의 관제는 이주 세력과 토착 세력 간 타협의 결과였다. 다스리는 구역은 사부(四部)로 나누었다. 온조왕 31년에 남부와 북부를 설치했고, 동왕 33년에는 동부와 서부를 설치했다. 도성과 그 주변이 중부로 인식되면서 백제는 오부(五部) 체제가 되었다.

이 오부는 행정 구역으로 보기는 어렵고, 귀족과 토착 세력이 상층 관료제에 편입되면서 귀족화되는 과정과 연관 있는 것으로 보인다. 중앙 정부 관제의 상층에는 왕족과 귀족들이 자신의 권력 지분을 가지고 참여했을 것이고, 그런 바탕에서 정책 결정은 합의제적 성격을 가질 수밖에 없었을 것이다.

초기의 취약한 왕권은 유력 귀족 가문 출신의 딸을 왕비로 맞아들

---

60 백제 제8대 왕(234~286 재위). 국가 체제 정비와 집권력 강화에 주력하여 고대 국가인 백제의 기반을 다져 놓았다. 한영우, 『다시 찾는 우리 역사』(경세원, 2004).

61 『역주 삼국사기』 3, 주석편(상), 429면.

이면서 보완했다. 왕비를 배출한 대표적 세력은 진 씨와 해 씨였다. 해 씨가 이주 귀족의 대표라면, 진 씨는 토착 세력의 대표였을 가능성이 있다. 근구수왕의 장인은 진고도(眞高道)이고,[62] 전지왕이 등극한 뒤 임명된 내법좌평 해수(解須)와 병관좌평 해구(解丘)는 모두 왕의 친척[63]이었다.

관제의 골격은 이중 구조였을 것이고, 아울러 온조왕을 따른 사람들과 나중에 합류한 비류 집단의 사람들로 채워진 관제와 토착 세력을 흡수하기 위한 관제가 공존했을 것이다.

백제의 관제는 고이왕 27년(270)을 기점으로 상당한 발전을 이루었다. 백제의 초기 관제에 대해서는 남아 있는 기록이 제한되어 있어 자세히 알 수 없으나, 고구려 관제의 영향을 많이 받은 것은 분명하다. 고구려와 달리 백제가 특별히 오부로 편제해야 할 역사적, 지리적 이유는 명확하지 않아 고구려의 행정 체제를 모델로 했을 가능성이 크다. 이 시기의 행정 기술과 군사력의 분산은 중앙 중심의 통합된 정치체를 상정하기 어렵게 한다. 아마도 오부의 수장들은 중앙의 정책 결정에 깊숙이 관여했을 것이고, 그들이 거느리던 신료들 중 핵심 인물들은 적절한 과정을 거쳐 중앙의 관직을 담당했을 것이다. 즉 국가가 갖는 보편적인 직역과 백제 사회만의 독특함을 나타내는 벼슬과 관직이 존재했을 것이다.

고이왕 때 이르러 백제 관제는 획기적인 전환을 맞이했다. 고이왕 27년(260) 정월에 육좌평의 직제를 마련했고, 달솔(達率), 은솔(恩率) 등 16품의 관제를 정비했다. 이러한 기본 편제는 고구려는 물론 중국 관제를 참고한 것이었다. 2월에는 복장제(服裝制)를 마련하여 관복 색깔을 자(紫), 비(緋), 청(靑)으로 규정했다. 6품 이상의 관원은 자

---

62 정구복, 앞의 책, 〈백제본기〉 제2(근구수왕), 470면.

63 위의 책. 〈백제본기〉 제3(전지왕), 476면.

색 관복에 은화(銀花)의 관을, 11품 이상은 비색 관복을, 16품 이상은 청색 관복을 착용하게 했다. 『북사(北史)』의 기록에 의하면, 백제의 의복은 고구려와 대략 같은데 좌평에서 6품 나솔(奈率)까지는 자주색 관복에다 은화(銀花)로 관을 장식하게 하고, 7품 장덕(將德)에서 11품 대덕(對德)까지는 다홍색(비색) 관복을, 16품 극우(克虞)까지는 푸른색 관복을 착용하게 했다.[64] 또 7품 이하의 관등은 띠의 색에 의해서도 구분했는데, 장덕은 자주색, 시덕(施德)은 검은색, 고덕(固德)은 붉은색, 계덕(季德)은 푸른색, 대덕과 문독(文督)은 황색, 문독, 좌군(佐軍), 진무(振武), 극우는 모두 흰색을 둘렀다.[65] 관모(官帽) 장식에서도 구분을 했는데, 임금은 금제, 좌평에서 나솔까지는 은제였다. 그 이하 품계의 관모 장식에 대해서는 기록이 없다. 아마도 동제와 철제도 이용했을 것으로 추정된다.

관등제가 이처럼 복식과 장식을 구분하는 데까지 영향을 끼친 것을 볼 때 16관등은 신분을 구분하는 기준이 되기도 했을 것이다. 신분 차이는 물론이고 아마도 신라의 골품제처럼 개인 관등의 상한선도 존재했을 것이다. 이것은 신분제 사회의 특성이기도 할 뿐만 아니라, 국가가 귀족 계급의 이익을 위해 존재한다는 고대 사회에 널리 퍼져 있던 일반 관념이 발현된 결과이기도 하다.

제도 개편이 어느 정도 마무리된 뒤 왕의 아우인 우수(優壽)를 내신좌평에 임명했다.[66] 16관등제의 가장 중심이 되는 것은 좌평제였다. 『삼국사기』에는 전지왕[67] 4년(408)에 육좌평 위로 상좌평을 두어 나랏일을 총괄하게 했다는 기록이 있다. 이는 고이왕 때 처음 설치한 좌평의 역할이 점점 확대되자 상좌평을 새로 두었으며, 이로써 상

64 위의 책, 〈백제본기〉 제2(고이왕), 464~465면.
65 위의 책, 권 제33, 〈잡지〉 제2, 色服, 601면.
66 『三國史記』, 百濟本紀 第二, 古爾王 27年.
67 19대 왕.

좌평이 좌평 회의를 주재하는 방식으로 바뀌었다고 풀이하는 학자들이 많다. 상좌평은 신라의 상대등과 같이 국정을 총괄하고 귀족 세력을 통솔하는 역할을 했다.

○ 내신좌평(內臣佐平): 왕명 출납. 왕의 명령과 관련한 일.

○ 내두좌평(內頭佐平): 재정 업무. 국가와 궁궐의 재정과 관련한 일.

○ 내법좌평(內法佐平): 의례 관례. 국가의 행사나 왕과 관련한 공식 행사 주관.

○ 위사좌평(衛士佐平): 왕궁 숙위. 궁궐 수비, 왕 경호.

○ 조정좌평(朝廷佐平): 형벌권. 법률 개정, 사면권 관장.

○ 병관좌평(兵官佐平): 군사권. 국방과 안보에 관한 일.

좌보, 우보 제도가 재상 중심의 정치라면 육좌평 제도는 왕 중심의 정치라 할 수 있는데, 이는 조선 시대의 의정부서사제와 육조[68] 직계제에 비견할 만하다. 즉 좌보, 우보 제도가 의정부서사제에 해당한다면, 육좌평 제도는 육조 직계제와 같은 것으로 왕권이 한층 강화된 형태인 것이다.

이 같은 육좌평 제도는 전지왕 4년(408)에 전지왕의 이복동생 부여신(扶餘信)을 상좌평에 임명하면서 전환기를 맞이했다. 상좌평은 군사와 정사를 책임지는 국상으로서, 내각 책임제의 총리와 같은 직책이었다. 따라서 상좌평 제도 도입은 왕권의 약화를 의미하며, 동시에 왕족과 귀족 세력이 강화되었음을 뜻한다. 전지왕은 왜국에 볼모로 머물다가 아신왕의 갑작스러운 죽음 이후에 부여신과 해구(解丘), 해수(解須) 등의 힘에 의해 왕위에 올랐기 때문에 그들에게 정사를 맡길 수밖에 없었고, 그 결과로 나타난 것이 바로 상좌평 제도였다.

---

68 이, 호, 예, 병, 형, 공.

그러나 육좌평 체제가 백제 관제의 완결판인지에 대해서는 좀 더 검토가 필요하다. 사비 시대의 관제가 『주서(周書)』 「백제전」에 실려 있는데, 성왕이 사비로 천도한 뒤 중앙에 내관 십이부(十二部)와 외관 십부(十部)를 설치하여 궁중 업무와 여러 정무를 나누어 맡겼다고 한다. 이른바 궁중(宮中)과 부중(府中)을 나누는 구조는 동북아 왕조 체제의 발전과 밀접한 관련이 있다. 다른 말로 하면 부중의 권력과 예산이 커지는 것은 관료제 발전의 징표로도 볼 수 있다. 궁중의 권력과 예산 규모가 크다는 것은 왕실의 비용이 그만큼 많이 소요됨을 뜻한다. 이 경우 베버의 가산관료제 모델을 적용하는 것은 효율성이 높다.

성왕 시기의 내관 십이부와 외관 십부를 당제(唐制)의 구시(九寺) 오감(五監)과 조응하는 관청으로 본다면, 육좌평 체제 아래의 한성과 웅진 시대에도 이와 유사한 관청이 존재했다고 보는 것이 옳다. 이 것은 조선 시대의 육부와 속아문(屬衙門)의 관계를 유추해 보면 이해 가 쉽다. 예를 들면 왕명 출납을 담당하는 내신좌평을 당제에 비추어 보면 그를 보좌하는 부좌평급의 인물과 그 이하 낭중이나 원외랑, 주사, 영사에 부응하는 신료들이 배치되어 있었을 것이라는 점은 논리적으로 추정할 수 있다. 이들이 왕명을 만들어 재가를 받아 하달 하면 구체적인 집행 부분은 '전내부'에서 담당했을 것이다.

그런데 관제를 여섯 부분으로 나누어 정비한 것은 수·당의 체제 에서 영향을 받은 것으로 보인다. 수·당에서는 육부 체제 외에 구시 오감을 두었는데, 이들 기구는 육부의 감독을 받으면서 구체적인 행정 집행 사무를 담당했다. 즉 육부가 정령을 관장한 반면, 구시(九寺) 오감(五監)은 구체적인 사무를 집행하는 관청[69]이었다.

그런데 차이점은 문관의 인사를 담당하는 이부(吏部)의 기능이 드

---

69 張創新, 『中國政治制度史』, p.172.

러나지 않는다는 점이다. 소수의 왕족과 귀족 지배 체제에서는 인사를 담당하는 업무가 불필요했을 것이다. 지배 그룹의 합의와 소수의 모집단 가운데서 정치적 고려로 고위 관직을 선임하면 그 분야의 인사와 관련해서는 선임된 귀족이나 왕족에게 대부분의 권한이 있었던 것으로 보인다. 그 외 공장, 영선, 토목을 담당하는 공부의 기능도 보이지 않는다. 아마도 병부나 예부의 하위 기능으로 포섭되어 있었던 것이 아닌가 한다.

군사 부문은 가장 발달한 분야로, 왕성 경비 담당과 지역 방어 담당, 이렇게 두 부로 나누어져 세분화되었다. 이때 왕의 아우를 수상의 역할과 아울러 왕명 출납을 동시에 담당하도록 한 것은 왕권 강화와 연관 있는 것으로 보인다. 특히 왕궁 경비를 강화한 것은 무력으로 귀족 세력을 복종시키려고 한 의지의 표현으로 보인다.

내관 십이부	외관 십부
전내부: 왕실 업무, 왕명 출납.	사군부: 군사와 병마.
곡부: 곡물.	사도부: 교육.
육부: 고기.	사공부: 재정.
내(외)경부: 왕실의 창고.	공관부: 형벌.
마부: 왕실과 궁궐의 말.	점구부: 호구와 노동력 징발.
도부: 궁궐 내 무기 관리.	객부: 사신 접대.
공덕부: 불교 사원.	외사부: 관료 인사.
약부: 약 제조와 치료.	주부: 직물 제조.
목부: 궁궐과 왕실 소요 목재.	일관부: 천문.
법부: 의장과 율령.	도시부: 시장, 도시 간 무역.
후궁부: 후궁과 궁녀.	

그러나 내외관 이십이부는 완결된 것으로 보기는 어렵고 상황에 따라 다소 신축적으로 운영되었을 것으로 추정된다. 다만 이 시기에 이르러서도 왕실과 귀족의 가산제적 관념이 짙어 보이는 것은 왕실의 사적 업무와 국가의 공적 업무 사이에 명확한 경계가 설정되지 않은 것으로 보이기 때문이다.

2) 관료의 성격과 준거 사상

귀족 연합적 성격이 강하다는 것은 정치권력이 분점되어 있다는 것의 다른 표현이다. 고이왕은 대내외적 도전을 강력한 왕권 구축을 통하여 돌파하려 했다. 그러기 위해서는 계층적 관료제에 토착적 기반이 강력한 각 세력의 유력자들을 흡수해야 했다. 이러한 의도에 따라 중국 왕조의 관료제는 중요한 준거였던 것으로 보인다. 앞에서 본 것처럼 동왕 27년(260)에 육좌평 체제를 도입하고 16품의 관계(官階)를 설정했다. 고대 사회에서 권력은 무력 소유와 직결되었다. 정월에 관제를 정하고, 3월에 왕의 아우인 우수를 육좌평의 우두머리인 내신좌평에 임명했다. 약 1년의 공백기를 거친 다음 동왕 28년(261) 2월에 진가(眞可)를 내두좌평으로, 우두(優豆)를 내법좌평으로, 고수(高壽)를 위사좌평으로, 곤노(昆奴)를 조정좌평으로, 유기(惟己)를 병관좌평으로 선임함으로써 육좌평 체제를 구축했다. 당제에서는 그 역할이 그렇게 중요하게 부각되지 않는 궁궐 수비와 왕에 대한 경호 업무를 담당하는 위사좌평을 설치한 것은, 왕의 지위가 언제나 무력의 위협에서 자유스럽지 못했음을 시사한다. 그런데 좌평이란 관등이 반드시 특정 관직과 연결되지는 않았다. 의자왕 17년 왕의 여러 아들(庶子) 41명을 좌평으로 삼고 식읍을 주고[70] 있는 데서도 알 수 있다.

왕의 권력을 강화했음에도 불구하고 왕이 등용할 수 있는 인재 풀은 제한적이었다. 중국의 '과거'와 같은 제도가 아직 채택되지 않은 상태에서 특정 계급이나 종족에 한정하여 인재를 찾거나 천거 받는 시스템은 왕권 강화를 근본적으로 어렵게 했다. 왕은 혼자였지만, 왕실 구성원과 귀족은 다수였다. 왕의 외가나 처가가 왕권의 배경이

---

70 정구복, 앞의 책, 〈百濟本紀〉 第5, 511면.

되기도 했지만, 그것은 동시에 제약이기도 했다.

중앙 관료는 백제 사회의 지배층이 담당했다. 백제의 지배층은 왕족인 부여 씨와 토착 귀족 성씨로 구성되어 있었다. 백제에서는 유명한 가문으로 팔성이 있었지만, 중앙의 주요 관직과 지방 요지의 장관인 담로의 자리는 왕족인 부여 씨나 왕비족인 진 씨와 해 씨가 거의 독점하다시피 했다. 따라서 중앙 관료는 대부분이 왕족과 왕비족의 차지였다.

지방은 영역 방어와 부역, 병력, 조세의 원천이었다. 백제의 지방 통치 조직은 웅진 시대까지 담로제(擔魯制)였다. 지방의 이십이(二十二) 담로제는 방향부 체제가 해체되고 육좌평 16관등제가 실시된 이후에 설치되었다. 설치시기는 대체로 근초고왕(近肖古王) 때로 판단한다. 하지만 고이왕 대에 중앙 집권화를 목적으로 한 좌평 제도를 실시한 점을 감안할 때, 이미 고이왕에 의해 그 골격이 마련된 것으로 보아야 할 것이다. 『양서(梁書)』 「백제전」에는 "읍을 일러 담로라 하는데, 이는 중국의 군현과 같은 말이다. 그 나라에는 스물두 개의 담로가 있는데, 모두 자제와 종족을 분거하게 했다"라고 기록되어 있다. 또한 「백제전」에 따르면 전국에 이십이 담로를 두고 왕자나 왕족을 보내어 다스리게 했다고 한다. 따라서 담로는 지방 지배의 거점으로서 성을 뜻하는 동시에 그것을 중심으로 하는 일정한 통치 영역을 나타내는 것으로 볼 수 있다. 이것은 아직 중앙집권적 군현제를 도입하기에는 왕권에 제약이 있었음을 보여 주는 것이다. 스물두 개라고 한 것은 웅진에 도읍해 있을 때의 일로, 시대와 영토의 변화에 따라 변동이 있었던 것으로 추정된다.

사비로 천도(성왕)한 뒤, 지방 통치 조직은 오방제(五方制)로 변경되었다. 오방은 중앙인 고사성(古沙城), 동방인 득안성(得安城), 남방인 구지하성(久知下城), 서방인 도선성(刀先城), 북방인 웅진성(熊津城)을 말한다. 각 방에는 방령(方領)[71] 한 명, 방좌(方佐)[72] 두 명이 파견되었고, 각 방은 여섯 개에서 열 개의 군(郡)으로 구성되었다. 방의 치소(治所)를 방성(方城)이라 했으며, 방령은 대개 달솔 품계를 가지고 있었다. 방이 관할하는 여러 군에는 군장이 있고, 그들은 대개 덕솔의 품계였다. 군에는 다시 여러 성이 있었는데, 군장과 방령의 명령을 받아야 했다. 성중에서 규모가 큰 곳은 현(縣)을 두었다. 이것은 성왕 시대 지방조직의 개편은 왕권이 신장되고, 중앙집권의 의지가 드러난 것이라 할 만한 사례다. 동시에 소외된 지방 세력을 포섭함으로서 왕권의 안정을 도모한 것으로도 보인다. 즉 중앙관직에 흡수되지 못한 지방의 유력자들에게 촌주(村主) 등, 외관의 관등을 수여하는 등으로 자기지역에서의 세력을 인정해 주는 정책을 시행했던 것이다.

백제의 관료와 지식인들은 한문을 받아들였고, 한자문화권에 속한 지식에 상당한 수준을 보여 주었다. 당시 한자는 동아시아 각국의 공용어인 까닭에 외교와 문화교류에 필수적이었다. 백제의 고급관료들은 한문에 능했던 것으로 보이고, 경전이나 역사지식도 상당한 수준에 이르렀던 것으로 보인다. 개로왕 때 위(魏)에 보낸 표문에 '맹상군(孟嘗君)' '초장왕(楚莊王)' '신릉군(信陵君)' 등의 고사를 인용하고 있는 것[73]으로 보아 중국의 사서(史書)는 물론, 병서나 경전이 널리 읽히고 있었음을 알 수 있다.

유교와 도교, 불교가 중국에서 들어왔고, 행정의 공문서도 일찍부터 한자를 사용한 것으로 보인다. 한자의 사용은 추상화된 사유 체계를 발달시켰고, 이에 따른 보편적 사유 방식은 지배 계층의 의식을 확장했다. 유교는 왕인(王仁)이 경전을 일본에 전해 준 것으로, 백제

---

71 지방 통치 조직인 방의 행정과 군사 책임자.
72 방령을 보좌하는 관료.
73 정구복, 앞의 책, 〈백제본기〉 제3(개로왕), 478~483면.

의 지식인들이 이미 유교사상을 익숙히 접하고 있었음을 알 수 있고, 도가사상 역시 유가사상과 차별 없이 널리 수용되고 있었다. 근구수왕(近仇首王) 1년(375)에 장군 막고해(莫古解)는 태자가 고구려군을 격파하고 더 북진하려 하자 "만족할 줄 알면 욕되지 않고, 그칠 줄 알면 위태롭지 않다"[74]라고 말하며 만류했다. 이것은 노자(老子)의 『도덕경(道德經)』에 나오는 구절이다. 아마도 막고해는 행정가이면서 군인이었을 것이다. 『도덕경』이 4세기에 이미 백제의 상류층에서 읽혔다면 다른 경전도 충분히 유입되었을 것으로 짐작할 수 있다. 경전과 서책의 유입은 중국의 관제와 법률에 관한 정보를 가져다주었다. 부여에서 발견된 「사택지적비문(砂宅智積碑文)」[75]에도 노장 사상이 담겨 있는데, 당시 백제의 상류 사회에서 도가 사상이 상당히 널리 퍼져 있었음을 알려 준다. 7세기 초에 백제 승려 관륵(勸勒)이 일본에 천문, 역법과 함께 둔갑, 방술에 관한 서적을 전하고 있는 데서도 백제와 중국의 여러 왕조 사이에는 밀접한 문화교류가 있었음을 짐작할 수 있다.

아울러 백제의 지배층은 불교를 적극적으로 받아들였다. 침류왕 원년 9월에 호승(胡僧) 마라난타(摩羅難陀)가 진(晋)나라에서 오자 왕이 궁궐로 모시고 공경했는데, 불교는 이로부터 번성하기 시작했다.

또한 백제에서는 일찍이 한학(漢學)이 발달하여 오경박사(五經博士)와 의박사, 역박사 등이 있었는데, 그 수준이 매우 높았다. 불교가 전래되기 이전에는 민간 신앙으로서 샤머니즘과 점술이 성하였다. 백

---

74 『三國史記』卷第二十四, 百濟本紀 第二, 近仇首王 一年.

75 일본인들이 부여신궁(扶餘神宮)을 세우기 위해 쌓아 놓은 돌무더기 속에서 1948년에 발견된 현존하는 백제 유일의 금석문이다. "갑인년 정월 9일, 나지성(奈祇城) 사택지적은 몸이 해가 가듯 쉽게 가고 달이 가듯 돌아오기 어려움을 슬퍼하여 금을 뚫어 진당(珍堂)을 세우고 옥을 깎아 보탑(寶塔)을 세우니, 그 웅장하고 자비로운 모습은 신광(神光)을 토해 내어 구름을 보내며, 찌를 듯이 높게 솟아 슬프고 간절함은 성명(聖明)을 머금어 (……)"라고 되어 있다.

제는 시조신으로서 동명신과 구이신(고이왕)을 숭배했으나, 차차 확대된 영역을 통일적으로 지도할 수 있는 초부족적 고등 종교에 대한 수요가 생겼다. 그리하여 유, 불, 도의 사상이 지배층을 중심으로 수용되기 시작했다.

백제에서 불교는 고대 국가 통치의 일원적인 사상적 지주 역할을 했다. 그것은 무왕 때의 왕흥사와 같이 호국적 성격을 띠는 것과 동시에, 왕권 강화와 귀족 신분을 합리화하는 한편, 현세 구복적 성격을 띠게 되었다. 다만 지배층 중심으로 수용된 불교는 전 국민을 일체화하는 사상이나 국교로서의 역할을 하기에는 제한적이었던 것으로 보인다. 백제의 명승으로는 인도에 가서 구법하고 돌아와 백제 율종(律宗)의 시조가 된 겸익(謙益), 일본에 불교와 천문, 지리, 역법의 서적을 전한 관륵, 일본에 불상과 경론을 전한 노리사치계(怒利斯致契)가 있다.

2부

유교관료제로의 과도적 전환

1장 유교 사상과 관료제의 결합

　지금까지 유교(중국 문화)의 영향을 직접적으로 받기 이전 우리나라 관료제의 원형은 본질적으로 연합형 국가 형성에 따른 특징을 가지고 있음을 살펴보았다. 그리고 왜 상대적으로 왕권이 약할 수밖에 없었는지 그 문제의 근원도 이해했으며, '누가' '무엇'으로 관료가 되고 어떤 가치와 사상을 근거로 행정을 했는지도 개관해 보았다.

　삼국은 통일 과정에서 중국과 빈번하게 교섭했다. 특히 당나라 세력이 깊숙이 관여했다. 이후 통일신라 시기에는 정치적 사절이나 당나라 유학생을 통하여 중국 문화 수용이 급격히 이루어지기 시작했고, 중국 관료제의 특성이 이해되기 시작했다. 아울러 중국 관료제와 깊은 관련이 있는 유교에 관한 연구도 좀 더 본격적으로 하게 되었다. 이후 유교는 우리나라 관료제와 밀접한 연관을 맺게 되었는데, 이 둘의 결합 형식은 크게 두 단계로 나누어 생각해 볼 수 있다.

　제1단계는 '유교 경전'과 성취적 관료 충원 제도인 '과거제적 형식'이 연결되는 시기다. 중국적 세계 질서에서 요구되는 외교 문서 작성 같은 기능적 필요성과 아울러 왕권 강화라는 권력적 요구가 반영되는 단계다. 이 단계에서는 중국의 문화, 제도 등 유교 경전과 관련한 기능적, 역사적인 지식 자체를 중시한 반면, 유교 사상에 내재된 '정치 이념' 실천이라는 측면은 그렇게 중요하게 생각하지 않았다. 정치 이념 실천을 담당할 계층도 광범위하게 형성되지 못했다. 따라서 이 시기에는 당연히 외교 문서 작성 등의 사장학(詞章學)이 중심적인 위치에 있었으며, 유학을 배운 관료라도 몇몇 인물을 제외하고는 대체로 '선비'가 아닌 '도필리(刀筆吏)'의 수준에 머물렀다. 통일신라와 고려가 이 시기에 해당한다고 볼 수 있다.

제2단계는 유교의 '이념 체계'에 대한 이해가 중요하게 여겨지고, 그것이 관료 충원과 관료제 운영 등과 밀접하게 관련되며, 사회 구조 또한 이를 뒷받침하는 시기다. 과거 제도는 본래 왕권 강화의 측면에서 도입한 것이지만, 이 단계에서는 오히려 '신이 아니라 인간화된 군주',[1] '군신 공치(共治)', '천하는 군주 개인의 것이 아니다',[2] '백성에 대한 군주의 보답'[3] 같은 정치 이념적 측면이 부각되었다. 동시에 이러한 관점을 보편적으로 수용하는 엘리트 집단이 광범하게 형성되었다. 조선조가 이 시기에 해당한다고 볼 수 있다.

이 책에서 말하는 유교관료제(Confucian bureaucracy)는 바로 이 제2단계의 관료제를 의미한다. 그러면 연합형 관료제라는 특징 위에 위의 두 단계가 결합한 방식은 어떤 영향을 미쳤고, 우리나라 유교적 관료 정치(Confucian bureautics)[4]의 독특한 특징은 어떻게 나타났는지 살펴보고, 아울러 관료제 구성과 관료의 성격이 어떻게 변화해 갔는지 검토해 보자. 우선 유교관료제로 진행하는 전 단계를 설정할 수 있는데, 이런 시좌와 시각에서는 어떤 사실을 포착할 수 있는지 살펴보자.

---

1 박병련, 「조선조 유교관료제의 성격에 관한 연구」, 서울대학교 대학원 행정학 박사학위논문, 101~102면.

2 『孟子集註』, 卷之九, 萬章章句 上, "天子不能以天下與人"; 註 "天下者 天下之天下 非一人之私有故也."

3 鄭道傳, 『三峰集』, 卷之十三, 朝鮮經國典 上, 賦稅, "而上之所以報其養者亦重矣."

4 'bureautics'라는 용어는 동북아 유교권 왕조 국가에서 전개된 '관료 정치'의 특성을 반영하는 영어권 개념으로 사용하고자 한다.

1. 통일신라와 독서삼품과

신라는 법흥왕, 진흥왕 이래로 고구려, 백제와 더욱 경쟁하게 되면서 그에 따라 왕권도 지속적으로 강화되었다. 또 율령 공포와 공복 제정 등 관료제를 정비함으로써 중앙 집권을 강화하는 정책을 시행했다. 그러나 골품제에 기초한 강력한 귀족 세력의 기반은 해체할 수 없었다.

통치자가 '권력 집중'을 도모하는 데 가장 전통적인 수단은 통치자가 사여(賜與)하는 녹봉에 의해서만 생활과 명예가 보장될 수 있는 관료단을 확보하는 것이다. 중국에서 수·당 이래 '과거 제도'는 근본적으로 이것을 목표로 한 것이었다. 즉 군주는 분권적인 귀족과 호족 세력을 충량한 관료로 전환하기 위하여 과거 제도를 실시한 것이었다.[5]

우리나라에서 유교에 관한 교육을 실시한 것은 상당히 오래전부터였지만, 그것이 관료제와 유의미하게 결합한 것은 관료 선발과 충원에 '과거제적 형식'을 도입하면서부터라고 보아야 할 것이다. 유교적 지식과 중국적 질서 아래에서 세계 문자이던 한문을 구사하는 능력이 관료 선발과 제도적으로 연관된 것은 신라 원성왕 4년(788)에 실시한 독서삼품과가 시초다. 독서삼품과는 유교적 교육 기관인 '국학(國學)'과 제도적으로 연관되었다. 『춘추좌씨전(春秋左氏傳)』, 『예기』, 『문선(文選)』을 읽을 수 있고 그 뜻에 통하며 아울러 『논어』와 『효경(孝經)』에 밝은 자를 상품(上品)으로, 『예기』의 「곡례」, 『논어』, 『효경』을 읽을 수 있는 자를 중품(中品)으로, 「곡례」와 『효경』을 읽을 수 있는 자를 하품(下品)으로 구분하여 국가의 고급 관료가 될 수 있도록 했다.[6]

---

5 이성무, 『한국의 과거 제도』(집문당, 1994), 17면.

그러나 성취적 조건으로 관료를 선발하려는 독서삼품과도 신분적 범위(진골과 육두품) 안에 제한된 것으로, 국왕의 전제권 강화에는 본질적인 도움을 주지는 못했다. 즉 독서삼품과 실시가 기존의 연합형 관료제의 특성을 없앨 수는 없었다. 이것은 관료 충원이 골품제의 틀을 벗어날 수 없었던 점을 보면 알 수 있다.

신라의 골품제는 육두품 이하의 신분을 가진 고급 지성에게는 하나의 질곡이었다. 그들 중 상당수는 중국 유학을 택했다. 그리하여 중국에서도 이름을 떨친 인물들이 다수 배출되었다. 최치원, 최언위(崔彦撝) 등이 그들이다. 그들은 선진적 학문과 지식을 습득했으나, 신라 체제는 그들을 인정하고 활용할 수 있는 관용이 없었다. 그들의 좌절과 억울함은 심각했다. 골품제는 관료제의 성숙을 방해하는 가장 큰 장애 요인이었다. 설계두가 신라를 버리고 당나라에서 자신의 뜻을 펴고자 한 것[7]은 그 드러난 예다.

고려의 건국은 견고한 골품제 체제의 해체를 가져왔다. 골품제 해체는 문명화의 진전이라 할 만했다. 고려 제4대 왕인 광종(光宗)은 고려 건국 공신과 귀족들의 기득권 강화가 왕권을 제약하고 새로운 체제의 활력을 억압하는 것을 혐오했다. 그는 왕권 강화와 이를 뒷받침할 능력을 갖춘 새로운 인물들을 원했다. 이때 본래 후주(後周) 사람으로 고려에 귀화한 쌍기(雙冀)가 과거를 통한 인재 선발 방법을 제안했다. 중국의 수나라 이래로 오랜 역사를 가진 과거제는 중국이라는 천하를 통합된 가치관으로 묶어 내는 핵심적인 제도였고, 천하의 인재를 확보하는 가장 효율적인 제도였다.

원래 중국에서도 고급 관료는 세습 귀족들로 구성되는 것이 일반적이었다. 세습 귀족들은 일반적으로 왕족과 공신의 후예다. 중국

---

6 위의 책, 25면.

7 安鼎福, 『東史綱目』, 善德女主 十四年 五月.

고대 하, 은, 주의 고급 관료도 대체로 이와 같은 구성이었던 것으로 추정된다.

종성(宗姓)과 공신 세족(功臣世族)들이 정치 행정에 관한 권력을 독점하면서 형성한 것이 관료 정치의 초기 형태라 할 수 있다. 물론 정치적 격동기나 내란이 있는 불안정한 시기에는 능력 중심의 인재들이 필요했고, 현명한 군주들이 이들을 발탁한 예는 중국적 전통 가운데 하나다. 이윤은 은의 개국 공신이자 명재상의 모범이었다. 『서경』에 의하면 그는 신야(莘野)라는 들에서 농사를 짓고 있었는데, 은의 개국조인 탕왕의 눈에 띄어 발탁되었다. 주나라의 강태공(姜太公) 역시 날마다 낚시터에 나가 낚시를 하다가 주 문왕의 초빙으로 등용되었다. 그러나 각 왕조에서 직위나 계급의 세습은 일반적인 현상이었다. 다만 중국적 특색으로 볼 수 있는 것은 '훈련'과 '평가'와 '실적'을 중시하는 관료관이 형성되어 갔다는 점[8]과, 인민 지향적(people oriented) 정치 행정의 가치관이 굳건히 자리 잡기 시작했다는 점을 들 수 있다. 『예기』 예운(禮運) 편에는 현명함과 능력을 기준으로 인재를 선발한다[選賢與能]고 천명되어 있고, 실제로도 많은 경우 천거된 인재를 바로 고위직에 등용하는 것이 아니라, 구체적 과업을 맡겨 능력을 시험한 뒤에 발탁했다. 순(舜)과 우(禹)의 계승 과정에서 그 원형이 보인다. 수나라에서 처음 본격적으로 도입한 과거는 기존의 귀족적 관료제가 황제권을 제약하는 경향을 완화하려는 정치적 목적을 가지고 있었다.

중국에서는 일반적으로 소농(小農) 생산의 분산성으로 말미암아 소규모 국가 체제가 적합한 조직 형태다. 그럼에도 강력한 통일 제국을 유지할 수 있었던 배경에는 관료 정치의 주요 담당자이자 체계적이고 완전한 의식 형태를 갖춘 '사(士)-유생(儒生)' 계층이 있었다고

---

8 兪鹿年 編著, 『中國官制大辭典』 上卷(黑龍江人民出版社, 1998), 9, 〈百揆〉.

보는 견해가 있다.[9] 그러나 통일신라에서는 통일을 유지하는 중추 세력이 골품제에 기초한 귀족들이었으며, 그들의 분권적 성향은 강력한 전제 왕권의 신장을 제약했다.

2. 관료 충원 제도의 혁명적 전환: 문인형 관료의 등장

삼국 시대와 통일신라 시대를 거치면서 초기 지역을 대표하던 부족 세력은 집권화된 관료제도에 포섭되면서 재경(在京) 귀족이 되었다. 반면 통일신라 말기에는 중앙 정부의 혼란한 틈을 타 각 지역에는 반독립적인 세력을 가진 크고 작은 호족들이 할거했다. 고려 왕조는 이들을 '정복'해서 나라를 건설한 것이 아니라, 각 호족들을 회유하고 벼슬이나 혼인 등 다양한 연계를 통하여 느슨하게 결속한 일종의 '호족 연합 정권'으로 출발했다. 고려 관료제 구성은 통일신라와 태봉 관제의 연속선상에서 이해해야 한다. 동시에 그것은 정치사회적 제 세력의 이해관계는 물론 고려가 바라는 미래의 국가 목표와도 관련된다.

고려 태조 왕건(王建)의 삼국 통일은 기성 정치에 실망한 여러 호족들과 인민 대중의 열망 위에서 이룩되었다. 고려의 관제는 기본적으로 국내 제 세력의 통합을 염두에 두고 편제되었다고 할 만하다. 정치적 거물들과 지방의 강대한 호족들은 중앙 정부의 의결 과정에 관여할 수 있도록 제도화되었다. 고려 초기 관제는 신라와 태봉의 관제를 참용(參用)[10]했는데, 여러 세력 간의 갈등을 조정하고 통합해

---

9 김관도, 「중국 봉건 사회의 장기 지속 원인에 대한 구조 분석」, 『중국 문화의 시스템론적 해석』, 김관도, 유청봉 엮음, 김수중 외 옮김(천지, 1994), 104~110면.

10 『高麗史』, 卷之三十, 志, 百官 一.

내는 경험적 방식과, 한반도 지형에 적응된 국가 관리의 축적된 기법이 기왕의 관제와 운용에 녹아 있었기 때문일 것이다.

태조 왕건은 인품과 능력을 함께 구비한 리더였다. 그는 한반도의 지리적, 역사적 특성을 이해했다. 각지의 호족들을 무력으로 정복하거나 억누르기보다는 관용으로 포섭하고, 적절한 예우와 지위를 부여하는 방식으로 고려의 권력 기반을 정비했다. 신라의 마지막 왕인 경순왕 김부(金傅)는 나라를 들어 항복했다. 태조 왕건이 무력으로 위협하지 않고 협력의 틀을 마련해 주었음에도 경순왕이 항복의 길을 택한 것은 태조 왕건에 대한 인간적 신뢰가 근저에 깔려 있었기 때문이다.

고려의 관제는 전통적인 연합형 국가 형성 모델을 따른 것으로 이해할 수 있다. 민족의식의 성장과 정복의 현실적인 어려움, 불교적 사회의 영향을 받은 통일 주체 세력의 정치관이 그것을 뒷받침했으리라 생각한다.

그런데 '집권화' 혹은 '왕권 강화'를 추구하는 고려의 제4대 왕인 광종은 급진적 개혁을 단행했는데, 그 핵심은 과거제였다. 그는 분권적 성향에 기초하여 중앙 정치에서 더 많은 '정치적 영역' 보장을 추구하는 구신숙장(舊臣宿將)들을 과감히 숙청했다. 그리고 그 바탕 위에서 왕에게 충성하는 '새로운 유형의 관료군'을 형성하려고 했다. 과거제 실시는 유교적 소양을 갖추었으면서도 지역적 기반이 확실하지 않은 신라 귀족과 육두품 계열의 지식인, 지역적 기반을 가진 중소 호족들을 중앙 관제로 흡수하여 왕권을 강화하려고 한 것이었다.

골품제에 의하여 관직에 나가거나 고위직에 오르는 것이 제한되어 있던 육두품 계열의 지식인과 지방 호족의 자제들은 이제 과거제를 통하여 그 벽을 넘을 수 있게 되었다. 과거제 실시는 골품제가 오랫동안 제약해 온 것을 무너뜨렸다는 점과, 동시에 유교적 지식을 관료제 구성과 밀접한 연관을 맺게 했다는 점에서 가히 혁명적인 것이었다.[11] 다시 말하면 고유한 형태에 기초한 고대적 성격의 관료제 틀이 유교적 관료제로 전환하는 새로운 변형의 기초를 연 것이었다.

유교적 관료제로 나아가는 전환점을 마련한 것은 고려 4대 왕 광종과 6대 왕 성종(成宗)이었다. 광종의 과거제 도입과 성종의 개혁은 당나라의 제도를 모델로 한 것이었다. 광종은 당 태종의 『정관정요』를 탐독하면서 중국 황제의 전제 사상을 학습했으며, 정략에 따라 과거제를 활용한 것[12]으로 보인다.

성종은 광종의 과거제 실시와 구신숙장(舊臣宿將)들의 반발 과정을 보면서 새로운 정치와 행정을 위한 철학과 사상의 전환이 필요함을 인식했다. 성종은 즉위년 6월에 내린 구언(求言) 교서에서 "경관 5품 이상은 각기 봉사를 올려 현재의 정사에 대해서 잘잘못을 논하라[京官五品以上 各上封事 論時政得失]"[13]고 했다. 정치 현안이 있거나 국가적 난제에 봉착했을 때, 또는 새로운 정치의 돌파구를 마련하려고 할 때, 중외의 의견을 구하는 것은 유교적 군주의 중요한 통치 방식 중 하나였다.

최승로(崔承老)는 구언에 대한 응답 형식으로 「시무 28조」를 제출했다. 이것은 당시의 시대 상황과 정치 현실, 사상적 지형도를 잘 보여 준다. 성종은 이것을 유교화 정치의 밑그림으로 활용했다. 「시무 28조」는 보는 각도에 따라 해석의 편차가 있을 수 있다. 그것은 이원적 구도를 가지고 있다. 최승로의 견해는 관점을 달리하면서 지속적으로 전승되어 온 것이었다. 첫째는 전통적 세력 관계와 가치를 계승하자는 것이었다. 이에 유교적 군신 공치의 이념을 정당화하면서 그것에 근거하여 신권과 귀족 권력을 확장하고, 고려 건국이 가져온

---

11 이성무, 『한국의 과거 제도』, 37면.
12 김운태, 『고려 정치 제도와 관료제』(박영사, 2005), 261면.
13 『高麗史』卷三, 世家 三, 成宗元年 夏六月 甲申; 『高麗史節要』卷二, 成宗文懿大王, 壬午元年.

신분적 차별 의식의 해이를 비판하며, 신라적 신분 질서를 복원하고, 유교적 보편 질서는 수용하되 토풍(土風)까지 바꿀 필요는 없다고 주장했다. 둘째는 유교적 보편 가치에 입각하여 백성을 위한 행정을 강조하고, 불교의 현실적 폐단을 제거할 것을 건의했다. 아마도 광종의 전제적 개혁에 대한 반감이 작용했으리라 여겨지는데, 최승로는 군주의 강력한 전제권 행사에 대해서는 무위이치(無爲而治)가 모범임을 내세워 비판했고, 신하에게 일방적으로 충성을 강요하는 것에 대해서는 군신 관계가 쌍무(雙務)적임을 강조하여 군권 행사를 제약하는 사상적 기초를 마련하려고 했다.

『논어』에 이르기를 "억지로 하지 않으면서도 잘 다스린 사람은 순이로구나! 무릇 어떻게 해서 그런가? 스스로 공경하는 마음으로 남면하여 계셨을 뿐이었다(그럼에도 잘 다스려졌기 때문이다).[14]

만약 임금께서 마음을 다잡아 스스로 낮추어 겸손하고 항상 존경과 어려워하는 마음으로 신하를 예우하신다면 어느 누가 심력을 다하여 나아가서는 좋은 계책을 아뢰고 물러나서도 널리 도울 일을 생각하지 않겠습니까! 이것이 이른바 임금이 신하를 예로 부리면 신하는 임금을 충성으로 섬긴다는 것입니다.[15]

최승로는 신하의 충성은 일방적인 것이 아니라 군주의 예우가 전제되어야 함을 강조했다.[16] 이로써 신료란 자율성과 인격성을 지닌 존재임을 부각했다. 이런 점을 보면 유교 정치 이념은 중국의 왕조

---

14 위의 책, 같은 글. "語曰 無爲而治者 其舜也歟 夫何爲哉 恭己而正南面而已."

15 위의 책, 같은 글, "若聖上執心撝謙 常存敬畏 禮遇臣下 則執不罄竭心力 進告謀猷 退思匡贊乎 此所謂君使臣以禮 臣事君以忠者也."

16 『論語』〈八佾〉. 병열적 해석이 통설이지만, 윤씨(尹氏)의 해석은 조건적이다.

보다도 오히려 우리나라의 군신 관계 모델과 근본적으로 더 적합하다고 할 수 있다. 따라서 「시무 28조」를 귀족 정치를 지향하는 견해로 볼 수 있고, 성종 시대의 유교 정치 이념의 확립을 왕실 전제보다는 귀족들의 공동 지배 체제의 안정을 강조하는 것[17]으로 파악할 여지가 있다. 특히 최승로가 고려 초기 신분 질서의 느슨함을 지적하면서 "서인(庶人)에게는 문채 있는 비단 옷을 입지 못하게 하고 명주 옷만 입을 수 있도록" 제한하자던 주장은 귀족 세력의 안정화를 꾀한 것과 무관하지 않다. 이러한 신분적 차별 구도는 조선시대까지 연면히 이어졌다.

최승로의 시대에는 유교적 보편 이념이 시대적 환경을 극복할 만한 동력을 확보했다고 보기 어렵다. 비록 과거 출신 관료들이 늘어나고 그것을 명예롭게 여기는 풍조가 생겨났지만, 거벌(巨閥)들의 고위직 독점을 해체하기는 어려웠다.[18] 다시 말하면 고려를 유교적 사회라고 말하기는 어렵지만, 그런 사회가 정당하다는 믿음이 강화되고 있었다고 볼 수 있다. 다시 말하면, 유교적 지식과 가치, 그리고 중국에서 형성된 여러 지식들은 우리 사회를 성찰하고 비추어보는 잣대 내지는 '거울'의 역할을 수행하고 있음을 알 수 있다. 여기에는 과거제가 커다란 역할을 수행했다. 동시에 광종과 성종 같은 군주가 단행한 위로부터의 개혁도 매우 중요한 역할을 했다. 그러나 과거제를 통하여 유교와 관료를 연관 지었지만, 아직은 유교적 가치관을 내면화하는 단계에는 이르지 못했다. 다만 유학적 교양과 사장학적 기능을 갖춘 문인형 관료를 창출하는 수준이었다.

---

17 김철준, 「최승로의 시무이십팔조에 대하여」, 『조명기 박사 회갑 기념 논총』(1965).
18 이 부분에 대해서는 학계의 논쟁이 뜨겁다. 박창희는 『고려사』 열전의 전기를 분석하여 과거 합격자들의 고위직 진출이 압도적이라고 보아 관료제적 요소를 강조했다. 반면 김의규는 여러 자료를 통하여 음관 출신들이 고위직에 많이 나아갔음을 지적하면서 귀족제적 요소를 부각했다.

그러나 살아남은 구신숙장들과 과거를 통해 등용된 관료들은 곧 그들의 족적(族的) 기반과 경제적 기반을 새롭게 구축하고 귀족화함으로써 고대 연합형 국가의 관료제적 특징을 다시 드러냈다. 그리고 고려조에서는 다분히 통일신라기의 전통을 이어받아 불교적 세계관이 일상생활과 밀접한 연관을 맺고 있었는데, 이러한 세계관은 귀족화된 문인형 관료들과 무리 없이 연결되었다. 특히 불교적 인과관은 현실의 지배 구조를 긍정하는 측면이 있었다. 다시 말하면 현실 세계에서 부귀한 권력자는 전생에서 선업을 쌓은 결과이고, 가난하거나 미천한 자는 전생에서 쌓은 악업의 결과[19]로 이해함으로써 귀족 문인형 관료들의 지배를 정당화하는 기능을 했다. 결론적으로 과거 제도가 중국에서는 황제권을 강화했지만, 우리나라에서는 결코 왕권을 강화하는 방향으로만 작용하지는 않았다. 고려는 유교적 국가 사회로 진행되는 과정에서 과거제 도입과 더불어 성종조에 중요한 관제 개혁을 시행했는데, 그 준거 모델은 당나라의 삼성육부제(三省六部制)였다.

---

19 Woram Eberhard, "Social Mobility and Statification in China", *Class, Status, and Power*, eds. by R. Bendix and S. M. Lipset(London: Routledge & Kegan Paul Ltd., 1967), p.172.

2장 고려 관제의 준거 모델

1. 당의 삼성제와 중서문하 체제

고려의 왕권이 안정되자 중앙의 귀족들과 지방의 호족들을 관료체제에 효율적으로 편제하는 문제가 국가의 중요한 당면 과제가 되었다. 이때 중요한 준거가 된 것이 중국의 관제였다. 태조는 당제를 참작하고자 하는 의지를 보였고, 성종도 관제 개혁에 열정을 보였는데, 그 준거가 된 것은 역시 당나라 관제였다. 물론 고려의 여건상 당나라 제도의 구성과 운용 방식을 완벽하게 도입하는 것은 불가능했고, 고려의 특수한 환경과 상호 작용하여 고려적 관료제의 형태로 모습을 드러냈다. 여기서는 고려 관제의 준거가 된 수·당 관료제의 기본 구성을 살펴보기로 하겠다.

당제를 본받은 고려 삼성제(三省制)의 실체에 대해서는 아직도 분명한 이해에 도달하지 못한 것으로 보인다. 당제와 달리 중서성과 문하성을 합쳐 단일 관청이 성립하였다는 연구[20]가 있는가 하면, 삼성이 당제와 같은 중서, 문하, 상서로 구성되었다는 연구도 있다.[21] 그 근거로 공문에 관련 용어가 보이고, 서긍(徐兢)의 『고려도경』에

---

20 변태섭, 「고려의 중서문하성에 대하여」, 『역사 교육』 10(1967); 『고려 정치 제도사 연구』(일조각, 1971).
21 강진철은 위 변태섭의 저술(1971)에 대한 서평에서 이러한 견해를 보였다. 『역사학보』 52.

독립된 삼성 청사에 관한 기록이 있다는 점을 든다. 그러나 아직 기존 견해가 충분히 논박된 것으로는 여겨지지 않는다는 연구도 있으며,[22] 봉박권(封駁權)이나 서경권(署經權)에 대해서도 견해가 다르다. 특히 의제(議題)를 형성하여 심의하고 결정하는 과정에서 사용하는 주(奏), 소(疏), 표(表), 봉사(封事), 계(啓), 장(狀) 등이 어떤 차이가 있는지에 대해서도 형식적 정의 외에는 명확한 구별을 하지 못하고 있는 것 같다.[23] 특히 성종이 자신을 스스로 '짐(朕)'으로 표현한 사실에서 보듯이 고려 초기를 독자적 황제 체제로 본다면 면밀히 검토해야 할 요소가 많아진다. 태조 왕건은 '천수(天授)'라는 독자 연호를 사용했고, 광종 중반까지는 독자연호가 사용되었다. 관직명칭을 수용할 때도 원 지배하의 고려나 조선왕조처럼 명칭의 등급을 낮추지 않고 그대로 사용했다.

고려가 당제를 모델로 하여 관제를 개혁했을 때, 참여 인사들이 중국에 관해 가지고 있던 지식은 부족함이 없었던 것 같다. 신라 시대에 이미 당나라 유학생들이 많았고, 이들이 고려 건국 이후 지성계의 핵심으로 활약했다. 동시에 쌍기와 같이 중국 사정에 정통한 귀화인들도 다수 있었다. 아마도 성종의 관제 개혁을 추동한 집단도 이들이었을 개연성이 매우 크다. 따라서 고려 관료 체제를 이해하기 위해서는 당나라 관료 체제를 이해하는 것이 필수다. 또한 조선조 관료 체제 역시 기왕의 전통과 단절한 독자적인 것은 아니었으며, 고려 관료 체제의 기본 골격을 유지했다. 고려 관료제가 당 관제의 조직 원리를 대략 모방했으므로[24] 조선의 관료제에도 그 구성과 원리가

---

22 이정훈, 「고려 전기 삼성제와 정사당」, 『한국사 연구』 104(1999).

23 중국적 세계 질서 속에 포섭되기 전과 그 이후의 용어에는 차이가 있다. 만약 고려 전기가 독립적 황제 체제로 운영되었다면 조선조에 들어와서 편찬한 『고려사』의 용어를 그대로 믿을 수 있는지에 대해서는 검토가 필요하다.

24 『高麗史』, 百官志, 序文, "立三省六尙書九寺六衛 略倣唐制."

상당 부분 수용되어 있는 셈이다.

그럼에도 삼성제에 관한 우리 학계의 연구는 중국이나 일본 학계의 연구 결과를 참고하지 않은 해석으로 인해 착오를 범하는 경우가 있는 것 같다. 즉 현재까지 나온 연구는 대부분 '중서출령(中書出令), 문하봉박(門下封駁), 상서시행(尙書施行), 즉 중서성에서 명령을 내고, 문하성에서 봉박하고, 상서성에서 시행한다'는 원론적 이해 수준에 머물러 있으며, 당나라에서는 마치 중서문하 체제가 없었던 것으로 오해하여 중서문하성이 고려 특유의 변화된 제도로 보는 것이 그것이다.

고려와 조선의 관료 체제를 이해하기 위해서는 당의 삼성제와 중서문하 체제에 대한 올바른 이해가 기본 과제다. 고려와 조선의 관료 체제는 기본적으로 당의 삼성육부제를 골간으로 하여 우리 실정에 맞게 수정하고 보완한 것이다. 그런데 삼성제 혹은 삼성육부제는 그렇게 단순한 것이 아니다. 지금도 중국과 일본의 학자들 사이에는 이를 두고 심도 있는 논의가 오가고 있다.[25]

당 제국은 국내 군벌 타도와 외침 격퇴를 통해 성립했다. 당은 인민들이 가지고 있는 잠재력의 무서움을 잘 알고 있었다. 중국 역사에서 인민의 잠재력은 왕조의 흥망과 밀접한 관련이 있었다. 『서경』은 주공이라는 인물을 통하여 유교적 정치의 정당성이 어떻게 확보되는지를 보여 주었다. '천명(天命)'으로 표현되는 왕조의 정당성은 인민의 잠재력과 동일시되는 데까지 진행된다. 당은 인민의 중요함과 무서움을 전제로 천하를 안정적으로 지배할 수 있는 시스템을 고안하려고 했다. 특히 행정의 안정성과 예측 가능성을 확보하기 위해 고안된 삼성육부제의 운영 규정을 율령격식(律令格式)에 담아내었다. 이것은 중국적 지혜의 결집이라 해도 지나치지 않을 정도로 진보적

---

25 劉后濱, 『唐代中書門下體制硏究』(齊魯書舍, 2004), pp.3~61.

이고 발전적인 것이라 할 수 있다.

그런데 삼성제의 출발, 발전, 정착은 오랜 중국의 역사 전개와 궤를 같이했다. 수 문제(隋文帝)는 황제의 비서와 자문 역할을 하던 중서령(中書令)과 시중을 국가 정사에 직접 참여시켰다. 이러한 조치는 삼성제의 발전을 새로운 단계로 진입하게 했다. 당 태종은 삼성제의 정치 행정적 의미를 한층 분명히 했다. 그것은 삼성제는 서로 보완하면서 동시에 서로 견제하고 균형을 잡는 시스템으로 가야 한다는 것이었다. 즉 이 제도는 작은 인정에 끌리지 않는 상호 토론을 통해 서로 보완하면서 최적의 대안을 마련하려는 것이 기본 정신이었다.

중서성이 발출하는 조서와 문건에 대해서는 문하성의 의견과 같지 않을 수 있다. 착오와 과실이 있을 때는 서로 아니라고 하여 바르게 한다. 원래 중서성과 문하성을 설치한 본뜻은 바로 서로 감독하게 하여 과실과 착오를 방지하려는 것이다.[26]

아무리 영명한 군주라도 혼자서는 통치하기 어렵고 관료 체제의 도움을 받는 것은 필수적이다. 당의 삼성제는 정책 결정 과정에서 견제와 균형, 상보를 도모하는 한 단계 더 발전된 제도였다.

진한 시대의 삼공구경제(三公九卿制)에서 삼성육부제로 변화해 가는 과정은 관료 체제가 진보하는 것이라 할 만하다. 원래 중서성과 문하성은 황제의 비서 자문 기구였으며 금중(禁中)에 설치되었다. 그것은 내성(內省)이라고도 불렸다. 앞에서 언급한 바처럼 수 문제가 삼공제(三公制)를 없애고 중서령과 시중을 정사에 참여시키면서 중서령과 시중은 재상의 자리로 변모했다.

---

26 『貞觀政要』, 政體第二, "中書所出詔勅 頗有意見不同 或兼錯失而相正以否 元置中書門下 本意相防過誤."

한걸음 더 나아가 수양제(隋煬帝)는 문하성의 사무 중에서 상식(尙食), 상약(尙藥) 등 황제 개인을 시봉하는 업무를 분리하여 전내성(殿內省)에 귀속시켰다. 그리하여 문하성은 황제를 시종하고 고문하던 일에서 벗어나 한층 공적인 국가 사무를 처리하는 기관으로 위상이 격상되었다. 이로써 문하성은 중서성에서 기초한 조령(詔令)에 서명하여 보냈고, 상서성에서 올리는 주안(奏案) 역시 문하성의 성독[省讀: 살피고 열람함. 실제로는 직급에 따라 검토와 열람 단계를 독(讀), 성(省), 심(審)으로 표시했다]을 거쳐야만 했다.

주초(奏抄)는 우선 상서성 육부 가운데 어떤 사(司)가 어떤 사안[事]으로 보고하는 것이다. 상주(上奏)하는 과정은 조사(曹司)가 아니라 상서성의 명의로 했다. 상서성의 장관인 좌우복야(左右僕射)의 이름으로 상주하고, 그 사에 속한 상서시랑(尙書侍郎)도 관직과 성명을 쓰고 서명했다.

좌우복야와 상서, 시랑이 서명한 뒤에 상주한 해당 사의 낭중(郎中) 혹은 원외랑(員外郎)이 서명하고 문하성으로 올려 보냈는데, 주판(主判)한 관원은 해당 사의 낭중 혹은 원외랑이었다. 그런 뒤 다시 문하성 관원인 급사중(給事中)이 '독(讀)'하고, 황문시랑(黃門侍郎)이 '성(省)'하며, 시중이 '심(審)'하는 것[27]이 관례였으며, 최종으로 황제가 '문(聞)'하고 서명하는 것이 상세 절차였다. 황태자에게 올리는 경우에는 '주(奏)'가 아니고 '계(啓)'를 사용했으며, 재가도 '낙(諾)'을 사용했다.

이 중에서도 문하성의 봉박권(封駁權)과 관련해서는 급사중의 역할이 중요했다. 그 봉박권은 올라가는 문서인 주초, 주탄(奏彈), 노포(露布) 등은 물론 하달되는 조칙에 대해서도 행사되었다.[28]

중서성은 원래 황제의 측근 기관이었고, 그 가운데서도 중서사인

---

27 劉后濱, 앞의 책, pp.90~93.

28 祁德貴, 「唐代給事中研究」, 北京大碩士學位論文(1993).

(中書舍人)의 역할을 중시했다. 중국 측 연구자들은 『당육전(唐六典)』에 수록되어 있는 중서사인의 직무 중 '시봉진주(侍奉進奏), 참의표장(參議表章)'에 대해서 이렇게 말했다.

　　중서사인은 성(省) 안에서 토론되는 군국대정과 보고하여 올라오는 표장에 관여할 수 있으며, 자기의 초보적인 처리 의견을 제시하고 자기 이름 위에 서명하는데, 이것을 일컬어 '오화판사(五花判事)'라 한다.[29]

즉 중서사인은 자기가 주판하는 업무에 대해서는 의견을 낼 수 있고 동시에 책임을 지는데, 주판이 아닌 중서사인도 공동으로 서명한 것 같다.

　　당나라 관제의 시중, 문하시랑, 산기상시, 간의대부, 급사중, 기거랑, 보궐, 습유 등의 관직 명칭은 고려에서도 거의 그대로 답습되었다. 고려의 중서문하 체제의 재상들이 국정을 의논하고 국사를 처리한 것 역시 당의 중서문하 체제와 유사하다. 다만 우리 학계에서는 중서문하성과 정사당을 다른 기관으로 인식하기도 하는데,[30] 중서문하성과 중서문하는 다른 제도였다. 당제에서 정사당이 변천하여 중서문하가 된 것을 볼 때 이러한 관점은 다음에 검토하겠지만 자세히 살펴볼 필요가 있다. 왜냐하면 고려가 업무 내용과 절차는 도외시하고 명칭만 도입했다고 보기는 어렵기 때문이다. 최소한 제도의 취지와 기능을 채택했을 가능성이 높다.

　　삼성제 구성의 기본 원칙을 다시 정리해 보면 다음과 같다. 중서성은 각 방면에서 올라온 표장을 정리하여 황제에게 올리며, 처리를 위한 의견을 첨부하고, 황제의 재가를 받아 조칙과 비답 등 황제의

---

29 楊子駒 主編, 『中國古代官制講座』(中華書局, 1992), 184~185면.
30 변태섭, 「고려의 중서문하성에 대하여」, 『고려 정치 제도사 연구』, 39면.

명의로 생산되는 문서를 기초한다. 문하성은 중서성이 기초한 조칙 등의 당부(當否)를 심의하고 부당하다고 판단될 경우 수정 의견을 보낸다. 아울러 상서성 각사에서 보고하는 주초에 대해서도 논박하여 바로잡는[駁正] 역할을 수행했다. 이런 과정을 거쳐 결정한 정책은 문하성에서 서명하여 상서성으로 보내고, 상서성은 업무의 성격에 따라 육부에 할당하여 집행하는 역할을 수행했다.

이처럼 중서문하 체제로 발전하기 이전 문하성의 기능은 '봉환제칙(封還制勅)'과 '심박주초(審駁奏抄)'로 요약할 수 있다. 특히 조칙이 타당하지 않을 때 집론(執論)하고 간쟁하는 것은 권한이자 의무로 보았다.

중서와 문하는 국가의 중요한 일을 담당하는 관서다. 인재를 발탁하여 맡기고 위임하는 것이 실로 무겁다. 조칙이 만약 온편(穩便)하지 못한 곳이 있다면 모름지기 모두 집론해야 한다.[31]

이러한 업무를 담당하는 중심 직책은 급사중이었다. 여러 관서에서 올라오는 표장들을 심의하고, 황제가 내리는 조칙에 대해서 봉박할 수 있었다. 이러한 봉박권은 명칭과 형태를 달리해도 그 '기능'은 고려조와 조선조에서도 그대로 수용되었다고 보아야 한다. 봉박은 반포하는 제서와 제칙에 대한 봉환(封還), 즉 하자가 있거나 적절하지 못한 제서와 제칙에 대해 되돌리는 것과, 박정(駁正), 즉 여러 관청이나 부서에서 올라오는 주초에 대해 당부를 논하고 바로잡는 것이다.

당 개원 11년(723), 중서령 장열(張說)이 정사당을 중서문하로 바꾸자고 주청하여 받아들여졌다. 정사당은 원래 문하성에 설치되었다.

---

31 『貞觀政要』, 政體 第二, "中書門下機要之司 擢才而居 委任實重 詔勅如有不穩便 皆須執論 (…)."

재상들이 모여 정사를 의논하는 곳을 정사당이라 했다. 재상인 타관이 겸직하면 지문하성사(知門下省事)라 일컬었다. 장열의 주청 이후 정사인(政事印)도 중서문하지인(中書門下之印)으로 바꾸었다.[32] 이렇게 변화된 이후에도 삼성 기구는 여전히 존재했다. 즉 중서문하는 재상 부서가 되어 독립적으로 삼성 기구의 위에 있게 되었으며, 중서문하가 직접 여러 사직(使職)과 군(郡), 군대를 지휘하고 황제의 명령을 집행했다. 즉 중서문하는 일상의 정무를 처리하는 기관이 되었고, 더는 대정(大政)의 방침을 의정하는 기능은 하지 않았다.[33]

우리 역사학계의 논의를 살펴보면 고려의 중서문하 체제의 실상에 대해 정확히 파악하고 있지 못한 것으로 보인다. 변태섭은 "고려의 삼성은 당제를 모방한 것이다. 그러나 고려에서는 당의 삼성 병립제와는 달리 중서성과 문하성이 합쳐 중서문하성이 되었다"라고 했다. 그는 고려의 중서문하성이 고려의 특수성을 반영한 제도로 인식한 것 같다. 그러면서도 다른 논문에서는 다음과 같이 말하고 있다.

> 고려의 중서문하성은 단일 관서가 아니라 각각 독립된 중서성과 문하성 양성으로 구성되었다고 할 수 있다. 중서성은 조칙의 초안을 작성하여 왕에게 상주하고, 문하성은 왕의 조칙을 받아 심의하여 선포하는 기관으로, 양 성의 직능이 밀접하므로 고려에서는 마치 하나의 기관과 같이 되어 중서문하성이라 병칭되기도 한 것 같다.[34]

이것을 보면 중서문하 체제의 실체에 대해서 확신을 하지 못하고 있음을 알 수 있다. 이러한 논의와 관련하여 고려 관제를 편성한 인

---

32 劉后濱, 「從三省體制到中書門下體制-隋唐五代」, 『中國古代官僚政治制度研究』, 吳宗國 主編(北京大學出版社, 2004), p.167.

33 劉后濱, 앞의 책, p.57.

34 변태섭, 「고려의 중서문하성에 대하여」, 『고려 정치 제도사 연구』, 44면.

물들이 당의 관제에 정통한 이들이었다고 전제한다면 당제의 변화는 고려 관제 해석에 참고할 만한 가치가 충분하다. 즉 고려 역시 삼성제 위에 재상 부서인 중서문하(정사당)가 별도로 있었다고 보면 해석의 혼란은 사라진다.

아무튼 삼성제의 핵심은 각 방면에서 올라온 보고 문건을 정리 분석하고, 군주의 뜻을 받아 조칙이나 명령을 기초하며, 입안된 정책에 대해 당부를 논하고 서경(署經)하며, 그러한 과정을 거친 정책을 집행하는 것이다. 고려와 조선에서도 관직의 편제나 명칭에는 수정을 가했지만, 이 삼성제가 가지고 있는 관료 체제 구성의 목적과 역할, 기능 등은 거의 온전하게 수용되었다고 보는 것이 타당하다. 특히 이러한 삼성제의 구조와 운영 방식은 조선조 관료 체제와 정책 과정을 분석하는 준거로서 매우 유용하다.

2. 당제와 고려관제의 특성

1) 고려관제와 관료를 보는 시각

고려관제의 구성은 첫째 우리나라 고유적 특성을 반영하는 관직과 당시의 보편적 관직체계로서의 중국의 관제가 혼합되어 있다. 특히 동아시아 관제구성의 가장 발달된 형태의 것이라 할 수 있는 당나라의 삼성육부제 프레임이 고려 관제에도 수용되어 있다. 물론 송나라의 관제도 모델로 삼았지만, 송나라 역시 기본적으로는 상당기간을 삼성육부제의 프레임을 따랐기 때문에 프레임 자체가 변한 것은 아니었다.

다만 당나라의 삼성제는 정책결정의 효율성과 정확성을 기하려는 운영원리를 강조한 반면에 송나라는 재상권의 약화와 황제권의 강화를 위한 '권력의 분산'을 목적으로 하였다는 점에서 큰 차이가 있다.

고려의 경우, 이 두 가지 목적을 모두 가지고 있었던 것으로 보이는데, 처음부터 특정한 한 사람에게 권력이 집중되는 형태가 아니라 고위 관료들의 권력분점 형태로 운영된 것으로 보인다. 즉, 일종의 집단지도체제가 도입되어, 고위관료들의 '합좌(合坐)'가 별다른 장애 없이 잘 이루어진 것으로 보인다. 이것은 북송(北宋)정부가 중서문하(中書門下)는 민정(民政)을 주관하고, 추밀원(樞密院)은 군정(軍政)을 주관하고, 심사(三司)가 재정(財政)을 주관하게 하여 세 부서의 일을 서로 모르게 하여, 황제에게 권력을 집중시켰던 방식[35]과는 다른 것이다.

그럼에도 불구하고, 관직의 명칭과 기능은 상당부분 당, 송제를 모델로 한 것은 분명하다. 따라서 관제 운영에서 불분명한 부분은 당송의 제도 운영을 참고로 하면 해석의 활로가 보이기도 한다. 예를 들면, 고려의 상서령은 당송과 마찬가지로 실무를 담당한 직위가 아니었다. 그러면 실질적인 장관은 그 아래 직위인 좌우복야가 맡았을 것으로 추정하나, 상서성과 좌우복야의 지위와 기능에 대해서는 견해가 일치하지 않는다. 즉, 상서도성은 정무를 처리하는데 발언권이 있는 권력기구가 되지 못하고 국가의 여러 행사나 주관하고, 공문의 발송을 맡은 사무관청에 지나지 않는다는 견해[36]가 있는 반면 단순한 사무처리가 아니라 가부를 검토하는 권한이 부여되어 일정한 통제 역할을 할 수 있었다는 것으로 중서문하성이나 중추원과 비교하여 상대적으로 권력이 약했다고는 할 수 있으나 나름의 중요한 역할을 하였다고 보는 견해[37]가 병립하고 있다.

우선 당제의 상서성을 살펴보면, 일시적으로 중대(中台), 문창대(文

---

35 陳茂同, 『中國歷代 職官沿革史』(天津: 百花文藝出版社, 2004), 316면.

36 변태섭, 『고려 정치 제도사 연구』(일조각, 1971), 70~74면.

37 박용운, 『고려시대 상서성연구』(경인문화사, 2000), 19~37면.

僕仆)로도 불렸다. 상서령은 당 태종이 황자시절에 상서령을 역임한 까닭에 당나라에서는 임명하지 않고, 좌우복야가 실질적인 장관이었다. 당나라 초기에는 복야의 지위는 매우 존중되어 중서성의 차관인 중서시랑과 문하성의 차관인 문하시랑이 3품관이하인 것과 다르게 종2품관으로 보임하였다. 그리고 상서성의 자세한 업무는 좌, 우승이 관장하였는데, 이, 호, 예 3부는 좌승(左丞)이 통할하고, 병, 형, 공 3부는 우승(右丞)이 통할했다.[38]

이것은 조선조의 의정부에서 좌의정이 이, 호, 예의 3조를 관할하고, 우의정이 병, 형, 공의 3조를 관할한 구조와 유사하다. 상서도성을 단순한 사무관청으로만 보기 어려운 이유 가운데 하나다.

고려 관제와 관료등용의 가장 큰 특징의 하나는 벼슬길에 나가는 통로였다. 고려는 내외 조상의 공로에 따라 자손에게 벼슬길을 열어 주는 '음서(蔭敍)'가 광범위하게 적용되었다. 그리고 조선과 달리 '서리(胥吏)'직으로 출발하여 '조관(朝官)'으로 진출하는 통로도 열려있었다. 이것은 전통시대 관료제 운용의 고려적인 특징이었다. 즉, 높은 가문의 자제나 사인 및 양가의 자제들도 서리직에 취임하였다.[39] 조선조에 들어와서 서리의 관직 진출이 막혀갔던 것과 대조된다. 문과 출신, 특히 성리학과 시문을 전업으로 한 엘리트 관료의 충원은 긍정적인 측면도 있지만 관료세계의 활력과 현실 대처능력을 저하시키는 문제점도 발생했다. 서리출신과 문과출신을 함께 등용했던 고려의 시스템이 관료제 운영에는 더욱 합리적인 것으로 보인다. 다만 서리직이 능력 없는 공신 귀족 자제들의 벼슬길을 보장하는 방편으로 운영된 것은 고려의 한계라 할 만 했다. 중국의 관료제에서 일찍부터 문제가 되었던 '유리(儒吏)'의 분리와 통합의 역사과정을 새겨볼만하다.

---

38 진무동, 앞의 책, 238~239면.

39 李鎭漢, 『고려전기 官職과 祿俸의 관계 연구』(일지사, 1999), 49면.

2) 당제와 고려관제의 구성과 조직

　중국관료제가 진한의 '열경제(列卿制)'에서 당송의 '삼성 육부제'로 골격을 바꾼 것은 진일보한 것으로 평가할 만하다. 우리나라 관제의 기본모델이 된 당송관제의 구성은 크게 행정, 군사, 재정, 감찰의 4대 부문으로 나누어 볼 수 있다. 행정은 크게 삼성육부를 두어 상호 견제와 협력을 통해 최선의 결정이 이루어지도록 하였고, 군사는 대내외의 정치군사적 환경에 따라 편제를 달리했다. 재정의 경우는 정치체제를 유지하는데 기본적인 요소였음으로 그 수입과 지출의 규모가 우리와 달리 매우 컸다. 감찰의 경우는 크게 '관리규찰'과 '황제에 대한 비평과 건의'의 역할로 나누어 볼 수 있는데, 실제상 황제에 대한 비판은 쉽지 않았으므로 두 기관의 역할과 기능은 크게 구별되지 않았다. 이후로 그 골격은 유지하면서도 왕조별로 특수한 정치적 행정적 수요를 반영하여 보완하거나 수정하고 있다. 정사당에 관해서는 좀 더 자세히 살펴보기로 하자.

　정치적 자신감이 가득했던 당나라 초년의 경우, 정책결정의 정확성과 효율성을 우선순위에 두고 상호견제 보완하게 하는데 중점을 두었다. 그런데 근원적 한계인지도 모르지만 날마다 논쟁이 일어나고 의견이 분분하여 결정을 못하거나 늦어지는 폐단이 생겼다.

　이러한 문제를 해결하기 위해 문하성에 '정사당(政事堂)'을 설치하고 삼성의 장관이 모여 정사를 논의하게 했다. 당 고종 때에 문하시중 배염(裵炎)이 중서령으로 옮기면서, 정사당도 중서성으로 옮겼다.

　앞에서 언급한 것처럼 현종 11년(723) 장열(張說)이 중서령이 되면서 정사당은 '중서문하(中書門下)'가 되었고, 이방(吏房), 추기방(樞機房), 병방(兵房), 호방(戶房), 형례방(刑禮房)의 5방을 두어 일상적 행정사무를 처리하게 하였다.[40] 현종 이전에는 재상의 직무는 삼성의 장관이 겸직하여 오전에는 정사당에서 정책을 논의하고, 오후에는 각자의 성에서 업무를 보았으므로, 별도의 사무기관이 필요하지 않았다. 현종 이후 재상의 수가 적어지고 그 직위가 높아지면서 전업직(專業職)이 되고 지원부서가 설치되었던 것이다.

정사당의 조직과 운영에 관한 연혁을 자세히 검토하는 것은 이 제도가 고려의 중서문하와 조선의 '의정부' 모델로 기능한 것으로 보이기 때문이다. 즉 당제의 정사당과 중서문하의 제도가 고려의 중서문하를 거쳐 조선의 '의정부(議政府)'로 진보하고 합리화된 것으로 보이기 때문이다. 정사당의 삼성장관의 모임은 의정부의 삼정승 제도와 구조적인 연관성이 유추된다.

그런데, 고려 역시 정사당이 문하성에 설치되어 있다가 중서성으로 이전하게 된 것을 보면, 우연으로만 보기 어렵다. 그리고 이것이 귀족들의 발언권 강화와 연관이 있는 것으로 이해[41]하기도 한다. 삼성육부제는 성종이 그 골격을 도입하고 목종이 재정적 기반과 연계하면서 관료질서를 구축했다. 성종 원년에 내사성(중서성),[42] 문하성, 어사도성으로 명칭을 개정하고, 2년에 3성 6조 7시를 정했다. 14년에 어사도성을 상서도성으로 6관을 6부로 고치고 문산계(文散階)를 설치하여 관료조직을 완성했다.[43]

그런데 정사당(중서문하)에서 군국중사를 의논하는 재신들은 '동중서문하평장사'나 '참지정사', '정당문학' 등의 추가적인 직함을 가졌다. 당나라의 경우 초기와 중엽이후가 서로 다른데, 중엽이후는 재상의 집무처가 '중서문하(정사당)'가 됨으로서 '동중서문하평장사'가 진정한 재상의 임무를 맡았다.[44] 고려의 경우도 시기에 따라 약간의 변동

---

40 진무동, 앞의 책, 232면.
41 이정훈, 「고려전기 삼성제와 정사당」, 『한국사연구』(104), 59면.
42 수나라 때에는 내사성이라고 한 것으로 보면, 내사성도 중국의 명칭을 참조한 것이다.
43 이정훈, 앞의 논문, 59~60면.

은 있지만, 당송제를 참고한 것으로 추정되는 것이 많다. 그럼에도 고려의 정사당에는 참여인원이 상대적으로 많았는데, 고려적인 정치 상황과 세력관계를 반영한 것으로 보인다. 특히 타관겸직이 많았던 정사당이 조선조의 의정부로 바뀌면서는 '전임직'으로 전환하고 있는 점은 유의해 볼만하고, 조선 후기에는 또다시 타관겸직이 당연시 되는 '비변사'체제로 전환하는 부분도 전통시대 정책결정기구가 '효율적 정책'을 담보하는 시스템에 대해 지속적으로 고민했음을 보여주는 것이라 하겠다.

어떻든 고려와 조선은 당송의 제도를 비판적 검토 없이 맹목적으로 받아들인 것이 아님을 이로서도 알 수 있다. 당송은 재상권의 강화경향을 억제하기 위해 다양한 노력을 경주했지만, 고려와 조선은 전통적으로 계승해온 정책결정의 '합좌(合坐)'제와 '합의(合議)'제의 원칙을 제도의 설계와 운영에 도입하고 있다. 특히 당 태종이 강조하고 보장했던 '어사대부'의 간쟁권이 중국보다도 고려와 조선에서 상대적으로 강화되어 간 것도 차이라면 차이다.

그럼에도 불구하고 관직의 명칭은 많은 경우 중국의 것을 차용하였고, 중국적 관료제 설계를 바탕으로 우리나라에만 독특한 정치사회적 상황을 반영하여 수정하는 패턴을 따르고 있다.

여기서 고려의 최고 정책결정 기구인 삼성제에 관해서는 의견이 일치되어 있지 않기 때문에 다시 한 번 정리해 보기로 하자.

당제는 삼성병립이었는데, 고려는 중서성과 문하성을 합쳐 중서문하성(또는 내사문하성)이라는 단일기구가 되어 이성체제(二省體制)로 운영되었다고 파악하는 것이 통설[45]이다.

이에 대해 〈역옹패설〉과 〈고려도경〉에는 중서성과 문하성이 분립

---

44 유녹년, 앞의 책, 212면.
45 변태섭, 『고려 정치 제도사 연구』(일조각, 1971).

되어 각자 독자적인 집무소와 기능을 갖고 있었다는 기록이 있다.[46] 따라서 앞의 통설과 달리 중서문하성은 정사당을 다르게 부른 것(異稱)으로 보는 설[47]도 있다. 이 설은 나름의 타당한 근거를 확보하고 있는데, 고려사에 나오는 '중서(中書)'는 중서성을 지칭할 때도 있었지만, 중서문하성의 약칭으로 사용되기도 했다는 것, 그리고 『고려사』〈두경승전〉의 "(두경승)이 이의민과 함께 문하시중에 임명되었는데, 그 서열이 이의민의 위에 있자, 이의민이 중서에서 욕을 퍼부었다.(--與義旼 同拜門下侍中 位在義旼上 義旼在中書大詢--)"이라는 기록에서 유추하면 문하시중은 원래 중서성과는 관계없는 직위였으니 여기의 중서는 중서문하성, 즉 정사당으로 보아야 한다는 것이다.[48]

이 설은 당제의 변천을 반영하고 있다고 할 수 있다. 그런데 당송의 관료제에서 우리가 혼돈하고 있는 부분이 있다. 그 핵심은 '중서문하성'과 '중서문하'는 다르다는 것이다. 장열이 재상이 되었을 때, 정사당을 중서문하로 개칭하고 오방(五房)을 두면서 중서문하는 재상이 집무를 하는 기구가 되었다. 송나라 때 정사당을 궁궐 내(禁中)의 조당(朝堂) 서쪽에 설치하여 재상이 국정을 논의하는 곳으로 했는데, 역시 '중서문하'라고 불렸고, 간단하게는 '중서'라고 불렸으며, 세속에서는 '중서문하내성(中書門下內省)'으로 불렸다. 이에 따라 황성 밖에 있는 중서성과 문하성은 '중서문하외성(中書門下外省)'이라 불렸다.[49] 만약 고려가 당송 관료제의 변화를 적극 수용하고 있었다고 하면, 현재의 학설상의 논란은 상당부분 해소된다. 즉 정사당으로서의 '중서문하'가 중서문하성(중서성과 문하성)과 달리 존재했다고 보면 저간의 혼란은 보다 명백하게 정리 된다. 특히 고려왕실이 호족세력과

---

46 박용운, 『「고려사」 백관지 역주』(신서원, 2009), 70면.

47 李貞薰, 「고려전기 삼성제와 정사당」, 『韓國史硏究』 104, 1999.

48 이정훈, 위의 글, 55면.

49 兪鹿年 編著, 『中國官制大辭典』 上卷(黑龍江人民出版社, 1998), 211면.

귀족세력을 강력하게 통제할 수 없었다는 맥락에 따르면, 합좌(合坐)와 합의의 전통이 살아있는 우리의 정치문화에 비추어서 중서문하(내성=政事堂)는 삼성과 독립하여 존재한 것으로 보는 것이 타당하고, 나아가 중서문하의 역할은 독립된 관부를 갖기 이전에는 수석재상이 근무하는 부서에 중첩적으로 존재했을 수도 있다. 즉 정사당의 구성원인 고위 재신(宰臣)들은 당나라처럼 오전에는 정사당에서 국정을 논의하고 오후에는 본인의 집무소에서 업무를 보았을 것이다.

당송 제도에서도 정사당 논의에 참여하는 정규직위는 삼성의 장관이었지만 시중과 상서령, 중서령은 지위가 높아 가볍게 제수하지 않았다. 따라서 당나라 태종 때에 정사당의 의논에 참여하는 다른 관료들에게 '참지정사(參知政事)', '참의득실(參議得失)', '참의조정(參議朝政)' 등의 이름을 덧붙여 실제상의 재상 역할을 하게 하였다. 고종 이후에는 '동중서문하평장사(同中書門下平章事)' 또는 '동중서문하삼품(同中書門下三品)'이 재상의 일을 맡아 보았다. 중당(中唐) 이후에는 이들이 현실의 재상이었다. 송나라도 당의 제도를 이어 받았는데, 정사당(=중서문하)을 황궁 안에 설치하고 5방(房)을 설치하여 행정사무를 보게 하였다. 원풍개제(元豊改制) 후에는 중서문하를 폐지하고 상서도성(尙書都省)을 정사당으로 하였다. 송나라 초기에는 동중서문하평장사가 재상이 되고 참지정사가 부상(副相)이 되었으나, 신관제가 정해진 후로는 상서성의 좌우복야가 재상이 되었다. 즉 좌복야가 겸문하시랑이 되어 시중의 직무를 담당하고, 우복야가 겸중서시랑이 되어 중서령의 직무를 시행했다. 따라서 부상은 좌우승이 맡았다. 고종 때에 좌우복야에 동중서문하평장사를 더하고, 중서시랑과 문하시랑을 참지정사로 바꾸었다.[50]

간단히 요약하면, 당나라 초기의 관제는 중엽이후에 변천이 있었

---

50 兪鹿年 編, 위의 책, 210면.

고, 송나라 제도의 바탕도 여기에 있다. 송나라는 중서를 황궁 안에 (禁中) 두고 부르기를 '정사당(政事堂)'이라 하고, 상서성과 문하성은 황궁 밖에 나란히 두었다. 재상은 '동평장사(同平章事)'라 불렸는데 고정의 정원은 없었고 대개 두 사람을 두어 하루씩 번갈아 업무를 보게 했다. 부재상은 '참지정사'였다. 이것은 대개 당나라가 삼성장 관을 임명하지 않은 것을 본받아 비록 이름은 나누어져 있으나 실제 로는 정사당에서 합의했던 옛 제도를 따랐다. 그리고 재정권은 삼사 (三司)를 두고 삼사사(三司使)가 총괄했는데, 부르기를 '계성(計省)', '계 상(計相)'이라 했다. 병권은 모두 추밀원에 두었는데, 송나라의 특징 적인 제도였다.[51]

고려 관제의 중서령과 상서령이 실직인가 아닌가, 또는 하는 역할 에 대해서도 우리 학계의 일치된 견해는 아직 없는 것으로 보인다. 그리고 만약 당송의 제도를 쫓아간 것으로 보면 '실직이 아니었던 것' 으로 보는 것이 보다 정확할 것이며, 명칭과 역할에 대해서도 당송관 제의 추이와 변화를 참조하는 것이 도움이 된다.

3) 학술정치의 제도화 – 유교적 관료의 적극적 진출

중국의 역사는 〈동양적 관료제〉의 기본 모델을 제시하는데, 그것 은 '역사'와 '사상' 그리고 '제도'의 측면에서 그 '원형'을 함축하고 있 다. 중국사에서 등장하는 방대한 관료제 조직은 '신(臣)'으로 불리는 계층과 '사(士)'로 불리는 계층과 밀접한 연관이 있다. 이 신과 사로 불리는 계층과 사람들의 역사는 관료제의 발전과 맞물린다. 중국고 대에서 '신'은 노예였다. 전쟁 포로나 집단 내에서 진행된 '격차'로 인 해 지위하락을 겪은 사람들은 세력가를 위해 노동력을 제공해야 했

---

51 呂思勉, 『中國社會史』(上海古籍出版社, 2009), 490~491면.

다. 주나라 시대에는 '노예'와 조정에서 직임을 가진 관원을 지칭하다가 전국시대 이후에는 관리와 백성을 통칭하는 용어로 변했다.[52] 중국사에서 '사(士)'는 역사적 존재였다. 중국고대의 아홉 종류의 관직 중의 하나로 '군사와 형벌'에 관한 임무를 관장했다가 하나라에서 '사마(司馬)'를 설치하여 군사업무를 관장하면서 형벌업무를 전담한 것으로 전해진다. 상(商), 서주시대에는 가장 낮은 지배계층이었고, 춘추시대에는 경대부의 가신(家臣)을 지칭하다가 춘추 말년 이후에는 통치계층 가운데 지식인들을 통칭하는 용어로 변화했다.[53]

이 '신'과 '사'는 동양적 관료체제를 구성하는 전통적 관료의 특성을 담보하는 핵심 용어다.

중국적 정치와 행정에서 '학술관료'의 등장은 그 의미가 매우 크다. 물론 한자와 한문의 구사는 상당한 교육기간을 필요로 하는 것이었기 때문에 '지식인'이 정치와 행정의 중심에 진입하는 것은 필연적인 성격이 있다. 특히 통합을 유지하고, 신흥세력을 억제하기 위한 왕조의 정책은 고도의 통치술과 정책을 필요로 하는 측면이 있었다.

중국에서 '신', '사', '관리', '집정'에 대한 평가의 오래된 기준은 '덕과 재능(德才)'이었다. 〈예기〉에서는 '선현여능(選賢與能=현명함과 능력을 보고 선발함)'을 강조하는데 같은 맥락이다. '덕재'와 '현능(賢能)'을 강조하는 프레임은 백가(百家)의 사상에 연면히 녹아 있다. 여기에 덧붙여 실천적 맥락에서 일을 맡겨 시험하는 과정을 거치게 하는 것도 핵심 프레임이다. 고대의 우(禹)왕은 치수사업을 맡아 성공시킴으로서 후계자가 되었고 왕위에 오른다.[54]

법령의 정비와 집행은 물론 정치행적적 의사소통과 정책의 전파

---

52 유녹년 편저, 『중국관제대사전(상)』, 40면.
53 유녹년, 위의 책, 11면.
54 유녹년, 위의 책, 9면.

는 '문장'과 '문서'를 수단으로 했는데, 이는 학문과 지식을 필수적이게 했다. 다양한 지역에서 '주장(奏狀)'을 만들고 그러한 주장들을 검토하고 황제의 결정인 '조칙(詔勅)'을 작성하는 데에는 상당한 지식을 필요로 했다.

그리고 제후국들의 경쟁과 왕조의 순환적 교체라는 역사적 현실은 '정치사상과 철학'의 세련화와 번성을 가져왔다. '백가쟁명(百家爭鳴)'은 그 대표적 현상이었다. 국민통합과 외교에서 학술의 중요성은 더욱 중시되었다. 춘추시대의 대표적 정치사상가로는 '인의(仁義)'를 앞세운 공자가 있었고, 실제의 정치에서 인민의 복지와 삶을 중시한 경륜가들이 그러한 정치노선의 '성공과정'을 '현실'에서 보여 주었다. 정나라의 자산(子産), 제나라의 재상인 관중(管仲)과 안영(晏嬰) 등이 그 모범을 나타내었다.

중국대륙의 안정적인 통치에는 무력이나 강제의 수단이 한계가 있다는 것은 역사에서 증명되었다. 반면, 학술과 지혜, 인격적 감화(德의 정치)가 중요한 요소라는 것도 동시에 인식되었다. 진시황의 정승 이사(李斯)와 한고조의 핵심참모 장량은 당시 중국의 보수와 진보의 흐름을 보여주는 것이라 해도 과언이 아니었다. 상산사호(商山四皓)로 인해 태자책봉이 굳혀지는 상황[55]은 학술과 인격의 권위가 당시 중국사회에 얼마나 깊이 정착되어 있었던가를 보여주는 상징적인 사례다. 그럼에도 불구하고 혼란상황의 지속은 군사력과 무력 우선의 '패도적 상황'을 초래했다. 한나라 초기 장량, 조참(曹參) 등으로 이어지는 황노(黃老)사상은 인민들의 '휴양'을 강조했으나, 무제(武帝)의 대외팽창 정책은 군사력 우위의 전제정치로 이어졌다. 이 시기에 혹

---

55 고조 유방은 만년에 총희의 아들인 여의를 태자로 책봉하려는 생각을 갖고 있었으나 여후가 장량의 지혜를 빌려 상산사호를 태자의 스승으로 초빙하자 뜻을 접었다.

독한 법 집행으로 이름을 날리다 죽임을 당한 장탕(張湯) 등은 그 시대를 상징한다.

후한 말기의 삼국시대는 천하쟁패를 향한 군웅들의 할거와 전쟁으로 소란스러웠으나, 이면에는 민심을 얻고 국방을 튼튼히 하려는 풍조가 일어났고, 신분과 문벌을 떠나 뛰어난 인재를 포용하려는 분위기가 형성되었다. 그 가운데 가장 상징적인 일화가 40대 후반의 유비가 28세의 제갈량을 모시기 위해 그의 집을 세 번이나 방문했다는 '삼고초려'다.

제갈량은 현대적 안목으로 보면 특정 학문에만 전공하는 인재가 아니라 다양한 학문에 통한 '융합형' 인재였다. 그는 유학, 음양, 불교, 도교, 병법, 법학 등 3교와 9류의 대략에 통하는 인물로 알려졌다. 그가 보여준 청렴, 충성, 헌신, 애민 등 다양한 덕목은 후대의 많은 정치가와 학자들의 사표(師表) 역할을 수행했다. 당나라의 명재상인 배도(裵度)가 진귀한 빗돌을 얻어 수천 리를 운반하고, 스스로 제갈량을 칭송하는 비문을 짓고 당대의 명필 유공작으로 하여금 글씨를 쓰게 하고, 당대 조각의 최고수인 노건으로 각자를 하게 한 삼절비(三絶碑)의 고사는 그 한 사례다.

학문이 정치와 행정과 연결되는 일차적 장치는 '과거'의 실시였다. 기왕의 관료가 지연과 친인척 등의 연결망에 기반을 둔 문벌, 지벌을 통로로 벼슬길로 나아갔다면, 과거는 일단 능력위주의 경쟁시스템을 대표하는 제도였다. 과거의 도입은 관료성격의 혁명적 변화를 가져왔고, 그들 가운데서도 학문적 능력이 뛰어난 사람은 황제의 측근에서 시종하고 고문에 응하는 직무를 가졌다. 그들의 역할은 시대의 흐름에 따라 강화되는 방향으로 진행했고, 명대에 이르러 최고조에 이르렀다. 그 후로도 세력의 소장은 일정하지 않았지만, 권위와 영향력은 높게 유지되었다.

이처럼 동양적 관료제의 핵심적 특징의 하나는 학술에 의존하는 정치와 행정이다. 학술적 관직은 높은 명예를 향유했다. 조선조에서도 재상을 지낸 것 보다 '대제학'을 지낸 것을 더욱 명예스럽게 생각했다. 학술을 기반으로 한 '학사(學士)'의 관직을 본격적으로 설치한 것은 당나라로부터 시작하는데 원래 고대의 '비서(秘書)'에 근원을 두고 있다. '비서'는 원래 지도와 전적 등을 보관하는 곳인데, 문학을 공부한 선비를 뽑아 관리하게 하고 '고문(顧問)'과 '찬술(撰述)'에 대비하게 하였다.

당나라 개원 초기에 궁궐 안에 '한림원'을 설치하고, 각종의 예능과 기술인을 황제의 명에 따라 봉공하게 했는데 '대조(待詔)'라 불렀다. 그 가운데는 의관과 약동(藥童)도 있었다. 그들 역시 의대조(醫待詔), 화대조(畵待詔) 등으로 불리었다. 당시는 문학도 기예의 하나로 취급되었다. 현종 초년에 '한림대조'를 설치하고 황제의 비답 등을 관장하게 했다.[56]

원래 황제의 조령(詔令)은 중서사인이 관장했는데, 업무가 많아져서 문서 작성이 지체되자 당 현종 때에 문학하는 선비를 뽑아 '공봉(供奉)'이라 부르고, 집현학사와 더불어 제고와 조칙을 분담케 하였다. 원래 당 태종이 이름난 유학자와 학사를 불러 황제 명의의 문서를 초하게 하였는데, 사람들이 '북문학사(北門學士)'라 불렀으나 정식 관직의 명칭은 아니었다.

개원 26년 '한림봉공'을 학사로 고치고 별도로 '학사원(學士院)'을 설치하여 전적으로 '내명(內命=內制)'[57]을 관장케 하고, 원화 초년에는 학사의 우두머리로 '승지학사'를 두면서 한림원은 하나의 독립기구가 되었다. 즉 황제의 조령을 기초하는 것이 고정적인 임무가 되면

---

56 유녹년, 앞의 책, '한림원', 448~449면.
57 대체로 관료기구의 의사결정절차를 제대로 거치지 않은 황제의 제칙일 경우가 많음.

서[58]부터 중서사인의 '외제(外制)'와 대비되었다. 이후로 선발하여 임용하는 일이 더욱 무겁게 되고 예우도 높아져서 '내상(內相)'으로 불리기에 이르렀다.[59]

이 시기의 학자와 지식인들은 반드시 '유학자'만은 아니었다. 그들은 우선 문장력이 뛰어나고 전고(典故)와 제도에 정통해야 했고, 황제의 정책과 의도를 전통적인 '정당화의 틀'에 맞출 수 있어야 했다. 그럼에도 한나라 동중서 이후에 확립된 유가 정치사상은 널리 그 정당성을 인정받고 있었기 때문에 유학이 '중심'에 있었던 것은 분명하다. 다만, 이때의 유학은 '실용'과 '공존'의 틀 속에 있어서 불교나 도가, 법가, 병가 등 다른 사상과 갈등하거나 배척하는 현상은 현저하지 않았다.

송나라에 이르러 학술정치는 더욱 확대되어 최고위 재상은 소문관대학사(昭文館大學士) 감수국사(監修國史)가 되고 다음 재상이 집현전대학사(集賢殿大學士)가 되었다. 만약 세 사람의 재상을 둘 경우에는 소문관과 집현전 두 대학사와 감수국사를 각기 따로 임명하였다. 이 삼관은 송나라 인재가 몰려있는 곳이며 직관(直館) 직원(直院)은 '관직(館職)'으로 전임직이고 타관(他官)으로 겸직하는 경우는 '첩직(貼職)'이라 했다. 이 겸직과 정원 외의 관직 운용은 당나라 때 시작되어 송나라 때는 '차견(差遣)'이 성행하여, 관서의 고정적 임무가 거의 의미가 없다시피 했다. 당나라에서도 '원외(員外)', 검교(檢校), 시(試), 섭(攝), 판(判), 지(知)로 시작되는 관직은 대개 타관 겸직이거나 임시직, 또는 명예직이었다. 이러한 방식은 고려와 조선에서도 이용되어 그 자취가 남았다.

송 대에는 이처럼 문학과 학술을 표시하는 '대학사', '학사'로 불리

---

58 유후빈, 앞의 책, 255면.
59 여사면, 앞의 책, 492면.

는 관직이 많아졌는데, '관문전대학사(觀文殿大學士)'와 '자정전대학사(資政殿大學士)'는 일찍이 재상이나 집정을 역임한 사람이 맡았다. 원풍 관제에서는 당나라 옛 제도를 이어 학사원을 두었다. 시강학사(侍講學士)와 시독학사(侍讀學士) 등은 송나라 역시 '한림'으로 불렀는데, 원풍(元豐) 때에 이를 없애고 경연관으로 하였다.

고려 역시, 당송의 제도를 본떠서 태조 때에 학사원과 한림학사를 두었고, 현종 때 한림원으로 고쳤다. 문종 때 판원사(判院事)는 재신이 겸하게 하였고, 학사승지 1인을 정3품, 학사는 2인으로 정4품, 시독학사 1인, 시강학사 1인, 직원(直院)은 4인인데 2인은 권무(權務)로 하였다. 특히 숙종~의종 시기에는 관학계의 수장(首長)이라할 수 있는 정당문학의 활동이 활발했고 관전(館殿)의 설치와 경연의 실시 등, 유교화의 진전이 괄목할 정도였다. 한걸음 더 나아가 예종 시기에는 재신(宰臣)들이 학사직을 겸직하게 했는데, 최홍사(崔弘嗣)와 윤관(尹瓘)은 동중서문하평장사이면서 문덕전 태학사와 연영전 태학사에 임명되었다.[60]

역으로 학사직을 거친 인재들이 재신이 되는 확률이 높아졌는데, 고려전기에 한림학사에 임명된 사람은 79명이었는데, 이 가운데 재추에 승진한 사람은 59명이나 되었고, 숙종~의종 대에도 재신으로 임명된 경우는 27명이나 된다.[61] 비록 무신정권에 의해 흐름이 중단되었지만, 유교적 정치와 행정의 토양은 일찍부터 준비되고 있었다.

그런데 송의 제도에 따르면, 한림원의 학사로 오래 근무한 사람을 '승지(承旨)'라 부르고, 타관으로 한림원에 들어와 학사를 제수 받지 못한 사람을 직원(直院)이라고 하며, 학사가 모두 결원이 되어 타관이 잠시 원중의 문서를 처리하는 사람을 '권직(權直)'이라 하였다.[62]

60 이정훈, 앞의 논문, 73면.

61 최재숙, 「고려 한림원고」, 『한국사논총』 4, 이정훈, 앞의 논문, 74면에서 재인용.

고려의 직원과 권무는 이와는 다른 지위로 인식되고 있는데, 검토가 필요한 것으로 보인다.

충렬왕 원년에 문한서로 고치고, 또 얼마 지나 사림원으로 고쳐 왕명출납의 임무까지 맡겼다. 충선왕이 문한서와 사관을 합쳐 예문춘추관으로 하였고, 학사-사백으로 부르던 것을 제학(提學)으로 고쳤다. 공민왕 때 다시 한림원이라 고치고 대학사, 학사승지 등의 명칭으로 복구했다가 11년 개혁 때, 대학사를 대제학으로 하고[63] 제학, 직제학 응교, 수찬 등 조선조 관제의 선구적 명칭을 사용하고 있다.

그리고 고려는 예문관, 춘추관 외에도 숭문관, 홍문관, 문덕전, 수문전, 우문관, 연영전, 집현전, 진현관 등의 관(館)과 전(殿)을 두고 학사를 배치하였는데, 이 제도 역시 송나라의 여러 전과 용도각, 천장각, 보문각, 현모각 등의 제도를 본뜬 것으로 보인다.

중국에서의 '학사정치'는 '한림'의 제도가 이름을 바꾸면서 발달하여 '전각대학사'로 정착하고 명나라에 이르러 '내각(內閣)'이 되었으며, 대학사가 군국의 기무에 참여하여 황제를 보좌하는 제도로까지 나아갔다. 이러한 '학사정치'의 요체는 고려와 조선의 관직구성과 권력 배분에 있어서도 중요한 모델이 되었다.

이 문한을 담당하는 관직은 점점 '청요(淸要)'한 자리로 인식되고, 그에 따른 명예와 권력이 점점 더 커졌다. 당시의 학문은 대부분 유학에 근거하였지만, 문장과 제도 등의 실용적 성격을 갖고 있었고, 유학사상에 내재하고 있는 가치나 이념의 '현실화'와는 일정한 거리가 있었다. 즉, 학문에 근거한 정치, 학술을 우대하는 정치로 변화해 나갔지만, 현실적으로는 귀족 세벌의 지위를 강화하는 수단으로 작용한 점을 무시할 수 없다. 유가사상에 내재한 보편적 가치에 대한

---

62 여사면, 앞의 책, 493면.

63 朴龍雲, 『「高麗史」 百官志 譯註』(신서원, 2009), 206~208면.

'이해'의 수준은 높아졌어도 그것이 기득권에 안주한 문신 고위관료 집단의 정치적 실천으로까지는 고양되지 못했다.

그런데 고려의 '학사'는 중국의 그것과는 다른 점이 많았다. 일단 '학사'의 관직 역시 세벌 출신이 주로 담당하고, 고위직의 겸직이 당연시 되었다. 다만, 학사직이 '맑고 귀한(清貴)' 자리로 인식되면서 그 명예가 높아짐에 따라 '과거'출신의 영향력을 강화하는 효과가 있었다. 그럼에도 불구하고 전통적인 '세족'들은 과거합격과 학사직의 대부분을 장악하였다. 물론, 세족의 범주 내에서 일어나는 '경쟁'의 문제까지 신분이 결정하지는 못했다.

따라서 고려의 '학사'는 대부분 전통적인 지배의식으로부터 자유롭지 못하고, 유교적 정치이념을 완전히 체화(體化)하는 데는 한계가 있었다.

김부식의 아들 김돈중(金敦中)은 문신 세벌의 대표적 인물이었다. 아버지 김부식(金富軾)이 유학자를 대표하여 전통 사상의 대표격이었던 묘청의 세력을 진압한 후, 그 세력이 더욱 강력해졌다.

그러나 문신학사들의 권위의식과 지나친 교만은 무장들의 반발을 불러왔다. 군인들이 수박희(手搏戲)를 하는 날, 술에 취한 장군 이소응이 부하와의 대결에서 패했다. 한 젊은 문관이 이를 보고 장군 이소응을 구타하며 모욕했는데, 이를 보고 크게 분노한 대장군 정중부는 무장들을 규합하여 문신들을 대거 척살하는 정변을 일으켰다. 이 '정중부의 난'을 계기로 '무신(武臣)'과 무장 들이 권력을 장악하고 일종의 '막부'를 구성하여 실질적인 통치권을 행사하였다.

'중방(重房)'과 '정방(政房)'은 그들의 협의체였다. 경대승, 의의방, 이의민, 두경승 등의 권력 갈등을 지나 최충헌이 집권하면서 최씨 막부의 권력은 안정되고 공고화되었다. 무신집권기에는 전통적인 관료기구가 정상적으로 작동되었다고 보기는 어렵다. 다만 고려사회의 강고했던 귀족엘리트 지배체제가 격심한 충격을 받고 흔들린 것은 분명하고, 일정부분 권력엘리트의 교체 내지는 '순환'이 이루어 졌다. 무신정권의 성립과 동시에 '학사정치'는 위축되었다. 그들은 몇 예외적 인물을 제하고는 군국기무에 참여 하지 못하고 '서기(書記)'의 직무에 만족해야 했다.

무신정권에서는 무신들이 문(文)과 리(吏)계층을 자신들과 엄격히 구분했다. 문/리는 원래 벼슬길에 따른 구분이었는데, 문 출신은 문학을 위주로 한 과거출신 관료들이 중심이고, 리는 행정실무에 밝은 실무관료 출신이었다. 무신정권은 문, 리들을 출신여하를 불문하고 오로지 '능력'을 기준으로 서용하려 했다. 무신정권에서 '학사정치'는 쇠퇴했고, 문, 리는 그들을 평가하는 하나의 잣대로 전환되었다. 그들은 4등급으로 조관(朝官)들을 평가했는데, 문학과 행정실무에 모두 밝은 사람을 제일로 하고, 문학에는 능하나 행정실무에는 어두운 사람을 그 다음으로, 행정실무에는 밝아도 문학에 어두운 사람을 그 아래에 두며, 두 분야 모두에 밝지 못한 사람을 최하로 평가하였다. 이러한 흐름은 관료유형의 혁명적인 변화를 가져왔는데, "지방향리의 신분으로 과거에 급제하고 당당한 관인으로 진출하여 도필(刀筆)을 가업으로 삼아온 그들의 실무기술적 전통 위에 문학적 교양을 아울러 구비하여 이른바 능문능리(能文能吏)의 신관료로서의 새로운 관인층이 형성되었던 것"[64]이다.

그런데 원인은 달라도 이와 유사한 현상이 중국의 진, 한 시대에도 발생했는데, 유(儒)/리(吏)의 분기와 통합과정이 그것이다. 이러한 '능문능리'의 관료형은 여말선초의 신진사대부계층의 형성과도 밀접한 관련이 있고, 조선 초기 관료모델과도 직접적인 관련을 가지면서 조선조 '유자관료'의 전 단계로서 커다란 의미를 갖는다.

무신정권의 대몽항쟁이 막을 내린 후, 원의 간섭기를 거치면서 문

---

64 李佑成, 「高麗朝의 '吏'에 대하여」, 『역사학보』 제23집(역사학회, 1964).

과 무는 어느 정도의 균형을 이루었고, 공민왕의 행정개혁과 과거제 개혁을 통해 '능문능리'에서 한결음 더 나아간 '새로운 유형'의 관료집단을 형성하는 기초를 마련하고 있다. 그 사상적 바탕에 원나라를 거쳐 들어온 '성리학'이 있었다. 성리학은 젊은 엘리트들의 '갈증'을 해소하고, 당대의 현실을 비판적으로 바라보게 하는 에너지를 제공했다. 안향, 백이정, 권부, 이제현 등의 학자들이 선도하고, 이색을 가교로 하여 정몽주, 정도전, 박상충, 이첨, 권근, 하륜, 박의중, 조준, 윤소종 등으로 대표되는 집단은 새로운 세계관과 정치관을 갖고 있었다. 삼봉 정도전은 그러한 시대정신을 대표했다.

4) 관료제의 재정적 기반과 운영

고려의 관제는 전통적 정치세력의 균형을 담아내면서도 중국관제의 장점을 수용하려 하였다. 그런데 관료제를 운용하기 위해서는 막대한 재정수요가 필요했다. 중국과 우리나라의 재정수입의 원천은 차이가 있다. 고려의 경우, 국가시스템을 유지하기 위한 에너지의 확보는 '부(賦=田租: 농업생산물에 부과하는 세)'가 가장 큰 비중을 차지하고, '공(貢=특산물을 직납하는 것)'이 다음이고, 그 다음이 노동력을 징발하는 '역(役=노동력을 강제로 징구하는 것)'으로 나누어진다. 이러한 분류는 중국에서 사용한 분류인 '조용조(租庸調)'와 유사하다.

중국은 고대로부터 부(賦)와 공(貢) 외에 상세(商稅)가 재정 수입의 큰 영역이었다.[65] 넓은 땅은 생산물의 종류가 다양했고, 이것은 교역(交易)의 필요성을 증대시켰으며, 정치권력은 관시세(關市稅) 등을 통해 재정수입을 확보했다.

중국의 경우 진(秦)제국에 이르러 군현제를 통한 중앙집권이 관철

---

65 陳秀夔, 『中國財政制度史』(中正書局, 1973), 35면.

되면서 정부재정과 부세를 총체적으로 관장하는 부서가 창설되고 회계에 있어서도 국가경비와 군주의 사적경비를 분리하는 발전이 이루어졌다. 즉 국가재정은 치속내사(治粟內史)가 관장하고, 황실의 사재정(私財政)은 소부(少府)에서 관장했다.[66]

동북아 유교권 국가에서 왕조의 번성과 지속은 관료와 군대에 의존했다. 토지생산력에 의존하는 시대에는 토지의 점유와 수취에 관한 권한을 '나누어 주는 것'으로서 왕조에의 충성을 확보하였다. 다만, 중국의 경우 상세, 관시세, 소금과 철의 전매 등 국가수입의 통로가 다양하였으나, 고려의 경우 농토와 공물, 부역에 의존하였다. 태조 왕건은 전쟁을 통한 복종보다는 회유를 통한 '귀순'을 선호하였다. 따라서 초기에는 중앙관직에 따른 토지의 배분이 아니라, 건국에 기여한 '공로'를 평가하여 토지에 관한 권한을 배분하였다. 태조는 개국공신과 귀순한 호족들에게 관계와 관직을 제수하고, 식읍, 녹읍, 사전(賜田) 등을 지급하여 우대하였다.[67] 그러나 땅은 제한되어 있었고, 땅에 관한 권한을 인정해줘야 할 사람들은 늘어났다. 관료들은 농사짓는 땅에 대한 '수취권'과 '땔감'을 공급받을 땅에 대한 권한을 국가로부터 인정받는 '전시과(田柴科)'와 관계와 관직의 등급에 따라 '녹봉'을 받았다. 전시과를 처음 정했을 때는 개인의 특성(人品)이 반영되었으나, 전시과가 정비되면서 부터는 지방호족들이 지급대상에서 배제되고 관직의 18계층에 따라 지급되었다.

전시과체제로 명명할 수 있는 고려의 토지경제제도는 태조 23년

---

66 진수기, 98~100면.

67 김옥근, 『고려 재정사 연구』(일조각, 1996), 231~233면. 귀순한 신라왕 김부에게는 정승(政丞: 아마도 백관의 관직을 초월하는 상징적인 관직일 듯)의 직함과 천석의 녹과 함께 경주를 식읍(조용조를 수취하는 3권을 허여 받았는지 또는 전조의 수취권만 허여 받았는지는 설이 나뉜다.)으로 받았고, 견훤은 '상부(尙父)'의 직함을 받고 양주(楊州)를 식읍으로 지급받았다.

(940)에 시행한 논공행상의 의미가 강했던 역분전(役分田)제도, 경종 원년(976)의 시정전시과로 출발하여 목종원년(998)의 개정전시과(改定田柴科)를 거쳐 문종 30년(1076)의 갱정(更正)전시과로 체제가 정비되고 녹봉제도도 이에 맞추어 변화하였다.

전체적인 변화의 방향은 중앙집권이 강화되면서 지방 호족들의 지위가 격하되고, 문반 우대의 경향이 현저해졌다.

특히 성종 대에 추진된 관제개혁은 당제를 모델로 3성 6부제를 근간으로 하는 중앙관제와 12목을 설치(성종 2년: 983)하여 외관을 처음으로 파견했고, 동서 양계에는 병마사를 파견하였다. 이어 성종 14년(995)에는 10도제를 실시하였다. 이는 목종 원년의 개정전시과를 성립시키는 바탕이 되었다. 그러나 문반을 우대하고 무반을 낮추는 개정전시과 체제는[68] 무신들이 쿠데타를 일으키는 빌미를 제공했다.

문반과 무반의 차별적 구조는 무신의 반란을 초래했고, 정권을 장악한 무신들의 고삐 풀린 권력은 전장과 토지의 사적 지배를 경쟁적으로 강화했다.

무신들은 탐욕을 절제하지 못했다. 왕족과 관료, 승려 등 특권층의 사치와 탐욕의 결과는 백성과 군인들에게 전가되었고, 상대적 불이익에 불만이었던 무신들은 귀족 문관들을 숙청하고 권력을 쥐었다. 의종 24년(1170)에 권력을 잡은 무신들은 약 90년에 걸쳐 중앙정치를 담당했다. 그들은 약탈을 통해 전장을 확대했는데, 공해전 등의 공전은 물론 사적 수조지인 양반전, 군인전을 막론하고 경쟁적으로 약탈하여 지배하에 두었다. 국가의 수입은 감소했고 재정은 악화되었다. 그렇다고 왕실과 국가의 지출이 줄어든 것도 아니었다. 당제를 모델로 한 문반 우위의 관료제 편제와 운영은 무신집권으로 인해 기본 틀이 흔들렸다. 그들은 중방(重房), 교정별감(敎定別監), 정방(政房)

---

68 무관의 최고관직인 상장군도 제5과에 배치되었다.

등을 설치하고 왕 중심의 정치권을 장악하였다. 그들은 사설기구라 할 수 있는 이들 기구를 통하여 조정의 '전주권(銓注權=인사권)'을 행사하였는데, 관료의 근무평정서라 할 수 있는 '정안(政案)'을 장악하고 인사를 한 뒤 임금에게 주의(注擬)하면 임금이 이를 따를 수밖에 없었다.

이부는 문선을 맡고 병부는 무선을 주관하여 그 근무연월의 차례를 정하고 그 노일(勞逸)을 구분하고 그 공과를 기록하고 그 재능이 있고 없음을 논하여 갖추어 서면에 기재하니 이를 정안이라 하였다. 중서성에서 승출(陞出)을 의논하여 임금에게 상주하고 문하성이 제칙을 받들어 행하니 (이러한) 국가의 법은 대체로 중국과 같았다. 최충헌이 (임금의) 폐립을 마음대로 하여 항상 부중에 거하며 그 요좌(僚佐)와 더불어 사사로이 정안을 취하여 주의하고 제수하니 그 당여에게 수여하여 승선이 된 자가 임금에게 들어가 사뢰면 임금이 부득이 이에 따랐다.---그 승선을 정색승선(政色承宣)이라 하고 요속(僚屬)으로서 이 일을 맡은 자 중 삼품을 정색상서라 하고 사품이하를 정색소경이라 하고 필탁(筆橐)을 갖고 그 아래에서 종사하는 자를 정색서제라 하였다. (그리고) 이들이 모이는 곳을 정방이라 하였는데 이는 곧 부중에서 사사로이 부르는 칭호이다.[69]

국왕 중심의 인사가 아닌 권신 중심의 인사가 이루어지는 장치가 정방이었는데, 이는 무신 정권이 붕괴한 후에도 여전히 고려의 관료 정치에 영향을 미쳤다. 이는 고려 후기가 안정된 왕권의 시대가 아니었음을 반영한다.

---

69 이제현, 『櫟翁稗說』, 김성준, 『한국 중세 정치 법제사 연구』(일조각, 1985), 212면에서 재인용.

고려 지방행정의 편제도 중국의 변천과정과 득실을 참조하여 원용하였다. 중국의 지방조직편제의 대강인 현(縣), 군(郡), 주(州), 부(府) 그리고 그 위에 '감사(監司)'관을 두는 것이 그것이다. 즉 최소의 행정 단위는 현이고, 현 이상이 군이고, 군 이상이 주였는데, 진, 한의 제도였다. 동진이래로 주와 군의 크기가 서로 비슷한 경우 군이라 하거나 혹은 주라 하였다. 부는 원래 오직 도읍을 세우는 지역에 한정했지만 송나라 때에 큰 군들은 많이 부로 올렸다. '감사'는 한나라의 '자사(刺史)'의 임무를 맡았다.[70]

지방의 인사권도 무신들의 손에 장악되면서 규범 초월적 사태가 자주 벌어졌고, '수탈'을 목적으로 하는 지방 관리들이 생겨났다. 이러한 습관은 무신정권이 막을 내린 뒤에도 여전했다. 중앙에 웅거한 권력엘리트들의 자제력 상실은 토지제도와 녹봉제도의 근간을 흔들었다. 권세가들의 토지에 관한 사적 지배가 여러 통로로 확대된 것과 왕실을 비롯한 지배층의 사치는 국가재정을 악화시켰다. 관료에게 줄 녹봉의 재원이 고갈되고, 군대를 유지할 재원이 떨어졌다. 관료의 녹봉을 조달하는 좌창(左倉)에 속한 논밭까지도 탈점되어 관료의 녹봉도 제대로 주기가 어려워졌다. 절제되지 않은 탐욕은 전쟁 중에도 멈출 줄 몰랐다. 국가의 공적 병력보다 사병이 더욱 우대되었으며, 사적 권력은 스스로를 지키기 위해 사적 무력을 확대해 나갔다.

새로운 국가와 새로운 관료, 그리고 그것을 떠받칠 새로운 사상과 행동이 절실하게 요청되기 시작했다. '이런 임금, 이런 재상, 이런 관리로는 희망이 없다.'는 백성의 소리는 점점 더 힘을 얻어가기 시작했다. 고려는 내부로부터 무너져 가고 있었다. 잘못 설정되는 정책 목표와 권력엘리트의 '이익'만을 담보하는 체제에서 '능문능리'의 관료집단은 '영혼이 없이' '효율적 수탈'을 방조하는데 능력을 발휘하는

---

70 여사면, 496~497면.

역설을 불러왔다. 조선조 관료정치체제는 이에 대한 '반성과 성찰'이 그 출발점이었다. 정도전은 신유학의 가치에 근거하여 '영혼 있는' 관료제와 관료를 설계하려 했다.

3부

유고관료제에 대한 시좌와 시각의 정초定礎

1장 조선조 관료제는 가산관료제인가?

조선조 관료제의 성격을 어떻게 볼 것인가? 이것은 조선조 관료제를 이해하는 기본 방향을 결정하는 문제다. 이론적 조망은 과거에 존재한 수많은 사건과 일상사에서 역사적 사실을 발견하게 한다. 실증 사학이라는 것도 그 이면에는 숨겨진 조망이 있다. 지금까지 조선조 관료제는 '실증(實證)', '전제(專制)', '가산(家産)' 등의 방법과 개념 망 속에 갇혀 쉽게 그 본모습을 드러내지 않았다. 기왕의 조망은 고려 왕조를 무너뜨리고 조선왕조를 연 이성계(李成桂)와 정도전(鄭道傳)의 야심찬 기획을 간과했다. 또한 정도전이 자신을 정당화할 수 있었던 사상적 근거에 대해 주의를 기울이기 시작한 것[1]도 일천하다. 정도전은 공자 이래 제시된 유교적 가치를 현실의 정치 체제에서 구현하려 했다. 그가 구상한 정치적 기획의 핵심은 '진유(眞儒: true Confucian)에 의한 정치와 행정'이었다. 유자 관료는 그가 구상한 조선조 관료제의 본질을 결정하는 것이었다. 그러나 기왕의 이론적 조망이나 개념 틀에서는 이 유자 관료는 없다. 추구하는 목적이 다른 서구적 개념 틀이 유자 관료를 알 수 없는 것은 당연하다. 마치 자유주의 경제학이 마르크스 경제학의 '잉여 가치'를 알 수 없듯이, 서구적 절대 왕정을 바탕으로 형성된 '전제'나 '가산' 개념으로 유자 관료를 안다는 것은 불가능하다.

---

1 이 분야는 한영우의 연구가 전환점을 마련했다고 할 수 있다.

조선왕조는 고려 말의 신진 사대부 계층과, 외침을 방어하고 격퇴하는 과정에서 성장한 무인 세력의 결합 위에서 성립했다. 신진 사대부 계층 중에서도 고려 체제의 부패와 무능에 절망한 정도전, 조준(趙浚) 등은 동북면을 근거로 성장한 이성계의 무력과 리더십에 주목했다. 그들은 이성계의 가신이나 휘하 장수가 아니라 일종의 동배였다. 태조 이성계의 조선 건국은 동배들의 협력에 의해서 이룩한 것으로, 연합형 국가 형성의 특성이 잠재되어 있다. 왕조 국가 형성 초기 관료들의 지위는 관료제의 기본 성격에 영향을 미친다.

국가와 관련하여 '통치', '지배', '리더십' 등의 개념은 '관료제'와 깊은 관련을 갖는다. 그리고 통치, 지배, 리더십을 정당화하는 가치와 합의, 공감, 생각 등은 관료제의 구성과 작동에 영향을 미친다.

조선왕조는 통치와 지배, 리더십을 정당화하는 사상 체계로 유교를 내세웠다. 출세간적인 불교의 세속화가 드러낸 한계를 경험하고 고려 백성이 당면한 현재적 문제에 눈길을 돌리는 데 신유학(新儒學)의 효용성은 높이 긍정되었다. 그럼에도 조선조 관료제를 이해하는 데 신유학의 영향을 깊이 고려하지 않는 경우가 많았다. 정치와 행정에 관한 유교적 비전을 과소평가하거나, 유교를 지배를 위한 '장식 장치' 정도로 이해한 결과다. 그로 말미암아 조선조 관료제의 성격을 베버가 말한 가산관료제로 이해하는 것이 일반적이었다.

중국사의 전개 과정을 보면 진시황의 천하 통일 이후 황권을 강화하는 추세는 행정 주도(行政主導) 현상을 낳았는데, 그것은 황가 사무(皇家事務)와 국가 사무(國家事務)에 대한 명확한 구별을 어렵게 했다. 아마도 베버는 이러한 사실을 근거로, 또는 서구적 왕권이나 영주권의 전개 과정을 근거로 '가산관료제'라는 개념을 구성한 것으로 보인다.

베버의 한국에 대한 인식은 "한국의 사회질서는 중국 사회질서의 퇴색된 복사품이었다."라는 표현으로 대표된다.[2]

우리는 동아시아 전통 관료제를 보는 독자적인 '눈'을 형성하지 못한 결과로 베버가 구성한 '틀'과 '창'을 통해 우리의 전통 관료제를 이해하려 했다.[3] 이런 전통은 오래되었다. 이에 비하여 중국에서는 일반적으로 '관료 정치'라는 개념으로 전통 시대의 정치와 행정을 포괄해서 이해하는 것으로 보인다.[4]

우리의 전통 관료제는 중국의 그것과 성격이 유사하다는 암묵적 전제 아래 가산관료제의 범주 안에 있는 것으로 보는 것이 통설이다. 학자들이 제시하는 논거는 다양하다. 보편적 논거로는 "하늘 아래 토지는 모두 왕토 아닌 것이 없다[普天之下 莫非王土]"는 왕토 사상을 든다. 아울러 왕궁과 관부(官府) 사이에 공사(公私) 구별이 모호하다는 점도 제시한다.[5] 박창희는 고려의 관료제도 가산관료제로 보며,[6] 이상백은 조선이나 고려 모두 가산 국가적 성격을 지닌, 본질상 동일한 전제 군주 국가[7]로 이해했다. 고려 사회가 관료제인지 귀족제인지에 대한 논쟁[8]도 조선조가 당연히 관료제 사회, 그것도 가산관료제임을 전제로 한 것 같다. 가산적 전제 국가[9]라는 용어도 엄밀한 검토

---

2 김호기, 「동아시아 자본주의 발전과 유교의 역할」, 유석춘 편, 『막스 베버와 동양사회』(나남, 1992), 359~360면 참조.

3 국사학계의 이상백, 한우근, 이원순, 박창희 교수 등과 범사회과학계의 황산덕, 박동서, 박충석, 오세덕 교수 등의 논점이 그러하다. 이후 남지대, 이옥선, 손문호 등이 역사적 사실과 불일치한 점, 효용성, 서구적 유형으로 규정하는 것의 오류 등을 지적하며 가산관료제로 조선조를 보는 문제점을 지적했다. 그러나 가산관료제가 잘 맞지 않는다는 주장을 넘어 조선적 특징을 제대로 볼 수 있는 '틀'을 구성하여 드러나는 역사적 사실에 대한 해석을 통해 비교해 보는 노력은 거의 없었다.

4 우중궈(吳宗國), 류호우빈(劉后濱) 등 베이징대 역사학계 교수들을 중심으로 그러하며, 사회과학원의 왕야난(王亞南) 등도 별다른 논의 없이 자연스럽게 이 개념을 사용하고 있다.

5 한우근, 「중앙 집권 체제의 특성」, 『한국사』 10(국사편찬위원회, 1977), 199면.

6 박창희, 「고려 시대 '관료제'에 대한 고찰」, 『역사학보』 제58집(역사학회).

7 이상백, 「조선왕조의 정치적·경제적 구조」, 『한국사: 근세 전기』, 총론 3(진단학회).

8 김의규 편, 『고려 사회의 귀족제설과 관료제설』(지식산업사, 1985).

9 이원순, 『한국사론』 3(국사편찬위원회, 1983), 14면.

없이 사용되고 있다.

사회과학계에서도 조선조가 가산 국가라고 보는 것[10]이 일반적이며, 가산적 관료제는 조선조 관료제와 매우 유사한 것으로서 연구에 큰 도움을 주는 이론으로 본다.[11] 몇 가지 논거가 제시된다.[12]

○ 조선조에서 군주의 통치권은 군주의 사유권과 구별되지 않으며, 공법과 사법의 구별도, 국가 기관(부중)과 궁내 기관(궁중) 간의 구별도 분명하지 않다.

○ 과거 제도와 고과 제도가 정비되어 관리 채용이 공개적이고, 경력과 성적에 따라 평가하고 승진을 결정하는 등 현대의 실적제(merit system)에 가까운 체제를 갖추었다. 그러나 개인적 재능과 성적에 의해서만 평가한 것이 아니라 문벌, 혈통, 선조의 직업을 배려했고, 음사(蔭仕)도 있었다.

○ 중요 정책을 의결하고 집행하는 것과 관련하여 의정부, 육조, 삼법사, 삼사, 제관 등 핵심 관료 조직이 엄존했지만 왕족, 외척, 공신 등이 실권을 장악했다.

○ 관서와 관료 조직에 위계제가 있었으나, 정책 결정은 소수의 고급 관료에 의해 크게 좌우되었다. 관서 간에 통일적인 상하 명령 계통이 확연하지 않았다.

○ 모든 관서의 책임관을 소수의 관원이 겸임하여 왕에게 직속되어 있는 것이나 다름없었고, 삼법사처럼 각 기관의 기능이나 권한의 분계가 불명확했다.

---

10 황산덕, 『막스 베버』, 159면.

11 박동서, 『한국 행정론』(법문사, 1981), 222면.

12 오세덕, 「조선조 집권적 관료 지배 체제의 권력 구조상의 견제와 균형 관계」, 『현대 정치와 관료제』, 윤근식 외 지음(대왕사, 1978), 448~450면.

더 진전된 견해를 보인 박충석은 고려에서 조선으로 넘어가는 정치적 변동이 단순한 정권 교체가 아니라 사상의 극적인 전환을 초래했다고 인식했다.[13] 그러면서도 고려와 조선을 동일한 가산관료제적 국가로 보았다.[14] 다만 고려 정치 체제는 군주를 정점으로 귀족과 유자들을 관료적으로 편성한 '중앙 집권적 가산관료제적 국가'[15]로 보았고, 조선조는 유자를 통치의 주체로 하는 '가산관료제적 유교 정치 체제'[16]로 보았다. 여기에는 유교 사상과 가산관료제가 '친화적'이라는 믿음이 전제되어 있다.

가산관료제론에 의문을 제기하는 사람은 소수다. 그들은 가산관료제의 이념형이 조선조의 역사적 사실과 잘 부합하지 않는다는 것을 지적하거나,[17] 가산관료제라는 것이 조선 관료제를 이해하는 데 무슨 효용성이 있는지 의문을 제기한다.[18] 조선조를 베버의 틀에 따라 인식하는 것에 대한 비판은, 한국의 전통 국가가 가지고 있는 유형적 특징을 간과하고 특징적 사실을 나열하는 무개념적 인식[19]을 겨냥한다. 유교 국가를 전제 군주 국가와 동일시하는 것은 유교적 관료제에 대한 오해라는 것이다. 유교 국가의 관료제가 가산관료제가 아니라는 주장을 뒷받침하는 중요한 논거로는 다음과 같은 몇 가지가 있다.

○ 유교 국가의 관료제는 군주를 초월하는 국가적 존재다. 군주가

13 박충석, 『한국 정치사상사』(삼영사, 1982), 16면.
14 위의 책, 17면.
15 위의 책, 17면.
16 위의 책, 21면.
17 이옥선, 「조선조 사화기의 권력 구조에 관한 연구」, 이화여자대학교 정치학 박사 학위 논문(1990), 168~170면.
18 남지대, 앞의 논문, 68~70면.
19 손문호, 앞의 논문, 39면.

국가 질서의 정점에 있는 것은 사실이지만, 국가는 군주를 포함한 성원 전체의 것이라는 관념이 있다.

○ 경제적으로도 군주의 가산과 국가 재산을 구별했고, 관료의 봉급은 국가 재산에서 지불했다.

○ 베버는 유교적 관료제의 과거 제도, 감찰 제도, 상피 제도 등을 관료에 대한 군주의 통제 장치로 보았으나, 이것들은 국가 기강 확립과 행정을 합리화하기 위한 자율 규제 장치였다.

○ 베버는 『논어』 「위정(爲政)」에 나오는 "군자불기(君子不器)"를 예로 들면서 유교가 관료의 전문화를 저해했다고 보았다. 그러나 유교 교육의 기본 내용은 예, 악, 사, 어, 서, 수와 함께 덕행, 언어, 정사, 문학 사과(四科)로, 이것은 행정이나 관료의 전문적 소양과 관련한 것이다.

○ 삼공구경에서 삼성육부로 발전한 관직 체계도 분화와 통합의 면에서 성숙한 것이었다.

가산관료제론에 대한 비판은 가산관료제가 동양 사회의 전근대성을 증명할 목적에서 구성된 것으로, 사실에 대한 잘못된 해석을 유도한다는 판단이 깔려 있다. 그러나 가산관료제를 긍정하든 부정하든 각각이 제시하는 논거 모두 정밀한 검토를 거쳤다고 보기는 어렵다.

1. 베버의 가산관료제론

베버는 관료 체제나 행정 현상과 관련하여 '지배(Herrschaft, domination)' 개념을 중시했다. 지배는 자신의 의지로 타인의 행동을 강제할 수 있는 가능성으로, 구체적 상황에 따라 다양하게 나타난다.[20] 넓은 의미의 지배는 이해 상황(interest constellations)에 기초한 것과 권위

(authority)에 기초한 것을 포함하는데, 베버는 권위에 바탕을 둔 지배를 중시했다. 이것은 피지배자의 행동을 결정하는 명령이 지배자의 의지이기 때문에 피지배자 스스로 수용하여 행동하는 것으로서, '명령-복종'의 관계다.[21]

지배 현상은 행정과 밀접한 관련을 맺는다. 지배는 행정을 수단으로 하고, 행정은 어떤 형태든 지배가 필요하다.[22] '지배의 형태'는 관료 조직의 구조를 이해하는 중요한 열쇠다.

'지배 관계'는 '강제'에 바탕을 두거나 '명령이 정당하다는 신념'을 기초로 성립한다. 베버는 단체나 조직의 구조적 특징을 결정하는 것은, 명령이 정당하다고 믿는 신념의 계기가 결정적이라고 보았다. 복종자가 '무엇'을 근거로 하여 명령을 정당한 것으로 믿는가? 이것이 관료 체제의 구조와 관리 양식, 관료의 성격을 결정한다.

베버는 복종자가 명령을 정당하다고 믿는 신념의 근거가 되는 권위 혹은 동기의 성격에 따라 지배의 순수한 형태를 세 가지로 나누었다. 널리 알려져 있는 카리스마적 지배, 전통적 지배, 합법적 지배[23]가 그것이다.

○ 카리스마적 지배: 명령의 정당성을 초월적 존재나 비범한 능력을 가진 자에 대한 자발적 헌신에 둔다. 신앙 같은 것에 근거를 두는 지배 유형이다.
○ 전통적 지배: 권위의 기초를 '전통은 신성하다는 신념'에 둔다. 이러한 신념은 특정인에 대한 복종을 가능하게 한다. 전통에 의해

---

20 Max Weber, *Economy and Society*, ed. by Guenther Roth and Claus Wittich, New York: Bedminister Press, 1968, p.942.

21 위의 책, p.946.

22 위의 책, p.948.

23 위의 책, pp.212~226.

서 지배적 지위를 차지한 사람과 그에 의해 발탁된 인물에게 복종한다. 전통적 질서와 지배 권력이 신성하다는 신념에 따른 지배 유형의 순수한 형태는 '가부장적 지배'로 나타난다. 아마도 베버는 중국을 비롯한 아시아 국가들의 역대 왕조를 이 유형으로 포괄하려고 한 것 같다.

○ 합법적 지배: 명령의 정당성을 성문화된 법규에 두는 지배 유형이다. 명령은 법규의 규정에 따라 할 때 정당하다. 복종은 법규에 대해 하는 것이지 사람에 대해 하는 것이 아니다. '관료제적 지배'는 합법적 지배의 가장 순수한 형태다.

'카리스마의 일상화' 같은 현상과 관련하여 현실에서 카리스마적 지배와 전통적 지배는 대체로 함께 나타난다.

여기서 베버의 이념형(Ideal type)[24]을 순수한 분석적 추상 개념(abstraction)으로 볼 것인지, 아니면 어느 정도 구체적인 역사적 실체(historical entities)로 볼 것인지가 문제 될 수 있다. 원칙적으로 이념형은 순수한 분석 개념으로 다루어야 한다. 그러나 베버 자신도 사실상 순수한 분석개념(purely analytic concepts)과 준역사적 개념(semi-historical concepts)을 엄격히 구분해서 사용한 것 같지는 않다.[25] 그럼에도 위에서 말한 세 가지 지배 유형은 순수한 기본형이며, 역사적 현실 속에서는 혼합되거나 재구성된 형태로 다양하게 나타난다.[26]

베버는 관료제 이전의 전근대적 지배 구조에서 가장 중요한 것으

---

24 Nicos P. Mouzelis, *Organization and Bureaucracy*(Chicago: Aldine Publishing Co., 1969), pp.43~49 참조. 여기에 이념형의 특징에 관한 자세한 분석이 나와 있다.

25 Raymond Aron, *Main Currents in Sociological Thought*, Vol. II, trans. by R. Howard and H. Weaver(New York: Anchor Books, Doubleday & Company, Inc., Garden city, 1970), p.288.

26 위의 책, p.285.

로 전통적 지배의 순수형인 가부장적 지배를 꼽았다.[27] 가부장적 지배 구조는 가족 공동체 내 가장의 권위에서 출발한다. 그 안에서 복종은 본질상 비인격적인 목적이나 추상적인 규범에 대한 것이 아니라, 인격적인 공순 관계(恭順關係)에 기초한다. 아버지의 권력과 자식의 효순(孝順)이 기본 원형이다. 베버는 이러한 형태의 지배 구조가 '가(家)' 외에도 다른 많은 공동체의 지배 구조를 규정하는 원형이 된다고 보았다.

관료제적 지배 구조나 가부장적 지배 구조는 모두 권력에 복종하는 이들이 어떤 '규범(規範)'에 복종한다는 측면에서 동일하다. 관료제적 지배에서 규범은 합리적으로 제정된 추상적인 합법성인 것에 비해, 가부장적 지배에서 규범은 전통, 즉 예부터 내려오는 관습이다. 수장의 권력도 이러한 전통에 의해서 신성화된 규범 안에 존재한다. 그러므로 가부장적 지배 구조에서 지배의 정당성은 전통과 주인의 인격에 대한 공순의 감정이라는 두 가지 계기 위에서 성립한다. 권위의 정당성에 대한 복종자들의 신념도 전통으로 전승되어 온 것이다.[28]

가부장제는 다시 두 가지 형태로 구분된다. 하나는 수장이 사적인 행정 막료를 거느리지 않는 것이다. 이것은 명령자와 복종자 사이에 아직 주종 관계가 성립되어 있지 않은 전통적 지배의 가장 초보적인 형태다. 그들은 다 같은 동배들이며, 수장은 동배 중에서 수석인 자로서 그런 한도 안에서만 지배권을 갖는다. 베버는 이런 형태를 원로제(元老制: Gerontocracy) 혹은 원시적 가부장제(primary patriarchalism)라고 불렀다.[29] 다른 하나는 가산제(家産制: patrimonialism)로서, 원시적

---

27 Max Weber, 앞의 책, p.1006.

28 Peter M. Blau, "Critical Remarks on Weber's Theory of Authority", *American Political Science Review 57*(June, 1963), pp.305~316.

29 위의 책, pp.231~235.

가부장제의 집단 권력에서 수장의 지위가 분리되어 상승하고 행정과 군대도 그의 순수한 사적인 도구로 바뀐다. 원로제와 구분되는 가산제의 중요한 특징은 행정 수단을 전유하고 사적인 행정 막료가 존재한다는 점이다.

아울러 베버는 가부장적 가계(patriarchal household)가 정부 수준의 통치 영역으로 확대되는 현상도 가산제라는 이름 아래 논의했다.[30] 그 중요한 특징은 수장으로서 갖는 지배권이나 영주권이 마치 그의 사적인 권리인 것처럼 취급된다는 점이다.

가산제는 가부장적 지배 구조의 특수한 경우다. 집안의 자식들이나 다른 종속적인 가내 예속자들에게 토지나 농기구를 대여함으로써 '분권화된 가(家)의 권력'을 가산제적 지배라고 한다. 베버는 가산의 순수한 형태를 다음과 같이 표현했다. "순수한 형태의 가부장적 지배권은 법적인 제한이 없다. 옛 수장이 죽거나 몰락하면 지배권은 새로운 수장에게 제한 없이 이전된다. 새로운 수장은 전임자의 부인(부친의 처에까지도 미칠 수 있는)에 대한 성적인 처분권까지 획득한다."[31] 이것이 '가부장권'에 대한 그의 원형적인 생각이다. 이러한 가부장권의 분화를 바탕으로 발생한 지배 구조의 형태가 가산제인 것이다. 가산제는 다시 가산관료제[관료제적 가산제(burokratischer Patrimonialismus)]와 신분적 가산제(standischer Patrimonialismus)로 구분된다.[32]

이 가운데 신분적 가산제는 분권적 성향의 극단에서 나타나며, 가산관료제는 집권적 성향의 극단에서 볼 수 있다. 서양 중세의 봉건제(Lehenswesen)는 서양식으로 특유하게 발달한 신분적 가산제이며,

---

30 Reinhard Bendix, *Max Weber*(California: Univ. of California Press, 1977), pp.333~334.

31 Max Weber, 앞의 책, p.1009.

32 황산덕, 『막스 베버』, 145면.

이슬람의 술탄제적인 지배는 가산관료제의 극단적인 경우로 생각된다. 신분적 가산제에서는 행정 막료들이 특별한 권력과 상응하는 경제적 재산을 전유할 수 있다. 그들은 이러한 권력과 재산을 근거로 군주에 대한 봉사를 위한 무장(武裝)도 스스로 조달한다. 이 점에서 군주의 재고(財庫)에서 무장 비용을 조달하는 가산관료제와 기본적인 차이가 있다.

지금까지 논의한 것을 기초로 가산관료제적 지배 구조의 위치를 도시(圖示)하면 다음과 같다.

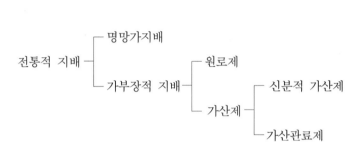

베버는 이집트나 극동의 정치적 구성체는 군주의 거대한 장원이나 직할령과 마찬가지로 보고 가산관료제적으로 통치된다고 파악했다. 그러면 베버는 거대한 영토가 어떤 구성 방식으로 조직되었다고 보는가?

베버는 군주가 직접 지배권을 가진 가산 외의 영토와 인민, 즉 정치적 신민에 대해서도 가부장권을 행사하는 것과 같은 방식으로 조직하는 것을 가산 국가적 구성체로 보았다.[33] 가산관료제적 행정을 원래 군주의 순 개인적인 사적 가계 수요에 맞추어서 편성된 것으로 본 것이다. 그러다가 지배 영역이 확대되면서 조직화된 행정이 필요해지고 기능도 적절히 분화한다. 가계 행정에서 기원한 왕실 관직은

---

33 Max Weber, 앞의 책, p.1013.

세계적으로 유사하다.

우선 군주의 가계 관리에서 유래하는 궁내 관직으로는 가내 사제
(家內司祭), 시의(侍醫), 제반 행정 감독자, 식량과 취사장 감독자, 주
류(酒類) 관리자, 마구간 관리자, 농민 부역 담당관, 의복과 무구 감
독관, 재고 수입 담당 시종장, 일반 행정 담당 집사 등이 있다.

그 외 가계 행정의 필요에서 기인한 분야의 직무마다 다른 감독관
이 있었다.[34] 직접적인 가계 행정상의 직무 이상의 직무는 모두 궁실
의 이 여러 가지 관리 부문 중 가장 유사한 부문에 소속시키는 형태
를 취하면서 발전했다. 예를 들자면 기병대 지휘를 마구간 감독자에
게 위임하는 것과 같은 형태다. 가산관료제적 관직의 발생을 이와
같은 형태로 이해한다면 그것에 따른 관료 체제의 구조적 특징을 많
은 부분 알 수 있게 된다.

이러한 베버의 이론적 통찰은 아마도 그의 역사적 지식을 토대로
추상화되면서 구성되었을 것이다. 당시 수준에서 동서양에 걸친 그
의 역사적 지식은 타의 추종을 불허했을 것이며, 그러한 지식을 기초
로 도출한 이론이었기에 가산제나 가산관료제의 설명력은 매우 탁월
할 수 있었다.

2. 가산관료제론의 특징

베버의 이념형적 가산관료제론의 형성은 그 경험적 준거가 유럽
이었다. 그의 설명은 분석적 개념과 역사적 실체 사이를 왕래하지만,
그 기본 출발점은 '가(家)'였다. 가산제적 관료에 대한 부양은 원칙적
으로 가족 공동체가 함께하는 식사에서 출발한다. 가산제적 관료는

---

34 위의 책, p.1025.

가(家)의 모든 구성원과 같이 원래 수장의 식탁에서, 또 수장의 재고에서 제공받는 것으로 물질적인 것을 충당했다.[35] 수장은 경제적인 열쇠를 쥐고 있다는 점에서 관료를 완전히 의존적 지위에 둘 수 있었다.

그러나 영토의 확대와 그에 따른 관리 기구 확대는 이러한 형태를 변화시켰다. 관리 기구에 관한 규칙이 정통성을 획득하여 권위를 갖게 되면 이것을 어기는 것은 어려워진다. 따라서 독립 세대를 가진 가산제적 관료에게 프륀데(Pfründe: benefices) 혹은 레엔(Lehen)을 부여하는 방법으로 가계 내 부양 방법이 발전했다. 가산 국가에서 관료를 부양하는 방법으로는 다음과 같은 다섯 가지가 있다.[36]

○ 관료가 수장과 침식을 함께하는 경우.
○ 수장의 창고에서 물건을 하사하는 경우.
○ 근무지를 부여하는 경우.
○ 관료가 지대, 수수료, 조세 수입과 관련한 권익을 전유하는 경우.
○ 서양 중세의 봉건제에서 보는 바와 같이 봉토(Lehen, fief)를 내리는 경우.

베버는 이 중 둘째, 셋째, 넷째 경우를 '프륀데'라고 했다. 일반적으로 가산관료제는 이 프륀데 부양 형식의 관료에까지 그 범위가 최대로 확대될 수 있다. 물론 다섯째 경우는 서양 중세에 나타난 특유의 봉건제로서 신분적 가산제에 해당한다.

아무튼 군주와 가산관료의 관계는 '예속성'을 그 본질로 한다. 가산 군주는 첫째, 그에게 개인적으로 종속되어 있는 노예나 예속민으

---

35 위의 책, p.1031.
36 황산덕, 『막스 베버』, 153~154면.

로 관료를 보충한다. 둘째, 노예나 예속민 중에서가 아니라 자유인 중에서 군주를 위해 일하는 것이 이익을 가져오기 때문에 개인적으로 군주의 권력에 의탁하는 경우가 있다. 이것은 가산제 외적으로 충원되는 방식이다. 그러나 이렇게 충원되었다고 하더라도 그 본질에서는 군주에게 예속된다.[37]

이러한 형태가 진전하여 가사 단체(家士團體)가 형성되고, 관직 권력이 고정화되며, 관직 권력에 대한 관직 보유자의 독점적인 전유가 발생하면 신분제적인 가산제 유형이 나타난다.[38] 이 관료에 대한 수장의 직접적인 통제는 자연적으로 감소하게 된다. 그러면 이러한 가산관료와 군주로 구성되는 가산관료제는 근대 관료제와 비교할 때 일반적으로 어떤 특징을 보이는가?

○ 근대 관료제에서는 공무와 사무가 구별된다. 반대로 가산관료제에서는 행정도 군주의 가계 행정의 연장이므로 공, 사 구별이 없다.[39] 즉 기본적으로 공적인 것도 군주 개인의 사적인 업무의 확대로 본다.[40]

○ 근대 관료제의 특징 중 하나는 '권한의 원칙'으로, 관료의 직무 범위와 권한은 성문법에 의하여 그 내용과 한계가 명확히 정해진다. 그러나 가산관료제에서는 군주가 자의로 관료가 갖는 권한의 경계를 결정한다. 이 경계는 전적으로 유동적이다. 설사 '명확한 권한'과 비슷한 것이 있다 하더라도 그것은 관직을 개인의 권리로 간주한 결과이지, 관료제 국가에서와 같은 전문적 분화나 피지배

---

37 Max Weber, 앞의 책, p.1026.
38 위의 책, p.1028.
39 위의 책, p.1028.
40 Max Weber, *The Theory of Social and Economic Organization*, trans. by Talcott Parsons and A. M. Henderson(New York: The Free Press, 1947), pp.345~348.

자의 권리 보장을 위해 노력한 결과는 아니다.[41] 신성한 전통이
수장이나 가신의 특정 직무 행위를 요구하는 경우를 제외하면 직
무 행위는 자유로운 의향의 결과로 행해진다.

○ 근대 국가에서 관료의 행동은 법규 속에 조직화되어 있고, 따라서
그들의 행동은 어떠한 주관적인 자의도 배제하고 체계적인 법규
의 규정이나 형식 합리성에 따라서 '자동판매기'처럼 행해질 것이
라고 예측된다.[42] 반대로 가산관료제에서 관료의 행동을 규율하는
것은 명확하고 구속력 있는 규범이나 행정 규칙이 아니라, '신성
시되는 전통'과 '상사에 대한 전인격적인 공순'에 기초한 군주나
상사의 자의다.[43]

○ 가산제적 관료의 전체적 지위는 근대 관료제에서와는 반대로 수
장에 대한 전인격적인 복종 관계의 결과다. 신민에 대한 관료의
지위는 이러한 복종 관계의 대외적 측면이다. 개인적으로 궁정에
예속되지 않는 정치적 관료이더라도 직무상 수장에 대한 무제한
의 복종이 요구된다.

○ 가산관료제에는 행정 규칙에 해당하는 객관적 질서나, 관료제적
국가 생활에서 볼 수 있는 비인격적인 목적을 지향하는 객관성이
없다. 관직과 공권력은 객관적 임무 수행을 위해서가 아니라 군
주나 관료 개인을 위해서 행사된다.[44]

○ 근대 국가에서 관료의 업무는 전문적으로 분화되어 전문적인 교
육을 받은 관료가 요구되었다. 전문적 교육을 받았는지 알아보기
위하여 국가시험 제도를 채택하거나 일정한 종류의 학교 졸업을

---

41 Max Weber, *Economy and Society*, p.1029.

42 Warren Bennis, "Changing Organizations", *Journal of Applied Science* 2(1966),
p.250.

43 Max Weber, 앞의 책, p.1030.

44 앞의 책, p.1031.

요구하기도 한다. 이에 반해 가산관료제에서는 전문적 교육이 문제 되지 않는다. 세습적 신분에 따라 관직에 등용되거나, 신분에 관계없이 개인의 능력이나 왕의 총애에 따라 등용되기도 한다. 그렇기 때문에 베버는 중국이나 우리나라에서 과거 제도를 실시하기는 했지만, '전문적 교육'이 아니라 '일반적인 인문적 교양'의 유무가 선발 기준이었다고 하여 가산관료제의 내용적 본질을 벗어나지 않는다고 보았다.[45]

○ 앞에서 살펴본 것처럼 가산관료가 군주에게서 받는 보수는 금액이 확정된 봉급 형태로가 아니라, 군주의 식탁이나 재고에서 제공받는 것으로 마련되었다. 나아가 행정 기구가 발전하면 재임 중 혹은 종신으로 토지를 수여받거나, 조세의 일부나 직무상 사례, 수수료 취득 보증 등의 형태로 보수를 대신한다.[46]

이 밖에 관료 체제의 내부 구조와 관련한 것으로 겸직에 관한 논의가 있다. 즉 일반적으로 가산관료제에서는 관료들이 겸직하는 것이 보편적인 것으로 이해되었다.

3. 유자 관료의 진출과 유가 정치 이념

유교는 한국적 관료제와 제1단계의 결합을 이룬 결과 문인형의 관료들을 창출했다. 그런데 이들 문인 관료들은 다시 자신들의 족적 기반을 구축하면서 귀족화되었다. 이로써 고려는 중국을 모델로 중앙집권적 관료제를 정비했음에도 불구하고 이들에 의해 왕권이 다시

---

45 앞의 책, pp.1047~1051; 황산덕, 앞의 책, pp.159~171.

46 앞의 책, pp.1031~1032.

제약받는 구조가 되었다. 이것은 전래의 연합형 국가의 관료제 특징이 잔존함을 보여 주는 것이기도 하다.

이런 특징이 나타난 가장 근본적인 원인은 고려의 문인형 관료들이 자신들의 생활을 국가가 주는 녹봉에 전적으로 의지한 것이 아니라, 광범위한 토지와 인민 지배에 기초하고 있었기 때문이다. 이들 문인 관료들의 귀족화 현상, 그리고 주된 관료 공급원과 유교의 관계가 깊지 못함에 따라 고려조의 관료제는 아직 유교관료제의 본질적 특징을 갖추지는 못했다. 따라서 비록 훌륭한 관료[良吏]가 있다 하더라도 그것이 유교적 가치관을 내면화한 결과로 이해하기 어려운[47] 이유가 여기에 있다.

그럼에도 고려 말에 이르러 신유학 도입으로 유교에 새로운 기풍이 진작되고 있었다. 이제 교양으로서의 유학이 아니라 경세치국의 원리로서, 지식인의 출처(出處) 원리로서 실천적인 의미로 다가섰다. 고려 말 권부(權溥), 안향(安珦), 백이정(白頤正) 등이 원나라의 학자들과 교유하면서 신유학(성리학)을 도입하여 후진들을 교육했고, 목은 이색(牧隱 李穡)이 뒤를 이어 정몽주(鄭夢周), 정도전, 이숭인(李崇仁), 권근(權近) 등을 가르쳤다. 이들은 유교 철학을 출처의 규범과 경세의 원리로 삼고자 하는 의지를 가진 집단으로 성장했다. 비록 부패하고 쇠잔한 고려 왕조에 대한 견해차로 이들은 분열했지만, 정도전을 위시한 개국파의 유자들도 단순히 이성계의 가신 노릇을 하기 위해 새 왕조 개창을 도운 것이 아니라 그를 통해 자신들의 이상을 실현하려는 강력한 의지가 있었기 때문이다.[48]

그들은 '군신 공치(君臣共治)'의 관점에서 재상 중심의 정치[49]를 주

---

47 김성준, 『한국 중세 정치 법제사 연구』(일조각, 1985), 98면.

48 정도전의 『조선경국전 상(朝鮮經國典 上)』 등에는 그의 이러한 의지가 잘 표현되어 있다.

49 정도전, 위의 책.

장했다. 유교 정치사상에서 말하는 군신 공치나 "천하는 한 사람의 것이 아니다[天下非一人之私有]" 같은 명제는 바로 연합형 국가 형성의 현실적 과정을 합리화해 줄 수 있는 것이다. 따라서 유교 정치사상과 한국형 관료제의 원형과는 그 적합성의 정도가 오히려 중국을 능가했음을 볼 수 있다.

더욱이 신유학 장려는 관학과 사학 양 계통에서 면면히 확산되었다. 관학에서는 정도전과 권근을 필두로 하여 그 다음 세대로 변계량(卞季良), 권제(權踶), 권우(權遇), 맹사성(孟思誠), 허조(許稠), 이원(李原), 김종리(金從理), 김반(金泮), 윤소종(尹紹宗) 같은 이들이 있었다. 다시 그 뒤를 이어 최항(崔恒), 권람(權擥), 권채(權採), 정인지(鄭麟趾), 이극배(李克培), 이석형(李石亨), 양성지(梁誠之), 신숙주(申叔舟) 등이 관학적 유학을 풍부하게 했다. 관학적 학풍은 다분히 경세적 내용을 중시하고 실용적이고 기능적인 측면을 포괄함으로써 고려 문인의 관료적 전통을 일정 부분 계승하는 측면이 없지 않았다.

반면 절의관(節義觀)과 춘추적 역사관을 존중하는 재야 유학은 정몽주, 길재(吉再), 김숙자(金叔滋), 김종직(金宗直), 김굉필(金宏弼), 조광조(趙光祖)에 이르면서 엄연한 하나의 정치 세력을 이루었고, 이들이 유림의 중심으로 등장하게 되었다.

이러한 재야학파의 관점을 유력한 지방 세력이 강력하게 수용함으로써 주된 관료 공급원의 성격 자체를 변화시켰다. 조선조가 유교적 관료제를 성립시킨 데는 바로 이러한 관료 공급원의 성격 변화와 밀접한 연관이 있다. 이 과정에서 이론 유학의 단초를 열고 이를 완성한 회재 이언적(晦齋 李彦迪)과 퇴계 이황(退溪 李滉)과 출처와 의리를 중시하며 실천 유학을 완성한 남명 조식(南冥 曺植) 계통의 학풍이 상호 조화하여 조선조 선비의 전형을 확립했다. 나아가 유자 관료(Confucian bureaucrats)들을 위한 행위의 표준을 제시할 수 있었다. 따라서 선조조 이후로는 과거나 천거, 또는 산림징소(山林徵召)를 받아 출사하는 관료들은 유자 아닌 사람이 없었다. 중국과 달리 상층의 관직도 거의 모두 이들이 점유했다.

특히 조선왕조에서는 '과거시험'이 차지하는 비중이 절대적이었다. 이것은 중국의 역대왕조와 고려왕조(高麗王朝)와 비교해 보아도 뚜렷하다. 조선의 최고 고관인 영의정, 좌의정, 우의정 -삼정승- 을 지낸 인물은 모두 365명이다.(『典故大方』) 이 가운데 음서(蔭敍)로 출발한 인물은 21명이고, 그 마저도 효종조의 원두표(元斗杓)를 제외하면 모두 연산군 시대에서 끝나고 있다. 즉 중종(中宗) 즉위 후에는 음서출신 정승은 사라졌다 해도 지나치지 않는다.

〈역대 음서출신 정승(政丞)〉

태조	정종	태종	세종	문종	단종	세조	성종	연산군
裵克廉 金士衡	沈德符	李居易 李茂 柳廷顯 沈溫	盧開 南智		韓確	韓明澮 黃守身 沈澮 康純	韓伯倫 成奉祖 尹士昕	韓致亨 愼守勤

〈역대 무과출신 정승〉

태종	세종	세조	중종	인조	효종	현종
趙英茂	崔潤德	洪達孫	朴元宗	申景禛		具仁垕/李浣

〈역대 유일(遺逸) 및 천거(薦擧)출신 정승〉

광해군	현종	숙종
鄭仁弘	宋時烈	許穆, 朴世采, 尹拯, 權尙夏

음서출신 정승들은 고려의 유습(遺習)이 남아있던 조선전기에 집중되고 있으며, 과거출신이지만 문과가 아닌 무과출신인 경우는 7명으로 각자 특수한 시대적 특징을 반영하고 있다. 무과 출신은 현종 이후에는 나타나지 않는다.

유일 및 천거의 6명은 유학의 종사(宗師)급이며, 한 당파의 사상적

영수(領袖)였으므로, 오히려 행도형(行道型)관료의 전형(典型)이라 할
수 있다. 문과 출신 정승은 조선 전 기간을 통해 90% 이상을 점하고
있으며, 선조 이후는 유일(遺逸)과 합하면 거의 100%에 접근한다. 이
것은 중국 역대왕조에서도 유례를 찾아볼 수 없다.

주자학(朱子學)은 원(元)나라 시기에 크게 발전하였는데, 고려의
학문풍토에도 큰 영향을 미쳤다. 교육과 과거에서 주희(朱熹)의『사
서집주(四書集註)』가 점차 중시되기 시작했는데, 공민왕의 과거제 개
혁은 획기적인 전환점이 되었다.

공민왕 18년(1369)에 향시(鄕試)·회시(會試)·전시(殿試)의 과거(科
擧) 삼층법(三層法)을 실시하였고, 원(元)의 과거(=制科)에 우수한 성
적으로 합격한 이곡(李穀)이 사서(四書)에 한국식의 토(吐)를 달아 교
과서로 사용하게 했다. 이는 오경(五經) 중심의 한·당 유학에서 사
서(四書)중심의 송(宋)·원(元) 유학으로 학문경향을 바뀌게 했으며,
점차 당나라 방식의 사장중심 귀족교육의 온상인 사학(私學)을 혁파
하는 등 주자학 중심의 개혁이 이루어졌다(이성무, 1997: 114~115).

이것이 의미하는 바를 단순화해서 표현하면 경전에 대한 훈고학
(訓詁: philological)적 주석(註釋)과 해석에서 의리학(義理學: moralistic)
적 주석과 해석으로의 전환이다(Peter K. Bol, 2008: 61~63). 의리학적
접근을 표현하는 통상의 언어는 '도학(道學)'[50]인데,『고려사』에서 '도
학(道學)'은 고려 말기에 2번만 검색될 정도로 드물게 언급된다.

학풍의 변화는 과거의 방식과 출제경향의 변경을 가져 왔다. 여말
선초에는 정도전, 조준(趙浚) 등이 경술(經術)을 중시하는 강경(講經)
을 우선하고 문장을 중시하는 제술(製述)을 억제 하였다. 조선 초기
에 문과의 초장(初場)을 강경으로 할 것인지, 제술로 할 것인지의 논

---

50 '도학(道學)'을 영어로 표현하는 것은 매우 어렵다. 'moral philosophy', 'ethics'
등은 도학의 본질적인 함의를 표현하기에는 부족하다.

쟁은 조선조 관료가 '어떤 인물'이어야 하는가에 대한 비전의 충돌이기도 했다.

결국 문과 초장에서 오경(五經) 사서(四書)의 의(疑), 의(義), 논(論) 가운데서 2편을 시험하는 것으로 정리되었다.(『經國大典』, 「禮典)」, 〈諸科〉)[51]

이와 같이 지역적, 족적 기반을 갖춘 세력이 신유학을 수용함으로써 나타난 유자 관료는 고려조의 문인 관료와는 그 성격이 다른 바, 그들은 유교 이념을 정치적으로 실천하는 데 한층 많은 관심을 기울였다.

그들은 국왕을 초월하는 형이상학적인 '천(天)'이나 '도(道)'를 상정했기 때문에 국왕에 대해서는 신사(臣事)의 의리에 따른 충성을 강조했지만, 인간으로서의 왕을 신격화하지는 않았다. 따라서 그들은 송, 명, 청조의 관료들과 달리 국왕에 대해 의연했다. 퇴계는 이렇게 말했다.

제왕의 학문은 보통 선비의 그것과 다르다고 하나, 이는 지어낸 말

---

51 조선 숙종 25년(1699)에 실시된 생원시에서 출제된 의(疑), 의(義)의 문제의 예. (한국학중앙연구원, 『試券』:64)

"(성인은)덕이 온전하여 흠이 없는 까닭에 비록 내성(內省)의 근심은 없으나 사람을 얻지 못할까 근심하는 것은 성인이 먼저 해야 할 임무(先務)다. 도(道)는 떨어질 수 없는 것이므로 비록 경외(敬畏)의 마음을 갖고 있다하더라도 마음이 움직여 그 바름을 잃는 것은 또한 성인이 경계하는 바다. 이 말들에서 알 수 있는 것이 있은즉 (성인의 근심과 경계가 어떤 것인지) 의(疑)를 밝히고 분변하도록 하라."

"『예기』의 '백성의 힘을 사용하는 것은 일 년에 삼일을 넘지 않는다.'는 말의 의(義)(를 설명하라)."

이처럼 조선조에 들어와서 과거 과목의 출제경향은 점차 도학위주의 의리학적 해석을 요구하는 것으로 변해 갔다. 이는 학문의 방향을 결정하는데 중심 역할을 수행했으며, 조선조 관료의 성격을 형성했다.

입니다. 경(敬)으로 근본을 삼고 궁리로써 진지(眞知)를 이루며 자신을 성찰하고 독실하게 실천하는 데 이르는 것이 도학(道學)의 요체이니, 제왕과 보통 선비가 학문하는 길이 어찌 다르겠습니까?[52]

남명은 다음과 같이 말했다.

자전(慈殿)께서는 사려가 깊으시나 깊숙한 궁중의 한 과부에 지나지 않고, 전하께서는 아직 어려 돌아가신 임금님의 외로운 한 아들일 뿐입니다.[53]

이것은 임금도 보통의 인간과 같은 처지에서 학문과 수양의 길을 걸어야 함을 주장한 것이다. 이처럼 "군주와 백성은 원래 같은 뿌리[君與民本乎一]"[54]임을 강조하는 유자 관료들의 존재는 조선조의 왕권을 본질적으로 제약하는 것이었다. 동시에 자율성이 높은 이들 유자 관료들의 정책 결정 형식 역시 전통적인 합의제 원칙을 고수했으니, 이것 또한 전제 왕권을 제약하는 절차적 요소였다.

4. 가산관료제론에 대한 평가

이처럼 베버는 근대와 전근대라는 이분법적 시대 구분 위에서 가부장권의 확대형인 가산적 정치 구성체를 전근대를 대표하는 것으로 보았다. 가산적 정치 구성체는 신분적 가산제의 극단에서 나타나는

---

52 李滉, 『退溪集』, 疏, 戊辰六條疏.
53 曹植, 『南冥集』, 疏, 乙卯辭職疏.
54 趙光祖, 『靜菴集』, 卷之二, 對策, 謁聖試策.

봉건제와 가부장적 가산제(가산관료제)를 모두 포괄한다. 가산제적 구조에서 하나의 극단적 사례인 서구의 레엔(Lehen) 봉건제[55]는 장(長)과 레엔 보유자 간의 여러 관계가 고정화되는 방향으로 발전한 경우다. 이것은 수장의 자의가 미치는 범위가 넓고 관료의 권력상 지위가 불안정한 순수한 가산제와는 대립하는 것으로 보았다.[56]

전통적 지배 구조 아래의 관료 체제 중에서 신분적 가산제의 형태를 제외하고서 가산관료제가 특징적으로 내세우는 기준(군주와 관료 간의 관계. 그중에서도 관료의 예속성이 중요한 기준이다)에 근접하는 여러 형태의 현실적 관료 체제가 존재할 수 있다. 이러한 베버의 이론 체계에 대해 몇 가지 문제점을 제기할 수 있다.

첫째, 베버는 관료제의 특징을 분류할 수 있는 기준이 여러 가지가 있을 수 있음에도 불구하고 군주에 대한 관료의 예속성이라는 하나의 기준을 모든 특성을 도출하는 기본 전제로 삼았다. 따라서 보는 관점에 따라 다양하고 유의미한 차이가 현실적으로 존재함에도 불구하고 중국의 관료제와 이집트의 관료제를 본질적으로 동일한 성격을 가진 가산관료제로 분류했다.

둘째, 베버의 분석에서는 가산관료제로 분류되는 특정 국가(예를 들면 조선조, 고려조)의 관료제가 근대 관료제로 발전하는 도상에서 어느 위치에 있는지는 분명하게 보여 주지 않는다. 서구에서는 레엔 보유자들의 권리와 의무가 계약에 의해 보증되는 신분제 국가(등족 국가)가 성립했고, 이러한 구성체 내부에서 새로운 행정 임무가 발생하면서 군주제 발전을 촉진했다고 보았다. 이것은 가산제의 부흥이

---

55 베버는 레엔 봉건제를 넓은 의미의 봉건 관계 중에서도 가장 중요한 것으로 보았다. 레엔 관계라고 하는 계약에 의해 확정된 충성 관계가 발생하고, 이것을 바탕으로 권리와 의무의 질서가 전개되므로 가(家)의 전반적인 공순 관계에서 해방되는 것으로 판단했기 때문이다.

56 Max Weber, 앞의 책, p.1070.

라는 형태를 취했으며, 그 존속이 장기간에 걸쳐 있을수록 순수한 관료제에 접근한다고 보았다. 그 이유는 새롭게 발생한 행정 임무의 특징은 영속적 관청, 분명한 권한, 근무 자격과 전문 자격의 확립을 촉진하는 것으로 보았기 때문이다.[57]

그러나 베버는 레엔 단체와 신분제 국가를 가산제에서 관료제로 발전하는 과정에서 거쳐야 할 필수적인 중간 단계로 보지는 않았다. 다만 총신(寵臣) 제도(개인적 신임에 의존하는 형태의 관료)나 회계 관리(官吏), 관방장의 권한 증대, 대규모의 합의제적 중앙 관청의 존재를 관료제화의 대전제로 파악했다.[58]

그렇다면 총신 제도 같은 것(예를 들면 조선조 세도 정치의 초기 형태로, 정조와 홍국영의 관계)을 관료 체제의 비정상적인 상태로 이해하고, 회계 관리나 서기는 정무직 관료의 하위에 위치시키는 중국이나 한국의 관료 정치를 설명하기 어렵다. 따라서 조직적인 부역에 의한 개간과 관개 사업 합리화에 의해 관료제의 발전이 촉진되기는 하나 근본적인 변화를 초래하지 못한 준관료제적 정치적 가산제로 이해할 수밖에 없는 것인가? 대규모의 합의제적 중앙 관청의 존재도 행정의 질적 전문화에 수반되는 것으로 보았다. 질적 전문화가 수반되지 않는 상태의 전통시대 중국과 같은 대규모 합의제적 중앙 관청은 관료제화의 전단계가 아니며,[59] 과거 시험도 교양 시험으로 보았다. 이러한 베버의 관점에서는 중국적 관료제는 근대 관료제로 발전하기 위한 맹아도 없는 것이 된다.

다시 말하면 베버는 같은 가산관료제이면서도 프랑스 혁명 이전의 서구의 가산관료제(상업을 중요한 발전 요인으로 봄)는 순수한 관료제

---

57 위의 책, p.1087.
58 위의 책, pp.1088~1090.
59 위의 책, p.1089.

에 접근하는 형태인 반면, 조선조나 중국의 가산관료제는 준관료제적이라고 본 것이다. 여기에는 중국적 가산관료제는 발전의 별다른 징표 없이 수천 년을 본질적인 동일성 위에서 정체되어 있었던 것이라는, 동양에 대한 베버의 이해가 깔려 있다. 중국의 관료제와 가장 유사하다고 여겨지는 우리나라의 관료 체제에 대해서도 마찬가지 관점으로 이해할 수 있다. 따라서 신라, 고려, 조선조에 이르는 전 시기에 걸쳐 가산관료제 개념을 적용할 수 있고, 본질적 성격에서 동일한 것으로 보게 된다.

그러면 베버는 무엇을 관료제화의 동력으로 보았는가? 그는 합리적인 경영, 분업과 고정 자본에 기초를 둔 자본주의의 세력 확장에서 이익을 얻을 수 있는 사람들에 의해서 관료제가 추진된다고 보았다. 자본주의의 발전과 관료제화의 진전 간에는 밀접한 상호 관련이 있는 것으로 이해했다.[60]

이것은 베버가 그의 주된 인식관심(認識關心: Erkentnisinteresse)을 근대 자본주의의 사회경제사적인 성립 문제를 해명하는 데 둔 것과 연결된다.[61] 즉 베버는 서구에서는 합리적 자본주의가 성립하여 발전했는데 왜 다른 지역에서는 그렇지 못했는지에 대한 원인을 탐구하는 데 관심을 두었다. 그리고 그 원인을 지배 구조나 종교의식 속에 있는 전통의 요소로 보았다. 따라서 동아시아적 관료제는 중국이나 한국에서 자본주의가 성립하여 발전하지 않은 상황과 적합적 인과 관계에 있다고 생각했다. 당연히 그 논리적 귀결로 동아시아(중국)적 관료 체제는 그 수준이 뒤떨어지는 것으로 인식되었다. 이러한 인식은 일정한 상황에 대한 설명 가능성을 모두 이용했다고 보기는 어렵다. 필연적으로 거기에는 자기 관심에 따른 설명이 끼어들기 마련이다.[62]

---

60 안해균, 『현대 행정학』(다산출판사, 1985), 103면.
61 위의 책, 102면.

동북아의 유교 정치 문화권에서 자본주의가 자생적으로 발전하지 못한 주된 원인은, 유교 이념에 충실한 정치체가 일반적으로 내세우는 농본천상주의(農本賤商主義) 정책이 아닐까? 유교는 상품이나 재화의 교환 차익을 남기는 상행위가 인간을 속일 가능성이 큰 행위인 점을 간파하고, 인간의 도덕적 행위나 인간다운 역할의 서열(사농공상)에서 가장 낮은 지위에 위치시켰다. 서구적 자본주의의 성립이 불가능했던 것은 이렇듯 상업 자본이 제대로 축적될 수 없는 사회 환경 때문이 아니었을까? 서구적 자본주의로 진행하는 것만이 유일한 발전 경로였을까? '자본주의'라는 개념 범주는 서구적 역사 경험만을 지칭하는 특수 개념으로 한정해야 하는가?

둘째, 근대와 전근대 구분과 관련하여 파생되는 문제를 지적할 수 있다. 근대와 전근대 구분을 세계사에 공통적으로 적용하는 구분 시점으로 인식했는가? 아니면 아시아 사회에 대한 구분 시점과 서구 사회에 대한 구분 시점을 다르게 인식했는가? 어떻게 구분하든지 간에 시점으로 구분할 경우, 전근대의 중앙 집권적(봉건 영주가 없다는 의미에서) 군주 통치 아래의 관료 체제는 가산관료제의 개념적 범주 속에 포함될 수밖에 없다.

베버는 봉건적 주종 관계에 근거하는 광의의 봉건 관계에 대해서는 라이투르기(Leiturgie) 봉건제, 가산제적 봉건제, 자유 봉건제 등의 유형으로 나누었다. 가산제적 봉건제는 다시 장원영주적(manorial) 봉건제와 체복영주적(servile) 봉건제, 부족적(gentile) 봉건제로 나누고, 자유 봉건제는 가신제적(vassalic) 봉건제와 프레벤데적(prebendal) 봉건제, 레엔(feudatory) 봉건제, 도시 지배적 봉건제 등으로 세분했다.[63]

---

62 Henry Stuart Hughes, *Consciousness and Society. The Reorientation of European Social Thought 1890~1930*(1958), 『의식과 사회』, 박성수 옮김(삼영사, 1978), 261면.

63 Max Weber, 앞의 책, p.1072.

반면 가산제적 종속 관계에 근거한 가산관료제의 세부적 유형에 어떤 것이 있을 수 있는지에 대해서는 알지 못한다. 베버는 동아시아의 관료 체제에 관한 지식이 제한적일 수밖에 없었다. 그의 머릿속에는 중세의 봉건 영주와 중국의 황제에 대한 피상적 이미지가 중첩되어 있었던 것으로 보인다. 인식 틀로서의 가산관료제가 포괄하는 범위는 지나치게 광범위하여 동아시아의 역사적 관료 체제의 특징적 성격을 인식하는 데는 한계가 있다.

그러면 가산관료제에 대해 적절한 수식어를 붙여 그 특징을 나타내는 것은 가능한가? 즉 '유교적' 가산관료제나 '귀족적' 가산관료제, 혹은 '양반' 가산관료제라는 개념이 성립할 수 있는가?

'봉건적 주종 관계'나 '가산제적 종속 관계'에서 나타나듯이 전근대에서 관료 체제의 유형을 구분하는 가장 중요한 기준은 '군주와 관료의 관계'다. 구체적으로는 '계약을 기초로 하는 충성 관계'인가, 아니면 '군주의 자의에 전인격적으로 복종하는' 예속 관계인지가 그 기준이다. 그런데 '양반 가산관료제'나 '귀족 가산관료제'라는 개념은 양반 신분 혹은 귀족이 관료의 구성원임을 나타낼 뿐, 그들이 군주와 사적인 충성 관계에 있는지, 아니면 전인격적인 예속 관계에 있는지를 분명하게 보여 주지는 않는다.

그런데 '유교적 가산관료제'에 대해서는 좀 더 신중한 분석이 필요하다. 가장 중요한 것은 '유교적인 것'이 가산관료제의 본질적인 기준과 충돌하는가, 아니면 무리 없이 결합하는가의 문제다. 이에 대해 손문호는 다음과 같이 말했다.

어쨌든 유교적 국가주의는 고정된 것이 아니라 나름의 역사적 발전 과정을 밟아 왔다. 유교 국가는 왕조 체제였고, 그 주체는 대체로 유교적 관료들이었다. 유교적 관료들이 왕조 체제에 기생적인 세력에 불과했는가, 그렇지 않으면 하나의 독자적 신분으로서 정치적 주도 세력이 없는가는 유교 국가적 발전의 기준이라고 할 수 있다. 고려 말 신흥 사대부들의 유교적 국가주의는 한국 정치 사상사에서 전자로부터 후자로의 비약적 성숙을 반영한다고 본다.[64]

이는 군권, 신권 등의 개념을 사용하는 권력 구조적 접근 방식을 함축하고 있다. 그와 동시에 군주와 관료의 관계라는 가산관료제의 본질적 기준을 포함할 수 있는 여지를 만들었다. 그러나 왕조 체제의 기생적인 세력인지, 아니면 독자적 신분의 정치적 주도 세력인지를 구분하는 것도, 만약 자유로운 계약에 기초한 충성 관계와 전인격적인 예속 관계를 연속선의 양 극단에 위치시킬 수 있다면 의도와는 달리 베버의 이해 틀을 벗어나지 못할 가능성이 있다. 즉 신분적 가산제의 요소가 첨가된 것으로 이해될 수도 있다.

이에 우리는 유교 사상의 정치적, 행정적 제도 창출 능력을 인정하는 관점에 서서 유교 사상이 군주와 관료의 관계에 대해 어떻게 인식했는지를 보고, 또한 조선조 정치 행정의 현실에서 어떻게 영향을 미쳤는지를 조응해 봄으로써 이 관계에 대해 좀 더 분명한 이해에 도달할 수 있을 것이다.

베버는 '지배 관계'를 역사와 사회를 이해하는 기본 틀로 사용했는데, 그 속에는 '지배-피지배'라는 이분법적 구도가 잠재해 있다. 이러한 구도는 지배-피지배 사이에 존재할 수 있는 다양한 관계를 부각시키지 못할 뿐만 아니라, 지배 관계 바깥에 존재할 수 있는 제3의 차원을 고려하지 않는다. 다음 장에서 고찰하겠지만 조선조의 통치 이념인 유교는 베버적인 지배의 개념에 익숙하지 않다. 유가(법가도 마찬가지)는 지배 대신에 '다스림[治]'을 말한다. 다스림은 일방적인 것이 아니다. 유교는 원리상으로는 역사나 사회를 이해하기 위한 틀로

---

64 손문호, 앞의 논문, 5면.

서 '상보 관계'나 '호혜 관계'를 사용했으며, 동시에 사회나 조직 구성의 원리로 이해했다. 가(家)의 구성도 부부가 배(配: 짝하는)하는 관계 − 상보 관계 − 로 출발하고, 씨족이나 이웃 간에도 상보 관계를 기초로 공동체가 형성된다고 파악했다. 정치체 구성도 동일한 논리 위에서 이해되었다. '가'의 확대를 '국(國)'으로 보았다. '국'의 근원적 상동(相同) 구조를 '가'에서 찾은 것이었다. 군주와 관료가 맺는 관계의 성격은 '군주(부=아버지=Father) - 백성(적자=어린 자식=Baby)'의 관계 속에서 그 역할과 위상이 설정되었다.

군주와 관료의 관계를 볼 때도 지배와 복종이라는 두 가지 요소만을 고려하지는 않았다. 오히려 치자-피치자, 지배-피지배의 구도를 탈피하면서 백성[民]의 존재를 뚜렷이 부각시키고 군주와 관료 간의 관계도 백성과의 근본적인 관계 설정의 맥락 속에서 상보적인 것으로 규정했다.

사상적으로는 군주가 백성을 착취의 대상으로 보지 않았으며, 군주 스스로 인륜과 천륜에 터한 인간다운 삶을 보장해 줄 정치적·도덕적 의무를 지고 있다고 생각했다.[65] 관료도 군주를 위한 착취의 하수인이 아니라 군주 혼자 힘으로 하기 어려운 도덕적 의무'민(民)=천(天)'이 부여한 천명를 완수하도록 도와주는 존재로 보았다. 따라서 '군주에 대한 예속의 정도'라는 기준은 유교주의 국가의 문제 틀에서는 본질적으로 의미 있는 차원이 아니다.

만력(萬曆) 6년 무인(戊寅)(1578) 5월, 선조가 이이(李珥)를 대사간(大司諫)으로 다시 임용하자 그는 상소하여 사직하면서 다음과 같이 말했다.

---

65 조선 중기의 유학자 조식(曺植)은 "백성은 임금을 받들기도 하지만, 백성은 나라를 엎어 버리기도 한다.(民則戴君 民則覆國)"고 표현하고 있다.

전하께서 신을 쓸 수 있는지 여부를 아시려면 마땅히 시사(時事)를
먼저 하문하시고 신의 의견이 쓸 수 없으면 원컨대 다시 부르지 마십
시오[殿下若欲知臣可用與否, 則當問以時事, 其言不可用則願勿更召].[66]

이러한 이이의 행동에서 우리는 유자 관료가 유교 이념을 사상으
로서만 받아들인 것이 아니라 현실 정치와 행정의 장에서 그것을 관
철해 나갔음을 볼 수 있다. 즉 군주와 도가 합치하면 출사하여 도와
주고 그렇지 않으면 그만둔다(以道事君 不可則止)는 유교 이념을 구현
하는 인격적 주체[67](자유인)로서의 행도자적(行道者的) 관료상을 전형
적으로 보여 준다. 이러한 행동 특징은 군신 관계가 지배 관계라기
보다는 상보 관계가 그 본질임을 반영한다.

이처럼 하수인적 가산관료상과 대비되는 유형의 관료상은 가산관
료제의 분류 기준 자체에 반론을 제기하는 새로운 관점을 보여 준다.
따라서 '유교적'이라는 말을 '가산관료제'를 수식하는 것으로 위치시
킨다면 본질적인 관심의 차이로 인해 이론적 논의의 틀 자체가 달라
짐을 알 수 있다.

유교적인 것에는 가산관료제의 속성과 본질적으로 충돌하는 이론
적 요소가 있고, 가산관료제의 가정과는 다른 역사적 사실들이 존재
한다. 따라서 유교적 관료제를 가산관료제의 광범한 변이 중 하나로
파악하는 것은 이론적으로 무리가 있다. 여기에서 조선조 관료 체제
를 포괄적인 가산관료제에 비추어 파악하는 것이 어떤 효용성이 있
는가 하는 본질적인 문제가 제기될 수밖에 없다.[68] 따라서 조선조 관
료제의 본질적 성격을 이해하고 설명하기 위한 이념형 내지 모형으

---

66 李珥, 『栗谷全書』, 卷之三十, 經筵日記 三.
67 금장태, 「조선 시대의 선비, 그 이념과 실천」, 『민족혼』 제2집(바람과물결, 1988),
20면.
68 남지대, 앞의 논문, 69면.

로서 가산관료제론을 수용하는 것에 대해 일단 의문을 제기할 수밖에 없다. 가산관료제론의 창으로 조선의 관료제를 보면 없었던 사실이 존재한 것처럼 보이고, 있었던 사실도 없는 것처럼 보일 수 있다. 해석의 맥락이나 의미 부여도 달라질 수 있다. 그 창은 굴절도 있고 색깔도 있다. 그렇다고 조선조 관료제의 성격과 특징을 체계적으로 설명할 수 있는 다른 대표적 이론이나 모형이 있는 것도 아니다.

이제 일종의 유도 가설(guiding hypothesis)로서 조선조 관료제를 유가 사상과 밀접한 연관이 있는 '유교관료제'라 가정해 보자. 그리고 그 창을 통하여 어떤 사실이 포착되고 어떤 맥락과 의미를 부여할 수 있는지를 통해 그 본질적 성격을 밝혀 보기로 하자.

2장 유교관료제에 대한 시좌와 시각 구성

1. 관료제 유형론과 기준

앞 장에서 고찰해 본 결과 조선조 관료제의 성격을 이해하기 위해 가산관료제론을 모형으로 사용하는 데는 많은 어려운 문제가 있음을 알았다. 그런데 가산관료제론 수용이 문제가 있다면 조선조 관료제의 성격은 어떤 유형으로 설명할 수 있을까? 일반적으로 한국의 역사학은 유형이나 모형, 관념형과 같은 분석 도구와 친하지 않다. 그러나 '역사적 사실'은 이론이나 사상, 또는 인식의 틀에 의해 다양하게 포착될 수 있다는 점을 부정하지 않는다면 선례 답습에 따른 역사 이해는 적실성을 해칠 수 있다. 다른 '눈'에 의해 역사적 사실을 발견하고 새로운 해석이 오래된 해석과 경쟁할 때, 역사적 진실에 더 가깝게 다가갈 수 있다.

한 대상에 대한 적실한 인식이나 이해를 갖게 하려면 어떤 '이정표'를 중심으로 성글지만 유익한 지도를 구상하는 것이 필요하다. 그것을 유형론이라 할 수 있다. 관료제의 성격을 파악하기 위한 유형 분류의 요인이나 기준에는 어떤 것이 있을 수 있을까? 기존의 관료제 모형이나 유형 분류에는 어떤 것이 있으며, 그것들은 어떤 '관심'과 기준에 따른 것인지 검토해 보자.

베버가 지배 유형에 따라 관료 체제를 분류했듯이, 관료 체제의 유형이나 모형을 구성하는 것은 학자 개개인의 관점에 따라 다양하다. 잘 선택한 모형이나 유형은 연구 대상이 어떤 것이든 간에 자료나 사료 수집과 분석을 촉진시키고, 연구 대상의 특성과 요소들 간의 상관관계를 밝혀 주는 구실을 한다. 그중에서도 바람직한 모형이나 유형은 연구 목적을 달성하는 데 가장 적실한 요소나 기준을 사용한 것이다.

그런데 관념형(ideal type), 모형(model), 유형(type)은 엄밀하게 구분해야 하는 개념이다. '관념형'은 연구자의 관심에 따른 경험적 자료 선택과 개념화, 그리고 선택된 특정을 논리적 극단(logical extreme)에까지 이르도록 과장하면서 선택된 요소들이 내적인 일관성과 논리를 갖추도록 상호 연관 지음으로써 형성되는 것이다. 원칙적으로 관념형은 다양한 현실의 평균적 의미도 아니고, 질적이거나 양적인 연속선상의 극단적 유형도 아니며, 경험적 연구를 통하여 타당화되거나 기각되는 상호 연관된 가설의 집합인 이론적 모형도 아니다. 그것은 분류적이거나 순서적(ordering)인 유형이라기보다는 설명과 해석에 직접적으로 기여하는 분석적 도구를 의미한다.[69]

반면 '유형'은 공통적이기는 하나 또한 서로 구별될 만큼 충분히 상이한 특성을 갖는 것들의 묶음이라 할 수 있다. 관료제로 말하자면 관료제라는 공통성 위에서 그것들 간의 차이점을 기술하는 것이라 할 수 있다. 일반적인 분류 도식에서 유형론(typology)은 사후적 분류법(taxonomy)과 달리 선험적 추론에 기반을 둔다고 하나 반드시 그런 것은 아니다.[70] 어느 경우이든 유형론이 성취할 수 있는 최고 수준은 그것이 새로운 가설을 창출할 수 있는지와 미리 인식되지 못한 관계를 표시해 줄 수 있는지에 달려 있다고 본다. 이런 의미에서

69 Nicos P. Mouzelis, 앞의 책, pp.44~45.

70 Richard H. Hall, *Organizations: Structure and Process*(New Jersey: Prentice-Hall, Inc., 1972), p.39. 주 1) 참조. 이 경우 분류법(taxonomy), 분류(classification), 유형론(typology)을 구분하지 않고 사용했다.

유형론 역시 목적에 다가가는 하나의 도구이자 수단에 지나지 않는다.[71]

'모형' 역시 현상 연구를 위해 원용하는 이론적 구조다. 이것은 어떤 증명을 위해서가 아니라 발견을 위해서 사용하는 교시적 장치(heuristic device)로서,[72] 분석을 위한 일종의 도구다. 더욱이 모형 구성의 논리는 관념형 구성의 논리에서 발전한 것이다.[73] 따라서 현실적 사용에서 관념형, 유형, 모형이 반드시 엄밀하게 구분될 수 있는 것은 아닌 것으로 보인다. 적절한 지적 작업이 개재되면 관념형, 유형, 모형은 서로 간에 소통 가능성이 높다. 따라서 다음에서 고찰해 볼 여러 학자들의 관료제 분류에 대해서는 그것이 관념형인지 모형인지를 따지지 않을 것이며, 어떤 관점에서 무슨 요소나 기준을 사용했는지를 중심으로 살펴볼 것이다.

1) 프리츠 몰슈타인 마르크스의 관료제 분류

프리츠 몰슈타인 마르크스(Fritz Morstein Marx)는 개개의 관료제가 가지고 있는 현저한 특성에 따라 관료제를 몇 개의 유형으로 구분할 수 있다고 보았다. 그리하여 네 가지로 구분했는데, 수호적 관료제(guardian bureaucracy), 계급적 관료제(caste bureaucracy), 정실주의 관료제(patronage bureaucracy), 실적주의 관료제(merit bureaucracy)가 그것이다.[74] 이러한 유형은 실제에는 존재하지 않는 것으로, 하나의 추상이며 일반화다. 각 형태의 특징은 보통 관료제의 상층부에서 더욱

---

71 Stewart Clegg and David Dunkerley, *Organization, Class and Control*(Routledge & Paul, 1980), 『조직 사회학』, 김진균 외 옮김(풀빛, 1987), 152~153면 참조.

72 강신택, 『사회과학 연구의 논리』(박영사, 1995), 66~71면.

73 Henry Stuart Hughes, 앞의 책, pp.261~263.

74 Fritz Morstein Marx, *The Administrative State: An Instruction to Bureaucracy* (Chicago: The Univ. of Chicago Press, 1961), 『행정 국가와 관료제』, 안해균 옮김(박영사, 1987), 72면.

뚜렷하게 나타난다.[75]

그런데 그의 유형 분류는 어떤 일관성 있는 기준에 따른 것이 아니다. 수호적 관료제가 관료 체제의 대사회적 기능을 중심으로 구성한 개념이라면, 계급적 관료제는 관료 체제의 대사회적 위상과 충원의 계급적 성격을 중심으로 구성한 것이다. 반면 정실주의 관료제와 실적주의 관료제는 관료 충원과 승진 방법이라는 동일한 기준으로 분류할 수 있는 것이다. 따라서 위 네 개의 유형은 일관된 기준에 따라 구성한 것이 아니다.

프리츠 몰슈타인 마르크스는 역사적인 접근에 근거하여 960년 이전의 중국 관료제와 1640년 이후 100년 동안의 브란덴부르크-프러시아의 진보한 관료제 사이에는 뚜렷한 유사성이 있다고 보면서, 외부의 압력과 유혹에 굴복하지 않는 봉사 정신을 가진 중국적 관료제를 상당히 긍정적으로 평가했다. 반면 19세기 독일 관료제나 프랑스, 영국, 디오클레티아누스 군주 이후 1세기 동안의 로마 제국, 메이지 헌법 아래의 일본(그는 일본을 정신적, 과학적 측면에서 상당히 발전한 중국 문화의 주변에 놓여 있는 반야만국가로 보았다)은 계급적 관료제로 보고 아무것도 내세울 것이 없는 것으로 평가했다. 유교나 유교적 관료제에 대한 그의 이해는 피상적인 면이 많지만(예를 들면 주자학이 군주는 잘못을 범할 수 없는 존재로 본다고 이해한 것 등), 아시아 사회에 대한 편견을 걷어 내고 비교적 객관적으로 특징을 찾아보려는 그의 시각은 평가할 만하다.

2) 메를 페인소드의 관료제 분류

메를 페인소드(Merle Fainsod)는 정치적 권위의 흐름과 어떤 관련을

---

75 위의 책, 73면.

맺는지를 기준으로 관료제를 다섯 개의 상이한 형태로 구분했다.[76]

○ 대표 관료제(representative bureaucracies)

이것은 정치적 민주주의와 특징적으로 연결된다. 경쟁적인 정당 정치와 정치 과정이 변화의 동력이다. 각 정당들이 내세우는 정책은 그들이 동원할 수 있는 대중의 지지에 의해 만들어지고 뿌리를 내린다. 대표 관료제 운영의 이니셔티브는 근본적으로 정치적 합의에 의해 조정된다.

○ 정당 국가 관료제(party-state bureaucracy)

전체주의 체제나 일당 독재 정치 체계의 부산물이다. 국가 관료제는 정당 관료제에 의해서 침투당하고 통제되고 지배된다. 통상적으로 (국가적) 지혜를 독점하고 반대를 용납하지 않는 막강한 카리스마적 리더십과 결합한다. 현재의 북한을 대입해 보면 이 유형을 알 수 있다.

○ 군부 지배 관료제(military-dominated bureaucracy)

이것은 군부 세력이 전략적인 권력 지위를 점유하는 사회 내에서 통상 나타나는 형태다. 즉 군부 쿠데타의 결과로 군 장교들이 권력을 장악하며, 민간의 핵심 요직에도 군부의 대표자들을 앉히는 형태로 국가 관료제의 방향을 좌우한다. 우리나라의 군부 정권 시대를 대입해 보면 이 유형을 알 수 있다.

○ 통치자 지배 관료제(ruler-dominated bureaucracy)

이것은 절대 권력에 가까운 힘을 행사하는 독재적 통치자의 사적인 도구로 기능하는 관료제로서, 독재자가 국민들에 대해 그의 의도를 강제하고 통제하는 장치다.

---

76 Merle Fainsod, "Bureaucracy and Modernization: The Russian and Soviet Case", *Bureaucracy and Political Development*, ed. by Joseph Lapalombara(Princeton: Princeton Univ. Press, 1963), pp. 234~237.

○ 통치 관료제(ruling bureaucracy)

이것은 관료제 자체가 정치 체제 내에서 지배적 요소인 경우다. 관료제가 행정적 결정뿐만 아니라 정치적 결정까지도 하는 곳에서 나타난다.

대표 관료제와 정당 국가 관료제는 관료제 상위에 있는 정치 체제의 구조나 이념을 기준으로 한 것이고, 군부 지배 관료제와 통치자 지배 관료제는 누가 관료제를 지배하며 직위를 점유하는지가 기준이며, 통치 관료제는 관료제의 사회적 지위와 역할을 기준으로 하고 있어서 반드시 상호 배제적인 것은 아니다. 예를 들면 역사적 관료제에 위 유형론을 원용해 본다면, 황제를 정점으로 한 중국의 관료 정치 제도의 위치는 통치자 지배 관료제와 통치 관료제의 결합에서 이해할 수 있다.

한편 조선조 관료 체제를 위 분류 기준으로 생각해 보면 통치 관료제 유형과 그래도 가장 가깝다고 볼 수 있겠다. 일반적으로 조선조를 양반 관료 지배 체제로 보는 것은 조선조 관료 체제가 통치자 지배 관료제, 즉 국왕 전제가 아니라 권력 구조상 관료권이 상당히 신장되어 있었음을 반영한다.

그러나 이러한 분류에서 사용한 특정 요소는 조선조 관료제의 기본 성격을 규정하는 핵심적 기준인가? 또한 왜 조선조 관료제가 통치 관료제와 유사한 형태를 띠게 되었는지에 대한 설명 가능성을 제시해 주지는 않는다. 더구나 관료 계급이 권력의 총량 중에서 상당한 부분을 점유한다는 공통적인 특징을 갖고 있음에도 불구하고 그러한 관료 계급의 행위 유형이나 관료제의 기능이 동일한 것으로 볼 수는 없다.

3) 메데이로스와 슈미트의 관료제 분류

제임스 메데이로스(James A. Medeiros)와 데이비드 슈미트(David E. Schmitt)는 공공 관료제가 인간의 존엄에 대한 도덕적 당위성도 고려함과 동시에 책임감 있고 효과적인 방식으로 기능할 수 있는지를 문제로 제기했다. 그리고 이러한 문제에 대한 이해와 응답을 위해 관료제를 세 개의 범주로 나누어서 고찰했다. 즉 기계적 관료제(machine bureaucracy), 인간적 관료제(humane bureaucracy), 정치적 관료제(political bureaucracy)가 그것이다.[77]

이것은 공공 관료제가 기계적, 인간적, 정치적 가치에 중점을 둔 세 가지 구조에 의해 연구될 수 있음을 암시한 것이다. 이 분류는 관료 체제의 역사적 형태에 대한 관심에서 출발한 것이 아니기 때문에 조선조 관료제의 특징적 성격을 이해하기 위한 분류로는 효용성이 떨어진다고 하겠다. 다만 관료제의 기능을 중심으로 생각해 보면 조선조 관료제는 인간적 관료제와 정치적 관료제의 특징을 함께 가지고 있다고 볼 수 있다.

4) 에이젠슈타트의 관료제 분류

슈무엘 에이젠슈타트(Shmuel N. Eisenstadt)는 관료 체제의 유형에 대해 역사적 접근을 했다. 그는 역사적 관료제 사회에서 나타난 정치적 지향과 주요 활동에 따라서 다음과 같이 관료제의 유형을 나누었다.[78]

---

77 James A. Medeiros and David E. Schmitt, *Public Bureaucracy: Values and Perspectives*, 『관료제: 가치와 전망』, 백완기 외 옮김(박영사, 1986), 28~48면.

78 Shmuel N. Eisenstadt, *The Political Systems of Empires*(New York: The Free Press, 1969), pp.276~287.

○ 봉사 지향적 관료제(service-oriented bureaucracies)

통치자와 주요 계급에 대해 봉사 지향을 가지고 있는 관료제다. 특히 통치자에 대한 봉사를 강조하는 것이 특징이다. 이때 관료제는 내적으로 어느 정도의 조직적 자율성을 유지하지만, 관료제에 대한 통치자의 통제가 약해진 것은 아니다. 이러한 관료제 안에서는 지속적이고 일반적인 관행이나 봉사, 임명, 승진에 관한 분명한 규칙이 유지되기까지 한다.

○ 통치자 예속 관료제(subjugation of the bureaucracy by the rulers)

이것은 군주에 대한 관료제의 총체적 헌신을 특징으로 하며, 다른 대다수 계급에 대한 봉사는 제외된다. 가장 전형적인 예로 17, 18세기의 프러시아 관료제를 들었다.

○ 자율적 자기 지향적 관료제(autonomy and self-orientation of the bureaucracy)

여기서는 위에서 내려오는 정치적 감시를 회피하거나 다른 계층에 대한 봉사 지향성을 거두어들임으로써 관료제 스스로 자율성과 자기 이익을 강조하는 것이 특징이다. 특히 관료제의 상층부는 그들 자신의 이익과 함께 동맹 계급이나 동일시되는 계급 집단의 이익을 도모하려 한다. 이처럼 관료제가 정치적, 사회적 자율성을 추구하는 경향은 여러 예에서 찾아볼 수 있다. 중국 왕조의 쇠퇴 단계, 즉 관료제가 탐욕적이 되고 그것이 특별한 신사(紳士) 집단과 동일시될 때나, 비잔틴 제국의 마지막 시기 등이 이에 해당한다.

○ 자기 지향적 관료제(self-orientation of the bureaucracy)

관료제의 정치체와 규칙에 대한 봉사 지향과 — 다른 계층이나 사회 집단에 대한 봉사 지향성은 거의 완전히 결여된 — 결합된 강한 자기 지향(사회적, 경제적, 정치적 영역에서의 자기 확장)이 특징이다.

관료제를 정치적 지향성의 특질을 기준으로 이와 같이 분류하는 것은 한 국가의 관료 체제가 본질적으로 가지고 있는 지속적인 특징을 찾아내려는 것이 아니다. 그것은 시대와 시점에 따라 변화하는 관료 체제의 특징을 포착하려는 시도에서 나타난 것이다. 그리고 왜 그런 지향이 나타나게 되는지에 대해서도 시사해 주지 않는다. 조선조를 예로 들면 태조에서 성종까지는 봉사 지향적 관료제, 연산군 시대에는 통치자 예속 관료제, 세도 정치 시기에는 자기 지향적 관료제 등으로 구분하여 설명할 수 있을 것이다.

5) 리그스의 관료제 분류

프레드 리그스(Fred W. Riggs)는 사회를 융합 사회, 과도 사회(프리즘적 사회), 분화 사회로 나누고, 각 사회 유형별로 관청과 관료의 특징을 나타내는 관료제 유형을 제시했다.[79]

○ 안방형 관료제

융합 사회의 관료제에 해당한다. 이때 관료는 시종, 시녀 등을 포괄하는 '안방 사람(men of the chamber)'으로 표현된다.

○ 사랑방형 관료제

과도 사회의 관료제에서는 분화 사회적 관청(refrected office)과 융합 사회적 안방(the fused chamber)을 혼합한 프리즘적 관청이 나타난다. 이를 사랑방(sala)형 관료제라고 부를 수 있겠다. 이때 관료는 '사랑방 관리(sala officials)' 또는 '사랑방 사람(men of the sala)'으로 표현된다.

○ 사무소형 관료제

분화 사회의 관료제에 해당한다. 이때 관료는 '사무실 사람(officer)'으로 표현된다.

---

[79] 프레드 W. 리그스, 『신생국 행정론』, 서원우 옮김, 대한교과서, 1984, 323~329면.

이러한 분류에서는 사회의 성격에 관료제의 본질적 성격이 종속한다고 본다. 즉 조선조 사회를 융합 사회로 본다면 당연히 안방형 관료제의 특징을 나타낸다고 보는 것이다.

그 밖에도 페렐 헤디(Ferrel Heady)는 정치 체계의 유형이 발전도상국가의 행정 관료제를 구분하기 위한 가장 중요한 기준이 된다는 가설에 입각하여 관료제를 분류했다. 이 분류는 정치 체계의 기본적인 특징과, 그 체계 내 관료제의 정치적 역할 간의 관계를 중심으로 구성되었다.[80] 이러한 관점에 따라 아래와 같이 여섯 가지 유형으로 나누고, 각 체계에서의 관료제 특징을 논했다.[81]

○ 전통적 전제 체계(traditional-autocratic systems)

○ 관료 엘리트 체계: 민, 군 포함(bureacratic-elite systems)

○ 다두제적 경쟁 체계(polyarchal competitive systems)

○ 지배 정당적 준경쟁 체계(dominant-party semicompetitive systems)

○ 지배 정당적 동원 체계(dominant-party mobilization systems)

○ 공산주의적 전체주의 체계(communist totalitarian systems)

그런데 헤디의 문제 틀이나 관심은 발전도상국가에 대한 비교 연구에 있었기 때문에 조선조 관료제를 이해하는 데 직접적인 도움을 주는 것은 아니다.

지금까지 다양한 기준에 의한 관료제 유형을 살펴보았는데, 어떤 기준이나 분류 유형에 의해서도 가산관료제를 능가할 만한 이론적 함의를 지닌 것은 찾기 어렵다. 다만 그러한 분류가 관념형이든 아

---

80 Ferrel Heady, *Public Administration: A Comparative Perspective*(Prentice-Hall, Inc., 1966), 『비교 행정론』, 서원우 옮김(법문사, 1982), 154면.

81 위의 책, 153~198면.

니면 모형이든 공통적으로 각 연구자의 상이한 인식관심이나 문제 틀에 따라 다양한 분류가 있을 수 있다는 점을 알 수 있다. 인식관심이나 문제 틀은 그가 살고 있는 역사적 시점과 사회 상황에서 영향을 받는 가치 판단과, 현상이나 역사적 사실에 대한 적정한 수준의 지식(왜곡된 지식일지도 모르는)을 기초로 형성된다. 그러므로 유형 분류의 배경에 존재하는 문제 틀에 대한 검토가 전제되어야 한다. 그렇지 않고 특정의 관료 체제를 분석하거나 이해하기 위해 유형을 적용하는 것은 위험할 뿐만 아니라, 다른 문제 틀에 의해서 포착될 수 있는 많은 '구체적 현실'이 매몰될 가능성이 커진다.

그러면 타당한 분류라고 인정할 수 있는 판단 기준은 어디에서 구할 수 있을까? 첫째, 어떤 관심이나 문제 틀에 따라 유형을 분류했는지 주의 깊게 검토할 필요가 있다. 둘째, 분류를 위하여 선택한 기준이 가장 핵심적인 요소인지 성찰해 보아야 한다. 예를 들어 관료제에 영향을 미치는 이념적 요소가 가장 중요하다는 인식 아래 유형적 특징을 찾아보려고 하는데, 사회 성격에 따라 일방적으로 결정되는 유형 분류를 채택한다거나, 그에 따라 기본적인 특징을 연역해 내는 것은 적합하지 않다. 특정 관료제에 대해 다양한 측면에서 유형화하는 것과 그에 따른 성격 발견이 모두 양립할 수 있는 것은 아니다. 그러한 유형 간에는 어느 것이 더 적절한 해석과 설명을 이끌어 내는지 경쟁 관계가 성립할 수 있다.

또한 역사적 관료제의 기본 성격을 이해하는 데 부분적인 차원에서 이해한 사실을 중심 근거로 삼아 특정 유형에 귀속시키는 것은 부적당하다. 따라서 지금까지 살펴본 여러 가지 관료제 유형 중 하나를 선택하여 조선조 관료제의 성격이나 특징을 해석하는 도구로 삼는다면 주저할 수밖에 없다. 결국 새로운 관점에 의거하여 구성한 포괄적인 분석 틀을 통해 상호 연관된 역사적 사실들을 다시 확인해 볼 수밖에 없다.

그러면 어떤 요인이나 기준을 포괄하는 분석 틀이나 모형을 구상할 수 있을까? 우선 베버의 분류 기준을 포함하여 여러 학자들이 관료제의 유형이나 성격을 결정하는 기준으로 채택한 요인들을 종합적으로 정리해 보면 다음과 같다.

첫째, 관료제 전체의 차원에서 기준을 선택한 경우다. 구체적으로는 ① 사회 구조 내에서 관료제의 위상 ② 관료제의 대사회적 기능 ③ 정치 체제의 이념과 성격 등이 그것이다.

둘째, 관료제 내부 차원에서 기준을 선택한 경우다. 대체적으로 ① 관료제의 구조 ② 관료제의 과정으로 요약할 수 있다.

셋째, 관료의 차원에서 기준을 선택한 경우다. ① 관료제 직위. 특히 고위직 담당 계층이나 집단 ② 관료 충원과 승진의 기준 ③ 관료 봉급을 지급하는 방식 등이 기준이 된다.

넷째, 관료제의 외적 요인 차원에서 기준을 선택하는 경우다. 대표적으로는 ① 최고 통치자와 관료 간의 관계 ② 관료와 국민 간의 관계 ③ 사회 성격과 관료제 간의 관계 등이 그것이다.

실제의 분류에서는 연구자의 관심에 따라 단일 기준을 사용한 경우도 있고, 상이한 차원의 복합적인 기준을 사용한 경우도 있다.

그런데 조선조 관료제의 성격을 이해하기 위해 상기의 기준 중 어느 하나에 의존하는 것은 위험하다는 사실을 지금까지의 검토 과정을 통해 알 수 있었다. 그러므로 조선조 관료제를 이해하기 위해서는 우선 가급적 위에서 제시한 네 가지 차원을 모두 검토해 보는 것이 타당하다는 결론에 이른다. 그러나 이 경우 각 차원이나 기준과 관련되는 사실들이 반드시 일관된 맥락 속에서 정리되고 해석된다고 보기는 어렵다. 그뿐만 아니라 어떤 이론이나 가설에 의해 인도되지 않는 경우 사료의 바다에서 헤어나기 어렵다는 현실적인 난점이 존재한다. 이 문제에 대해 어떻게 접근해야 할지는 다음 절에서 검토해 보자.

2. 유교관료제 분석을 위한 접근 방법

앞에서 고찰해 보았듯이 관료제에 관한 어떤 유형이나 모형도 조선조 관료제의 본질적 성격을 포착하는 데는 한계가 있음을 알 수 있다. 그것은 연구자의 문제의식과 그에 따른 요소나 기준 선택이 조선조 관료제를 이해하는 데는 부적합하다는 것을 의미한다.

일반적으로 역사적 사실에 대한 부정확한 이해나 무지를 기초로 특정한 역사적 형태의 관료제를 특정의 유형에다 귀속시킬 때의 위험은 매우 크다. 모형이나 유형의 성격 때문에 갑자기 존재하지도 않던 특징이 있는 것으로 여겨지거나[82] 존재하는 사실이 없는 것으로 처리되기도 하며, 본질적인 특징이 다른 특징으로 변용되어 해석될 수도 있다. 예를 들면 조선조 정치의 '민주'적 성격을 부각한다거나, '절대 왕정', '전제주의' 등으로 규정하는 것이 그것이다.

가산관료제형을 비롯한 베버류의 모형(Weberian model)은 전통 사회의 관료제를 이해하는 데 유용한 점이 많다. 그러나 그것이 비서구 사회에서는 존재하지도 않는 관료형, 동기, 사회에 관한 규범적 가정에 의존한다는 사실을 과소평가해서는 안 되는[83] 이유도 여기에 있다. 따라서 역사적 사실에 대한 적확한 이해가 없이 선재하는 특정 유형을 적용하는 것은 많은 주의를 요한다. 특히 그 유형이 중요한 부분에 대한 해석을 이끌어 낼 수 없을 때는 그 유형을 적용하는 데 한계가 따른다는 사실을 인식해야 한다.

그리고 어떤 학자의 유형 분류에서도 그 기준을 선택하는 데는 특정의 관점이나 인식관심, 문제 틀이 전제된다. 베버가 역사는 형식

---

82 강신택, 앞의 책, 71면에는 모형 사용의 위험을 지적하는 내용이 나오는데, 그러한 논리는 여기서도 적용할 수 있다.

83 Robert V. Presthus, "Weberian vs Welfare Bureaucracy in Traditional Society", *Administrative Science Quarterly*, 6(June 1961), p.1.

합리성을 증가시키는 방향으로 단선적 발전을 한다고 전제한 것이나, 리그스가 발달한 서구를 분화 사회로, 그 밖의 제3세계 제국을 융합 사회나 프리즘 사회로 구분하고 관료제의 특징을 논하는 것이 그러한 예다. 문제의식이나 문제 틀의 차이는 유형의 적실성을 결정하는 데 근본적인 것이다.

이처럼 기존의 관료제 유형론에 의해서도 조선조 관료제의 성격을 포착하는 데 한계가 있다는 점을 이해한 이상, 독자적인 문제의식과 방법으로 그것을 파악해 보는 수밖에 없다. 조선조 관료제의 성격을 파악하기 위해서는 두 가지 기본적인 접근 방법을 생각해 볼 수 있다.

첫째는 특정한 이론이나 가설을 전제하지 않고 실증적인 자료 분석에 의존해서 접근하는 방법을 들 수 있다. 이 방법은 조직이나 관료제의 유형을 몇몇 선험적 주요 변수를 중심으로 분류하여 연역적으로 그것의 성격을 이해하려는 것이 아니라, 조직이나 관료제에 대한 실증적인 연구를 기초로 경험적으로 도출되는 분류를 통해 그것을 이해하려는 시도다.[84] 조직의 경우를 예로 들면 기술, 환경, 구성원, 구조, 과정, 산출 등 조직과 관련한 요인들을 다양한 차원으로 나누어 실증적으로 분석한 다음, 모형이나 조직 분류를 끌어내려는 것이다.[85]

이 방법은 경험적 기반은 튼튼한 반면 여러 가지 결점을 안고 있다. 즉 가능한 특성들의 모든 목록을 뽑아내는 작업도 지극히 곤란할 뿐만 아니라, 설사 모든 목록을 뽑아내는 난점을 극복할 수 있다 할지라도 선택된 변수들이 관료제의 성격을 결정하는 데 가장 중요한 것인지 또는 무엇이 가장 적절한 판단 기준인지를 결정해야 하는

---

84 Richard H. Hall, 앞의 책, p.51.
85 위의 책, pp.61~78 참조.

문제는 여전히 남는다.

둘째로는 중요한 요인이라고 판단되는 변수나 기존의 이론을 기초로 모형이나 가설을 설정하고 대상을 분석해 보는 방법이 있다. 그러나 이러한 접근 방법 역시 결점은 있다. 즉 어떤 한 관료제의 전체적 성격을 이해하는 것이 주요 관심인 경우, 특정 요소나 측면을 중심으로 한 유형이나 가설 구성은 부분적이며 동시에 제한적일 수밖에 없다. 나아가 역사적 사실에 대한 무지의 상태에서 모형에 의한 접근을 시도하는 것 역시 있지도 않은 속성이 있는 것처럼 여기게 한다거나 잘못된 해석으로 인도할 위험성이 항상 있다.

결국 특정의 가설이나 모형은 다른 문제의식에 의해 도출된 구체적 사실에 대한 실증적 발견을 통해 부정되거나 수정되고, 수정된 가설이나 모형은 새로운 사실을 발견하도록 인도함으로써 상기의 두 가지 접근법은 상호 순환적 보완 관계로 이해하는 것이 타당한 것 같다.

그러나 연구 대상에 대한 완전한 무지를 가정하지 않는 한 과학적 방식의 연구라는 것은 궁극적으로 가설이나 이론의 인도에 의해서 대상을 체계적으로 분석하는 것이 중요하다. 그런데 조선조 관료제의 성격 규명과 관련해서는 부분적 대상에 대한 실증적 연구 결과를 종합함으로써 조선조 관료제의 성격이나 특징을 도출하고 규정하려는 노력은 드물었고, 사회과학적 문제의식에 입각해서 특정 가설이나 모형을 사용한 일관된 분석을 시도하지도 못했다. 가산관료제론을 수용하는 경우에도 그 이론에 따른 일관된 해석을 시도하지 못하고서 몇 가지 단편적인 사실을 편의적으로 해석하여 타당성을 뒷받침하려 한 것이 고작이었다.

사실 다양한 연구 관심에 따라 발견한 부분적 사실들을 종합하고 여러 차원에서 특성을 도출하여 조선조 관료제의 성격을 이해하려는 것은 지극히 어려운 일이다. 조선조 관료제의 성격을 이해하는 데 가산관료제 모형을 대체할 만한 다른 뚜렷한 이론적 모형이나 가설이 존재하지도 않는다는 점에서도 근본적인 어려움이 있다. 이 문제를 어떻게 해결할 것인가?

우리는 앞에서 조선조 관료제의 성격과 특징을 이해하기 위해 가산관료제론을 수용하는 경우, 조선조에서 유교적 이념 요인이 끼친 영향을 제대로 평가하지 못한다는 것이 가장 본질적인 결점으로 드러난 것을 보았다. 누구나 인정하듯이 조선조에서는 유교가 통치 이념으로서 정치 행정을 인도하는 준거였을 뿐만 아니라, 일상생활을 규율하는 규범으로서의 역할을 수행했다. 그럼에도 유교가 조선의 관료제 구성과 운영에 어떤 방식으로 연관되어 있고, 그로 인해서 어떤 특징을 나타냈는지에 대해서는 아직 체계적인 분석이 나오지 않고 있다. 따라서 유교 이념이 정치 행정의 중심 체계로서의 관료제에 어떤 형식으로든지 구체적인 영향을 미쳤으리라는 것을 전제로 조선조 관료제의 성격을 적극적으로 분석해 볼 필요가 있다.

이에 따라 조선조 관료제를 유교 이념의 영향을 적극적으로 받았다는 점에서 '유교관료제'라고 가정하고, 이 유교관료제를 가산관료제를 대신하는 유도 가설로 삼아 조선조 관료제의 여러 측면을 분석해 본다면 가산관료제의 창으로는 보이지 않던 새로운 사실을 발견하고 해석하게 할 것이다. 이런 접근은 널리 인정받고 있는 사실을 바탕으로 한다는 점에서 그만큼 실패의 가능성이 줄어든다. 아울러 여러 차원의 사실들을 일관성 있게 해석할 수 있는 에너지를 제공받을 수 있다는 점도 간과할 수 없다.

유도 가설로서의 유교관료제를 조선조 관료제 이해를 위한 교시적 장치(heuristic device)로 사용한다면 여기에서도 세 가지의 가능한 접근 방법이 있을 수 있다.

첫째, 정치 행정 사상이나 이데올로기의 측면에서 유교 이념의 이론적 체계를 구명하여 전통 시대의 다른 정치사상이나 이데올로기와 비교함으로서 특징을 찾아내는 것이다. 그러나 정치사상이나 이데올로기의 이론적 체계를 상호 비교해 보더라도 그러한 이념이 모두 역사적 관료제[86] 구성과 밀접한 연관이 있는 경우에만 관료제의 성격을 이해하는 데 결정적일 수 있다. 실제로 모든 정치사상이나 이데올로기가 역사적 관료제 구성과 밀접한 관련이 있는 것은 아니다. 따라서 사상이나 이념을 비교하는 것은 구체적인 관료제 문제와 연관 지어 본다면 유용성이 떨어진다.

예를 들어 동아사(東亞史)에서 유교 이념이 특히 중요한 위치를 점한 것은 그것이 단순한 사상으로서 존재했기 때문이 아니라, 정치 행정 체계의 핵심에 있는 최고 통치자(제왕)를 비롯한 통치 관료 집단과 깊은 관련을 맺고 있었기 때문이다. 유가 이외에도 법가, 도가, 병가, 묵가 등의 제자백가의 사상이 있었지만, 그것은 통일 진 왕조 15년 동안 법가 사상이 주목받은 것 외에는 이후 동아사 전개에서 정치 행정을 담당하는 중추 계급과 핵심적인 관련을 맺지 못했다. 서양에서도 플라톤, 아리스토텔레스, 루소, 홉스, 마키아벨리 등의 걸출한 사상가가 속출했지만, 유교 사상과 같이 단일 이론 체계에 대한 신봉자 집단을 지속적으로 확보하고, 그 신봉자들이 최고 통치자가 되며, 그 사상 내용이 실질적 통치 집단의 유일한 준거가 될 정도의 위치를 점하지는 못했다. 굳이 비교한다면 기독교 국가나 이슬람 국가가 오히려 유사하다고 할 수 있겠다. 그러나 그런 경우에도 신의 소유와 카이사르의 소유를 구분하는 것을 원칙으로 삼아 성직자들이 직접 정치에 참여하지는 않았다. 이것은 유가 이념을 체화한 사대부들이 직접 정치와 행정에 참여한 것과 구별된다.

이러한 현실적 영향력의 측면을 감안한다면 이념이 가지고 있는

---

86 여기서 역사적 관료제(historical bureaucracy)라는 개념은 역사 속에서 현실적으로 나타난 특정 형태의 관료제를 의미한다.

이론적 체계를 비교하는 것은 제한적인 면에서만 유용할 수 있다. 따라서 본 책에서는 유교 이념의 사상적 특징을 나타내 줄 수 있는 경우나, 그 성격을 분명히 하기 위한 경우 외에는 이념 체계를 상호 비교하는 접근 방법은 채택하지 않는다.

둘째, 조선조 관료제를 구성하는 다양한 요인과 유교 이념 간에 인과관계가 있다고 보고 논의를 전개할 수도 있을 것이다. 그런데 그러한 인과관계를 설정할 수 있으려면 정치적, 경제적, 사회적 요인과의 관계를 포괄적으로 고려할 수 있어야 한다. 이럴 경우 논리상 유교(성리학)가 본격적인 통치 이데올로기로 도입되기 이전의 관료제 상태를 확인하고, 그 위에 유교 이념이 통치 이데올로기로 도입된 이후의 상태를 확인한 다음, 유교 이념과 인과관계에 있는 현상을 분석해 보아야 한다. 그러나 이런 접근은 사회경제적 요인의 영향도 식별해야 할 뿐만 아니라 역사적 현상의 특수성 때문에 현재의 연구 수준이나 방법으로서는 지난한 문제에 해당한다. 따라서 여기서는 이러한 접근 방법을 사용하는 데는 어려움이 있다. 다만 유교 이념과 밀접한 관련이 있는 사회경제적 요인에 대해서는 필요할 때마다 불완전하나마 독자적인 이해를 시도해 보려 한다.

셋째, 조선조 관료제의 주요 구성 요인에 유교 이념이 구체적으로 어떻게 영향을 미쳤고 어떻게 구현되었는지를 사실(史實)을 검토하고 해석해 가면서 고찰하는 방법이 있을 수 있겠다. 이러한 접근은 유교 이념과 조선조 관료제 간의 연관을 인과적으로 구명하려는 것이 아니라, 유교 이념이 조선조 관료제에 어떤 형태로 영향을 미쳤는지를 '관료의 성격이 관료제의 핵심'이라는 '관심'에 따라 확인하고 찾아내 보려는 것이다. 즉 유교 이념의 이론 체계는 어떤 정치적, 행정적 함의를 가지고 있으며, 또한 그것은 어떤 특징적인 '관료'를 매개로 하여 조선조 관료제에 영향을 미쳤는가, 그 결과 조선조 관료제의 여러 측면에서 어떤 본질적 특성이 나타났는가 등의 문제에 관해 중점적으로 검토하려는 것이다.

유도 가설로서의 유교관료제 개념이 가진 교시(敎示)적 성격이나, 유교 이념과 조선조 관료제에 대한 현재의 연구 수준을 감안해 본다면 이 셋째의 분석 양식이 적절할 것으로 판단된다.[87] 여기서는 이 접근 방법에 입각하여 유교 이념이 조선조 관료제에 끼친 영향을 각 요인의 분석 요소나 차원에 따라 고찰해 보려 한다.

3. 유교관료제 구성의 특징

앞서 제시한 셋째 번 접근 방법을 중심으로 분석하더라도 여기서는 자료 중심, 실증 위주에서 벗어나 인식관심을 중시하는 사회과학적 패러다임에 기초한 분석을 시도하려고 한다. 유교를 중심 개념으로 두고 그것을 조선조 관료제의 성격을 파악하는 지렛대로 사용하더라도 관점에 따라 다양한 변수나 요인을 선택할 수 있을 것이다. 본서에서는 본 장 제1절에서 검토한 관료제 유형 구분의 네 가지 중심 차원과도 관련되면서 동시에 관료제론이나 조직론에서도 중요하게 취급하는 요인인, 구성원(관료)과 관료제의 구조와 과정을 중심으로 유교 이념과의 연관을 고찰하고자 한다.

조선조 관료제를 분석하기 위해 유교 이념을 중심 요인으로 두고 이처럼 비교적 포괄적인 요인들을 선택한 것은 관료제의 특정 측면이나 요소만을 중심으로 한 분석으로는 본질적인 이해에 도달하기 어렵다는 판단 때문이다. 특히 조선조 관료제를 이해하려 하면서 유

---

87 연구 대상의 성격과 분석 양식의 적합성에 관한 논의는 강신택, 「정치 환경과 행정 기능: 행정 국가의 등장과 작용」, 『행정논총』 26권 1호(서울대 행정대학원, 1988. 6.), 6~11면; John W. Sutherland, *A General Systems Philosophy for the Social and Behavioral Sciences*(New York: George Braziller, Inc., 1973), p.162, p.187 참조.

교 이념의 영향을 배제한 분석은 기본적인 한계를 드러낸다. 만약 유교 이념을 제외하고 구조적 측면이나 과정적 측면 등만을 중심으로 분석하려고 한다면 그것은 가장 핵심적이고 본질적인 이해의 차원을 고려하지 않는 것이고, 따라서 그러한 이해에 기초한 해석은 적실성을 잃을 수밖에 없다.

그러면 각 변수나 요인의 분석 요소 혹은 차원은 어떻게 찾아낼 것인가? 유도 가설로서의 유교관료제라는 가설적 구상 속에는 각 요인마다 몇 가지 중심이 되는 가설들의 묶음이 존재한다. 그리고 이러한 가설들을 설정하는 것은 기본적으로 여러 가지 관료제 유형론에서 채택된, 네 가지 차원에서의 다양한 분류 기준에서 많은 시사를 얻을 수 있다.

첫째로 제시할 수 있는 가설의 묶음은 다음과 같다. 유교 이념은 정책을 만들고 결정하고 집행하는 조선조 관료들의 가치 판단과 사실 판단에 중요한 영향을 미칠 것[88]이라는 점, 관료를 관료제의 외부 요인으로 생각하는 경우[89]에도 유교 이념은 관료를 공급하는 중심 계층의 사회적 위상이나 성격과 밀접한 관련을 맺을 것이라는 점, 유교 이념은 구체적인 관료 충원의 방법에도 영향을 미쳤을 것이라는 점이 그것이다.

둘째, 유교 이념에서 영향을 받는 관료들은 개체로서 활동하는 것이 아니라, 직위나 직무 간에 형성된 유형화된 관계인 관료제의 '구조' 속에서 역할을 부여받고 활동한다. 유교관료제의 구상 속에서 구조적 측면의 중심 가설은 다음과 같다. 즉 유교 이념의 영향을 받은 관료제의 구조가 형성될 것이고, 유자 관료들의 활동을 보장하는 조직과 직무 구조의 형태가 나타날 것이라는 점이다.

---

88 허범, 「이데올로기와 정책」, 『현대 사상과 정책』(대영문화사, 1989), 18~21면 참조.
89 Richard H. Hall, 앞의 책, p.66.

셋째, 관료제의 구조와 과정은 밀접한 상호 관련을 맺는다. 관료들이 구조 속에서 활동하는 것을 과정으로 볼 수 있다. 이 중 가장 중요한 것이 정책 결정 과정이다. 과정적 측면에서 중심이 되는 가설은 유교적 원리를 구현하는 제도적 장치나 절차가 존재할 것이고, 유교 이념의 가치 서열과 체계가 현실의 구체적 정책 결정 과정과 밀접한 연관을 맺을 것이라는 점이다.

결국 유교의 이념적 특성이 조선조 관료제에 구체적으로 어떤 영향을 미쳤는지를 관료제의 핵심 요인이라 할 수 있는 관료, 구조, 과정을 중심으로 고찰하려는 것이다. 만약 유교의 영향이 구체적이고 실질적이라면, 가설인 유교관료제는 동아시아 역사적 관료제를 이해하는 매우 효용성이 큰 인식의 틀 혹은 유형이라는 지위를 확보할 수 있게 된다.

그런데 각 요인이 포함하는 모든 차원을 고려할 수 없으므로 유교관료제라는 가설적 구상 속에 포함되어 있는 여러 가설들의 묶음을 염두에 두면서 각 요인의 분석 차원을 고려하는 것이 요구된다. 여기에 덧붙여 고려해야 할 점은 다음과 같다. 유교관료제에서 유교가 관료제와 맺는 관련이 실제로 구분되는 것은 아니다. 그렇지만 분석적으로 이념이라는 요인 자체가 관료제와 맺는 구조적 연관의 측면과, 이념의 내용 체계가 관료제의 성격에 미치는 영향, 이 두 가지로 나누어 생각할 수 있다.

그러므로 첫째, 유교 이념의 이론적 체계에서는 관료제와 관련한 정치적, 행정적 핵심 차원을 어떻게 규정하는지를 파악할 필요가 있다. 동시에 조선조 관료제와 일반적으로 어떻게 연관되었는지 확인해 보아야 한다. 둘째, 이러한 내용을 가진 유교 이념이 조선조 관료제의 기본적 구성 요인인 관료, 구조, 과정과 구체적으로 어떤 연관을 맺었는지 구명해 볼 필요가 있다. 이에 따라 유교관료제의 중심 요인인 유교 이념과, 주요 구성 요인인 관료, 구조, 과정은 다음과 같은 분석 요소나 차원에 따라 고찰할 수 있을 것이다.

1) 유교 이념

유교 이념의 이론적 체계를 고찰하려면 다음의 다섯 가지 분석 차원을 고려해야 한다.

첫째, 그것의 세계관 혹은 세계 이해의 기본 관점을 파악할 필요가 있다. 이념 신봉자들은 이러한 세계관을 통하여 존재하는 세계와 바람직한 세계를 인식하고 평가한다. 동시에 유자 관료들이 행하는 의미 있는 행위의 동기를 형성한다. 유교 문화권에서 일어나는 다양한 역사적 현상이나 사실을 해석하는 데 유교가 견지하는 세계 이해의 관점을 파악하는 것은 가장 기본적인 안내자 역할을 한다.

둘째, 인간과 정치 행정에 대해 유교 이념이 가지고 있는 기본적인 생각을 이해할 필요가 있다. 이러한 기본적인 관점을 기초로 정치 행정의 존재 이유와 기본 목표 등을 규정하고 정책 방향을 설정하는 것이다. 나아가 그것은 유자 관료들의 정치 행정 행위의 준거가 된다.

셋째, 이념의 이론 체계 속에서 최고 통치자의 지위와 성격을 어떻게 규정하는지를 고찰할 필요가 있다. 즉 최고 통치자를 오류를 범하지 않는 신성불가침의 신적인 존재로 보는가? 아니면 인간적인 존재로 보는가? 이 문제는 이념이 완결적 신념 체계일 경우 현실의 정치 행정에서 중요한 의미를 차지한다. 또한 관료제의 성격과도 밀접한 관련이 있다.

넷째, 이념이 치자와 피치자 간의 관계를 어떻게 설정하는지를 고찰할 필요가 있다. 즉 치자 중심적인가? 아니면 피치자 지향적인가? 다양한 지향을 가진 이념을 전통적 이념이라는 한 가지 범주로 포괄하여 동일한 것으로 취급하는 것은, 특정 이념을 완결적으로 수용한 신봉자 집단이 정치 사회의 헤게모니를 장악했을 경우에 현실적으로 나타나는 결과에 비추어 보아도 타당하지 않다.

다섯째, 이념이 통치자와 관료의 관계를 어떻게 설정하는지를 고찰할 필요가 있다. 이 차원은 전통 시대 관료제의 본질적 성격과 관련 있는 중요한 것이다.

이러한 다섯 가지 분석 차원에 따라 정치 행정적 측면에서 유교 이념의 이론적 체계를 정리하는 가운데, 조선왕조의 구체적 역사와 갖는 연관도 아울러 고찰할 필요가 있다. 다시 말하면 유교적 정치 행정의 기본 가치와 지향이 조선시대 각 시기에 어떤 수준으로 수용되었는지를 살펴보아야 한다. 특히 고려에서 조선으로 왕조가 바뀌는 혁명적인 변화 가운데서도 가장 중요한 것은 유교적 정치와 행정을 실천하겠다는 정치적 의지 표현이라 하겠다. 그러나 그러한 의지 표현이 곧바로 당시의 사상적 지형이나 관료 집단의 내면화된 신념을 그대로 드러낸 것으로 보기는 어렵다.

이 책에서는 그러한 정치적 의지 표현과 통치 구상에 대해서는 조선 왕조 설계자라 할 수 있는 정도전의 사상을 통해 점검해 보려 한다. 그리고 조선 전기에 현실적으로 존재하는 사상적 지형에 대해서는 세종대왕이 당대의 엘리트 학자들을 동원해서 편찬한『용비어천가』를 분석함으로써 살펴볼 것이다. 아울러 여기서는 정도전의 사상이 독창적인지 아닌지, 중국의 서적을 많이 참고하고 옮겼는지 아닌지 등은 문제가 되지 않는다. 왜냐하면 유교적 정치와 행정을 구상하는 데 중국의 전례와 제도, 의견을 이해하는 것은 필수적이기 때문이다.

2) 관료

유도 가설로서의 유교관료제가 기본적으로 전제하는 것은 유교 이념과 관료 간 결합의 강고성이다. 이러한 결합의 강고성은 어떻게 판단할 수 있을까? 이 문제를 검토하는 데는 신념 체계에 대한 모스타파 레자이(Mostafa Rejai)의 유형화가 유용한 실마리를 던져 줄 것이다. 레자이는 강령적 차원과 정의적 차원을 기초로 신념 체계 유형화를 시도했다. 그는 강령적 차원에 대해서는 이데올로기의 목표를 고려하여 궁극적 목표와 중간 목표로 구분했다. 또한 정의적 차원에 대해서는 목표가 유지되거나 추구되는 심도를 기준으로 강한 심도의 신념 체계와 미약한 심도의 신념 체계로 구분했다. 이 두 가지 차원을 비교해 보면 신념 체계 혹은 이데올로기를 다음과 같이 네 가지로 유형화할 수 있다.[90]

'완결적(consummatory) 신념 체계'는 이상향적인 목표와 강력한 감정적 심도를 가진 경우로, 높은 수준의 감정과 낮은 수준의 합리성이 결합한 형태다. 기존 사회에 대한 포괄적인 비난을 포함하여, 이데올로기 속에 들어 있는 원칙을 실현하려는 행동 유형이 나타난다. 또한 명시적으로 표출되는 행동과 이념적 원칙 간 완벽한 일치가 요구된다. 파시즘, 나치즘, 초기 공산주의운동이 이에 해당한다.

'초월적(transcendent) 신념 체계'는 이상향적 목표를 제시하지만 감정적 심도가 미약한 경우다. 낮은 수준의 감정으로 인하여 대중적 호소력은 약하다. 행동 패턴은 명시적이기보다는 암시적으로 제시된다. 구식 엘리트주의, 사회적 진화론, 공리주의가 이에 해당된다.

'표현적(expressive) 신념 체계'는 중간적 목표와 높은 수준의 감정적 심도를 가진 경우다. 이 경우 기존 사회가 비도덕적이라는 비난과 함께 한정된 목표를 정열적으로 추구한다. 어느 정도의 합리성을

---

90 Mostafa Rejai, *Decline of Idelogy*(Chicago: Aldine Publishing Co., 1971), pp.10~16; 이명남, 「정치 이데올로기의 구조와 기능에 관한 연구」, 연세대학교 정치학 박사학위 논문(1985), 53~54면.

수반하며, 행동 유형은 부정확하고 암시적이다. 뉴레프트(New Left)의 일부와 모든 종류의 낭만주의가 이에 해당한다.

'도구적(instrumental) 신념 체계'는 중간적 목표와 낮은 감정적 심도가 결합한 경우다. 기존 사회에 대한 상당한 정도의 존경을 표시하면서 다루기 쉬운 목적을 '실용주의적으로' 추구한다. 고도의 합리성으로 정치에 대한 정열이 고갈되고, 부분적 혹은 단편적으로 개량주의적 성향을 보인다. 자유민주주의와 민주사회주의가 여기에 해당한다.

이러한 분류는 이데올로기나 신념 체계의 종류에 대한 이해의 폭을 넓혀 준다. 그러나 이데올로기의 내용이 가지고 있는 본질적 성격, 즉 어떤 이상 사회를 그리며, 어떤 세계관에 의거하여 구체적인 목표를 설정했는지는 밝히지 않는다. 특정 이데올로기가 한 국가 사회 내에서 어떤 계층에 의해 주로 수용되는가 하는 수용 주체의 문제도 고찰하지 못한다. 그리고 공산주의라고 해서 반드시 강력한 감정적 심도와, 민주사회주의라고 해서 반드시 낮은 감정적 심도와 결합해야 하는 것은 아닐 것이다. 다만 이러한 유형 분류가 가진 유익한 점은 이데올로기와 신봉자의 결합 관계가 다양할 수 있음을 시사해 준다는 것이다. 유교주의(Confucianism)와 조선조 관료 간의 관계를 위 신념 체계의 유형에 비추어서 이해하고자 한다면 결합의 강고성이라는 측면에서 볼 때 유교관료제는 완결적 신념 체계에 가까운 것으로 가정한다. 이러한 기본 가정을 검토하면서 고찰해야 할 점으로는 다음과 같은 것이 있다.

첫째, 조선조 사회 안에서 관료 계층은 어떤 위치에 있는가, 그리고 유교 이념과 관료 계층은 기본적으로 어떻게 연관되는가 하는 점을 고찰해야 한다. 이것은 사회 안에서 차지하는 관료제의 위상과 역할과도 관련된다.

둘째, 관료 충원은 무엇을 기준으로 어떤 방법을 통하여 결정되는

지를 보아야 한다. 충원 방법의 핵심인 선발 기준은 관료의 성격을 결정하는 중요한 요소다. 유교 이념은 그 이론 체계 내에 자체의 고유한 관료상을 제시했다. 현실적으로도 유교관료제에 대한 평가는 이러한 유교적 관료상의 출현 여부에 달려 있다. 따라서 조선조에서 유교 이념과 관료의 결합이 어떤 관료형을 출현시켰는지 살펴보아야 한다.

셋째, 관료 공급원과 관련한 것으로 조선 사회에서는 어떤 이들이 관료가 되는지의 문제를 고찰해 볼 필요가 있다. 이에 따라 유교 이념이 관료 공급원의 성격 변동에 어떤 영향을 미쳤는지를 이해해야 한다. 이 문제는 관료제가 이념적 성격을 지속적으로 유지하는 조건이 된다. 관료 체제의 쇠퇴도 관료 공급원의 성격 변동과 밀접하게 관련된다.

넷째, 이 책에서 가장 중요시 하는 것 가운데 하나는 관료들의 '생각'과 '가치'를 규정하는 상위 콘텍스트의 변화다. 생각과 가치의 변화가 시스템을 무력화하거나 해체하는 데 어떤 영향을 미칠 수 있는가에 대한 검토도 시도할 것이다.

3) 구조

관료제의 구조적 측면에 대해서는 집중성, 전문성(분화), 복잡성 등을 기준으로 접근할 수도 있고, 권력 구조에 초점을 두고 분석할 수도 있을 것이다. 그런데 지나간 역사상의 사실을 대상으로 할 경우 우선 사실 확인이 전제되고 난 뒤라야 이러한 기준이 유용하다. 사실 확인과 더불어 집중성, 전문성, 권력 구조 등도 동시에 이해할 수 있는 분석 차원으로 조직 구조와 직무 구조를 선택하는 것이 유익할 것이다. 이러한 분석 차원에 따라 유교 이념이 관료제의 조직 구조, 직무 구조와 어떤 관련을 맺고 있는지를 분석해 볼 필요가 있다.

4) 과정

이것과 관련해서는 정책 결정 과정을 중심으로 거시적 관점에서 투입 과정, 전환 과정, 산출 과정[91]에 따라 유교 이념과 어떻게 연관되는지를 분석해 볼 것이다. 이러한 과정은 유교적 관료 및 유교적 관료제의 구조와 밀접한 관련을 갖고 있는 것으로 생각된다. 나아가 유교 이념이 관료제 내외의 신봉자들을 통해서 정책 결정 과정에 어떻게 영향을 미치는지도 살펴볼 것이다.

---

91 안해균, 『현대 행정학』, 240~243면.

4부

유교관료제의 사상적 기초

1장 유가 정치사상의 이론적 구조

공자 시대의 유학은 인성론이나 우주론 등의 철학적 구명보다도 수양론에 기초한 실천적 규범을 더욱 중요시했다.[1] 맹자 시대에 이르러 유학은 비로소 인간의 본성을 중요한 문제로 다루었다.[2] 맹자는 '성(性)'에 대한 고자(告子)나 순자(荀子)의 관점을 비판하면서 성선설을 주창했는데, 이것은 이후 유학의 정통적 인성관으로 자리 잡았다. 송대에 이르러서는 맹자의 성선설에 바탕을 두고 도교와 불교를 종합하고 지양하는 관점에서 주돈이, 정이천, 정명도, 호안국 부자, 주희, 장재, 소옹 등에 의해 우주와 인간에 다 같이 적용할 보편적 이법을 추구하는 성리학이 성립했다.[3]

그런데 성리학이라고 해서 원시 유학(original Confucianism)과는 다른 새로운 논리 체계를 갖고 있는 것이 아니며, 그 뿌리는 맹자의 성선설과 왕도 정치사상에 있다.[4] 신유학, 즉 성리학은 이기론적(理氣論的) 관점에서 맹자의 사상 체계를 체계적이고 철학적인 안목으로 재해석했다. 그러므로 유학의 정치 행정 사상 골간으로 표현되는

---

1 『論語集註』, 卷之五, 公冶長篇, "子貢曰 夫子之文章 可得而聞也, 夫子之言性與天道 不可得而聞."

2 『孟子集註』, 卷之十一, 告子章句 上 참조.

3 윤사순, 『한국 유학 논구』(현암사, 1980), 24면.

4 朱熹, 『大學集註』, 大學章句序, "天運循環 無往不復 宋德隆盛 治敎休明 於是 河南程氏兩夫子出 而有以接乎孟氏之傳."

『대학(大學)』의 "격물치지 성의정심(格物致知誠意正心)"과 "제가치국 평천하(齊家治國平天下)"라는 '수기' '치인'과 내성외왕(內聖外王)의 논리 전개에 대해 반론이 없는 것이다. 아울러 이것은 인간적 수양과 정치 행정 간에는 불가분의 관계가 있다는[5] 원시 유학의 관점을 성리학이 기본 전제로 수용했음을 의미하는 것이기도 하다.

맹자에게서 수기치인(修己治人)의 논리는 왕도 정치사상으로 나타났다. 이 사상의 기저를 이루는 것이 성선설이다. 맹자는 인간에게는 선천적으로 남을 불쌍히 여기는 마음(惻隱之心)과 부끄러워할 줄 아는 마음(羞惡之心), 사양할 줄 아는 마음(辭讓之心), 옳고 그름을 가릴 줄 아는 마음(是非之心)이 있다고 보았다. 이 네 가지는 인간이 인의예지로 표현되는 선한 본성으로 회복해 갈 수 있는 단서다[사단(四端)]. 이 사단의 마음이 본질적으로 내게 존재한다는 것을 알아서 확충해 나가면 인의예지로 표현되는 덕이 갖추어진다. 이러한 덕으로 정치를 하게 되면 천하를 다스리는 일도 쉽다는 것이 맹자의 논리다.[6] 그러므로 인간의 본성이 선하다는 맹자의 명제는 현실의 인간이 선하다는 의미가 아니라, 수기(사단 확충)에 의해 인의예지의 덕을 회복할 수 있는 본질적 가능성에[7] 초점을 둔 것이다. 즉 천래(天來)의 사단을 확충하여 인의예지의 덕을 갖추어 가정을 가지런히 하고 나라를 다스리며 나아가 천하를 태평하게 한다는 것이 왕도 정치의 기본 논리다.[8]

---

5 김운태, 앞의 책, 48면.

6 『孟子集註』, 卷之三, 公孫丑章句 上, "人皆有不忍人之心 (…) 以不忍人之心 行不忍人之政, 治天下 可運之掌上 所以謂人皆有不忍人之心者 今人 乍見孺子 將入於井 皆有怵惕惻隱之心 (…) 惻隱之心仁之端也 羞惡之心 義之端也, 辭讓之心 禮之端也, 是非之心 智之端也 (…) 凡有四端於我者 知皆擴而充之矣 (…) 苟能充之 足以保四海 (…)."

7 『孟子集註』, 卷之十一, 告子章句 上, "惻隱之心 人皆有之 羞惡之心 人皆有之, 恭敬之心 人皆有之, 是非之心 人皆有之 惻隱之心仁也 羞惡之心義也 恭敬之心禮也 是非之心智也 仁義禮智 非由外鑠我也 (…)."

성리학은 위의 논리에다가 철학적인 의미를 부여했다. 즉 천지 만물을 초월한 궁극적인 근원을 태극(太極), 즉 리(理)[9]로서 파악하고, 또 이 리는 사람과 만물에 내재하여 성(性)이 된다[10]고 보았다. 다시 말해서 리가 사물에 내재하면 동정변합(動靜變合)의 원리로서 자연법칙이 되고, 인간에 내재하면 본연지성(本然之性: 인의예지)이 된다[11]고 함으로써 우주와 인간은 리에 의하여 통일적이고 보편적으로 파악된다.[12]

이러한 본연의 성은 순선무악(純善無惡)하나 기(氣)를 품수하여 형(形)을 갖추게 되면[13] 기질지성(氣質之性)을 갖게 된다. 이 기질지성은 청탁(淸濁)과 수박(粹駁), 정사(正邪)가 있어 모든 사람이 동일하지 않으며, 여기에서 현우(賢愚)의 구별도 생긴다.[14] 그러나 본연지성은 성인과 범인이 동일하며 차별이 없다.[15]

이러한 철학적 배경 위에서 주희(朱熹)는 성리학이 갖고 있는 정치행정에 관한 본질적인 사상을 다음과 같이 압축적으로 표현했다.

대개 하늘이 백성을 내릴 때부터 이미 인의예지의 성(본연의 성)을 주지 않은 것이 없지만, 그 기질을 받은 것은 고를 수 없다. 그러므로

---

8 위의 책, 卷之一, 梁惠王章句 上 참조.

9 朱熹, 『朱子語類』, 卷之一, "太極 只是一箇理字."

10 『性理大全』, 卷之二十六, 理氣一, 太極, "西山眞氏曰 萬物各具一理 萬理同出一原 所謂萬物一原者 太極也 (…) 萬物萬事皆原於此 人與物得之則爲性 性者則太極也 (…)."

11 위의 책, 卷之二十六, 理氣一, 總論, "朱子曰 (…) 理氣本無先後之可言 (…) 氣則爲金木水火, 理則爲仁義禮智."

12 박충석·류근호, 『조선조의 정치사상』(평화출판사, 1980), 42면.

13 朱熹, 『朱子大全』, 卷之五十八, 答黃道夫書, "人物之生 必品此理然後有性 必品此氣然後有形."

14 『性理大全』, 卷之三十, 性理二, 氣質之性, "廣平遊氏曰 氣之所値 有全有偏 有邪有正 有粹有駁 有厚有薄 然後 有上智下愚中人之不同也 (…)."

15 程顥, 程頤, 『二程全書』, 卷之十九, "性無不善 而有不善者才也 性則是理 理則自堯舜至於途人一也 稟於氣 氣有清濁 稟氣清者爲賢 稟氣濁者爲愚."

모두가 그 성을 알아서 온전하게 할 수 있는 것이 아니다. 총명하고 예지가 있고 능히 그 성을 다한 자(사단을 완전히 확충한 자)가 그 가운데서 나오면 하늘이 반드시 명하여 백성의 임금과 스승으로 삼아서 다스리고 가르쳐서 그 성을 회복하게 하시니.[16]

여기에서 우리가 유의할 것은 '진기성자(盡其性者)'나 '복기성자(復其性者)' 모두 성이 회복됨에 이르러서는 동일하며,[17] 누구라도 원칙상으로는 치교(治敎: 정치와 교육)의 도움을 받아 '복기성(復其性)'을 할수 있다는 점이다. 그러나 '진'과 '복' 사이에는 시간상의 선후가 존재하며, 이것이 정치와 교육이 존재해야 하는 근본 이유다. 지금까지 논의한 것에서 우리는 몇 가지 중요한 점을 발견하게 된다.

첫째, 치자는 진기성자, 즉 성인이어야 한다는 것이다. 여기에서 왕위 계승의 유교적 모델인 선양의 논리가 등장하며, 왕위 세습을 부정하는 이론적 기반이 싹틀 수 있다. 즉 성인만이 천하의 백성을 도덕적 세계로 인도할 수 있으므로[18] 통치의 자격은 성인만이 가질 수있다. 이른 바 내성외왕(內聖外王)의 정치리더십만이 정당화 된다. 따라서 성인인 제왕이 성인에게 통치권을 이양하는 선양은 이에 부합하지만, 아버지에게서 아들에게로 이양하는 왕위 세습은 이와는 어긋날 가능성이 크다.

---

16 朱熹, 『大學集註』, 大學章句序, "蓋自天降生民 則旣莫不與之以仁義禮智之性矣 然其氣質之品 或不能齊 是以不能皆有以知其性之所有而全之也 一有聰明睿智能盡其性者 出於其間 則天必命之以億兆之君師 使之治而敎之以復其性 (…)."; Tùng-tsu Chù(瞿同祖), *Chinese Class Structure and Its Ideology in Chinese Thought and Institutions*, ed. by John K. Fairbank(Chicago, 1957), pp.235~238.

17 『性理大全』, 卷之三十, 性理二, 氣質之性, "朱子曰 (…) 然就人之所稟而言 昏明淸濁之異 故上智生知之資 是氣淸明純粹 而無一毫昏濁,所以生知安行 不待學而學而能 如堯舜是也 其次 則亞於生知 必學而後知 必行而後至 其次者 資稟旣偏 又有所蔽 須是痛加工夫 人一己百 人十己千 然後方能及亞於生知者 及進而不已 則成功一也."

18 『中庸』, 二十二章, "惟天下至誠 爲能盡其性, 能盡其性 則能盡人之性 (…)."

둘째, 모든 사람은 본질적으로 동등하다는 신념을 엿볼 수 있다. 즉 본연의 성은 누구에게나 동등하게 부여되어 있으며, 차이는 가변적인 기질의 성에서 연유한다.[19] 따라서 인도의 카스트 제도 같은 계급 세습은 이론적으로 부정된다.

셋째, 인간의 발전과 종적인 계층 이동을 긍정한다. '기질지성의 변화 가능성'[20]이란 성리학에 내포된 정치 행정 사상의 본질을 이룬다. 그런 만큼 유교는 보통 사람이라도 '수기(학문)'와 '치교(정치와 교육)'에 의하여 완성된 인격체를 달성할 수 있다는 믿음을 내포하고 있다.[21] 또한 인격 완성의 정도에 따라 유교적 분업 체제의 일시적인 서열이 정해진다. 서민(범민), 사, 대부, 공경, 제후, 천자(왕)의 계서는 이론상으로는 진기성의 정도에 따른 구분이다.

넷째, 유교적 분업 체제는 존비본말(尊卑本末)관에 따라 구성된다. 관료 체제 편성에서도 치도(治道: 정치 행정이 근본 원리)를 논하고 군주의 마음을 바르게 하는[格君] 관직을 근본적인 것으로 보았고, 실물을 생산 관리하는 관직은 말단으로 여겨 상대적으로 그 중요성이 떨어지는 것으로 간주했다. 즉 임금의 도덕 실천과 관련되는 것은 근본적인 문제로 본 반면, 제도나 법률과 관계되는 것은 이차적 중요성을 갖는다고 보았다.[22]

---

19 『性理大全』, 卷之三十, 性理二, 氣質之性, "或問人有智愚之品不同何也 上蔡謝氏曰 氣稟異耳 聖人不忿疾於頑者 憫其所遇氣稟偏駁不足疾也 然則可變歟 曰其性本一 安不可變之有."

20 李滉, 『退溪先生文集 續集』, 卷之八, 雜著, 天命圖說, 第九節 論氣質之稟, "此人之稟 其有三等者也 (…) 學問之道 不係於氣質之美惡 惟在知天理之明不明 行天理之盡不盡如何耳." 여기서 "此人之稟 其有三等者也"란 상지(上智), 중지(中智), 하우(下愚)를 말한다.

21 程顥, 程頤, 『二程全書』, 卷之十九, 楊遵道 錄, "性出於天 才出於氣 (…) 才則有善與不善 性則無不善 惟上智與下愚不移 非謂不可移也 而有不移之理 所以不移者 只有兩般爲自暴自棄不肯學也 使其肯學不自暴自棄 安不可移哉."

22 李滉, 『退溪先生文集 內集』, 卷之六, 疏, 戊辰六條疏, "其四曰 明道術以正人心

다섯째, 민천일치관(民天一致觀)을 엿볼 수 있다. 진기성자(치자)의 진기성을 알 수 있는 기준은 '천명'의 추이인데, 바로 '민'이 천명의 추이를 말해 준다. 민심의 추이가 곧 천명의 추이다.

지금까지 논의한 것을 토대로 성리학 사상이 제시하는 이상적인 체제를 정리하면 다음과 같다. 사람들 중에서 선천적으로 또는 학문과 수양에 의해 본성을 밝힌 예지 있는 자가 나와서 민의 지지를 얻어 치자의 지위에 오른다. 그는 다른 현명한 사람들의 도움을 받아 백성들을 안락하게 하고 바르고 훌륭한 도덕적 가치의 세계로 인도하여 생을 완성하도록 한다. 서민 가운데 준수한 자는 사가 되고, 사가 궁리정심(窮理正心)의 덕이 높아지면 대부와 공경(公卿)이 되어 천자(왕)의 성업을 보필한다. 이 천자(왕)가 다시 새로운 진기성자나 복기성자(성인) ─ 천명(민심)의 지지를 받는 ─ 를 택하여 선양함으로서[23] 태평성대가 계속된다.

이러한 시대를 유가에서는 '대동(大同)'의 세계로 표현한다. 오제(五帝) 시대뿐만 아니라 우, 탕, 문무, 성왕, 주공의 시대도 소강(小康)에 지나지 않는다고[24] 평가한다. 유가에서는 일반적으로 우, 탕, 문무, 성왕, 주공을 성인의 반열에 올리는데도 대동의 세계로 평가받지 못하는 이유는 왕위 세습 때문이다.[25] 『예기』에서는 천하를 사적인

(…) 本乎人君躬行心得之餘 而行乎民生日用彛倫之敎者本也 追縱乎法制 襲美乎文物, 革今師古依倣比較者末也 (…).”; 趙光祖, 『靜菴先生文集』, 卷二, 對策, 謁聖試策, “伏願殿下 不以政事文具之末 爲紀綱法度 而一心之妙 爲紀綱法度之本 (…).”

23 『孟子集註』, 卷之九, 萬章章句 上, “天子不能以天下與人 (…) 舜 避堯之子於南河之南 天下諸候朝覲者 不之堯之子而之舜 訟獄者 不之堯之子而之舜 謳歌者 不謳歌堯之子而謳歌舜 故曰天也 夫然後 之中國 踐天子位焉 而居堯之宮 逼堯之子 是簒也 非天與也.”

24 『禮記集說大全』, 卷之九, 禮運第九, “石梁王氏曰 以五帝之世爲大同 以禹湯文武成王周公爲小康 (…).”

25 위의 책, 禮運第九, “大道之行也 天下爲公 選賢與能 講信修睦 故人不獨親其親 不獨子其子 (…).”; 註 “天下爲公 (…) 而與天下之賢聖 公共之 如堯授舜 舜授禹 但有賢能

소유물로 여겨 자식에게 통치권을 계승하는 것을 비판했다. 하, 은, 주 왕조 모두 부자 세습으로 통치권을 계승했으므로 소강이라는 평가를 받는 것에 그쳤다.

可選卽授之矣.";"今大道旣隱 天下爲家 各親其親 各子其子 (…).";註"天下爲家 以天下爲私家之物 而傳子孫也."

2장 제왕의 자격과 유교적 정당화의 논리

　유교 사상에서는 내적인 면에서 진기성자(盡其性者)인 동시에 외적인 면에서는 천명(이것은 민심의 지지로 표현된다)을 받은 사람이라야 국가의 최고 통치자인 제왕이 될 수 있다고 본다. '내성외왕(內聖外王)'은 유교적 최고 통치자의 이상이다. 천명을 받아 하늘을 대신해서 도를 행하는 것[替天行道]을 최고 통치자의 정치 행정적 임무로 생각하는 유교 이념에서 제왕은 치자 집단의 중심이면서 동시에 최고자요 지존이다. 유교 철학에서는 기본적으로 모든 사람은 본연지성을 평등하게 갖고 태어났지만, 기질지성의 현우정사(賢愚正邪)와 청수잡박(淸粹雜駁)으로 인해 현실 세계에서 '차이'가 나타나고, 그 차이로 인해 다스리는 자와 다스림을 받는 자가 나누어진다고 본다. 유교에서 제왕의 근본적 임무는 바로 이 차이를 극복하는 데 있다. 제왕은 백성들로 하여금 제 본성을 계발하도록 도와서 대도가 행해지는, 인간적, 도덕적 가치가 실현되는 국가 사회를 만들어야 한다.

　이런 맥락에서 동중서(董仲舒)는 "하늘이 백성의 본성을 있게 했으니, 그 본성이 선한 바탕을 갖고는 있으나 아직 선한 것은 아니다. 이에 백성을 위하여 왕을 세워 착한 길로 이끈다. (……) 이것은 하늘의 뜻이다"[26]라고 했고, 정도전은 "임금 한 사람이 나와 천지와 인

26　董仲舒, 『春秋繁露』, 深察名號, "天生民性　有善質而未能善　於是爲之立王以善之 (…) 此天意也."

물의 종주가 됨은, 생민을 위하여 지극한 표준을 세워 보상(輔相)하고 재성(財成)하는 도리를 다해 그 극진함을 미치게 하는 것에 지나지 않으니, (이로 인해) 자연과 사람[三才]이 모두 제자리를 찾아 그 구실을 다하게 되면 성인의 임무를 마칠 수 있다"[27]라고 했다. 이처럼 제왕은 그 한 몸으로 지중(至中)한 곳에 거하면서 천하에 지극한 표준을 세우는 것이 임무로서,[28] 그러한 임무는 순수하고 온전한 덕을 갖춘 뒤라야 수행할 수 있다.[29] 따라서 제왕은 "하늘에는 두 해가 없고, 백성에게는 두 임금이 없다[天無二日, 民無二王]"는 논리에 따라 천하의 중심에 있는 자로서, 천명을 대신하는 내성외왕의 철인이어야 한다.

그러나 내성외왕, 즉 인격과 능력의 측면에서 성인이 현실 정치체의 최고 통치자인 제왕이 되는 것은 현실적으로 항상 가능한 것이 아니다. 그렇기 때문에 세습적 제왕의 문제는 유가 이론 체계에서 최대 난제 중 하나였다. 더구나 '내성'의 상태도 인격적 항상성으로 굳어 있는 개념이 아니라, 끊임없는 수양과 자기반성의 실천력 위에서만 존립하는 심리적 상태를 지칭하는 것에 가깝다. 즉 "성인이라도 생각이 없으면 광인이 되고, 광인이라도 생각할 수 있으면 성인이 된다[惟聖罔念作狂, 惟狂克念作聖]"[30]라고 한 것이나, "하루 동안에도 이 마음이 깨어 있으면 요순이요, 어지러우면 걸주"[31]라고 한 것은 유자

---

27 鄭道傳, 『三峰集』, 經濟文鑑 別集 上, 君道, 唐堯, "人君以一身出 而爲天地人物之宗主 不過爲生民立極 盡其輔相財成之道 以推其極 三才之責旣盡 則聖人之能事畢矣."

28 朱熹, 『朱子大全』, 卷之七十二, 雜著, 皇極辨, "蓋皇者君之稱也 極者至極之義 標準之名也 (…) 皇建其有極云者 則以言 夫人君一身而立至極之標準於天下也 (…)."

29 위의 책, 同辨, "旣居天下之至中 則必有天下之純德 而後可以立至極之標準 (…)."

30 『書經』, 卷之九, 多方. 이 주제는 제왕의 '경(敬)'과 관련하여 유자 관료들이 내세운 중심 논리 중 하나가 되었으며, 1518년 1월 5일(중종 13년)의 경연에서는 중심 논제가 되었다(『靜菴集』, 筵中記事 一). 이황의 「무진경연계차(戊辰經筵啓箚) 2」에서도 인용되었다.

31 趙光祖, 『靜菴集』, 卷之五, 筵中記事 1, "一日之內 此心惺惺是堯舜也; 紛亂是桀紂

들이 군주의 도리[君道]를 내세워 현실 군주의 권력을 제약하는 이론적 근거가 되었다.

주희는 다음과 같이 말함으로써 소당연(所當然)의 이치로서의 군도(君道: 임금의 도리)를 확신했다.

고금에서 찾아보아도 다스리는 도리[治道]는 하나일 따름이다. 그 원리를 따르는 자는 이루고, 따르지 않는 자는 실패한다. 이는 언제나 옛날의 성현만이 할 수 있는 것이 아니며, 후세의 이른바 영웅호걸도 이원리를 따르지 않고서는 아무런 공적도 이룰 수 없었다. 다만 옛날의 성현은 근본에서부터 정일한 노력을 다하여 모든 것의 올바름을 취하여 철두철미 그 지극함을 다할 수 있었다. 후세에 나타난 이른바 영웅들은 정일하게 하는 공부를 몰랐으므로 그 사사로운 이익에만 마음을 다했다. 그러나 혹 자질이 좋은 재[王]는 다스리는 원리에 가까운 경우도 있어, 그 능력과 분수에 따라 어느 정도 이루는 바가 있기도 했지만(한 문제나 당 태종과 같은 경우─지은이), 어떤 때는 다스리는 원리에 맞고 어떤 때는 맞지 않아 지극함을 다할 수 없었다는 점에서는 모두 같다.[32]

유자들은 군도라는 것도 다름 아닌 '경(敬)'을 통한 '사(私)' 제거와, 그것에 의해 나타나는 '지중대정(至中大正)의 공(公)'을 통해 확립된다고 보았다.

이황은 무진년(1568, 선조 원년)의 경연계차에서 "'사'는 마음을 갉

也 (…)."

32 朱熹, 『朱子大全』, 卷之三十六, 答陳同甫書, "(鄙見)常竊以爲亘古亘今 只是一體 順之者成 逆之者敗 固非古之聖賢所能獨然 而後世之所謂英雄豪傑者 亦未有能舍此理 而得有所建立成就者也 但古之聖賢 從本根上 便有 惟精惟一功夫 所以能執其中 徹頭徹尾 無不盡善 後來所謂英雄 則未嘗有此功夫 但在利欲場中 頭出頭沒,其資美者 乃能有所暗 合 而雖其分數之多少 以有所立 然其或中或否 不能盡善 則一而已(來諭所謂三代做得盡 漢唐做得不盡者 正謂此也)."

아먹는 적이요, 모든 악의 뿌리입니다. 예부터 나라가 잘 다스려지는 날은 적고 어지러운 날은 많았습니다. 몸을 망치고 나라를 망하게 하는 것도 임금이 '사' 한 자를 버리지 못했기 때문입니다"[33]라고 하여 편벽되고 기울어지는 '사'를 버리고 지중대정의 '공'을 견지하는 것을 제왕의 도로 보았다.

조선조에서 구체적으로 제도화한 것으로는 국왕의 현손 이내 지친(至親)은 정사에 참여할 수 없다는 '종친불임이사(宗親不任以事)의 원칙'과 왕은 사가(私家)의 시조가 되지 못한다는 '군왕불감기조(君王不敢其祖)의 원칙'이다. 이는 왕실의 지친 인척들이 정치 행정의 중요 요직을 독점하는 현대의 사우디아라비아 같은 중동 국가와 비교하면 그 특징이 분명해진다.

원래 제왕이 '사'를 버리는 방법으로는 유가의 '제왕심법(帝王心法)'에서 중요한 실천 명제로 꼽는 '정일집중(精一執中)'이다. 순(舜)이 우(禹)에게 전했다는 "인심(人心)은 위태하고 도심(道心)은 미묘하니, 오직 정(精)하고 전일(專一)하게 하여 그 중(中)을 잡으라"[34]라고 한 것이 그것이다. 그러나 정일하게 하는 방법이 구체적으로 제시되어 있지는 않았다. 그 뒤 『대학』의 '격물치지 성의정심'과 『중용(中庸)』의 '명선(明善)'과 '성신(誠身)'이 그 정일하게 하는 요체를 밝힌 것으로,[35] 이는 성리학자들이 이기론을 기초로 상세하게 논의함으로써 정일의 방법론으로 체계화된 것이다. 유교 이념에서 이러한 군도의 핵심 논리는 제왕이 천명을 받고 유지하는 근본으로 인식되었다.

---

33 李滉, 『退溪全書』, 卷之七, 箚, 經筵啓箚 2, "私者一心之蟊賊 而萬惡之根本也 自古國家治日常少難日常多 馴致於滅身亡國者 盡是人君不能去一私字故也 (…)."

34 『書經』, 卷之二, 大禹謨; 李滉, 위의 책, 卷六, 戊辰六條疏, "臣聞帝王之學心法之要 淵源於大舜之命禹 其言曰 人心惟危道心惟微 惟精惟一允執厥中 夫以天下相傳 欲使之安天下也 (…)."

35 朱熹, 앞의 책, 卷之十一, 封事, 壬午應詔封事, "盖致知格物者 堯舜所謂精一也 正心誠意者 堯舜所謂執中也 (…)."

중국에서 유교가 제자백가의 사상을 물리치고 역대 왕조의 정통적 통치 이념으로 확립된 것은 한대(漢代)이며, 동중서가 그 중심적인 역할을 했다. 동중서가 최초로 제안한 과거 제도는 현실적으로 유교 이념을 제국의 정치 행정 체계와 지속적으로 연관을 맺게 하는 중심적인 제도 장치였다. 유가의 경전이 과거 제도의 시험 기준이 됨으로써 이후 왕조사에서 유교 이념의 위치는 정치적, 행정적으로 다른 사상과 비교할 수 없는 위치에 올라섰다. 물론 과거 제도는 수당 시대에 이르러서야 제도로 정착되었지만, 향거리선(鄕擧里選), 구품중정(九品中正) 등의 천거 제도 역시 그 바탕에는 유교적 가치가 핵심 기준이었다.

유교 이념의 핵심으로 덕이 있는 자가 천명(민심)의 지지를 받아 제왕이 된다는, 천명과 군도의 논리는 특히 평민 출신으로 제왕이 된 한 고조와 한 제국의 정통성을 지지해 주는 중요한 이데올로기가 될 수 있었다. 중국의 제왕 대부분이 자신들 정통성의 근거를 조상 전래의 권위에서 찾은 것과 대조된다.

조선조의 태조 이성계는 한 고조 유방이 정장(亭長: 현대 우리나라 시골 농촌의 면장과 비슷함) 출신으로 제왕의 지위에 오른 것과는 차이가 있지만, 그 역시 고려의 세족 출신은 아니었다. 유자들은 그를 옹립하여 제왕의 자리에 나아가게 했고, 유교 이념의 천명론과 군도론은 조선왕조를 개창하는 데 이념적 기반이 되었다. 태조의 즉위와 관련한 실록의 기록으로 다음과 같은 것이 있다.

정창군(定昌君: 공양왕)이 군도를 잃고 민심 또한 이미 돌아서서 스스로 사직과 생령(生靈)을 위할 수 없음을 알아 사제(私第)로 돌아갔다[定昌君 自知君道已失, 民心已去, 不可以爲社稷生靈, 主退就私第].[36]

---

36 『太祖實錄』, 卷之一, 元年 七月 丙申條.

공양왕(恭讓王)뿐만 아니라 사실은 고려 말의 여러 국왕들이 군도를 잃었음을 지적하고 그것을 조선조 개국의 명분적 토대로 삼았음을 볼 수 있다. 군도를 잃은 군주를 대체하는 사람은 천명을 받아야 하고, 그것은 유교적 권력 교체의 명제다. 조선 개국 세력은 "군국의 일은 하루라도 비워 둘 수 없으니, 왕위에 올라 신과 사람의 기대에 부응하시라"고 권고했다. 태조 이성계는 천명론을 빌려 거절의 뜻을 밝혔다.

> 예부터 왕자(王者)는 천명이 아니면 될 수 없다. 나는 정말로 덕이 부족한데 어찌 이를 감당할 수 있으리외[自古王者之興, 非有天命不可, 余實否德, 何敢當之].[37]

사상적으로는 유교적 천명론이 혈통적 권위에 근거한 세습론을 대체했다. 삼국 시대와 고려 시대는 혈통적 권위가 강력한 사회였다. 골품을 따지던 신라는 말할 것도 없고, 고려 역시 귀족과 명문세족의 그늘을 벗어날 수 없었다. 신분을 앞세운 차별의 기제는 곳곳에서 매우 강력한 힘을 발휘했다. 이성계의 개국도 그러한 관념을 하루아침에 바꿀 수는 없었다. 엘리트 사회에서는 태조의 출신이 보잘것없다고 공공연히 수군거렸다. 함경도의 벽촌에서 여진족과 어울려 살던 그의 과거는 고려 귀족 계층의 눈에는 큰 흠결로 다가왔다. 그들에게 태조 이성계는 벼락출세한 인물로 비쳤다. 그러한 문제를 거론한 대표적 인물들이 이부(李扶)와 허해(許晐)였다. 사헌부에서는 그들을 체포하고 벌을 내릴 것을 상소했다.

> 예부터 제왕이 되는 것은 오직 하늘이 명하는 것으로, 그것은 세족

---

37 위의 책, 同日條.

여부와는 관련 없습니다. 이것은 여러 역사서를 보면 알 수 있습니다. 근래 왕 씨가 쇠약하고 어지러운 때를 당하여 전하의 관인대도(寬仁大度)로 천명이 전하께 돌아가니, 뭇 신하가 추대하여 전하께서 대보(大寶)를 쥔 것이었습니다. 전조(前朝)의 당여(黨與)로서 죄가 죽음에 이르러 마땅한 자도 모두 전하의 너그러운 용서를 받아 머리를 보전할 수 있었습니다. 오늘날 이부와 허해 등은 전하께서 다시 살려준 은혜를 생각하지 않고 요언(妖言)을 퍼뜨려 뭇 마음을 미혹하니, 마땅히 대성(臺省)의 법관에게 명령하여 순군(巡軍)과 함께 그들을 국문한 다음 죄를 주십시오.[38]

이에 대해 태조는 웃으면서 다음과 같이 대답했다.

제왕이 되는 것이 세족 여부와 관계없다는 것은 오래된 법칙이다. 지금의 대명 황제(주원장 - 지은이) 역시 필부이면서 천하를 얻었으니, 이러한 무리의 세류(世類)에 관한 말을 개의해서 무엇하겠는가.[39]

유교의 천명론과 군도론은 혈통의 신성에 근거한 카리스마적 권위의 세습을 대체하는 것이었다. 그러나 천명론과 군도론은 새로운 왕조를 개창하는 데는 유리했지만 세습에는 불리했다. 세종 역시 이러한 사상적 괴리를 봉합하기 위해『용비어천가』를 통해 왕조의 정당성을 다양한 방식으로 강조했다.

왕조의 정통성을 천명론과 군도론에서 찾는 것은 제왕의 권력을 본질적으로 제약하는 면이 있다. 특히 전통적 권위에 기초한 제왕에

38『太祖實錄』, 卷之二, 元年 九月 甲午條, "自古帝王之興 惟天所命 不關世類 (…)."
39 위의 책, 同日條, "帝王之興 不係世類尙矣 今大明皇帝 亦以匹夫得天下 此輩世類之說 何足介意 (…)."

게 '하늘의 도'를 대신하여 실현해야 할 역할과 임무가 부여됨으로써 제왕도 우주 자연과 인간 사회를 관통하는 항상 불변의 원리(도=리= 보편적 규범)를 어길 수 없는 존재로 받아들여졌다. 제왕이라도 그 도 리를 어기면 백성들은 혁명으로 그를 징벌할 수 있다. 더구나 제왕 이라고 해서 그러한 도를 해석하고 실천하는 데 특권이나 유일의 권 위를 갖지 않으며, 오히려 제왕이라도 도를 배우고 실천하려는 모든 사람과 동등한 지위에 있다고 여겨졌다. 따라서 유교주의 국가의 제 왕은 교황(敎皇) 같은 존재가 아니라[40] 본질적으로 현실 속의 인간과 같은 지위에 있다. 이러한 관점을 극단으로 밀고 가면 제왕의 특수 적 지위마저도 희미해진다. 이황의 다음 말은 이러한 사고방식을 잘 보여 준다.

어떤 사람은 말하기를 제왕의 학문은 보통의 선비와 같지 않다고 하 나, 그것은 글귀에 구속되고 교묘하게 꿰맞추어 말하는 것일 따름이다. 경(敬)으로써 근본을 삼고, 궁리(窮理)로써 참된 지식을 이루며, 자신을 성찰하고 독실하게 실천하는 데 이르는 것이 바로 심법(心法)을 정묘하 게 하고 도학을 전하는 요체이니, 이는 제왕이나 보통 사람이나 다를 것이 없다.[41]

유교주의 국가의 왕은 바로 이러한 인간화된 군주로서, 항상 잘못 을 범할 가능성이 있는 존재로 여겨졌다.[42] 유가 사상에서는 제왕을

---

40 막스 베버는 중국의 군주를 교황 같은 존재로 보았다. Max Weber, *Gesammelte Aufsätze zur Religionssoziologie*, BD. I, S. 311f; 송두율, 『계몽과 해방』, 162면.

41 李滉, 앞의 책, 戊辰六條疏, "或日弟王之學不與經生學子同 此謂拘文義工綴緝之 類云耳 至如敬以爲本 而窮理以致知 反躬以踐實 此乃妙心法而傳道學之要 帝王之與恒人 豈有異哉?"

42 李彦迪, 『晦齋集』, 卷之八, 疏, 進修八規, "人主之心 虛明公正 純一無雜, 則外物不 能惑之 如或不然 則攻之者甚衆 或以諂諛 或以奸僞 或以奇技 或以邪說 或以嗜欲 幅輳

신적인 존재로 생각하지 않는다. 제왕을 '신이 내려 준 권력'이 아니라 '하늘이 위임한 권력'으로 생각하지만, 여기서 하늘이란 종교적인 의미가 아니다. 인민이 곧 하늘이라는 사상적 전환은 동아시아 정치 사상의 지형을 근본적으로 변화시켰다.

그러나 왕조 체제가 갖는 현실의 권력은 유가적 가치의 범위 안에서만 작동한 것은 아니었다. 그것은 희망 사항인 경우가 많았다. 주자학자들은 희망 사항을 '요순우탕문무주공(堯舜禹湯文武周公)'으로 제시했고, 모든 바람직한 가치와 규범을 오랜 옛날의 제왕에게 가탁했다. 중국의 성리학을 정초한 정호(程顥)와 정이(程頤), 그리고 이를 계승한 주희의 눈에는 대중적 평가가 높았던 한 문제나 당 태종의 선정(善政)도 비판의 대상이었다.

조선의 주자학은 중국의 그것보다 더 극단으로 흘렀다. 위대한 군주 세종대왕은 불교를 좋아했다. 그런 까닭에 그의 업적이나 정치 노선은 제대로 계승되지 못했다. 주희와 주자학의 권위가 높아지면서 조선의 지성계는 도통(道統)과 주자학적 도덕률 자체를 목적으로 삼았다. 그들의 충성 대상은 군주와 인민이 아니라 주자학적 '도'와 '천리'였다. 그들의 고정관념은 그들이 숭상하는 명나라의 정치보다 한 단계 진전된 강희제(康熙帝)의 유교적 정치에 대한 이해도 막았다.

물론 조선에서도 군주의 존재를 어떻게 이해하느냐와 관련하여 이황과 대립하는 관점이 있었다. 유교적 군주는 일반적인 지식인보다 더 큰 책임과 사명이 있기 때문에 학문은 물론 수양의 방법이나 목표가 다를 수 있다는 주장이 그것이다. 조식은 "군주의 학문은 구경(九經)을 중시하기 때문에 일반의 경생(經生)과는 다르다"[43]라고 보았고, 아울러 '군주는 사직을 위해서 죽어야 하는 존재[國君死社稷]'이

攻之 各求自售 人主少解 而受其一 則亂亡隨之." 이언적의 이 글은 하나의 예다.

43 『南冥集』, 戊辰封事.

기 때문에 백성이나 사대부와는 다른 특수적 지위에 있다고 보았다. 군주는 무거운 책임을 지고 있기 때문에 더 힘써 노력해야 하는 '외롭고 힘든' 지위임을 강조했다. 이황이 군주의 역할을 주자학적 천리라는 틀 속으로 끌어들임으로써 사대부 권력의 신장을 정당화했다면, 조식은 유교적 가치를 실현하는 군주의 현실적 역할을 강조하면서 제왕 권력 강화를 통한 부패한 사대부 사회에 대한 개혁을 강조했다.

그러나 어떤 경우에도 관료는 군주의 의지를 맹목적으로 추종하는 것이 아니라 군주가 잘못을 범하지 않도록 돕고 인도하는 것이 근본적인 의무였다. 유교적 관직의 발생도 이와 관련하여 이해할 수 있다. 즉 국가 기강의 근본인 군주의 마음은 저절로 바르게 되는 것이 아니므로 군주의 잘못을 경계하고 바루기 위해 사부(師傅)와 빈우(賓友), 간쟁(諫諍)의 관직을 설치한 것이다.[44] 따라서 유교주의 국가에서 국왕과 유자 관료는 "일신의 성정형색(性情形色)과 일상생활에서 지켜야 할 불변의 윤리 같은 가까운 것에서부터 천지만물과 고금의 허다한 사건에 이르기까지, 그것을 관통하고 있는 진실한 이치와 지당한 법칙을, 즉 자연히 저절로 있는 중(中)을[自吾之性情形色, 日用彛倫之近, 以至於天地萬物古今事變之多, 莫不有至實之理, 至當之則存焉, 卽所謂天然自由之中也]" 준거로 해서 이상적인 국가 사회를 이룩하기 위해서 함께 노력하는[替天行道] 동도자(同道者)인 것이다. 조선조는 바로 왕의 존재를 이렇게 규정하는 유교주의 국가를 지향했고, 법제와 제도도 유교적 원리를 근간으로 창설했다. 이황은 이와 같은 사정을 다음과 같이 말했다.

---

44 朱熹, 앞의 책, 卷之十一, 封事, 庚子應詔封事, "君心不能以自正 必親賢臣 遠小人 講明義理之歸 閉塞私邪之路 然後乃可得而正也 古先聖王所以立師傅之官 設賓友之位 置諫諍之職 (…) 惟恐此心頃刻之間 或失其正而已."

우리나라는 바닷가 귀퉁이에 붙어 있어 기자(箕子)의 홍범(洪範)이 전해지지 않고 있다가 아득한 세월을 거쳐 고려 말에 이르러 비로소 정주(程朱)의 학문이 처음 들어오면서 도학이 밝아졌습니다. 본조(本朝)에 이르러서는 성왕(聖王)이 잇달아 계승하여 창업수통(創業垂統)을 하시니, 그 규모와 전장(典章)이 대저 모두 이 도[儒敎]의 발용입니다.[45]

이처럼 유교주의를 국가 운영의 원리로, 국가 체제 성립의 정당화 논리로 수용한 조선왕조에서 국왕은 이론상으로도 실제적으로도 전제자일 수 없었다. 즉 정치권력의 기반을 무인 집단이나 귀족 문벌 세력, 혹은 왕실의 인척 세력에 두지 않고 유학을 전수한 지식인들인 광범한 유자 계층에 두려고 한 조선조에서 국왕은 절대 권력을 소유한 존재일 수 없었다. 국왕은 사적인 입장을 떠나 군도에 따라 천명을 수행해야 할 임무가 있는 존재였으며, 그러한 도를 실현하기 위해서 현명한 신하들과 협력하여[46] 정치와 행정을 수행해야 하는 현실적, 인간적 존재였다.

---

45 李滉, 앞의 책, 戊辰六條疏, "矧我東方僻在海隅 箕範失傳歷世茫茫 至于麗氏之末 程朱之書始至而道學可明 入于本朝 聖聖相承 創業垂統其規模典章 大抵皆斯道之發用也."

46 『서경』의 "共天位代天工"의 논리나 퇴계의 "固無元首獨成人之理"의 논리, 또는 조광조의 "君主未嘗獨治 而必任大臣而後治道立焉"의 논리는 신하와 더불어 서로 도우며 정치 행정을 수행해야 하는 유교주의 국가의 제왕상을 보여 준다.

3장 치자와 피치자의 관계: 민본주의적 지향

1. 민본 논리의 근거와 사상 형성

유교 이념에서 치자와 피치자의 관계는 민본주의 사상으로 집약된다. 유교 이념의 이론적 체계를 요약하면, 인간의 본성을 중심으로 우주 자연의 보편적 이법과 인간을 통일적으로 파악하며, 이념적 '천(天)'과 구체적 '인(人)'의 합일[天人合一]을 근본 목적으로 상정한다. 인간들로 구성되는 사회의 질서나 윤리도 인간 본성 실현을 통해 천도와 합치되는 것을 목표로 발전해 가야 한다. 그 중심에 선을 향한 인간의 의지와 그것의 당연성을 위치시키는 인본적, 인간 중심적 지향이 있다.

유가 사상가들이 고대의 신앙 대상이던 '천'을 인간의 관점에서 재해석한 것은 위대한 관점의 전환이었다. 공자는 신비적 힘[괴력난신(怪力亂神)]을 경외하던 인간을 세계 해석의 근원적인 준거로 인식을 전환했다. 유가 사상가들은 '천'의 개념을 자연적인 것에서 이념적인 것으로 전환하고, 다시 그것을 '인간의 본연적인 착한 성품'과 연결했다. 인간의 본성에 근거한 집단적이고 구체적인 원망(願望)과 바람이 민심으로 나타나고, 이러한 민심은 인간의 본연적인 착한 성품을 매개로 이념적인 '천'과 이어짐으로써 '민천 일치론(民天一致論)', 곧 '민심천심(民心天心)'이 나타났다. '민유방본(民惟邦本)'이라는 민본주의의 고대적 선언은 이렇게 계승자들에 의해 이론적 근거를 확보한 것이다. 이러한 맥락에서 성현 정치 행정론에서 정치 행정은 치자만을 위한 것이 아니라 피치자인 민을 위해 존재하는 것으로 인식되었다. 정도전은 군주를 비롯한 치자 계급과 백성 간의 관계를 다음과 같이 명확하게 표현했다.

옛날 성인이 부세법을 만든 것은 무도하게 백성에게서 수취하여 자기를 봉양하게 하려는 것이 아니었다. 백성들이 모여 살게 되면 음식과 의복에 대한 물욕이 밖에서 공격하고 남녀에 대한 정욕은 안에서 공격하여, 동류일 경우에는 서로 다투게 되고 힘이 대등할 경우에는 싸우게 되어 서로 죽이기까지 한다. 통치자는 법을 가지고 그들을 다스림으로써 다투는 자와 싸우는 자를 평화롭게 해 주어야만 민생이 편안해진다. 그러나 그 일은 농사를 지으면서 함께할 수 없는 것이므로 백성은 십분의 일을 세로 바쳐서 통치자를 봉양한다. 통치자가 백성에게서 수취하는 것이 큰 만큼 자기를 봉양해 주는 백성에 대한 보답도 역시 중요하다.[47]

그는 정치의 존재 이유를 밝히고 치자와 피치자 간의 관계는 상보적이고 호혜적인 것임을 강조했다. 군주라도 초월적인 것이 아니며, 그 지위는 백성을 위한 역할이 전제된 것이었다. 물론 이러한 사상은 중국 고대로부터 면면히 이어져 온 것으로, 정도전이 독창적으로 내세운 것은 아니다. 그러나 당시 조선 최고의 엘리트 관료가 적극적으로 수용했다는 사실이 중요하다. 이렇게 백성에 대한 군주의 보답(책임)이라는 사상적 맥락 위에서 유교적 민본주의 정치와 행정의

---

47 鄭道傳, 앞의 책, 卷之十三, 朝鮮經國典 上, 賦稅, "古泚聖人立賦稅之法 非道取民以自奉 民之相聚也 飮食依服之欲功乎外 男女之欲功乎內 在醜則爭之 力敵則鬪之 以至於相殘 爲人上者執法以治之 使爭者平 鬪者和 而後民生安焉 然不可耕且爲也 則民之出乎什一以養其上 其取眞也大 而上之所以報其養者亦重矣."

이념이 정초되었다.[48] 만약 군주가 자기의 임무를 다하지 않으면 그는 도덕적으로 군주의 자격을 잃게 된다. 이런 경우 백성들은 혁명을 일으킬 수 있는 권리를 가지며, 설사 군주를 죽인다 하더라도 한 사람의 필부를 죽이는 것이 되어 시역(弑逆)의 죄가 성립하지 않는다.[49]

이러한 민본주의는 제왕은 '백성을 나라의 근본으로'[50] 여기고 '백성을 위하여' 정치나 행정을 한다는 것이다. 이것은 앞 절에서 살펴본 유교 정치 행정 사상의 논리적 맥락에서 중심적인 위치를 차지하는 것으로, 특히 『맹자』에 두드러지게 나타나 있다. 펑유란(馮友蘭)은 그의 『중국 철학사』에서 민본주의와 맹자의 깊은 관련성을 다음과 같이 말했다.

맹자는 비록 주실반작록(周室班爵祿) 제도를 옹호했지만, 그의 정치적, 경제적 근본 관점은 전통적 관점과는 크게 다르다. 전통적 관점에 따르면 일체의 정치적, 경제적 제도는 완전히 귀족을 위하여 마련된 것이다. 맹자의 관점에 의하면 모든 것이 백성을 위하여 마련된 것[一切皆爲民設]이다. 이러한 관점은 맹자의 정치 철학과 사회 철학의 근본 의의에 해당한다.[51]

민본주의 사상의 시원 혹은 원형태는 맹자 이전에도 보이지만,[52]

---

48 현실 정치의 장에서도 이러한 민본주의 이념은 목표 설정을 인도하는 역할을 한다. 『太宗實錄』, 卷27, 14年 6月, 丁未條, "誠以食者民天 民惟邦本 不可坐視而不救也."

49 『原本備旨孟子集註』, 卷之二, 梁惠王章句 下, "齊宣王問曰 湯放傑 文王伐紂有諸? 孟子對曰 於傳有之 曰 臣弑其君可乎? 曰 賊仁者謂之賊 賊義者謂之殘 殘賊之人 謂之一夫 聞誅一夫紂矣 未聞弑君也."

50 『書經集註』, 卷三, 夏書, 五子之歌, "皇祖有訓 民可近 不可不 民惟邦本 本固邦寧."

51 憑友蘭, 『中國哲學史』 上册(上海: 商務印書館, 1983), p.130.

52 유명종, 『중국 사상사(1)』(대구: 이문출판사, 1983), 172면.

논리적 체계를 갖고 등장한 것은 맹자 때부터라고 해야 할 것이다. 맹자가 민본주의를 천양(闡揚)하고 나옴으로써[53] 이후 이것은 유가 정치사상의 중심 골격을 형성했다.

맹자는 "백성은 국가나 통치자보다 더 귀중하며, 백성의 신탁을 얻어야만 통치자[天子]가 될 수 있다"[54]라고 했다. 또 관료를 등용할 때도 "측근이나 가까운 여러 벼슬아치들이 모두 훌륭하다 해도 등용하지 말고 백성들의 여론이 훌륭하다고 한 연후에 이를 살펴 등용해야 한다"[55]라고 주장했다. 나아가 정권이나 왕조 교체의 근본 동인도 백성으로 파악했다.[56]

유자들은 천명은 백성을 통해서 구체적으로 나타나는 것으로 이해했는데, 이러한 사상은 『맹자』에 명백히 나타나 있다. 맹자는 요, 순, 우의 선양을 설명하면서 천자는 천하를 다른 사람에게 줄 수 있는 것이 아니라고 역설하며[萬章曰 堯以天下與舜 有諸, 孟子曰 否 天子不能以天下與] 천과 민이 주는 것이라고 했다. 그리고 맹자는 『서경』의 「태서(泰誓)」편을 인용하여 "하늘은 백성들이 보는 것에서 보고, 백성들이 듣는 것에서 듣는다[天視自我民視, 天聽自我民聽]"[57]라고 하며 민천일치를 주장했다. 민심의 추이가 바로 천명의 추이임을 설파한 것이다.[58]

---

53 蕭公權, 『中國政治思想史』 上冊(臺灣: 硏經出版事業公司, 民國 68), pp.91~104.

54 『孟子集註』, 卷之十四, 盡心章 下, "(孟子曰) 民爲貴 社稷次之 君爲輕 是故得乎丘民而爲天子 (…)."

55 위의 책, 卷之二, 梁惠王章句 下, "左右皆賢曰 未可也 諸大夫皆賢曰 未可也 國人皆曰賢 然後察之 見賢焉 然後用之 (…)."

56 蕭公權, 앞의 책, 下冊, p.557. 유기[劉基: 자는 백온(伯溫), 호는 청전(靑田). 주원장을 도와 명을 개국하는 데 큰 공을 세운 금화학파 유학자] 절(節)을 보면 민본주의 사상의 혁명성이 잘 나타나 있다.

57 『原本備旨孟子集註』, 卷之九, 萬章章句 上.

58 위의 책, 卷之七, 離婁章句 上, "孟子曰 桀紂之失天下也 失其民也 失其民者 失其民也 得天下有道 得其民 斯得天下矣 (…)."

따라서 군주나 그를 둘러싼 치자 집단이 정치 행정을 잘못할 경우에는 혁명은 언제나 준비되어 있다고 보았다. 군주는 총제적인 민심을 추상적으로 매개하는 천명을 대신하여 백성을 복되게 할 의무를지고 통치하는 존재이며, 국가나 백성이 군주의 소유물은 아니라고인식되었다.[59] 맹자의 혁명론이나 폭군 방벌론은 전제 제왕의 처지에서는 매우 껄끄러운 이론이었다. 명나라 태조 주원장은 이러한 급진적 주장을 삭제한『맹자절문(孟子節文)』을 만들게 했으며, 과거 과목에서 배제하기도 했다.

유가 사상에서 백성을 근본으로 하는 정치 행정의 내용은 크게 두가지로 나누어 볼 수 있다. 첫째는 보민(保民) 혹은 위민(爲民: for the people)의 정치 행정이요, 둘째는 여민(與民: with the people)의 정치행정이다. '백성과 더불어' 한다는 것은 '백성을 위하여' 한다는 것보다 한 차원 진보한 의미를 갖는다고 볼 수 있다. 맹자는 "여민동락즉왕의(與民同樂則王矣)"[60]라고 하여 백성과 함께 즐기고 근심하는 것이바로 위대한 통치자의 도리임을 강조했다. 그러나 여민의 논리는 이후 더 이상의 이론적 발전을 보이지는 않는다.

그런데 위민이든 여민이든 정책 결정권이 백성에게 있지 않고 치자 계층이 전유한다는 점이 민본주의적 정치 행정의 특징이다. 즉위민 정치에서는 무엇이 백성을 위한 것인지 정책의 대상인 백성들이 능동적으로 관여하여 결정하는 것이 아니라 왕을 비롯한 치자 계층이 오로지하며, 여민 정치에서는 백성들이 무엇을 원하는지 치자계층이 능동적으로 탐색한다는 진일보한 의미가 들어 있지만 여전히결정권은 치자 계층이 전유한다.

---

59 위의 책, 卷之九, 萬章章句 上, "天子不能以天下與人"의 註, "天下者 天下之天下非一人之私有故也."

60 『孟子集註』, 卷之二, 梁惠王章句 下 참조. 여기에는 특히 여민에 관한 맹자의논리가 풍부하게 전개되어 있다.

이러한 민본주의의 정책 결정권 전유의 이면에는 유교 정치 행정 사상의 기본 논리에서 유추될 수 있는 나름의 논리적 근거가 있다. 공자는 괴력난신에 대한 공포를 극복하고 무지한 인간의 인식 범위를 초월한 자연적 현상의 이면에 있는 초월자에 대한 외경을 구체적인 인간의 삶에 대한 관심으로 전환시켰다. 유교 문화권에서 신앙의 대상으로서의 초월자에 대한 관념이 희박한 것은 공자의 영향으로 봐도 무리는 없다. 물론 모든 계층의 인민들에게까지 관심을 옮겼는가 하는 문제는 또 다른 문제다. 정치와 행정을 인간 자신을 위한 자기 목적적 작업으로 규정한 것은 유가적 사유의 가장 큰 업적이다. '인민'은 비로소 사상적으로 역사와 정치의 중심으로 자리매김되고 정당화되었다.

2. 민본주의 사상의 이론적 구조

무리 중에서 뛰어난 자가 나와 무질서한 상태에서 벌이는 상호 투쟁을 종식하고, 우주적 조화의 원리를 본받은 법과 제도 아래에서 각자의 삶을 완성하게 해 주는 것, 이것이 유교에서 말하는 정치와 행정의 존재 이유다. 그러나 위민과 여민에서 보듯이 정책 결정은 치자 계층이 전유한다. 이것의 바탕에는 치자는 '먼저 안 자' 또는 '먼저 깬 자'요, 백성은 알지 못하고 깨지 못한 '우매한 자'이기 때문에 깨어 있는 자, 즉 성현(인격을 완성한 자)이 통치한다는 논리가 깔려 있다. 깨어 있는 자에 의한 통치를 긍정하는 덕치교화주의의 틀은 유교 사상과 정치 현실이 서로 타협한 결과라 할 수 있다.

이 경우 국가 권력의 정당성을 묻는 근원은 치자 계층의 인격적, 정신적 탁월성에 있다. 민본주의의 이면에 있는 이러한 덕치교화주의 이론은 이른바 군자, 즉 도덕적 수양을 통하여 인격을 완성한 특수 지식인층인 유학자들이 우매한 백성을 보호하기 위하여 권력에 참여해야 한다는 것을 정당화, 합법화한 이데올로기라는 견해도 있다.[61] 그러나 민본주의는 단순히 책상 위에서 하는 철학적 명상을 통해 정리된 사상이 아니다. 그것은 중국의 수많은 왕조를 거치며, 수많은 사상이나 신념이 상호 경쟁을 하는 과정 속에서 통치를 위한 타당한 원칙으로 받아들여진 것이다. 국가 경영의 엘리트에게 '인격 =도덕성'과 '능력=경세성'이라는 두 요소를 요구하는 전통은 현대의 한국과 중국에서도 살아 있는 것 같다. 공산주의 중국에서도 이러한 유교적 가치는 수용되고 확대되었다. 인민들은 이러한 가치를 실현하는 지도자를 존경했다. 현대 중국의 초대 총리인 저우언라이(周恩來) 같은 인물이 그러하다. 그가 사망했을 때, 남은 것은 낡은 코트와 인민폐 60원이 전부였다고 한다.

맹자가 살아 있던 당시의 중국 상황은 수많은 백성들이 전쟁의 제물이 되고 있었다. 『사기』의 기록에 의하면 진(秦)과 위(魏)가 석문(石門)에서 벌인 전쟁(B.C. 363년)에서 6만 명이, 진이 조(趙)와 한(韓)을 패퇴시킬 때는(B.C. 306년) 8만 명이, 진이 초를 칠 때도(B.C. 311년) 8만 명이, 진이 의양을 함락할 때는(B.C. 306년) 8만 명이 참수(斬首) 당했다고 한다.[62] 전국 시대는 지도자 한 사람의 판단이 전체 인민의 삶에 얼마나 결정적일 수 있는지를 실증적으로 보여 주었다. 지도자의 잘못된 판단이나 사적 욕망에 의한 전쟁이 인민의 삶에 얼마나 치명적인지를 구체적으로 보여 주었다. 유자들은 정치적 지도자들에게 내성외왕을 요구했다. 인민의 생명과 행복을 최우선시하는 성인이라야 진정한 제왕의 자격을 갖추었다고 보았다. 맹자의 사상은 이러한 사고방식을 대표한다. 맹자는 민생의 참상을 보면서 다시

---

61 양재혁, 『동양 사상과 마르크시즘』(일월서각, 1987), 222면.
62 蕭公權, 앞의 책, p.94.

민본주의 사상을 고양하고 중국의 정치 리더들에게 경고했다. 이후 맹자의 사상은 중국 지식층에 정론으로 수용되었다.

덕치교화주의나 민본주의가 범민이 아니라 성현과 같은 철인에 의한 정치 행정을 주장했지만, 고정적(세습적)인 철인 계급을 상정하지는 않았다. 철인은 신탁이나 초월적 존재의 의지에 의해 선택되는 것이 아니라, 범민들의 인정(인정의 구체적 과정은 대체로 천명이나 민심과 같이 추상적으로 논의되기도 하지만, 나라 사람들의 여론이나 국가시험 같은 객관적 기준에 따를 수도 있다)을 받아 등장한다고 보았다. 그들에 대한 지지 철회도 궁극적으로는 범민들의 수중에 달려 있다.

이처럼 치자 계급이 혈통이나 경제력 같은 기준에 의해서가 아니라 개인의 덕성 함양과 지혜 능력에 의하여 결정된다는 논리로 미루어 본다면, 민본주의나 덕치교화주의가 능력에 따른 조화 체계 속의 위계적 분업을 상정했지만 그러한 분업이 갈등이나 분열을 초래할 것이라고 생각하지는 않았고, 한 사람이 반드시 특정 계급에 귀속된다고 생각하지도 않았다는 점을 추론할 수 있다.

치자와 피치자는 조화적인 상호 의존 관계에 있으며, 다만 천리에 부합하는 도덕적 판단 능력과 행위 능력을 가진 치자는 그렇지 못한 백성을 위하여 더 나은 삶을 영위할 수 있도록 교화하는 역할을 수행해야 한다. 백성들은 그러한 교화에 순응하면서 자기의 장기를 발휘하여 안락한 삶을 유지할 수 있다. 유기체적인 국가 사회에서 역할과 기능적 분업 구조는 고정적이라 할지라도 그 역할을 담당하는 사람은 고정적이지 않으며, 재능에 따라 적절한 역할을 맡아야 한다는 것이 기본적인 생각이다. 민본적 행정은 우주적 질서를 본받아 존비본말로 표현되는 국가의 분업적 구조 속에서 백성들이 각자의 재능에 맞는 역할을 맡아 안락한 생활을 누리도록 하는 데 그 목적을 둔다.

그런데 민본주의라고 해서 치자의 일방적인 의무만 있는 것은 아니다. 치자의 '인정(仁政)'에 대응하여 피치자에게는 '충성(忠誠)'의 의무가 있다. 이 두 가지는 왕조 체제에서 국가 통합의 중심 요소다. 충성은 두 가지의 현실적인 의미를 담고 있다.

첫째, 통치자에 대한 관료들의 충성이다. 이때의 충성은 두 가지 측면에서 이해할 수 있다. 즉 하나는 관료들이 통치자에 대한 백성들의 충성을 확보해 주는 의미에서의 충성이고, 다른 하나는 관료가 통치자의 정책 결정이나 행정이 도리에 맞도록 보좌하는 - 격군(格君), 정군(正君) - 의미에서의 충성이다. 민본주의의 논리에 따르면 임금이 백성을 소중하게 여기는 덕치를 할 때만 백성들도 자연스럽게 순응하고 충성할 수 있다. 그러므로 민본주의 아래의 관료는 통치자가 덕치를 할 수 있는 근본인 도덕적 인격과 밝은 판단력을 구비할 수 있도록 노력하는 동시에, 통치자의 대리로서 백성들을 교화하면서 충성을 확보하는 역할을 수행한다. 이때 통치자와 관료는 '이체(異體)'가 아니라 '동체(同體: 하나의 유기체)'로서 기능한다.[63]

둘째, 통치자에 대한 백성들의 충성은 '동체의 충'이 아니라 '이체의 충'이다. 왜냐하면 한 나라에서 치자는 바뀔 수 있지만 백성은 그대로 있기 때문이다.[64] 그러므로 민본주의에서 관료들의 중심 역할은 통치자에게는 동체로서의 - 공동 책임을 지는 - 충성을 바치면서 백성들에게서 이체의 충성을 끌어내고 유지하는 것이다. 이체의 충을 끌어내기 위해서는 백성들이 안락한 생활을 누릴 수 있도록 해야 한다. 그것은 물질적 생활뿐만 아니라, 인간성을 완전하게 실현함으로써 인간다운 생활[65]을 보장해 주어야 하는 것이라고 유자들은 파악

---

63 국가 행정 체계를 일종의 유기체로 보는 것으로, 임금은 머리, 재상은 심장, 대간은 눈과 귀, 수령은 손발 등으로 비유한다.

64 蕭公權, 앞의 책, 上冊, p.95.

65 이는 유교적 의미에서의 인간다운 생활, 즉 본연의 성에 따른 생활을 말한다. 그것은 금수와는 다른, 삼강(三綱)과 오륜(五倫)으로 상징되는 윤리적이고 사회적인

했다. 이는 "능히 그 성을 다하면 능히 사람의 성을 다할 수 있다[能盡其性 能盡人之性]"는 논리이기도 하다. 즉 치자 집단이 피치자인 백성들을 우매한 채로 두고서 충성을 강요하는 것이 아니라, 우매함에서 벗어나게 하는 교화에 행정의 근본적인 초점을 두는 것이다.

요약하면 민본주의 행정은 첫째, 백성을 편안하게 하고[安民] 생업을 돌보아 주어야 한다. 둘째, 백성을 교화해야 한다. 셋째, 백성들의 물질적이고 심리적인 충성을 확보해야 한다.

그런데 유가의 본질적 관점은 이렇다 하더라도 현실의 유자 관료들은 충효와 예의를 강조한 반면, 유교적 가치 실현을 담보하는 경제적 기초는 등한시하는 경향이 강했다. 이것은 어떤 사람이 진정한 유자인가 하는 진유(眞儒), 속유(俗儒), 부유(腐儒)에 관한 논의와도 연관이 있다. "창고가 그득해야 예절을 안다[倉廩實而知禮節]"[66]라고 한 관중과 공자의 예가 지나치게 사치스러워 그대로 실행하면 국가나 서민들의 살림이 남아나지 않을 것이라고 비판한 안영(晏嬰)의 언급은[67] 유가 사상의 정치화 과정에서 가장 큰 약점으로 대두되었다.

조선에서도 전기에는 정도전, 하륜(河崙), 권근, 변계량, 양성지 등을 중심으로 국가 경영의 측면에서 권도(權道)와 시의(時宜)를 중시하면서 관중의 노선과 안영의 비판을 수용하는 분위기가 있었다. 그러나 이후 사림(士林)이 집권하고 교조적 주자학이 번성하면서 공리(功利)와 패도(霸道)를 배척했는데, 이는 민생과 상업의 발전을 도외시하는 결과를 낳았다. 이 문제는 맹자의 왕패론(王霸論)과, 주희와 진량(陳亮)의 사공(事功) 논쟁과 관련이 있고, 상달처(上達處)에 대한 이황(李滉)

질서가 구현된 삶을 의미한다. 그리고 이러한 인간다운 생활을 위해서는 물질적인 조건도 중요한 요소임을 강조했다. "일정한 생업이 없는 사람은 마음의 안정을 누리기도 어렵다[無恒産者無恒心]"나 정전법(井田法)의 논리와도 닿아 있다.

66 『史記』, 管晏列傳.
67 『晏子春秋』.

의 이기론과 조식(曺植)의 활수론(活手論)[68]의 차이와도 관련이 깊다.

3. 통치자와 관료의 관계

유가 사상이나 이념의 측면에서 유자 관료는 군주의 가신적 존재로 설정되지 않는다. 군주나 유자 관료의 행위 준칙이 되는 것은 '도'이며, 군주라고 해서 도를 벗어난 초월자가 아니다. 조광조는 다음과 같이 말했다.

나라를 다스리는 것은 도뿐이요, 이른바 도라는 것은 천성을 따르는 것을 말합니다. 대개 천성이 있지 않은 것이 없으므로 도 또한 없는 것이 없습니다. 크게는 예악형정(禮樂刑政)과 작게는 제도 문물이 인력을 빌리지 않는 것이 없으며, 각각 당연한 이치가 있는 것이니 (……).[69]

따라서 군주가 도에 따르는 정치를 하지 않을 경우, 관료들은 원칙적으로 그것을 맹종해서는 안 되는 것이었다. 근본적으로 군주나 관료는 정치 사회의 실제에서 도를 구현하기 위해 서로 상보하는 관계다. 탕왕을 보좌한 이윤은 탕의 왕위를 이은 태갑(太甲)이 선왕의 치도를 따르지 않자 그를 동궁에 유폐했다. 3년을 지켜본 다음 그가

---

68 조식은 하학(下學)을 통해서만 상달처(上達處)에 도달할 수 있다고 생각하여 상달한 경지를 '활수(活手)' 또는 '살활수(殺活手)'로 표현했다. 이 개념은 「장자(莊子)」의 '포정(庖丁)'이나 '윤편(輪扁)'의 이야기와 서로 통한다. 이러한 관점에서 이기론(=입으로 말하는 천리)은 당시의 시대상황에 비추어 볼 때는 '그림의 떡'으로 백성들의 허기를 채우는데 아무런 효용이 없다고 비판했다.

69 趙光祖,『靜庵集』, 卷之二, 對策, 謁聖試策, "所以治國者 道而已 所謂道者 率性之謂也 蓋性無不有故 道無不在 大而禮樂刑政 小而制度文 爲不假人力之爲而莫不各有當然之理 (…)."

진심으로 반성하는 것을 보고서는 다시 왕으로 옹립했다.[70]

이것은 유교관료제 아래의 관료들은 군주와 '이(利)'로써 맺는 것이 아니라 '도'로써 도와야 한다는 유자들의 기본 관점을 보여 준다. "도로써 군주를 섬기되 군주가 도를 따르지 않으면 그만둔다[以道事君不可則止]"라는 말은 군주와 신하 사이에 관한 유가의 정의다. 도는 '천리를 따르는 것'으로, 다양한 인간관계에 관한 규범적 척도라 할 수 있다. 물론 그것은 인위적인 것이라기보다 자연의 이법에 근거를 둔 것으로 이해된다. 따라서 군주라고 해서 자의적으로 도를 만들거나 해석할 수 있는 것이 아니었다. 궁극적으로 유자들은 정치의 도를 '민'과 밀접하게 연관 지음으로써 정치적 의미를 구체화했다. 정도전이 관료단의 대표격인 재상의 직무를 다음과 같이 말한 것은 이것을 구체적으로 표현한 것이다.

인주(人主)의 자질에는 어리석은 것이 있는가 하면 현명한 것이 있고, 강한 것도 있는가 하면 유약한 것도 있어 한 가지가 아니다. 총재는 인주의 아름다운 점은 순종하고, 나쁜 점은 바로잡으며, 옳은 일은 받들고, 그른 것은 막아서 인주로 하여금 대중(大中)의 자리에 들게 해야 한다."[71]

이론적으로나 현실적으로 세습적인 군주의 존재는 많은 어려운 문제를 안고 있다. 맹자의 제자인 만장(萬章)이 스승에게 "사람들이 말하기를 우에 이르러 덕이 쇠미해져서 현인에게 왕위를 전하지 않고 아들에게 전했다고 하는데 그렇습니까?"[72]라고 한 질문은 유교 정

---

70 『書經』, 卷之四, 太甲 上.

71 鄭道傳, 『三峰集』, 卷之十三, 朝鮮經國典 上, 治典摠序, "人主之材 有昏明强弱之不同 順其美而匡其惡 獻其可而替其否 以納於大中之域."

72 『孟子集註』, 萬章章句 上, "人有言 至於禹而德衰 不傳於子 有諸 (…)."

치 이론의 핵심적인 난제를 건드린 것이다. 유자들은 세습 허용에 대해 세습 군주의 선세(先世)가 백성을 위하여 큰 공덕을 세웠기 때문이라고 궁색하게 합리화하면서, 중국 고대의 명상들인 이윤, 주공 등이 성현의 인격을 지녔음에도 불구하고 재상에 머물고 천자에 오르지 않은 것도 이 때문이라고 보았다.[73] 정도전은 중국 역사에서 나타난 군주와 재상의 관계를 다음과 같이 인식했다.

제자(帝者: 요순)의 시대에는 임금과 신하가 모두 성인이었다. 그래서 서로 당폐(堂陛) 위에서 화기애애하게 토론하고 의논하면서 태평한 정치를 이루었다. 왕자(王者: 우, 탕, 문, 무 - 지은이)의 시대에는 임금과 신하가 모두 현인이었다. 그래서 서로 힘을 합쳐 정사를 부지런히 함으로써 융성한 치세를 이루었다. 패자(覇者: 춘추 오패 - 지은이)의 시대에는 임금이 신하만 못했으나 신하에게 정권을 맡겨서 또한 일대의 공업을 이루었다. 만약 군주의 자질이 중간 정도인 경우에는 훌륭한 재상을 얻으면 정치가 잘되고, 훌륭한 재상을 얻지 못하면 정치가 어지러워진다.[74]

정도전은 근본적으로 세습 군주의 자질이 부족한 경우에는 능력 있는 재상이 실질적인 정치 행정을 수행해야 한다고 보았다. 이와 같은 주장의 맥락은 조광조와 이이에게서도 쉽게 발견할 수 있고, 사림파 관료들이 대체로 의정부 서사제(議政府署事制) 실시에 찬동한 일에서도 나타난다. 다만 정도전이 패자의 업적도 긍정한 것은 사림파의 관점과는 다르다. 패자의 업적을 긍정한 것은 국가와 백성을 위해서는 정치적 현실주의 노선을 택할 수 있음을 말해 준다. 반면

---

73 위의 책, 같은 장 참조.
74 鄭道傳, 『三峰集』, 卷之十三, 朝鮮經國典 上, 宰相年表.

사림파들이 정도전의 노선을 부정한 것은 정치적 이상주의 때문이라 할 만하다.

정도전의 재상 중심의 정치 노선은 사림파 유자 관료들도 계승했다. 세습 군주의 관점에서는 일견 위험해 보이는 이러한 논리가 표면에서 논의될 수 있었던 데는 절의(節義)라는 유가적 충성과 의리관이 존재했기 때문이다. 절의관이란 한 왕조에 출사한 선비는 그 왕이나 왕조와 함께 천명에 대한 공동 책임을 져야 한다는 신념 체계다. 이것이 유가 관료와 군주를 묶어 주는 이념적인 신뢰의 끈이었다.

조선조의 사림들이 정도전, 권근 등 신왕조 개창을 주도하고 동참한 학자들을 성리학이라는 학문적 수준에서는 높이 평가하면서도 고려조에 순사한 정몽주나 신왕조의 벼슬을 마다한 이색, 길재 같은 학자들에 비해 사회적으로 평가 절하를 한 이유도 여기에 있다. 그것은 정도전, 권근, 조준, 이원 등이 고려조에 문과를 거쳐 사진(仕進)했음에도 불구하고 고려 왕조와 공동 책임을 지는 것을 회피했다는, 즉 절의를 지키지 못했다는 이유에서다. 고려 말 예부시랑을 지냈고 두문동 72현 중 한 사람인 박천익(朴天翊)은 아들들에게 자신은 고려의 구신(舊臣)으로 신왕조의 징소(徵召)에 응하지 않지만 아들들은 고려조에서 출사하지 않았으므로 신왕조에 충성하라고 당부했다.[75] 이것은 당시 사대부들의 의식 세계를 보여 주는 좋은 예다. 이처럼 유교에서는 군주와 관료를 종속이나 예속에 근거한 타율적인 지배와 복종의 관계가 아니라, 자율적 인격성을 근거로 한 상대자, 상호 의존자로서 상보적 관계에 있는 것으로 파악했다.

이러한 인식은 많은 유자 관료들이 언급하는 유기체적 비유에서도 잘 드러난다. 군주는 머리로, 대신은 가슴과 배로, 대간은 귀와 눈으로 비유한 것이 그것이다. 이 세 가지가 서로 의존하고 도움으로

---

75 朴天翊, 『松隱集』, 戒子書, "吾歸王魂 汝生李世 (…)."

써 이루는 것[相待而相成], 이것이 국가 운영의 불변하는 이치이며 천하 고금을 꿰뚫는 원리[76]로 이해되었다. 이러한 관점은 유교주의 국가에서 정치 행정의 현실을 관철하는 준거가 되었으며, 그 실현을 보장하는 주체로 유교적 관료 집단이 나타난 것이었다.

4. 조선조 개국과 민본 사상의 수용

조선조 태조 원년 10월 기미일, 왕은 그의 탄일을 맞아 네 가지 정책 지침을 도평의사사에 하달했다. 각 지침마다에는 그것을 끌어내는 이념적 원칙이 전제되어 있었다.[77]

첫째 조항은 고려 구신들의 죄를 완화하는 조치를 담은 것으로, "사람은 우주의 법칙이 사물을 생성한 이치를 가지고서 태어난다. 그러므로 우주의 법칙이 사물을 생성하는 그 마음을 준칙으로 해서 차마 어쩌지 못하는 그 마음으로 차마 어쩌지 못하는 정치를 실시하는 것이 옳다[人得天地生物之心以生 故當順天地生物之心 以不忍人之心 行不忍人之政可也]" 하는 것이 전제되어 있다. '차마 어쩌지 못하는 마음[不忍人之心]'으로 '차마 어쩌지 못하는 정치[不忍人之政]'를 하는 것은 맹자가 주장한 왕도 정치의 요체이자[78] 민본주의 행정의 이념적 원리다. 차마 어쩌지 못하는 마음은 사단의 근본이며, 성리학적으로는 천리와 합치하는 인간의 도덕적 본성[本然之性]이다.

---

76 李滉, 『退溪全書』, 卷之六, 疏, 戊辰六條疏, "人主者 一國之元首也 而大臣其腹心也 臺諫其耳目也 三者相待而相成 實有國不易之常勢 而天下古今之所共知也."

77 『太祖實錄』, 卷之二, 元年 十月 己未條.

78 『孟子集註』, 卷之三, 公孫丑章句 上 참조. 또한 같은 책, 卷之一, 梁惠王章句 上에서 제선왕(齊宣王)과 나누는 문답에서도 잘 나타난다. 즉 흔(釁: 희생물의 피를 종에 바르는 제사 의식)을 위해 죽으러 가는 소를 보고 차마 보지 못하여[不忍] 소를 양으로 바꾸라고 한 왕의 지시에 대한 맹자의 소견이 그것이다.

둘째 조항은 신왕조 창업에 따른 법제 정비와 구시대의 폐습 개혁 등 근본적인 일을 처리해야 할 때 지난 허물만 들추고 말로만 듣고 고발하는[風聞告訐] 행위를 금하는 지침이다. 이것을 시달하면서 태조는 "안으로는 도당, 대성과, 밖으로는 절제사, 안렴사, 주현관에 이르기까지 하나같이 자애로 백성을 살피는 것이 임무다[內而都堂臺省外而節制按廉至於州縣官 一以慈愛撫民爲務]"라고 전제했다. 이는 관직을 만들고 관료를 배치하는 것이 모두 백성을 위한 것이라는 민본주의 사상을 표현한 것이다.

셋째 조항은 부역을 부과하면 고을에서는 힘없고 의지할 곳 없는 사람[鰥寡孤獨]을 우선적으로 차출하는데, 이런 일을 금하는 동시에 그들에게 부역을 면제해 주라는 지침이다. 이러한 지침의 배경에는 "외롭고 의지할 곳 없는 사람들을 보살피는 것은 옛날의 뛰어난 임금들이 어진 정치를 함에 우선적으로 실시한 것이었다[鰥寡孤獨 古先哲王仁政所先也]"라는 원칙이 놓여 있다.

넷째 조항은 연좌제를 부정하는 것으로서, "죄가 의심스러우면 가벼운 쪽으로 보고, 또 죄는 아내와 자식에게 미치지 않는다[罪疑惟輕又曰 罪不及妻孥]"라는 원칙이 전제되어 있다.

이와 같은 태조의 정책에서 우리는 민본주의 이념과 그 구체적인 지침이 밀접하게 연관되어 나타난 것을 확인할 수 있다. '백성을 자애로써 보살피고 살리는 것'과 '소외되고 불우한 백성을 우선시'하는 것은 민본 정치가 지향하는 바다. 태조의 지시는 민본주의 사상이 단순히 표방된 이념으로만 존재하는 것이 아니라, 행정이 근거해야 하는 규범과 원리로 천명되었음을 보여 준다.

왕의 이와 같은 하교가 있던 날, 공부상정도감(貢賦詳定都監: 조세법 개정 특별 위원회)에서는 절약과 검소함을 바탕으로 애민의 정신을 따라 만든 제도에 준해 수취할 것을 말했는데, 여기에서도 민본주의가 천명되어 있다.

나라를 보전하려면 반드시 먼저 백성을 사랑해야 하고, 백성을 사랑하려면 반드시 먼저 절약해야 합니다. 검소함을 숭상하고 사치함을 멀리하는 것은 절약의 근본이요, 세금과 부역을 가볍게 하고 나쁜 법을 바꾸는 것은 백성을 사랑하는 근본입니다.[79]

이처럼 민본애민(民本愛民)의 원리는 조선조 개창에 참여한 엘리트 관료들의 의식 속에서도 근본 원칙으로 자리 잡아 가고 있음을 알 수 있다. 그들은 고려조가 멸망한 근본 원인은 가혹한 세금과 치자들의 사치와 낭비로 인한 백성들 생활의 궁핍과 국가 재정의 파탄이라고 진단했다.[80] 따라서 민본주의를 위한 법제 완비[今當更化之日 誠宜改正]와 그 실천은 조선조 창업의 중요한 명분이었다. 창업의 이념적 주역인 정도전도 이러한 민본주의적 관점을 명백히 하고 개혁 의지의 이론적 근거로 삼았다.

관청을 설치하고 관리를 두는 것은 본래 백성을 위함인데, 이제 백성의 부모가 되어서 도리어 백성을 좀먹는 일만 하고 있으니 백성이 누구를 바라고 살겠는가?[81]

초기의 이러한 민본주의 행정 이념은 이른바 관학파 관료들뿐만 아니라 도학파 관료들에게도 수용되었다. 도학파 관료들의 영수로서 중앙 정치에 깊숙이 관계한 조광조도 "군주와 백성은 본래 동등한

---

79 『太祖實錄』, 卷之二, 元年 十月 己未條, "保國必先愛民 愛民必先節用 崇儉素去奢侈 節用之大者 輕賦斂更弊法 愛民之大者."

80 위의 책, 己未條 同文 中, "及其衰季 尤極其欲 屢更其制 以增歲入 然而或耗於土木之役 或竭於佛神之奉 府庫無餘 國用不給 常貢之外又加橫斂 卒民窮財散 以至於亡."

81 鄭道傳, 『三峰集』, 卷之十, 經濟文鑑 下, 縣令, 守令不任事, "且張官置吏 本以爲民 今也爲民夫母 而反有以蠹民 民何所望耶."

것임을[君與民本乎—][82] 전제하고, "군주와 신하의 직책은 백성을 위하여 설치한 것[夫君臣者 爲民而設也][83]이라고 주장했다. 선조 때의 이이역시 "군주는 국가에 의지하고 국가는 백성에게 의지하는 것이니, 여러 관료들이 직무를 나누어 일함은 오직 민생을 위한 것일 뿐이다[君依於國 國依於民 諸百官分庶職 只爲民生而已][84]라고 하면서 정치체 구성의 상호 의존적 관계와 민본을 강조했다. 다만 정도전이 고려 조정의 귀족 중심적 정치와 행정이 백성의 삶을 돌보지 않았음을 비판하면서 민본 정치를 내세운 반면, 사림파는 왕조나 군주에 대한 절의를최고 가치로 내세우면서 민본 정치를 주장한 점에서 둘의 구상이 일치했다고 보기는 어렵다. 그럼에도 이러한 민본적 의지의 표현이 학자들의 사상적 저작물을 통해서가 아니라 정치와 행정을 담당한 고위 결정자들의 구체적 정책 결정 과정에서 나타났다는 점에 주목할만하다. 그리고 민본 정치에 관한 신념은 정치 행정에 참여한 대표적 사상가들만 가지고 있었던 것은 아니었다. 현실에 대한 정책 결정을 기록한『조선왕조실록』을 보면 대다수 유자 관료들이 이러한신념을 공유하고 있었음을 곳곳에서 확인할 수 있다.

---

82 趙光祖,『靜菴集』, 卷之二, 對策, 謁聖試策.
83 위의 책, 卷之三, 檢討官時啓六.
84 李珥,『栗谷全書』, 萬言封事.

5부

조선 초기의 개국 구상과 사상지형

– 정도전의 유교화 기획과 용비어천가를 중심으로 –

1장 정도전의 개국 구상과 사상적 배경

1. 정도전 정치사상의 특징

정도전은 조선왕조의 설계자였다.[1] 정치와 행정에서 그가 차지하는 사상사적 위치는 다른 인물과 비교를 불허할 정도로 중요하다. 그럼에도 정도전의 구상 중에서 행정에 관련한 사상을 구명한 연구는 단편적이거나 일천하다.[2] 정도전에 대해서는 전통 시대의 부정적 평가에서 현재의 긍정적 평가에 이르기까지 그 이해의 간격이 매우 넓다. 중요한 것은 그의 혁명적 사상은 그가 살았던 시대를 대상으로 한 것이기 때문에 그 시대 고유한 문제의식의 맥락 속에서 이해해야 할 필요성이 있다는 점이다.[3]

14세기 말 고려에서는 당시의 정치에 대해 전면적이고 포괄적인 반성이 전개되었다. 이 시기의 변동은 세계관의 변화와 직접 연관되어 있었고,[4] 그 중심에 성리학이 있었다. 정도전은 새로 도입한 성리

---

1 한영우, 『왕조의 설계자 정도전』(지식산업사, 1999).
2 정도전을 조명한 선구적인 연구로는 역사학계에서는 이병도와 이상백의 것이 있다. 그러나 아무래도 한영우(1973)의 연구가 결정판이라 할 수 있겠다. 정치학계에서는 최상용, 부남철, 김석근, 박홍규, 최연식 등이 연구를 선도하고, 철학계에서는 김용옥의 연구가, 행정학계에서는 박병련 등의 연구가 있다. 최근 국사학자와 정치학자들이 공동으로 발표한 『정치가 정도전의 재조명』(경세원, 2004)은 역사학자와 정치학자들이 학문적 관점을 교류했다는 측면에서 주목할 만하다.
3 김용옥, 『삼봉 정도전의 건국 철학』(통나무, 2004), 14면.

학의 비전에 따라 귀족 위주로 전개된 정치와 행정에 관한 고려적 사유를 극복하고 백성을 정치와 행정의 중심으로 새롭게 부각하는 패러다임 전환을 시도했다. 민본 사상은 유교적 정치와 행정의 고전 적인 프레임이기는 했지만, 역사적 과정에서 현실화하는 것은 또 다 른 문제였기 때문이다.

정도전은 이색과 정몽주의 학문적 영향과 자신의 노력에 의해 당 대 일급의 유학자로서 두각을 나타냈으며, 신유학을 매개로 한 교유 를 통하여 현실 문제를 인식하는 사상 체계를 확립했다. 그는 누구 보다도 신유학의 노선에 투철했다. 고려 말의 신유학자들, 특히 이색 과 정몽주조차도 불교와 신유학을 대립적으로 보지 않았음에 비하 여, 정도전은 적극적으로 신유학의 위상을 불교와 대립된 위치에 두 었다. 그의 '벽이단(闢異端)' 노선은 매우 철저했으며,[5] 고려 왕조를 부정하고 조선왕조를 건설하는 강력한 사상적 에너지를 신유학에서 찾으려 했다.

그러나 정도전이 주창한 재상 중심의 정치론은 어린 세자 이방석 을 지지하면서부터 왕조 탈취라는 의심에서 자유로울 수 없게 되었 고, 결국 이방원(태종)에 의해 역적의 오명을 쓰고 죽을 수밖에 없었 다. 정치적으로 그의 재상 중심의 정치는 이방원이 견지한 '군주 중 심의 정치'와 충돌했다. 이것은 훗날 조선의 정치와 행정을 관류하는 하나의 중심 이슈가 되었다.

정치사적 관점에서 볼 때 조선왕조 건설과 정도전은 불가분의 관 계가 있었기 때문에 '정도전 역적 만들기'라는 정치적, 역사적 사업을 철저하게 관철할 수는 없었다. 그것은 조선왕조 개국을 정당화하는 논리에 모순이 있음을 스스로 드러내는 것이었기 때문이다.

---

4 한국동양정치사상사학회 편, 『한국 정치사상사』(백산서당, 2005), 196면.

5 權近, 「三峰集序」, "常以訓後進 闢異端爲己任 (…)."

그때 영웅호걸들이 구름이 용을 따르며 일어나듯이 일제히 일어났으나, 선생과 비교할 만한 인물은 아무도 없었다. 비록 마침에는 차질이 있었으나, 그 공로와 과실은 족히 서로 덮을 만했다.[6]

신숙주가 말한 '과실을 덮을 만한 공로'란 무엇일까? 그 공로 중 가장 핵심적인 것은 아마도 '백성을 도탄에서 구했다는 것'과 '유교화된 국가의 비전을 제시한 점'[7]일 것이다.

정도전은 조선왕조를 명실공히 유교화된 체제로 만들고자 했다. 지배층의 세속적 욕망과 깊이 결합되어 있던 불교적 정신 상황을 해체하고, 성리학적 이상을 현실에서 구현하려고 했다. 조선왕조의 정치와 행정에 대한 구상의 핵심은 바로 이 '유교화'에 있었다. 이런 의미에서 유교에 대한 인식은 그의 사상적 구도를 이해하는 핵심 고리다.

그럼에도 정도전이 추구한 유학의 정치적, 행정적 성격에 관한 논의는 매우 빈약하다. 일반적으로 맹자나 주희의 논의를 정도전의 사상으로 치환하여 이해하거나, 이황과 이이가 도달한 성리학에는 미치지 못하는 미성숙한 것으로 본다. 이것은 퇴계와 율곡의 성리학을 조선 성리학의 완성된 형태로 보고, 이전의 것은 그것을 향하여 발전해 갔다는 논리를 암묵적으로 전제한 결과다.

정도전의 유학은 이러한 접근 방식으로는 규정될 수 없는 독특한 색깔을 가지고 있다. 그는 자신의 나라에만 고유한 문제의식을 가지고 있었고, 그 해법으로 새로운 왕조의 설계도라 할 수 있는 『조선경국전(朝鮮經國典)』과 『경제문감(經濟文鑑)』을 제시했다. 그의 구상에는 성리학적 세계 이해가 깊숙이 투영되어 있지만, 설계도에 포함된 수많은 지식은 주자학적 담론에만 의존한 것이 아니었다. 그것은 전

---

6 申叔舟, 『三峰集』, 「三峰集後序」, "當時英雄豪傑 竝起雲從 而無與先生比者 雖終有蹉跌 功過亦足相掩矣 (…)."

7 위의 글, "以拯我東方億兆蒼生 及開國之初 凡大規模 皆先生所贊定 (…)."

래의 유교 경전, 특히『주례(周禮)』,『서경』,『산당고색(山堂考索)』등 여러 서적과 중국과 한국의 역사로부터 형성된 것임을 알 수 있다.

정도전의 유학은 조선 중기 이황, 이이의 그것과 반드시 같지는 않다. 오히려 정치와 행정에 관한 한 '활수론(活手論)'에 바탕을 두고 정치영역의 독자성을 말하는 조식의 인식과 서로 통하는 점이 있다. 정도전은 퇴계, 율곡 이후의 유학자들과 달리 가정적 질서의 도덕적 표상인 '군주의 효도'를 말하지 않았다. 그는 국가의 정치와 행정을 중심으로 말했다. 왕조에서 세자를 세우는 것은 사가의 문제가 아니라 어디까지나 공적인 천하 국가의 문제[8]였다. 정도전은 비록 군주와 관료의 도덕적 수양을 강조했지만, 가정 경영과 국가 통치의 문제에 동일한 원칙을 적용할 수 있다고 믿지는 않은 것 같다. 즉 국가만이 가지고 있는 특수한 문제를 당연히 인정하는 쪽이었다고 할 수 있다. 이것은 정도전이 성리학을 어떻게 이해했고, 그것이 가지고 있는 정치적 함의를 어떻게 받아들였는지의 문제와 연관된다.

그는 주자학의 세계 인식에는 동의한 것으로 보이지만, 공맹 이후 대두된 정치적 이상을 실현하는 대안적 수단까지 주자학이 완비한 것으로 보지는 않았다. 조선왕조 유교화를 위한 기획과 조선왕조 건설 정당화를 위한 정도전의 구상은 이론적이거나 관념적인 차원에만 머물러 있지 않았다. 그의 독서 범위는 신유학의 주석만이 아니라, 중국과 한국의 역사와 제도, 인물과 사상을 아우르는, 당시 수준에서는 넓고 깊은[博大精深] 것이었다. 이러한 다양한 지식을 기반으로 그

---

8 鄭道傳,『三峰集』, 朝鮮經國典 上, 定國本, "儲副天下國家之本也 古之先王 立必以 長者 所以絶其爭也 必以賢者 所以尙其德也 無非公天下國家之心也 (…)." 이하『朝鮮經 國典』과『經濟文鑑』으로 표기한다. 국가 계승자를 장자로 할 것인지 현자로 할 것인 지는 현실적으로나 사상사적으로 큰 문제였다. 장자와 현자가 일치할 경우에는 문제 가 없으나, 그렇지 않을 경우에는 많은 문제점을 내포한다. 이 문제는 정도전 본인의 정치적 생명과도 연관이 있었다. 이 문제에 관한 본격적인 검토는 이한수(2005)를 참 조할 수 있다.

가 마련한 총체적 구상 속에서 행정과 관련한 새로운 사고는 어떻게 전개되었을까?

2. 고려 왕조에 대한 비판과 유교화 기획

1) 버려진 백성들에 대한 깊은 성찰

조선의 사림들은 멸망하는 고려 왕조에 충성을 다한 인물들을 높이고, 조선조 개국에 적극적으로 참여한 인물들을 폄하했다. 역대의 왕들도 이러한 견해에 은연중 동의했는데, 왕조에 대한 충성을 이데올로기화하는 것은 국가 정책상으로도 필요한 조치였기 때문이다. 그러나 일반 백성들의 처지에서 볼 때, 고려 왕조는 더 존재하는 것조차 고통이었다. 고려 말에 신유학을 습득한 많은 엘리트들이 등장했고, 유학의 정치적 종지(宗旨) 역시 '백성을 근본으로 하는 것[民本]'이었음에도 불구하고, 진정으로 백성의 삶을 걱정하고 대책을 강구하는 사람은 많지 않았다. 이른바 구가 세족(舊家世族)뿐만 아니라 신유학을 공부한 사람들 중에서도 상당수가 백성들의 노동을 착취하는 기반 위에서 유지되는 고상하고 전아한 삶에 안주했다. 따라서 그러한 삶을 보장해 주는 정치적, 행정적 시스템을 급격히 바꾸는 데 쉽게 동의하지 않았다.

전조 말기에는 백성들의 재산을 마름질할 줄을 몰랐다. 백성을 휴양시키는 도리를 잃자 인구가 늘어나지 못했고, 백성을 편안하게 하는 방도를 갖추지 못하자 더러 굶주림과 추위로 인해 죽기도 했다. 호구는 나날이 줄어들고, 남은 사람들은 부역의 번거로움을 견디지 못하여 호부(豪富)의 집으로 꺾여 들기도 하고, 권세가에 의탁하기도 했다. 그 밖에 공업이나 상업을 하기도 하고 혹은 도망하여 중이 되기도 하여 열 명 중 대여섯 명은 호적에서 이미 빠졌고, 공사(公私)나 사원(寺院)의 노비가 된 사람은 아예 그 수효에 포함되지도 않았다.[9]

고려 말 백성들의 삶에 대한 정도전의 인식은 매우 부정적이었다. 그리고 이러한 현실을 파악하는 데 쓰인 유교적 창은 왜곡되지 않은 건강한 것이었다. 그가 백성의 실정을 파악하는 방식은 매우 실제적이었으며, 심상한 문사(文辭)로 꾸민 상투적인 것이 아님을 알 수 있다.

토지 제도가 무너지면서 호강자(豪强者)가 남의 토지를 겸병했다. 이로써 부자는 밭 언덕이 잇닿을 만큼 많은 땅을 가졌고, 가난한 사람은 송곳 꽃을 땅도 없어졌다. 가난한 사람은 부자의 땅을 차경(借耕)하여 일 년 내내 부지런히 고생해도 양식은 오히려 부족하고, 부자는 편안히 앉아서도 용전인(傭佃人)을 부려서 생산된 양식의 태반을 가져갔다.[10]

백성의 삶에 대한 정도전의 철저한 인식은 그의 사상을 일관되게 관통한다. 이러한 민본, 위민의 정신은 한가로운 문사로 피력된 것이 아니었으며, 고려 말의 학정 밑에서 신음하던 광범한 민중의 처지를 동정하고 그들의 지위를 높여 주려는 현실적인 개혁 의지의[11] 바탕이 되었다.

2) 관료 행태에 대한 비판

정도전은 고려 말의 행정에서 백성이 사라지고 관료들이 지위 보

---

9 『朝鮮經國典』上, 版籍.
10 『朝鮮經國典』上, 經理.
11 한영우, 『정도전 사상의 연구』(서울대출판부, 1999), 106면.

전과 승진을 위해 자신의 이익과 세력가들만 의식하게 된 것을 지배
층의 사욕이 정치와 행정에 개입한 결과로 이해했다. 그는 당시 관
료들의 부패하고 안일한 행태를 매우 구체적으로 분석했다.

> 감사가 군현에서 감히 탄핵을 하지 못하는 것은 겁내는 바가 있기
> 때문이다. 어떤 군의 수령은 예전에 군주의 시종이었는바, 행여 그가
> 다시 시종이 된다면 부탁할 것이 있을 것이라 여긴다. 예전에 대간이었
> 던 사람이 다시 대간이 된다면 (본인이) 탄핵당할 것을 겁내며, 호족과
> 간사한 아전이 법령을 위반한 경우에도 조정에 있는 그 인척과 옛 친
> 구를 두려워하여 모두 불문에 부친다.[12]

정도전이 인식한 관료적 풍토는 요즘의 전관예우나 복지부동과
흡사하다. 상사나 동료의 잘못을 눈감아 주고, 자신들의 이익을 위해
하는 간사한 짓을 모른 척해 주는 것을 '자중한다', '관대하다'라고 하
며 스스로 합리화한다. 나아가 월급이나 타 먹으며 세월을 보내고,
열심히 하려는 관료가 있으면 쓸데없는 짓을 한다고 비웃는다.

> 안일을 추구하는 것[養安]을 자중(自重)이라 하고, 하루하루 날짜만
> 세고 있는 것[積日]을 계자(計資)라 하며, 옛것만을 답습하는 것[因循]을
> 때를 안다[識時]고 하고, 입을 굳게 다물고 침묵하는 것[緘黙]을 계책을
> 얻었다[得計]고 하며, 간사한 짓을 용납하는 것[容姦]을 관대하다고 하
> 고, 직책을 철저히 수행하는 것[擧職]을 두고 번거롭고 가혹하다[煩苛]고
> 하며, 이로운 일을 추진하고 해로운 것을 제거하면 일을 만든다[生事]고
> 하고, 탁한 것을 헤쳐 내고 맑은 것을 드러내면 저항하면서 단점을 들
> 추어 낸다[抗訐]고 한다.[13]

---

12 『經濟文鑑』 下, 監司當行擧劾.

정도전은 부패한 관료들의 잘못된 행태인 양안, 적일, 인순, 함묵, 용간을 자중, 계자, 식시, 득계, 관대라는 긍정적 것으로 호도하는 풍토를 비판했다. 또한 정직하고 유능한 관료들이 거직(擧職), 흥리제해(興利除害), 격탁양청(激濁揚淸)하는 적극적인 행정을 번가, 생사, 항힐이라고 비난하며 제대로 된 행정을 하지 못하게 하는 행태를 꼬집었다.

3) 혁명과 유교화 기획: 유교적 천리 구현

고려 말에 안향(安珦)이 성리학을 도입한 뒤 이제현(李齊賢)을 거쳐 이색에 이르는 약 100년 동안 유학에 대한 새로운 인식으로 무장한 학자군이 광범하게 형성되었다. 신유학을 수용한 개혁 세력은 귀족 세력과 밀착한 불교와 무신 정권의 장식으로 기능한 수식(修飾)과 문사(文辭)의 유학을 탈피하여 유학의 가르침을 정치와 행정, 사회생활과 일상에 철저하게 관철할 것을 요구했다.

유자의 도는 모든 일상에 관여되어 있습니다. 음식과 남녀의 일은 모든 사람이 다 하는 것으로, 거기에는 지극한 이치가 있습니다. 요순의 도 역시 다른 것이 아니라 (일상의) 동정어묵(動靜語黙)이 올바름을 얻으면 이것이 곧 요순의 도입니다.[14]

신유학은 부패한 고려의 정치와 행정을 바로잡고 타락한 불교에 의지하고 있는 사상적 공황 상태를 치유할 수 있는 가장 유력한 대안으로 수용되었다. 그러나 이색, 정몽주, 이숭인, 우현보(禹玄寶)가

---

13 『經濟文鑑』 下, 監司當盡其職, "則養安以自重 積日以計資 以因循爲識時 以緘黙爲得計 以容姦爲寬大 以擧職爲煩苛 以興利除害爲生事 以激濁揚淸爲抗訐 (…)."
14 『高麗史』, 列傳, 鄭夢周.

고려 체제를 유지하는 가운데 신유학을 통한 중흥을 꿈꾼 것과는 달리, 정도전, 조준, 윤소종 등은 혁명을 통해 새로운 왕조를 건설함으로써 유교적 이상을 현실화하고자 했다. 정도전은 불교와 긴밀히 결합되어 있는 구가 세족 세력과의 타협을 통해 정치 행정을 유교화하는 작업은 불가능다고 판단했다. 이는 정도전을 중심으로 한 혁명파의 핵심 정책이 전제 개혁(田制改革)과 사병 혁파였기 때문이다. 이 문제는 구가 세족들의 정치적, 경제적 기반을 송두리째 무너뜨리는 것으로서, 타협을 통해 조정할 수 있는 문제가 아니었다.

정도전은 정치, 사회, 인간에 대한 성리학의 기본적인 인식 구도인 '천리/인욕(天理/人欲)'의 틀을 수용했다. 천리는 인간과 사회, 국가와 자연에 내재한 궁극적 도덕의 근원이자 법칙으로, 우리가 구현해야 할 그 무엇이다. 반면 인욕은 일반적으로 천리 구현을 방해하는 장애로 인식되어[15] 억제하거나 막아야 하는 것이다. 정도전은 개인의 수양 차원에서는 물론 정치와 행정에서 이러한 구도를 더욱 적극적으로 수용했다.

> 선왕이 법을 만든 것은 천리 때문이지만, 후세 사람이 부세에 폐단을 일으키는 것은 인욕 때문이다. 재신(才臣)과 계리(計吏)로 부세 행정을 담당하는 자는 마땅히 인욕을 억제하고 천리를 간직할 것을 생각해야 옳다.[16]

정도전의 눈에는 구가 세족들을 비롯하여 이들과 타협하는 노선을 지지한 스승 이색과 동조자들은 인욕에 의해 형성된 고려 말의

---

15 조식은 인욕이라도 중절(中節)하는 경우는 천리라고 보았다. 『南冥集』, 解關西問答.

16 『朝鮮經國典』上, 賦稅, "盖先王所以立法者天理也 後世所以作其弊者人欲也 才臣計吏之治賦稅者 當思遏人欲而存天理可也 (…)."

정치적, 사회적 구조를 온존시키고자 하는 집단과 다르지 않았다. 이러한 확신에 기초하여 정도전은 스승을 공격하는 것도 주저하지 않았다.

새로운 왕조는 궁극적으로 유교적인 천리를 구현해야 하며, 이를 위한 정치 행정 기획서가 바로 『조선경국전』과 『경제문감』이었다. 유교적 천리가 현실의 행정 속에서 구체적으로 어떤 사상과 제도로 나타나게 되는지는 정도전의 유교 이해와 밀접한 연관이 있다. 정도전의 사상을 형성한 원형적인 주형이 유교적 사유임을 부정할 사람은 없다. 따라서 그가 행정의 맥락에서 유교적 명제를 어떻게 이해하고 적용했는지는 그의 행정 사상을 구성하는 기본 프레임이 될 수밖에 없다.

3. 정도전 기획의 사상적 한계

1) 정도전의 공상(工商) 배척

정도전(鄭道傳)의 유교화 기획에서 가장 핵심적인 한계는 공상(工商)의 역할을 제대로 파악하지 못한 것이었다. 그의 구상에 따라 조선은 국가정책으로 공상(工商)업을 억제하는 것을 당연한 것으로 받아들였다.

"선왕(先王)이 공상세(工商稅)를 제정한 것은 말작(末作: 공업과 상업)을 억제하여 본실(本實:농업)에 돌아가게 하기 위한 것이다. 우리나라는 이전에 공상(工商)에 관한 제도가 없어서 백성들 가운데서 게으르고 놀기 좋아하는 자들이 모두 공(工)과 상(商)에 종사하였으므로 농사를 짓는 백성이 날로 줄었으며, 말작이 발달하고 본실이 피폐하였다."[17]

정도전(鄭道傳)은 공상은 '게으르고 놀기 좋아하는 자'들이 종사하는 분야로 인식한다. 또한 '말작은 발달하고 본실이 피폐'하다고 진단한다. 아마도 고려 말 부패한 권문세족(權門世族)과 긴밀하게 연결된 개성(開城)상인들의 활동과 부의 축적을 눈으로 본 결과 이러한 인식에 도달한 것이 아닌가 한다.

그는 또 공장(工匠)과 상인을 '놀고 있는 사람'으로 치부한다.

"--식량 생산은 토지와 사람에게 달려 있다. 우리나라는 산악과 바다 사이에 끼어 있어 구릉과 수택(藪澤: 덤불과 늪지)이 열에 여덟, 아홉에 이른다. 거기다 놀고 있는 사람이 많아서 그 수효를 정확히 알기는 어려우나 경성(京城)에 살고 있는 사람을 헤아리면 수십만 명이 넘을 것이고, 도망하여 중이 된 자가 십만은 넘을 것이며, 자제(子弟)로서 놀고 있는 자, 서민으로서 공역을 담당하고 있는 자, 수졸(戍卒)로 변방에 나가 있는 자, 공장(工匠), 상인(商人), 무격(巫覡), 재인(才人), 화척(禾尺) 따위를 합치면 이 또한 십만 명을 넘을 것이다. 이들은 농사를 짓지 않을 뿐 아니라 남에게 기대어 먹고 사는 사람들이다.--"[18]

정도전에게 공장(工匠)과 상인은 '놀고 있는 사람'의 범주에 들며, '남에게 빌붙어 먹고 사는 사람'들이었다. 정도전의 설계에서 유(儒)와 상(商)은 건널 수 없는 간격을 가졌다. 그런데 정도전의 억상(抑商) 관념의 근거는 어디서 유래한 것일까? 수사학(洙泗學)에서 유추한 것인가? 아니면 성리학?, 아니면 중국 진한시대의 억상정책을 수용한 것인가? 그도 아니면 앞에서 언급했듯이 고려왕조의 개성상인들이 문벌(門閥)과 결탁하여 부패를 조장한 것에 대한 반발이었을까?

---

17 鄭道傳, 『朝鮮經國典』 上, 〈工商稅〉.
18 위의 책, 〈軍資〉.

수사학(洙泗學)으로 표현되는 선진유학(先秦儒學)에서는 상업에 대한 부정이 크게 드러나지 않는다.

2) 선진유학의 상업에 대한 기본관점

중국에서는 춘추전국 시대부터 상공업이 발달했고, 상공업으로부터 거둬들인 세수(稅收) 총액도 매우 컸다. 이(利)와 의(義)의 문제는 중국의 정치와 경제를 관통하는 핵심 범주이자 프레임이었다. 많은 사상가들이 이 문제를 천착했다.

원시 유가는 인간의 보편적 욕망의 존재를 인정한다. 『서경(書經)』의 '하늘이 백성을 낳음에 욕망이 있다(惟天生民有欲).'와 같은 언명이 그 예다. 공자의 시대에도 인간의 욕망은 긍정의 맥락에 위치했다. '마시고 먹는 것과 남녀 간의 일은 사람의 큰 욕망(飮食男女 人之大欲存焉)'이라는 것과 같은 관점이 그것이다. 순자 역시 "비록 요순(堯舜)이라도 백성의 욕리(欲利)를 없앨 수 없다.[19]"고 하며, 군자와 소인의 구별은 이(利)를 구하는 방법에서 구별된다고 본다.

오래된 경전인 『주역』에서는 "이(利)라는 것은 의(義)의 조화(利者義之和)"[20]라고 하고 있다. 이(利)와 의(義)는 같은 차원에 있는 대립항(項)이 아니었다. 물론 이 때의 이(利)는 보다 포괄적인 개념으로 사용된다.

공자 역시 백성에게 부(富)를 저장하고(藏富於民), 재원(財源)을 배양하며(培養財源), 씀씀이를 절약하여 백성을 사랑하는 것(節用愛民)을 국가경영의 원칙으로 보았다.[21]

---

19 『荀子』, 〈대략(大略)〉.
20 『周易』, 乾卦, 〈文言傳〉.
21 陳秀夔, 『中國財政史』, 민국 76년(대만: 中正書局), 38면.

'부(富)와 귀(貴)'가 사람들이 바라는 것임을 부정하지 않고, 다만 그 도리에 따라 얻어진 것이 아니면 그 곳에 있지 않을 것[22]을 말한다. 즉 '의롭지 않은 것으로 부자가 되고 귀하게 되는 것'은 공자에게는 '뜬 구름'같은 것[23]이었다. 공자 시대에는 의롭지 않게 부귀를 탐하는 자들이 많았기에 이와 같은 말이 있게 된 것이다. 반대로 '의(義)'를 행하여 부귀하게 되는 것은 추구해도 된다는 것이 당연한 명제였다고 할 수 있다.

'인(仁)'과 '의(義)'는 유가의 핵심명제로 인은 '천지만물을 동체(同體)로 보는 사랑(天地萬物同體之愛)'이라는 보편(普遍)의 애(愛)로 언제 어느 곳에서나 그대로 통할 수 있는 것이 아니다. 따라서 '사물에 근거하고 일에 따라서(因物隨事) 그 마땅함에 이르도록 조율하는 것이 '의(義)'로 '인의 권(權)'이다.[24] 다른 말로 하면, 현실 상황 속에서 구현되는 '인'이 '의'라는 뜻이다. 따라서 이(利)를 '의(義)의 화(和)'로 본 근본관점은 이와 의가 대립적 차원에 있는 것이 아니었던 것이다. 문제는 '농단(龍斷=壟斷)의 이(利)'가 이의 대명사가 되면서부터 의(義)와 이항대립적인 의미로 정착되어 갔던 것이다.

공자와 맹자의 시대인 '춘추(春秋)'와 '전국(戰國)'은 엘리트들이 사적(私的)인 탐욕을 추구하는 풍조가 범람했다. 국가와 가문, 개인을 막론하고 부국강병과 이익을 추구했다. 탐욕의 충돌은 수많은 백성을 고통 속으로 몰아넣었다. 유가사상가들은 엘리트들의 탐욕을 경계했다. 그들은 권력을 이용하여 부를 축적할 수 있는 많은 기회를 가질 수 있었는데, 그들을 경계하고 가르치지 않으면 백성의 굶주림은 구제할 길이 없었다. 공자는 인간의 본능적 욕구를 긍정하면서도

---

22 『論語』,〈里仁〉, 子曰 富與貴 是人之所欲也 不以其道 得之 不處也….

23 『論語』,〈述而〉, 子曰 飯疏食飲水 曲肱而枕之 樂亦在其中 不義而富且貴 於我 如浮雲.

24 熊十力, 『原儒』,〈原儒序〉(中國人民大學出版社), 2006.

'예절(禮節)'로 절제하기를 희망했다. 공자가 말하는 '군자(君子)'는 예(禮)로서 탐욕을 절제할 줄 아는 엘리트였다.

"식사함에 배부름을 찾지 않고, 거처함에 안락함을 바라지 않는(食無求飽 居無求安)" 것은 지배 엘리트들에게 제시한 것이지 일반 백성에게 요구한 것이 아니었다. 아마도 백성들은 그럴 수 있는 형편이 아니었을 것이다. 맹자의 '하필왈리(何必曰利)'의 사상도 군주를 비롯한 엘리트들에게 강조한 것이지 백성들에게 보내는 메시지는 아니었다.

이처럼 『논어』와 『맹자』의 주요 타겟(target)은 탐욕에 눈이 어두운 엘리트였다. 이 점은 매우 중요함에도 불구하고 잘 잊는다. 공자와 맹자가 일반의 백성들에게 요구하는 것은 거의 없다.

공자가 화식(貨殖)의 대가인 자공(子貢)을 크게 나무라지 않은 것은 의미가 깊다. 자공은 가난했으나 화식을 잘해 부유하게 된 사람이었고, 스스로 '가난해서도 아첨하지 않고, 부자가 되어서도 교만하지 않은 것(貧而無諂 富而無驕)'[25]을 자랑으로 여기는 인물이었다. 공자는 자공이 '부자이면서 예를 좋아하는(富而好禮)' 사람이 되기를 권면한다. 다른 말로 하면 공자는 그 도(道)에 따라 얻는 부귀나 의(義)로운 활동으로 얻는 부귀를 부정하는 것은 아니었다고 할 수 있다.

성리학이 이런 지배 엘리트들에 대한 요구와 비판을 모든 인간에게 보편적인 것으로 확대하면서 문제가 발생한 것으로 보인다. 다시 말하면 주희(朱熹)가 말하는 '존천리(存天理) 알인욕(遏人慾)'은 엘리트들에게만 해당하는 명제가 아니게 된 것이다.

유가사상에서 〈자공(子貢)모델〉이 더 이상의 구체적인 사상으로 발전하지 못하고, 오히려 〈안회(顏回)모델〉과 〈증자(曾子) 모델〉이 정통으로 자리 잡는 것은 엘리트들의 탐욕과 쟁투가 점점 심해져 가던 시대상황과 맞물려 있다.

---

25 『論語』, 〈學而 第一〉.

증자 - 자사(子思)계통의 사상을 나타내는 『대학』은 '덕(德)이 근본이고 재(財)는 지엽(德本財末)'이라 말하고, "재물이 모이면 백성은 흩어지고, 재물을 흩으면 백성이 모인다(財聚則民散 財散則民聚)."라고 말한다. 맹자는 '하필왈리(何必曰利)'[26]의 기치(旗幟)를 높이 들었고, 순자는 '의(義)'가 '이(利)'를 이기면 치세(治世)요, 이가 의를 이기면 난세(亂世)'[27]라고 단언했다. 이(利)는 이제 대인군자가 추구해야 할 목표가 아니었다. '의(義)를 뒤로하고 이(利)를 앞세우면(後義而先利)' 모두 빼앗지 않고는 만족해하지 않는다.[28] 이 시점에서 의와 이는 이항(二項) 대립적 관계로 전환된다. 그럼에도 맹자가 정당한 이(利)를 부정한 것은 아니다. 의를 앞세우고 이를 뒤에 둘 것을 말 한 것이다.

"항산(恒産)이 없으면서도 항심(恒心)을 가질 수 있는 것은 오직 사(士)만이 가능한 것"이며, "백성은 항산이 없으면 항심을 가질 수 없는 존재"였다. 백성에게 항산을 가질 수 있게 하는 정치는 왕도(王道)의 핵심이었다. '배부름(飽)'/과 '굶주림(饑)'은 유가들이 정치의 성패를 판단하는 기준이다. 공자 역시 백성을 부유(富裕)하게 한 다음에 교육해야 한다고 말한다.[29] 이런 '선부후교(先富後敎)'의 사상은 관중의 '창름실이지예절(倉廩實而知禮節)'의 사상과도 맥이 통한다. 고대 중국에서 '먹는 것'의 중요성을 실감하게 하는 부분이다.

다만 백성을 부유하게 하는 방법이라는 각론에서 유가는 다른 사상가들과 구별 된다. 유가 사상가들이 농본(農本)을 중심으로 하는 것은 분명하다. 다만, 공자나 맹자가 '상업'을 부정한 것 같지는 않고, 오히려 당연한 것으로 인식했던 증거는 있다.

맹자는 유교가 지향하는 이상적인 왕의 역할 다섯 가지를 들었다.

---

26 『孟子』, 〈梁惠王章句 上〉.

27 『荀子』, 〈大略〉.

28 〈梁惠王(章句 上)〉.

29 『論語』, 〈子路十三〉, …冉有曰 旣庶矣 又何加焉 曰 富之 曰 旣富矣 又何加焉 敎之.

첫째로 '현자를 존중하고 재능 있는 사람을 등용하여 준걸들이 마땅한 직위에 있게 하는 것(尊賢使能俊傑在位)'은 천하 선비(士)들이 그 조정에 벼슬하기를 원하게 하는 길임을 밝힌다. 둘째로 '저자에서 자릿세만 받고 물화(物貨)에 대한 세금을 거두지 않으며, 법대로 처리하기만 하고 자릿세도 받지 않게 하면(廛而不征 法而不廛)' 천하의 '상인'들이 그 저자에서 물화를 보관하기를 원하게 하는 길이라고 천명한다.[30] 넷째에 이르러 비로소 농업과 '농민'의 마음을 얻는 길을 말하고 있다. 즉 '존현사능(尊賢使能)'하는 인재등용 정책 다음에 '전이부정(廛而不征)'의 상업정책을 제시하는데, '조이불세(助而不稅)'하는 농업정책 보다 먼저 거론하고 있다.

이 문맥에서 보면 맹자는 상업에 대해 부정적이지 않다. 오히려 왕 노릇을 제대로 하고, 왕도를 실천하려면 상업을 장려해야 하는 것으로 읽힌다. 공자의 제자인 자공(子貢)은 농사로 부자가 된 것이 아니라 조(曹)나라와 노(魯) 나라 사이에서 상업으로 큰 부를 축적하여 공자 제자 가운데서 가장 부유했던(廢著鬻財於曹魯之間, 七十子之徒, 賜最爲饒益).[31] 인물이었다.

이처럼 자공(子貢)의 상(商)행위를 부정하지 않은 공자와 상업정책을 당연한 것으로 본 맹자는 상업에 대해 특별히 부정한 것으로는 보이지 않는다. 다만 특수적 권력지위에 있는 자들이 권력을 이용한 상행위를 부정한 것은 전체 맥락상 분명하다.

맹자는 '상인에게 세금을 징수하기 시작한 것(征商)'은 '농단(龍斷)[32]에 올라(=농단에 오를 수 있는 권력을 가진 자)', '시장의 이익을 오로

---

30 『孟子』,〈公孫丑章句 上〉, 孟子曰 尊賢使能 俊傑在位 則天下之士 皆悅而願立於 其朝矣 市 廛而不征 法而不廛 則天下之商 皆悅而願藏於其市矣 關 譏而不征 則天下之 旅 皆悅而願出於其路矣 耕者 助而不稅 則天下之農 皆悅而願耕於其野矣….

31 『史記』,〈貨殖列傳 序〉.

32 농단(壟斷)과 같다. '국정농단'과 같은 농단의 유래라 하겠다.

지 한' '천장부(賤丈夫)'로부터 시작되었다[33]고 설파하고 있다.

유가들은 국가나 엘리트들이 백성과 재물을 다투는 것을 싫어한다. "백성이 풍족한 데 군주는 무엇으로 모자란다 하는가?(百姓足 君孰與不足?)." 이런 맥락에서 한 걸음 더 나아가서 증자(曾子)는 '재용(財用)에 힘쓰는 사람은 반드시 소인(小人)으로부터'[34] 시작 될 것이라 하였는데, 후세의 유가들이 이 구절에 크게 영향을 받아 군주를 위해 재정을 담당하는 사람을 모두 소인으로 보는 관념이 생겨났다.[35]

반면에 "생재(生財)에는 큰 도리(大道)가 있으니 인자(仁者)는 재물로서 몸을 영예롭게 하고, 불인자(不仁者)는 몸으로서 재물을 불린다.(生財有大道 仁者以財發身 不仁者以身發財)"[36]고 하여, '생재(生財)'를 인자(仁者)의 하는 일에서 배제하지는 않는, 언뜻 보면 모순된 논리를 보이기도 한다.

오히려 '상업을 억눌러야 한다(抑商).'는 관념[37]을 분명히 보인 것은 순자(荀子)였다. 그는 "공상업에 종사하는 사람이 많아지면 나라가 가난해 진다."고 하였다.

이처럼 공맹(孔孟) 시대의 유가(儒家)사상에는 특별히 상업에 적대적인 언명은 많이 나타나지 않는다. 더욱이 공자학파의 세 갈래 흐름이 있다면 그 가운데 하나를 뛰어난 상재(商材)였던 자공(子貢)이 보여주고 있다. 자공은 유가의 가치관과 자신의 상업적 역량을 현실에서 결합한 역사적 모델이라 할 수 있다. 그럼에도 정도전은 상업 분야에서만은 혁신적인 사상을 구상하는데 실패하고 있다.

---

33 『孟子』,〈公孫丑章句 下〉.
34 『大學』.
35 진수기, 앞의 책, 43면.
36 『大學』.
37 『荀子』,〈富國第十〉, …工商衆則國貧….

2장 행정의 원칙과 유자 관료

1. 유교적 행정과 도덕의 관여에 대한 시각

1) 가정과 국가의 문제는 서로 다르다: 유가와 법가의 융합

유가 정치 행정 사상의 특징은 정치와 행정의 영역에 도덕이 관여한다는 점이다. 그리고 도덕이 관여해야 하는 이유와 그 방식에 학문적 관심이 집중된다. 이것이 유교의 정치 이론서라고 할 수 있는 『대학』의 "수신제가치국평천하", 즉 수기치인이라는 유교 정치의 기본 패러다임이다.

도덕의 관여가 필요한 이유는 정치권력 행사와 국가 행정을 정당화하는 유교적 논리와 맞물려 있다. 이에 대해서는 유학자들 사이에 이견이 거의 없다. 그러나 도덕이 관여하는 방식에 대해서는 반드시 의견이 일치하지 않는다. 박충석은 조선조의 성리학자들 중에서 '수기'를 중시한 퇴계 이황을 정치적 모럴리즘(political moralism)으로, '치인'의 상대적 독자성을 강조한 율곡 이이를 정치적 리얼리즘(political realism)으로 대비했다.[38] 그런데 이와 관련한 문제의식은 정도전 시기에도 이미 나타나기 시작했으며, 퇴계 이황과 남명 조식의 사상적 차이에서 조선 후기 정치 상황 – 주자학의 이데올로기화 –

---

38 박충석, 『한국 정치사상사』(삼영사, 1982), 37~44면.

의 분수령을 이루었다. 성리학(주자학)의 심화와 함께 도덕의 관여 방식에 관해서는 크게 두 갈래의 방향에서 갈등을 노정했다.

하나는 치국평천하라는 국가적 차원의 문제를 궁극적으로 수신제 가라는 수기의 문제로 환원해야 한다는 '도덕 우선론'이다. 이 경우 정치와 행정은 도덕의 영역으로 흡수되며, 독자적 영역이 확보되지 않는다. 이러한 관점에서는 가족적 질서의 확대가 국가적 질서가 되어야 하고, 국가나 왕가의 예(禮)와 사대부가의 예가 다르지 않으며, 군주의 학문과 사대부의 학문도 특별히 구별할 필요가 없다.[39] 군주 역시 왕실이라는 가족의 일원으로서 부모에 대한 효도를 제일 덕목 으로 실천해야 한다.

주자학의 가르침은 절대적 진리이며, 이 가르침을 벗어나는 것은 사문난적(斯文亂賊)으로 규정되었다. 주자학은 목적적이며, 가정이나 국가 할 것 없이 그 대처하는 원리를 내재적으로 완비하고 있는 학 문 체계로서 신념 그 자체였다. 따라서 불교, 도가 등을 포함한 여타 의 잡학은 이단으로 배척되거나 사대부가 종사할 학문이 아닌 것으 로 여겨졌다. 이것은 조선조의 정통 주자학자들이 견지한 관점으로, 이황과 송시열(宋時烈) 등의 생각도 크게 벗어나지 않는다.

다른 하나는 수기는 치인을 위한 필요조건에 지나지 않으며, 치인 의 영역에서는 국가적 차원의 문제가 따로 있을 수 있다는 관점이다. 가족적 질서와 국가적 질서 간에는 차별이 있으며, 군주의 학문은 일 반 사대부와는 다를 수 있고,[40] 국가나 왕실의 예는 사대부 가문의 그 것과 달라야 하며, 군주는 왕실의 구성원이라는 지위를 초월하여 '정 치'를 해야 하는 존재로 본다. 궁극적으로는 모후(母后: 군주의 어머니) 라도 신하의 위치에 서야 한다고 본다. 이때 성리학은 그 자체가 목

---

39 李滉, 『退溪集』, 疏, 戊辰六條疏.
40 曺植, 『南冥集』, 疏, 戊辰封事.

적이 아니라, 국가적 차원의 문제를 인식하고 치유하는 철학적 지침으로서 수단성이 강조된다. 따라서 하위의 문제를 해결하기 위해서는 병법, 음양, 지리, 의학 등의 지식도 유용한 점이 있다고 보고 포용적인 태도를 보인다. 조식의 관점이 이와 유사하고, 수기 이후에 치인을 해야 한다는 단계적 실천론에 반대하고 병행론을 주장한 이이의 관점도 이에 근접해 있다.

조선왕조의 설계도라 할 수 있는 『조선경국전』이나 『경제문감』에서 가정에서의 효 문제를 직접 거론한 곳은 찾아보기 어렵다. 정도전은 가정에서의 효 원리를 국가 경영에까지 관철해서 인식하지는 않았다. 즉 그는 정치와 행정 영역의 독자성을 당연한 전제로 받아들였으며, 정치적, 행정적인 공적을 개인적, 가족적 윤리의 차원에서 평가하는 것에 동의하지 않았다. 즉 정치, 행정의 장에 들어간 엘리트들은 도덕적 차원의 고결함보다는 국가와 백성을 위한 업적 차원에서 평가받아야 한다고 본 것 같다.

정통 주자학자들은 도덕 우선론적 정치관인 왕도 정치를 높이고, 세력과 힘을 바탕으로 한 패도 정치를 경멸했다. 따라서 패도 정치를 실현한 춘추 시대의 명재상인 관중에 대해서는 일반적으로 혹평했다.[41]

반면 정도전은 관중을 적극적으로 긍정했다. 정도전은 주나라 초창기의 명재상인 주공과 더불어 관중과 제갈량을 유교적 재상의 모델로까지 생각했다.[42] 정도전이 『관자(管子)』를 읽었다는 것은 간접적으로 확인되는데,[43] 그가 관중을 긍정한 사실이 갖는 사상사적 함

---

41 李滉, 『退溪集』, 疏, 戊辰六條疏.

42 『三峰集』, 卷之三, 上遼東大人諸位書. 여기에서는 소하(蕭何), 조참, 관중, 제갈량을 이름난 장상의 모델로 들었다. 『經濟文鑑』 上, 勤勞以輔政, "周公之坐而待朝 如武侯之經事綜物." 여기서는 주공과 제갈량을 모델로 들었다. 誠意能動, "管仲之相桓公孔明之輔後主是也." 여기서는 관중과 제갈량을 모델로 들었다.

의는 매우 크다. 관중과 제갈량은 중국사에서 이름난 재상들이다. 관중은 법치의 요점을 순자나 한비자 이전에 먼저 제시했다고 할 수 있고, 제갈량 역시 유가적 왕도 정치의 원리만을 추종한 것은 아니고 오히려 그 신상필벌을 엄격히 시행함으로써 법가 사상을 수용했다. 따라서 정도전의 벽이단은 조선 후기 주자학자들이 내세운 주자 일존주의(朱子一尊主義)적인 벽이단과는 커다란 차이가 있다.

정도전은 관료에게 도덕은 필요조건일 뿐이며, 오히려 구체적인 사무를 처리하는 데 필요한 실무적, 경세적 능력을 우선시한 것으로 보인다. 『논어』를 보면 관중에 대한 공자의 평가는 이중적이다.[44] 예의 차원에서는 부정적으로 평가하면서도 사공적(事功的), 경세적 차원에서는 중화 문명 보존이라는 측면에서 높이 평가했다. 정도전은 관중에 대한 공자의 긍정적인 평가를 수용하면서 동시에 법가적 통치 원리도 포섭했다. 이것은 관중을 패도라고 맹렬히 비판한, 맹자 이후 정통 유학자들의 관점과는 상반된다.

예부터 훌륭한 정치의 방법을 말하는 사람은 반드시 만들어진 법[成法]이 있어서 지수(持守)의 도구를 삼는다고 한다. (……) 저 형(刑)으로써 그 분별을 똑바르게 하고 행하는 것을 조리 있게 하되, 위로 권세 있는 자도 회피하지 못하고 아래로는 약한 사람이라도 업신여김을 받지 않도록 하여, (궁극에는) 형벌을 쓰지 않는 지경까지 도달함으로써

---

43 『三峰集』, 卷之八, 附錄(事實), 乙亥年(太祖 4年) 十月條. 태조가 경신일 밤에 정도전을 비롯한 여러 훈신들을 초대하여 술자리를 베풀었다. 술이 취하자 태조는 "오늘 과인이 있는 것은 모두 경들의 힘이니, 서로 공경하고 믿어서 자손만대까지 내려가도록 힘써야 옳을 것이다"라고 했다. 그러자 정도전은 "제환공이 포숙에게 '나라는 어떻게 다스려야 하는가?' 하고 물으니, 포숙은 '원컨대 공은 거(莒) 땅에 계시던 때를 잊지 마시고, 중보는 함거에 있던 때를 잊지 마십시오'라고 했으니(……)"라고 대답했다. 정도전이 인용한 이야기는 『관자』의 내용에 근거한 것이다.

44 『論語』, 憲問, 八佾.

지극히 잘 다스려지는 세상이 되게 해야 할 것이다.[45]

여기서 정도전은 '형벌은 대부에게 미치지 않는다[刑不上大夫]'라는 유가적 주장에 동조하지 않았다. 법은 귀천을 떠나 모든 사람에게 적용해야 하며, 궁극적으로 형벌을 사용하지 않는 경지를 지극한 정치라고 생각했다. 이것은 공과에 대한 상벌은 친소에 얽매이지 않고 공평하게 적용해야 하며,[46] 법의 종국적 목표는 법은 있으되 사용하지 않는 것이며, 형벌은 정해 두었으되 행하지 않는 무위의 다스림이 궁극적인 것이라고 본 한비자의 사상[47]과 가깝다.

2) 문서와 법령에도 도 없는 곳이 없다

정도전의 성리학적 학문 체계에 대한 분석은 상당 부분 진척되었다고[48] 할 수 있다. 그러나 그러한 지식을 기초로 형성된, 정치와 행정을 바라보는 기본 관점에 대해서는 깊이 있는 성찰이 부족하다. 따라서 공맹의 사상이나 주자의 사상을 단순히 치환하여 놓고 연역적으로 정도전의 사상이라고 말하는 것은 자기 시대의 현실을 치열하게 고민한 사상가를 단순히 앵무새로 보는 것에 지나지 않는다.

성리학에 대한 정도전의 인식은 조선 후기의 이른바 순정 주자학자들과는 차이가 있었다. 그는 실사(實事)와 구체적 사무를 매우 중시했으며, 유교적 정치 행정 범위에 대한 인식은 관념적이기보다는 역사적이다.

---

45 『三峰集』, 卷之四, 策題, 會試策.
46 『韓非子』第之三十七篇, 主道, "是故誠有功 則雖疏賤必賞 誠有過 則雖近愛必誅 (…)."
47 전낙희, 『동양 정치사상 연구』(단국대출판부, 1995), 122면.
48 한영우, 『정도전 사상의 연구』(서울대출판부, 1999), 51~100면.

아울러 그가 생각하는 유교의 교리는 '고기를 잡아서 주는' 것이 아니라 '고기를 잡는 방법'을 가르치는 것이었다. 따라서 그의 사상은 성인의 일언일자(一言一字)를 고집하지 않았으며, 조선의 정치와 행정이라는 현실 문제와 적극적으로 대면하고 교섭하는 가운데서 나름의 독특한 색깔을 드러냈다.

대개 옛 성인의 도를 논하고 나라를 경영하는 자가 일찍이 사물을 떠나서 청담(淸談)만을 한 적이 없었으니, 문서나 법령 가운데에도 도 없는 곳이 없었다.[49]

"문서나 법령 가운데에도 도 없는 곳이 없었다"라는 생각을 가져와 특히 강조한 것은, 조선의 구체적 현실 속에서 성리학적 세계관을 현실화하는 것이 정도전이 생각한 학문의 목적임을 말해 준다. 정도전이 생각한 신유학의 폭은 도통론(道統論)이 풍미하고 주자학 자체가 정치 권력화가 된 조선 후기의 것과는 큰 차이가 있다. 그는 이윤, 부열, 주공, 소공(召公), 관중, 장량, 소하, 조참, 제갈량, 방현령(房玄齡), 두여회(杜如晦), 송경(宋璟), 요숭(姚崇), 왕단(王旦) 등의 행적에서 유교적 맥락 안에 포섭되는 정치적 사유와 행정적 행위를 보았다.

사람의 성품은 다 착하며, 수오(羞惡)의 마음은 모두 가지고 있는 것이다. 도적이 되는 것이 어찌 인간의 본성이겠는가? 일정한 생업이 없는 사람은 안정된 마음을 가질 수 없다. 기한(飢寒)이 몸에 절실해지면 예의를 돌아볼 겨를이 없이 대부분 부득이한 사정에 쫓겨 도적이 될 뿐이다. 그러므로 백성의 우두머리가 된 사람은 능히 인정을 베풀어 백

---

49 『經濟文鑑』上, 宰相, "(孫氏曰) 盖古之論道經邦者 未嘗離事物而尚淸談 文書法令之間 亦莫不有道焉 (…)."

성들이 자기 생업 안에서 안정되게 해야 한다. 그들을 부릴 때는 농사 짓는 시기를 빼앗지 않아야 하고, 그들에게서 수취할 때는 그 힘을 손상하지 않아야 한다. 남자에게는 먹고 남은 곡식이 있고, 여자에게는 입고 남은 베가 있어서, 위로는 부모를 섬기기에 풍족하고, 아래로는 처자를 기르기에 풍족하면, 백성들은 예의를 알게 될 것이고, 풍속은 염치를 숭상하게 될 것이므로 도적은 없애지 않아도 저절로 없어질 것이다. 그러나 백성의 욕심은 한량없고 이익을 추구하는 마음은 쉽게 솟구친다. 만약 형벌을 밝혀서 이를 억제하지 않는다면 역시 금하기 어렵다.[50]

정도전의 정치 행정적 사유가 잘 드러나 있는 대목이다. 그는 먼저 맹자의 성선론과 항산항심론(恒産恒心論)에 동의했다. 맹자가 항산이 없어도 항심을 가질 수 있는 군자 혹은 사대부의 정신 자세에 중점을 두었다면, 정도전은 항산이 없으면 항심을 가질 수 없는 백성들에게 초점을 맞추었다. 이어 '생활이 풍족해야 예의와 염치를 안다'라고 한 것은 관중의 "창늠실이지예절(倉廩實而知禮節)"[51]이라는 사상과 통하며, 마지막으로 형벌에 대한 생각은 순자와 법가류의 사상과도 맥이 닿아 있다.

『조선경국전』과 『경제문감』이 조선의 정치와 행정이 어떻게 전개되어야 하는지에 대한 정도전의 원대한 구상을 담은 것이라고 한다면 정도전에게 성리학은 역사적 사실에 대한 비판적 성찰을 끌어내는 지침 역할을 했을 뿐이다. 그가 성리학 자체에서 직접적으로 제도 창출의 아이디어를 얻었다고 보기는 어렵다. 오히려 그는 문물전장에 대한 중국의 축적된 지식 속에서 공감하는 부분을 선택적으로

---

50 『朝鮮經國典』 下, 盜賊.
51 『史記』, 列傳, 管晏列傳.

재구성했다.

정도전이 세계를 이해하는 안목으로 성리학을 받아들였다 해도 성리학이 정도전의 사유를 완전히 지배한 것 같지는 않다. 정도전은 성리학을 경세제민하는 유학의 본령을 한결 분명히 하는 데 기여하는 것일 뿐 그 자체가 수사(洙泗)적 유학의 본령을 대체하는 것으로까지 보지는 않은 것이다.

그는 문서와 법령이라는 사상과 현실의 철저한 교섭 과정 속에서 도를 찾고자 했지, 현실과 교섭하지 않는 관념의 공간에서 성리학 읽기를 추구하지 않았다. 이것이 퇴율 이후의 주자학자들과 구별되는 근본적인 차이라 할 수 있겠다. 이것은 그가 생각하는 유학이 어떤 것인지와 밀접하게 연관된다. 이는 그가 진정한 유자[眞儒]를 어떻게 보았는지를 통하여 간접적으로 확인할 수 있다.

2. 행정의 주체와 목적

1) 참다운 선비가 행정을 맡아야 한다

정도전은 고려의 행정이 겉만 꾸미고 실속이 없는[浮華無實] 관료들에 의해 좌우되고 있다고 비판했다. 그것은 유학을 제대로 공부하지 않고 말로만 그럴 듯하게 꾸미고 실제의 일을 처리할 수 있는 능력을 결여한 유자들이 관료단을 구성하고 있기 때문이라고 보았다.

저 유자라고 칭하는 자들은 헌 갓과 낡은 옷을 입고서는 머리를 내밀었다 움츠렸다 하면서 눈치를 살펴서 그저 자기 한 몸이나 보호할 뿐이며, 비록 문서나 다루는 말단의 자리를 맡아도 오히려 의견을 내지 못한다. (……) 언어를 꾸미고 잔재주를 부리며, 요행을 바라 분주하여 이록(利祿)을 가로채고, 평상시에는 고담준론을 하며 모르는 것이 없는 듯하다가도 만약 일을 맡기게 되면 망연하여 할 바를 알지 못하는 자가 대부분이다.[52]

정도전은 이것은 시문 위주로 인재를 뽑는 고려 과거제의 당연한 결과로 인식했다. 고려의 과거제는 국가의 일을 제대로 처리할 줄 아는 인재가 아니라 불교와 결합한 귀족과 무력을 휘두르는 무신 세력에 기생하는 일종의 장식 관료를 생산하는 시스템이었다는 것이다.

(쌍기는) 오직 부화한 문장만 주창함으로써 후세에 끼친 폐단을 말할 수 없었는데, 선비를 뽑는 시제(試題)로 시(詩), 부(賦), 논(論) 세 가지로만 하고 시정(時政)을 책문하지 않았다.[53]

민본적 맥락의 치인은 오늘날의 행정 개념과 가장 근사하다. 정도전이 시정에 관한 정책적 대응을 강조한 것은 학문이 당면한 현실과 동떨어져서는 안 된다는 인식을 나타내며, 행정의 현실 적합성을 조준한 것이라고 할 수 있다. 다만 민본적 행정은 백성을 보살피고 배려하는 시혜적인 데 초점을 둔다면, 정도전은 경세제민하는 것을 유자의 공효(功效)[54]라 하여 행정의 사업적 측면을 강조했다. 이것은 퇴율 이후의 유학이 백성에 대한 일방적인 교화를 강조한 것과는 상당한 차이가 있다. 오히려 남명의 '활수(活手)'론과 맥이 닿는다고 할 수 있고 조선후기 실학사상과도 통하는 부분이 있다.

정도전은 유자에 대해 다시 정의함으로써 행정 담당자로서 새로

---

52 위의 글.
53 『經濟文鑑別集』 下, 高麗國 光宗, "惟其倡以浮華之文 後世不勝其弊 取士用詩賦論三題 不策問時政 (…)."
54 『三峰集』, 卷之三, 送趙生赴擧序.

운 유형의 관료상을 제시했다.

국가가 과거를 실시ⓗ하여 선비를 뽑는 것은 참다운 선비[眞儒]를 얻어서 지극한 정치를 이룩하기 위해서다. (······) 묘당(廟堂: 정부)에서 경세제민을 하고 천 리 밖에 있는 적의 예봉을 꺾음으로써 사직과 백성이 의지할 만 한 자가 왕왕 과거를 통하지 않고 나오기도 한다.[55]

"묘당에서 경세제민을 하고, 천 리 밖에 있는 적의 예봉을 꺾음[56]으로써 사직과 백성이 의지할 만 한 자"가 정도전이 생각하는 진유다. 그렇다면 관중, 제갈량, 장량 같은 이들이 정도전이 생각하는 진유 그룹에 들어감을 알 수 있다.

정도전이 법가의 혐의가 짙은 관중, 제갈량 등과 같은 인물을 참다운 선비의 범주에 놓고, 또한 한비자의 사상적 골격에 근접한 모습을 보인 것을 어떻게 이해해야 할까? 그는 유교를 중심으로 법가 등을 포섭하는 주유종법(主儒從法)의 관점을 견지한 것으로 보이는데, 행정(치인)에서 법과 형벌의 효용을 부인하지 않았다. 치인 영역에서 법과 형벌의 효용을 인정함으로써 가정 경영의 원리가 국가 경영의 원리에까지 일방적으로 관철될 수 없음을 간접적으로나마 인정한 것이다.

이러한 맥락에서 정도전은 새로운 관료 모델로 '유(儒: 도덕성)'와 '리(吏: 경세성)'가 통합된 인격 유형을 제시했다. 이것은 도덕적 측면만 강조하는 수기 중심적 사고에 반대하여 치인 측면의 경세성을 더 강조한 것이다. 그는 새로운 유형의 관료인 유자 관료에 대해 역사

---

55 위의 글.
56 이는 한 고조가 장량(張良)을 일컬어 "군막 안에서 계획을 세워 천리 밖 전쟁의 승패를 결정했다.(運籌帷幄之中 決勝千里之外)"라고 한 말을 변용한 것이다.

적, 사상적 맥락에서 그 성격을 다음과 같이 규정했다.

　　일찍이 유자와 관리를 논한 학설에 이르기를, "도덕이 몸과 마음에
온축(蘊蓄)된 자를 유자라 하고, 교화를 정사에 베푸는 자를 관리라 한
다"라고 했다. 그러나 그 온축한 것이 바로 시용(施用)의 근본이 되고,
그 시용도 온축에서부터 미루어 나가는 것으로 보면, 유자와 관리는 한
사람이며, 도덕과 교화는 서로 다른 이치가 아니다.[57]

　중국의 전국 시대와 진한 시대에 걸쳐 유가와 법가 사이에 다툼이
있었고, 유생과 문리(文吏) 두 집단 간에 갈등이 있었다. 그러나 유생
들이 관료화 과정을 거치면서 경전뿐만 아니라 법률과 정사에도 능
통한 문리화 경향을 보였고, 이것은 중국 고대 사대부 정치의 기본
특징이 되었다.[58] 정도전이 중국 관료의 역사적 변화 과정까지 이해
하고 있었다는 것은 놀랍다.

　이러한 지적 바탕 위에서 정도전은 도덕적 수양과 세계를 읽는 철
학적 차원에서는 이기론에 기초한 주자학의 천리/인욕 구도를 받아
들였다고 할 수 있지만, 경세적 차원에서는 법가와 병가도 일방적으
로 배척하지 않고 수용했음을 알 수 있다. 즉 그는 개인적, 가족적
차원을 기초 단위로 해서 형성된 유교적 질서관을 국가적 차원에까
지 무리하게 관철하려는 교조적 태도를 가지고 있지 않았다. 동시에
그는 관료 등용이 신분에 따라 결정되는 것에 동의하지 않았고, 도덕
성과 경세적 능력에 따른 등용을 당연한 전제로 받아들였음을 알 수
있다.

---

57 『三峰集』, 卷之三, 序, 送楊廣安廉庚正郎詩序.

58 閻步克, 「帝國開端時期的官僚政治 - 秦漢」, 『中國古代官僚政治研究』, 吳宗國 主
編(北京大學出版社, 2004).

2) 행정은 백성을 위한 것이다

공자와 그의 뒤를 이은 맹자는 정치와 행정에서 백성의 존재를 크게 부각했고, 정치와 행정을 정당화할 수 있는 궁극적 지향점도 백성에 두었다. 맹자의 "군주는 가볍고 백성이 중요하다[君輕民重]"는 사상은 역대 왕조에서 반드시 환영받은 것은 아니었지만, 공자의 사상을 한층 분명하게 하고 진일보시킨 것임은 분명했다. 그러나 모든 왕조나 유자들이 이 부분을 강조한 것은 아니었다. 특히 주자학은 진신(縉紳)이나 사대부 중심의 학문으로서, 여기에서 백성은 사대부들의 교화 활동 대상으로 전락했다. 주자 철학은 '항산 보장을 통한 민생'에 무게 중심을 둔 것은 아니었다. 간혹 나타나는 백성에 대한 언급은 '입에 발린' 것이라는 비판을 받을 여지가 많았다. 사대부들이 자신의 기득권을 포기하면서까지 민생을 위한 구체적 대책을 강구하는 데는 한계가 있었다. 특히 조선 후기의 주자학은 지배 엘리트 계급인 관료층과 관료 예비군인 사대부 계층의 일상을 옹호하는 이데올로기적 기능을 했다. 지배층의 일상은 전호(佃戶)와 노비 계급의 노동 위에서 유지되는 것이었다.

정도전의 신유학은 목적과 이상이 분명했고, 구체적 실천의 의지가 확고했다. 가장 핵심적인 것은 그가 겪은 고려 왕조에 대한 비판적 성찰을 통하여 정치와 행정의 지평에서 사라진 백성을 다시 전면으로 부각한 것이다.

천자가 작록을 나누어 준 것은 신하를 위함이 아니요 모두 백성을 위한 것이었다. 그러므로 성인은 한 동작, 한 시설, 한 명령, 한 법제라도 반드시 백성에 근본을 두었다.[59]

---

59 『經濟文鑑』下, "郡守民之本也"; "(孫氏曰) 天子列爵頒祿 非爲臣下 皆以爲民也 故

정도전은 고려의 정치와 행정을 비판하면서 유교적 민본성을 구현해 내는 데 실패했다는 점에 초점을 두었다. 그는 정치와 행정을 정당화하는 근거도 백성에게 있음을 분명하게 인식했다. 그는 관과 민의 관계에서 관은 백성의 보호자이며 백성의 불편한 곳을 찾아서 해결해 주어야 하는 것으로 이해했다. 유교적 민본 사상은 백성들의 자율적 정치성을 전제하지 않는 한계를 가지고 있다. 그러나 "관청을 설치하고 관리를 두는 것은 본래 백성을 위한 것[張官置吏 本以爲民]"[60]이라는 그의 관점은 맹자 이래의 민본주의를 관료제 형성의 기본 지침으로 적극적으로 수용한 것이었다.

3. 관료제 설계의 원칙

1) 기본 모델로서의 주례

고려 관제가 당송의 제도를 모델로 했지만 그 현실적 작용에 문제가 발생했으므로 정도전은 관제 설계의 유가적 기본으로 돌아가서 성찰을 시도했다. 유교적 국가에서 관제상천(官制象天)의 주례(周禮)는 관료 체제 설계의 기본 모델이었다. 정도전 역시 조선조 관료 체제 설계의 바탕으로 주례의 제도, 즉 주관(周官)을 차용했다. 주관의 기본 구도는 국가를 다스리는 업무를 천지춘하추동(天地春夏秋冬)에 대응시키고, 이에 준해 관제를 설치하고 분장하는 것이다. 각각의 업무는 방국(邦國), 관부(官府), 백성이라는 세 가지 차원에서 규정한다.

천관총재(天官冢宰)는 다스림[治]을 관장하며, 국가 경영, 관부와 백

聖人 一動作 一施設 一命令 一法制 必本於民 (…)."

60 『經濟文鑑』 下, 縣令, "守令不任事."

성을 다스린다. 지관사도(地官司徒)는 가르침[敎]을 담당하며, 국가의 안정, 관부 교육, 백성 순화를 맡는다. 춘관종백(春官宗伯)은 예절과 의식[禮]을 담당하는데, 국가의 화목, 백관 통합, 백성의 화합을 도모한다. 하관사마(夏官司馬)는 정사를 베푸는 일[政]을 담당하는데, 국가를 평안하게 하고, 백관을 바루며, 백성을 공평하게 한다. 추관사구(秋官司寇)는 형벌[刑]을 담당하는데, 국가 권력의 남용을 경계하고, 백관을 벌하며, 백성을 규찰한다. 동관사공(冬官司空)은 사업[事]을 담당하는데, 국가의 부강과 백관을 공적에 따라 임용하고 백성의 생활을 윤택하게 한다.

유교적 사유는 자연과 인간은 상호 연관되어 있다는 대전제 위에 있으며, 보편타당한 이법은 자연과 인간, 사회, 국가에 차별 없이 적용된다고 이해한다. 관제 구성 역시 예외가 아니다.

　(권근은 살핀다.) 육전은 육경(六卿)의 직분이다. 총재는 통솔하지 않는 것이 없으니, 백(백관)은 여섯(육경)으로 귀속하고, 여섯(육경)은 하나(총재)로 귀속한다. 그 조절과 제어하는 것(운영 방식)은 관직마다 직접 관여하여 다스리는 것이 아니며, 사람마다 저울질하여 헤아리는 것이 아니다. 관직의 우두머리[長]를 부르면 여러 속관들이 따르고, 그 벼리[綱]를 들면 여러 그물 눈[目]이 펴지니, 그 조종하는 것이 매우 간단하여 그 자리에 있는 자는 지극히 쉬우면서도 통제하는 것은 많다. 위와 아래가 서로 통합되고, 안과 밖이 서로 응하며, 근본과 말단이 고루 갖추어지고, 크고 작은 일이 모두 실행되어 한마디도 서로 연관되지 않는 것이 없다.[61]

이것은 그물[網]의 원리를 관료제도 구성에 적용한 것이다. 그것은

---

61 『經濟文鑑』上, 宰相, "周."

상호 연관되면서도 각자의 직분이 분명하고, 명령 전달과 위임 체계가 매우 효율적인 관료제도의 이미지를 형성한다. 여기서 재상은 그물의 벼리로 비유되는데, 주관 모델은 사실상 재상 중심의 정치 행정론을 뒷받침해 준다. 정도전의 재상 중심 정치론의 전통적 근거도 바로 이 주관 모델이었다.

2) 관료제도 운영 원리

견제와 상보의 구도

정도전은 "정권은 재상에게 있지 않으면 안 된다[政權不可不在宰相]"[62]라고 하여 재상 중심의 정치 행정론을 강력히 주창했다. 재상은 백관의 수장이 되어 군주를 보좌하며 행정을 총괄하는 사람이다.

> 향(鄕)은 현(縣)에 통솔되고, 현은 주(州)에 통솔되며, 주는 제로(諸路)에 통솔되고, 제로는 대성(臺省)에 통솔되며, 대성은 재상에게 통솔되는데, 재상은 중직(衆職)을 함께 통솔해서 천자와 더불어 가부를 살펴 정령을 내린다.[63]

그러나 이렇게 집중된 권력을 가진 재상 임면권은 군주에게 있다[人主之職 在擇一相].[64] 재상은 군주를 바르게 인도하는 것이 직분으로 설정되어 군주와 더불어 상호 견제하면서 도와 공동의 정치적 책임을 진다. 나아가 강력한 어사부를 설치하여 재상의 권한을 견제하도

---

62 위의 책, 宰相, "相業."
63 위의 글, "宰相天下之紀綱."
64 『朝鮮經國典』上, 治典摠書, 宰相年表. 임금의 직무는 한 사람의 재상을 선택하는 것이며, 백집사 이하의 인사는 관여하지 않는 것이 원칙임을 표명한 것이다. 재상 중심의 정치 행정론을 대변하는 말로 자주 인용된다.

록 한다.

(어사의) 말이 천자에 관계되면 천자가 얼굴빛을 고치고, 일이 묘당에 관계되면 재상이 죄를 얻는다. 그 권한이 백관을 진퇴시킬 뿐만이 아니니, 비록 재상이 중하다 한들 어찌 어사에 미치겠는가!⁶⁵

즉 어사는 위로는 천자에 대한 간언뿐만 아니라, 재상과 백관의 직무 수행에 관해서 시비와 잘못을 가려서 논박하거나 탄핵할 수가 있다. 그리하여 재상의 권한 남용을 견제하게 했다.

수평적인 구분과 협동, 수직적인 도강과 법목

그물같이 설계된 관료제도 운영은 주관에 의하면 팔법(八法)으로 나타나며, 그중 운영 원리의 핵심은 관직(官職)과 관련(官聯)이다.⁶⁶ 관직은 육경의 직분을 구분하여 서로 침범하지 못하게 하는 것이며, 연(聯)이란 국가에 큰일이 있으면 육관(六官)이 직무를 통하여 서로 보태고 돕는 것이다. 즉 각 부처의 관장 업무는 분명하게 해야 하지만, 동시에 서로 보완하고 협동할 부분에 대해서도 분명하게 정리해 두어야 한다는 것이다. 현대의 관료제에서도 부처 간의 소통이나 협조에서 많은 문제가 발생하는 것을 보면 '연'의 문제를 짚어 낸 구상력은 매우 뛰어나다고 하겠다.

이 '직'과 '연'이 수평적인 관계에 있는 직무 사이를 연결하는 운영 원리라면, 강목(綱目)과 도법(道法)은 수직적 상하 관계의 관직에 적용되는 운영 원리다.

---

65 『經濟文鑑』下, 臺官, 本朝, "御使之榮爲重."
66 『經濟文鑑』上, 宰相, "周."

중서(中書)가 그 강(綱)을 제시하고 뭇 관속이 그 목(目)을 시행하면 정사가 중서에서 나오되 중서의 업무는 맑게 된다. 그러므로 위에서는 도로써 헤아리고 아래에서는 법으로 지킨다. 도로써 헤아린다 함은 의리로 사리를 헤아리되 그 마땅한 것을 지어 강을 제시하는 것을 일컬으며, 법으로써 지킨다 함은 그 관의 법도(규정)로써 지키되 감히 잃지 않으니 그 목을 시행하는 것을 일컫는다.[67]

재상 등 높은 관직에 있는 사람들은 사리를 헤아리고 종합하여 원칙과 방향을 설정하고, 아랫자리에 있는 관료들은 그러한 원칙과 방향에 따른 관청의 규정과 지침을 준수하여 행정을 시행할 수 있도록 해야 한다는 것이다.

정도전은 고려 왕조의 정치와 행정에 대한 전면적 반성과 성찰을 통해 성리학적 관점에 의한 조선적 정치 행정의 틀을 구상한 정치가이자 행정가였다. 그가 구상한 조선적 정치 행정은 유교적 민본성 구현을 근본 목적으로 하는 것이었으며, 관료의 자격과 충원 방식, 그리고 관료제도의 형성도 이 목적을 효과적으로 달성할 수 있도록 정비해야 하는 것이었다.

정도전의 정치와 행정에 관한 사상을 방향 짓는 학문적 바탕은 성리학이었으나, 그의 성리학 이해는 퇴계와 율곡 이후의 조선 성리학과는 상당히 다른 것이었다. 그는 도덕의 영역 속으로 정치성을 매몰시키지 않았으며, 백성의 문제를 도덕적 차원으로 환원하지 않고 정치와 행정의 영역 속에서 이해했다. 특히 행정의 영역에서는 법가적 관심을 적극적으로 수용했다. 성리학에 대해서도 현실과 교섭이 없는 관념적 공간에서 이해한 것이 아니라, 어디까지나 조선의 당면한 현실 속에서 살아 있는 이해를 추구했다. 행정에 관한 그의 사상

---

67 위의 책, 宰相, 相業, "中書之務當淸."

도 이와 같은 과정 속에서 형성된 것이다. 그 결과 관료제도의 형성에 대해서도 유교적 합리성을 현실의 행정 활동에서 어떻게 구현할 수 있는지에 집중했다. 조선 후기 주자학이 지배 엘리트들의 관념 속에 머물고 실제 행정은 서리(胥吏)들이 맡은 것은 직, 연, 강, 목의 유기적인 연결과 결합을 강조한 정도전의 구상과는 멀어진 것이다.

　요약하면 정도전 행정 사상의 핵심은 고려 왕조의 행정 지평에서 사라진 백성을 새롭게 조명했다는 점에 있다. 그의 사상은 백성을 위한 제도로 진일보하면서 현실화되었다. 즉 그것은 고려 사회와 사유의 중세적 성격을 벗어나서 조선 사회와 조선적 사유의 진보적 성격을 담보하는, 국가 운영의 틀을 설계하는 바탕이 되고 있다.

3장 '용비어천가'에 나타난 조선조 개국의 정당화 논리

1. 정당화의 사상사적 배경과 맥락
─왕패겸용(王覇兼用)과 전통신앙의 수용

정도전의 구상이 조선 건국에 참여한 뛰어난 엘리트 정치인의 개인적 차원의 포부와 희망이 포함된 것이라면, '용비어천가(龍飛御天歌)'[68]는 국가와 사회의 유교화를 천명한 상황에서 당대 최고의 '유자관료'들의 '집단적 사고'의 결정판이라 할 수 있는 자료다. 그것은 조선왕조 개창의 당위성과 정당성,[69] 그리고 유구한 연원성을 드러내고자하는 정치적 목적의 작업이기도 하면서 당시 '유자관료'들의 사상적 입장을 엿 볼 수 있는 '창(窓)'이기도 하다. 따라서 용비어천가는 당대 사상의 지형을 짐작할 수 있고, 신념체계를 알 수도 있으며, 정치 상황의 이면을 분석할 수 있는 열쇠도 갖고 있다. 나아가 유교를 통치 이데올로기로 하였다는 조선조 초기의 유교 수용의 수준과 정도를 알 수 있으며, 그것이 우리 민족 사상의 기층(基層)내지 고층(古層)과 어떠한 융화과정을 거치고 있는지도 짐작할 수 있게 한다.

---

68 이윤수 역, 『龍飛御天歌 1, 2』(솔출판사, 1997)를 활용했다. 이 번역본의 단점은 章註의 원문이 실려 있지 않은 것이다.

69 최연식·이승규, 「용비어천가(龍飛御天歌)와 조선 건국의 정당화」, 『동양정치사상사』 제7권 1호(2007)에서 잘 다루고 있다. 여기서는 이 책의 목적에 따라 논지를 전개할 것이다.

많은 경우, 용비어천가의 사상적 배경을 성리학으로 지목한다. 그런데 고려 말 이전의 고려 유학은 대체로 한당(漢唐) 훈고학의 영향을 받아 문장의 문자적 의의를 설명하는 것으로 만족하는 경향이 강했다. 고려 말 성리학의 도입으로 비로소 실천철학으로 체계를 갖춘 송명이학(宋明理學)에 대한 초보적인 이해가 가능하게 되었다. 성리학의 수용과 신흥사대부세력의 등장은 사상적으로는 한당유학과 불교적 사유에 의해 지탱되었으며, 정치적으로는 '원(元)'이라는 세계제국의 지원을 받고 있던 고려 지배세력의 동요와 맞물려 있다.

대륙의 지배자로 새롭게 대두되고 있던 '명(明)'과 대륙에의 세력권이 축소되고 있던 '원(元)'의 지위는 성리학의 강화, 한당유학과 불교의 퇴조, 지배세력의 교체라는 큰 흐름을 형성했고, 사고의 패러다임 전환을 불러왔다.

고려의 정치권력을 장악했던 구세력의 핵심은 구사상과 원 중심의 세계질서에 대한 환상을 쉽게 버릴 수 없었다. 구세력의 일부와 기존의 질서와 관련이 적은 새로운 세력(소위 신흥사대부 그룹)들이 새로운 흐름과 사상적 경향을 적극적으로 수용했다.

그럼에도 불구하고 이성계-정도전이 중심이 된 새 왕조 개창세력은 구세력과의 완전한 단절을 이루기는 어려웠다.[70] 구가세족(舊家世族)에 속하는 상당수의 엘리트가 신왕조 개국에 합류했고, 세종시대까지도 사상적 갈등 현상은 쉽게 잦아들지 못했다. 우선 고려 말의 지식인들 상당수가 신왕조에 등을 돌렸고, 백성들 가운데도 새로운 왕조가 생경하게 다가왔던 것이 조선 초기의 일반적 정서였다. '용비어천가'는 이러한 시기에 유교적 가치를 선양하고 개국의 정당성을 천

---

70 간단한 예를 들면, 고려왕조의 마지막 임금인 공양왕(恭讓王)의 사위 가운데 한 사람은 시중(侍中) 우현보(禹玄寶)의 손자 우성범(禹成範)인데, 우성범의 사위가 병조판서 정연(鄭淵)이고 정연의 사위들이 신숙주의 형인 신중주와 세종대왕의 아들인 안평대군이었다. 이러한 예는 매우 많다.

명하여 지식인과 백성들을 설득하는 것에 중요한 목적의 하나가 있었다.

특히, 우리나라의 전통은 지배층이 갖는 '혈통(血統)의 신화'가 매우 강력히 작용하고 있었는데,[71] 정도전의 가계는 물론, 태조 이성계의 가계도 혈통에서 우월한 지위를 가지기 어려웠다. 이점에서 '혈통'의 신성성을 강조하지 않는 유교는 조선조의 정당성을 드높이는 가장 공인된 철학과 사상으로서 정치권력에 의해 적극적으로 수용될 수 있었던 또 하나의 이유가 있었던 것이다.

용비어천가의 배경에는 반드시 성리학만 있는 것은 아니다. 오히려 '용비어천가'에는 성리학의 이기론이나 심성론이 수용된 흔적은 거의 없다. 오히려 고대 유가정치사상을 정당한 것으로 수용한다. 여기에는 개국의 정당성을 옹호하기 위하여 중국 주 왕국의 건설과정을 묘사하고, 문왕과 무왕의 정치적 관점을 정당한 것으로 전제한다. 이것은 『서경』과 『시경』에서 묘사된 유교적 정치를 모델로 하고 있음을 보인다.

용비어천가는 중국 정치사에서 나타나는 명군(名君)들의 행위를 정당화된 것으로 인식하는데, 성리학자들이 비판하는 당 태종의 행적도 정당화의 맥락에서 긍정적으로 수용한다. 이점 '용비어천가(龍歌)'는 매우 정치적이고 현실적이며, 정통 또는 순정(純正) 성리학적 사유방식과는 상당한 차이를 보인다.

순정 성리학과 어긋나는 사유방식의 수용은 '용비어천가'의 도처에서 발견된다. 이것은 왕도(王道)사상만 강조한 것이 아니라 왕패겸용(王霸兼用)의 시각이 수용되고 있는 것이다. 물론 조선 초기 성리학자들의 성리학의 본령에 대한 이해가 일천하거나, 필요에 의해 부분

---

71 임치균, 「건국신화의 전통에서 본 용비어천가」, 『문헌과 해석』 통권 18호(문헌과해석사, 2002).

적으로 수용하고 있었다는 것을 보여주는 사례일 수도 있다.

다시 말하면 용비어천가는 유학 내에서도 다른 학문이나 사상을
배척하는 '도통(道統)'이나 '정학(正學)'적 사유를 강조하는 입장과는
구별 된다. 용비어천가에는 한당 유학적인 사유가 강하고, 성리학적
인 사유는 약하다. 특히 주역(周易), 서경(書經), 시경(詩經), 맹자(孟子)
등의 경학(經學)과 중국과 한국의 역사적 지식이 원용되고 있다. 용
비어천가가 주역 건괘(乾卦)의 틀을 수용하고 있다는 주장[72]도 있다.
그 가운데서도 주 무왕(武王)의 은나라 주왕(紂王) 정벌과정을 장주
(章註)에서 매우 상세하게 기술하고 있다.(제9장) 이것은 역성혁명의
유교적 명분을 은주(殷周)교체모델에서 찾아 정당화하려는 의도를
드러낸다. 여기에는 유교적 천명사상(天命思想)이 가장 잘 드러나는
곳이기도 하다.

> 하늘이 아래 백성을 도와 임금을 삼고 스승을 삼는 것은 능히 상제
> 를 도와 사방을 사랑하고 평안케 하려는 것이니, 죄가 있고 죄가 없는
> 것을 내가 어찌 감히 그 뜻을 넘겠는가. (……) 주임금은 신하가 억만
> 이나 마음이 억만이 되고, 나는 신하가 3천에 불과하지만 마음은 하나
> 이다. 상나라의 죄는 꿰미에 가득하여 하늘이 치라고 명을 내리시니 내
> 가 하늘을 따르지 않는다면 그 죄가 오히려 같으리라. (……) 하늘은
> 백성을 불쌍히 여기므로 백성이 하고자 하는 일을 하늘은 반드시 따른
> 다.(제9장)

이처럼 용비어천가에 등장하는 '고성(古聖)'은 성리학자들의 성인
범주를 벗어난다. 한 고조, 당 태종은 물론 명 태조, 송 태조 등도

---

72 金成彦, 「龍飛御天歌에 나타난 朝鮮初期 政治思想研究」, 『石堂論叢』 제9집(동아
대 석당학술원, 1984).

'고성'의 범주에 둔다. 성리학자들이 긍정하지 않는 한당(漢唐) 시절의 영주(英主)들의 업적과 말을 삼대의 요순(堯舜)과는 비교되지 않을 정도로 '많이', 또 '자세'하게 거론하고 있다. 특히 당 태종 이세민을 뛰어난 군주의 모델로 삼고 있음을 알 수 있다. 이것은 정호(程顥)가 당 태종, 한 문제(文帝)의 정치를 비판[73]한 맥락과 주희와 진량의 '왕패논쟁'[74]에서 보듯이 정통적인 성리학적 입장을 수용했더라면 불가능한 모델 설정이다.

더구나 이성계의 위대함을 묘사하는 데는 초월적인 무용과 신력이라는 '무덕(武德)'에 대한 칭송이 주류를 이루는데, 이것 또한 문덕(文德)만 강조하는 후기 성리학적 사상 흐름과 배치된다.

배불(排佛) 사상도 강력하게 나타나는 것은 아닌데, 심지어는 이태조 가문의 번성에는 관세음보살의 가호가 있다는 믿음을 나타내기도 한다. 즉, 익조와 정숙왕후가 강원도 낙산 관음굴에서 자식을 빌었는데, 꿈에 누비옷을 입은 중이 나타나 귀한 자식을 얻을 테니 이름을 선래(善來)라고 하라했다(제21장)는 이야기를 기록하고 있다. 이것은 왕실과 국가, 그리고 가정과 개인을 수호하는 '주술(呪術)'의 전통이 깊이 뿌리내려 있던 우리나라에서 여말 국가위란의 시기에는 호국불교로서의 '주술성'이 강조되기도 하였는데, 용비어천가에서도 이러한 '주술성'의 흐름이 일정 부분 포섭되고 있다 할 것이다.

이외에도 풍수(風水)나 도참(圖讖) 사상은 매우 많이 반영되어 있다. 더구나 전통적인 '하늘=하느님=신령(神靈)'이 보살폈다는 사상은 용비어천가 이야기의 주체가 될 정도로 큰 줄기를 이룬다. 특히, '하늘이 점지했다.'고 하는 전통적 신앙은 연면히 용비어천가를 관통하

---

73 程顥,『二程全書』卷39. 奏箚表狀,〈論王覇箚子〉.

74 朱熹,『朱子大全』혹은『朱文公文集』, 권36의〈答 陳同甫〉. (…)漢高祖唐太宗之所爲 果出於義耶? 出於利也? 出於邪也 正也 (…). 陳亮,『龍川集』권20의〈又 甲寅答書〉. (…) 如此却是義利雙行王覇並用 如亮之說 却是直上直下 只有一箇頭處 做得成耳 (…).

고 있다. 용비어천가에서는 이처럼 유교의 천명사상을 뼈대로 하지만 전통사상의 신이(神異)신앙과 주술(呪術)적 성격도 충분히 포용하고 있음을 알 수 있다. 이것은 이러한 신념체계가 당시의 사민(士民)에게는 보편적으로 수용되고 있었음을 인정하는 것으로 이해할 수 있다.

2. 민심귀복(民心歸服)의 불완전

고려왕조의 멸망과 조선 왕조의 개창은 치열한 전쟁을 통한 왕조의 건설과정이 아니었기 때문에 그 '정당화'에는 보다 치밀한 작업이 필요하였다. 이성계가 나하추의 침입을 격퇴하고, 황산대첩을 통해 유능한 무장으로서 입신을 했지만, 그 당시 나라 안의 민심은 이성계가 '왕'이 될 것으로 생각하지는 않았을 것이다.

용비어천가의 도처에서 민심이 태조에게 기울어가고 있었음을 강조(제12장 등)하고 있지만, 이것은 역설적으로 능력 있는 무장과 개혁적인 재상에 대한 기대를 넘어가는 것으로 확대해석하기에는 무리가 있는 것이었다. 이것은 포은 정몽주가 태조가 '능력 있는 무장'이나 새로운 시대에 능동적으로 대응하려고 하는 의지를 가진 '실력 있는 재상'으로 머물 때는 적극적인 동지였지만, '위화도 회군'으로 역성혁명이 가시화되자 정적으로 돌아선 것에서도 알 수 있다. 이것은 이성계가 역성혁명을 가시권에 둔 상황에서는 많은 관료와 지식인, 백성들이 쉽게 동의하지 않았다는 분위기를 알 수 있는 증거라고 할 수 있다.

어떻든 위화도 회군과 최영의 축출로서 비로소 왕조교체의 주역으로 이성계가 주목받는 계기가 되었고, 결국 그를 따르는 친위세력을 중심으로 왕조교체를 성공시켰다.

이러한 과정은 영웅들이나 국가 사이에서 벌어진 격렬한 전투과정을 거쳐 왕조가 개창되던 중국의 일반적인 사례와 다른 점이었다.

무력을 배경으로 한 왕조교체는 이루어졌지만 권력의 최상층만 바뀐 것으로 많은 지식인들과 일반 백성들이 왕조교체를 긍정적으로 이해한 것은 아니었고, 초기의 여러 정변들은 새로운 왕조에 민심이 쉽게 귀복할 수 없는 상황적 조건을 만들어 주었다.

용비어천가에서는 이러한 상황을 짐작할 수 있는 사례를 수록하고 있다.

> 감찰 김부(金扶)가 감찰 황보전(皇甫瑔)과 함께 새 감찰 김중성(金仲誠)의 집에서 술을 마셨다. 좌정승 조준(趙浚)의 집을 지나다 말하기를 '비록 큰집을 지었으나 어찌 오랫동안 살 수 있으리오. 후일 반드시 다른 사람이 가지리라.'라고 했다.(제78장)

이 말이 조준의 귀에 들어갔고, 조준이 태조에게 알리자 평소에 '너그러운' 조치를 많이 취했던 태조가 대단히 노하여 김부는 사형에 처하고 관련된 인사들은 장형과 태형에 처하고 심지어는 같이 술을 먹은 18명을 파직 시키고 있다.

또한 태종이 세자였을 때, 성균관에서 같이 공부했던 길재(吉再)를 첩지를 내려 불렀다. 길재가 역마를 타고 서울에 올라오자 태종이 정종에게 청하여 봉상박사를 제수하였는데, 길재는 글을 올려 사양하고 있다.

> 저는 신씨의 왕조에서 과거 급제하여 벼슬을 시작하였고, 왕씨가 복위하자 바로 고향으로 돌아가 장차 몸을 마칠까 했습니다. 이제 옛날을 기억하여 부르시매, 저는 올라와서 뵙고 바로 돌아가려고 합니다. 벼슬을 하는 것은 제 뜻이 아닙니다.(제105장)

이것은 같은 시대 사람들의 정서와 동떨어진 개인의 독특한 정서라고 하기 보다는 당시 성리학적 지식을 습득한 많은 지식인과 백성들의 정서를 대변하는 측면이 있다고 할 수 있는 사례다.

용비어천가에 나타난 이 몇 가지 사례로만 보아도 상당수 지식인들이 조선조 개국에 거부감을 갖고 있었다는 것을 알 수 있고, 조선체제에 편입된 관료들 중 상당수도 조선조 개국의 정당성에 의문을 갖고 있거나 적대의식을 갖고 있었다는 것을 알게 한다.

이러한 문제는 세종시대에 접어들면서도 완전히 없어졌다고 보기 어려웠다. 세종과 집권사대부들은 이러한 상황을 그대로 둔다는 것은 왕조와 정권의 안정에 항시적 불안요소로 남는다는 것을 잘 알고 있었고, 이에 대한 대책을 생각할 수밖에 없었다. 용비어천가는 개국세력의 정당성을 강화하고 반대세력에 대한 장기적이고 근본적인 대책으로 구상된 과제이고, 훈민정음 역시 이러한 정당성 홍보를 위해 널리 백성들에게까지 확산시키기 위한 수단의 측면이 있었음[75]을 부정하기 어렵다.

3. 〈용비어천가〉가 갖는 개국의 정당화 구조

용비어천가를 만든 주체는 세종과 집권 사대부들이다. 그리고 용비어천가의 내용을 긍정하고 수용하여 조선 개국의 정당성을 인정해야 하는 객체 내지는 대상은 백성과 조선 개국의 정당성을 쉽게 인정하지 못하는 사대부 계층이었다. 물론 집권 사대부 계층과 후세에 나타날 왕들과 신하들에게도 조선조 개국의 정당성에 대한 확신과 함께 지켜야할 교훈과 하지 말아야 할 것을 경계하여[76] 왕조의 역년

---

75 유미림, 「세종의 훈민정음 창제의 정치」, 『동양정치사상사』 제4권 1호(2004).

(歷年)을 장구하게 하겠다는 의도도 포함되었지만, 그래도 중심 대상은 어디까지나 사대부 계층과 일반 백성(士民)이었다.

개국의 정당성을 부각하기 위한 용비어천가의 설계구도는 첫째, 이성계를 중국의 이름난 제왕과 비교하면서 나라를 지키고 백성을 이끄는 전통적 영웅상과 유교적인 성인 이미지가 융합된 위대성을 부각하고, 둘째, 보편적 권위인 '하늘(天)=백성'의 지지와 중국적 세계질서에서 현실적 권위인 중국의 인정을 얻었음을 보여준다. 셋째, 교체의 대상인 고려왕조의 정통성 상실과 실정을 부각하고 유교사상에 기반을 둔 이성계의 국가와 백성을 위한 개혁적 정치를 대비시키고 있다.

1) 태조 이성계(太祖 李成桂)의 위대성

용비어천가는 육룡의 위대함을 부각시키는 데, 그 가운데서도 가장 핵심적인 것은 개국조인 이성계의 위대성을 드러내고 '하늘'이 낸 인물임을 증명하는 데 초점이 두어졌다. 위대성을 증명하는 데는 전통적 장군상과 유교적 정치인상이 통합된 이미지가 바탕이 되는데, 중국의 유명 인물들이 비교대상으로 설정된다.

이성계의 행적과 대조되는 중국의 성인들은 한 사람이 아니다. 고대의 탕왕과 무왕에서부터 한 고조, 당 태종, 송 태조 등에 이르기까지 많은 인물들이 동원된다.

우선 태조는 용모가 특출함(제97장)[77]과 아울러 타고난 신력과 무덕(武德)을 갖춘 장군이며, 더하여 유교적 문덕(文德)과 겸손함도 갖

---

76 용비어천가의 결론 부에 해당하는 무망장(毋忘章)들이 이에 해당한다.

77 "태조는 코가 높은 용의 얼굴로 奇偉하고 탁월했다. (……) 여러 아들 가운데 태종이 닮았다."

춘 영웅으로 묘사된다. 특히 초인적인 활 솜씨를 갖추었음을 곳곳에서 서술하고 있는데, 이 부분도 조선 후기의 성리학적 관념에서는 의외의 설정이다. 이것은 조선 초기에는 문무의 균형적 사고가 유지되고 있었다는 증거도 될 수 있는 것으로 성리학자들이 패도로 규정하여 배척했던 당 태종 이세민이 '고성(古聖)'에서 중요한 지위를 차지하고 있는 것과도 무관하지 않는 것으로 보인다.

> 당나라 태종이 낙양 동산에서 사냥을 하는데, 한 무리의 돼지가 숲 속에서 뛰어나왔다. 태종이 활을 당겨 네 발로 네 마리를 죽였다. (……) 태조가 일찍이 화령(和寧)에 사냥을 나갔다. 땅이 험하고 비탈졌으며 얼어서 미끄러웠다. 태조는 가파른 언덕을 내리 달리며 큰 곰 네 마리를 쏘았는데 모두 한 살에 죽었다.(제65장)

태조의 무용에 관한 이야기는 용비어천가의 곳곳에서 나타나는데, 은연중 중국의 영웅들을 능가하는 실력을 갖추었음을 내 보이기도 한다. 즉 돼지/곰, 네 발/ 한 살의 의미론적 대립항을 내세우며 은연중 태조가 당태종을 능가함을 암시한다. 그리고 이러한 능력을 국가와 백성을 위해 발휘하여 큰 공훈을 세웠음을 공양왕의 입을 빌어 정리해 두고 있다.

> 문무를 두루 갖추고 임금을 돕는 재목이니, 나라 일에는 집안일을 잊어버리는 나라의 신하이다. 천지와 조상의 도타움으로 태어나 삼한의 편안함과 위태로움에만 뜻을 두었다. 공민왕의 신임을 얻어 홍적(紅賊)을 없애고 양경(兩京)을 수복하였으며, 서자인 중을 쫓아내고 왕씨를 안정시켰으며, 나씨(納氏)를 쫓아내어 위세를 사막에 떨쳤고, 왜구를 무찔러 서해를 보호하였으며, 인월(引月)을 공격하여 부상(扶桑)을 떨게 했다.(제11장)

그리고 이러한 큰 공적이 있음에도 불구하고 태조는 천성이 겸손하였음을 강조한다.

태조는 항상 겸손하고 사양하며 나서지 않고 스스로를 지켰으며, 남의 위에 서려고 하지 않았다. 매번 과녁을 쏠 때면, 다만 상대가 능한가 아닌가를 보아 셈의 다소를 겨우 상대방과 비슷하게 할 뿐이지 승부를 가리는 것은 아니었다.(제64장)

이러한 겸손의 태도에서 더 나아가 태조가 처음부터 왕이 될 뜻을 가졌던 것이 아니라는 것을 조준의 상소를 인용하여 증명코자 하고 있다. 첫째, 위화도 회군을 했을 때, 죽음을 무릅쓰고 왕씨를 다시 일으켜 세울 논의를 했겠는가? 둘째, 이제 가까스로 관례를 한 세자를 세워 나라의 근본을 바르게 정하려고 했겠는가? 셋째, 기꺼이 경연을 열어 훌륭한 유학자들이 좌우에서 『정관정요(貞觀政要)』를 아침저녁으로 읽어 바쳤겠는가? 넷째, 어찌 기꺼이 서연을 열고 많은 선비를 동궁에 모아 『대학연의(大學衍義)』를 올려 날마다 나라 다스리는 도리를 강의하도록 했겠는가? 다섯째, 또 어찌 기꺼이 세자가 천자를 뵙도록 건의했겠는가?
이러한 태조를 위험시하여 죽이려 했기 때문에[운대의 공훈이 도마 위의 고기가 되었기 때문에] 어쩔 수 없이 추대를 받아 왕위에 나간 것이라는 것을 강조하고 있다.
그리고 용비어천가는 태조를 잇는 태종의 효성과 덕, 과거에 합격한 사실과 태조가 태종을 대단히 중하게 여겼다는 것을 서술하고 있다. 물론 정종에 대한 찬양은 생략되어 있다. 특히 태종이 태조의 죽음에 반대를 무릅쓰고 삼년상을 지냈다는 것을 강조하고 있다.

태조가 돌아가자 신하들이 모두 역월(易月)의 제도를 쓸 것을 청했으

나 태종은 끝내 듣지 않고 3년 동안 참최(斬衰)를 입었다.(제92장)

이것은 세종의 시대에도 삼년상이 제대로 정착되어 있지 않았다는 것을 역설적으로 보여주는 증거라고 할 수 있다.

2) '하늘'과 '중국' -정당성의 원천-

위대한 인물인 태조와 태종을 예비하기 위하여, 4조의 행적은 정당화되고 신비화 되었다. 4조의 행적을 정당화하고 신비화하는 데는 유교적 천명론과 전통적 신이(神異)론[78]이 함께 동원되었다. 나아가 중국적 세계질서에서 현실적 권위로 작용하는 중국(=명나라)의 인정도 정당화의 중요한 요소로 이용되었다. 이 '하늘'과 '중국'은 이성계와 이방원을 인정한 두 개의 권위로 설정되었던 것이다. 그리고 '위대성'의 증명은 중국의 '고성(古聖)'들의 행적과 대비하는 것으로 이루어진다.

(1) 천명론(天命論)

〈용비어천가〉에서 천명론은 조선왕조 개창을 정당화하는 가장 핵심적인 논리로 등장한다. 이것은 유교사상이 여말선초의 지식인 계층에게는 공통의 지적 기반으로 어느 정도 확고하게 자리하고 있었음을 역설적으로 보여주는 것이다. 그런데 〈용비어천가〉의 '하늘'은 두 가지 맥락을 가진다. 하나는 '하늘=백성'이라는 유교적 맥락과, 다

---

78 위대한 영웅이 탄생하기 까지는 여러 가지 기적적인 현상이 나타나고, 태어난 영웅은 신의 도움을 받고, 남 다른 능력을 갖추고 있다는 전통적인 관념. 특히 장군설화(將軍說話)는 오랜 전통적 관념이었다. 북한에서 김일성, 김정일을 '장군'으로 호칭하는 것은 이러한 전통적 관념을 동원하여 신비화하는 전래의 방식을 사용하고 있는 것으로 볼 수 있다.

른 하나는 '하늘=신령'이라는 전통적 맥락이다.

〈용비어천가〉는 태조의 조선왕조 창업이 '하늘=백성'의 천명임을 여러 각도에서 조명하고 있다. 이러한 천명이 태조에게 돌아감을 예언적인 형태로 나타난 사례 역시 여러 형태로 수록된다. 특히 시중 경복흥(慶復興)이 "동한의 사직이 장차 그대의 손아귀에 돌아갈 것이니(……)"와 같은 예언을 했다고 기록한다. 이것은 태조만이 아니라 태종의 기상을 보고도 많은 사람들이 예언했다고 기록한다. 태종이 시중 이인임을 그 집에서 만나고 나왔는데, 이인임이 다른 사람에게 말하기를 "나라가 장차 반드시 이씨에게 돌아갈 것이다."라는 말을 했다고도 기록한다.(제12장)

이러한 예언적 교시를 하는 사람들이 반드시 태조와 친분이 깊은 사람들만이 아니었다는 것도 유의해볼 만하다. 그리고 '용비어천가'에서는 이러한 천명이 대대로 큰 덕을 배품에서 옮겨진 것이며, 태조가 유교적 가치관을 잘 실천하였기 때문에 천명이 옮겨온 것으로 이해한다.

> 태조가 정치에 참여하여 떨쳐 일어나 새롭게 고치며, 소매가 헤지도록 열심히 백성을 이롭게 하니, 백성이 태조를 의지하여 사랑하고 모시는 마음이 날로 깊어갔다. 그리하여 사람들은 모두 천명이 태조에게 돌아옴을 알았다.(제12장)

즉, 유교적 민본애민의 정치를 행한 업적의 결과로 백성들의 마음이 태조에게 기울어졌고, 그것을 이유로 천명이 돌아왔음을 밝히고자 하고 있다.

나아가 "태조가 예로써 현명한 선비를 대접하고, 바른 말을 받아들이며, 사사로이 자기 집을 드나들지 못하게 하고, 엽관운동을 금하고 기강을 정돈하니……"와 같은 유교적인 민심수람의 구체적 행동을 원인으로 묘사한다.

(2) 신이론(神異論)

천명론이 유교적 맥락에서 왕조개창을 정당화하는 논리라면 '하늘=신령'의 '신이(神異)'에 관한 기록은 전통적 맥락에서 왕조개창을 정당화하는 맥락이다. 그러나 신이에 관한 강조는 유교적 합리성의 표현인 "불어괴력난신(不語怪力亂神)"에 위배되는 것이기도 했다. 이 부분이 〈용비어천가〉가 갖고 있는 사상의 복합적인 성격의 배경이다.

신이에 관한 기록은 우리나라의 전통적인 신앙체계와 관련을 갖는 것으로, 일반 백성의 정서와 믿음을 강화하기 위한 조치로 해석할 수 있다.

용비어천가는 조선왕조가 개국하기 이전부터 태조 가계의 인물에 대한 '신이(神異)'한 현상이 있어 하늘과 귀신의 보이지 않는 보호가 있었음을 강조한다. 이것은 왕씨를 대신하는 이씨 왕의 출현이 신적인 차원의 보이지 않는 곳에서 이미 예비 되고 있었던 것임을 말하고자 하는 것이다. 아마도 이러한 사상은 유교적 사유(思惟) 라기보다는 우리나라의 전통적 믿음에 가까운 것이다. 물론 '기적'에 관한 사상은 우리나라만의 독특한 것은 아니며 사상사의 전개에 있어서 일정한 단계에서 나타나는 보편적 사유일 수도 있다. '신이'한 이야기들을 '용비어천가'는 수록하고 있는데, 조선왕조에 대한 민중의 확신을 강화하는데 유용하다고 판단한 것 같다.

적병이 들판에 가득하고 선봉 삼백여인은 이미 가까이 왔다. 익조와 부인이 말을 달려 바닷가 언덕에 이르렀다. (······) 본래 여기는 밀물, 썰물이 없고 물이 깊어 건널 수가 없는 곳이다. 그런데 약속한 배는 아직 오지 않아 어찌할 수가 없었는데 갑자기 물이 빠져 일백여보 정도만 물이 남았다. 익조와 부인이 백마 한필을 같이 타고 건넜다. 따르는 사람들이 다 건너자 물이 다시 크게 일어 적이 왔으나 건너지 못하고 돌아갔다. 북방 사람들이 아직까지도 하늘이 한 일이지 사람의 힘으로 된 것이 아니라고 말한다.(제4장)

이 같은 하늘과 신령이 보우했다는 신이한 이야기는 용비어천가의 전체를 관류하는 또 하나의 흐름이다. 이것은 비단 제4장에게만 해당되는 일이 아니었다. 하늘과 신령의 보우는 태종에게도 여전히 존재하고 있다는 징험을 기록하고 있다.

태종이 송도 추동(楸洞)집에 있을 때, 기묘 가을 9월에 하늘이 밝으려고 별이 희미해지는데, 백룡이 침실 위에 나타났다. 크기는 서까래만 하고, 비늘의 광채가 찬란하여, 꼬리는 용 같은데, 머리를 태종이 있는 곳으로 향했다.(제100장)

(3) 중국조정의 인정

조선왕조의 정당성을 인정하는 두 개의 축은 '하늘'과 '중국'이다. 중국도 이 태조의 문무에 뛰어난 능력과 명나라 조정에 대한 충성심을 인정하고 있었음을 보여 주려고 한다. 중국의 인정이라는 흐름도 용비어천가를 관통하고 있는 중요한 흐름의 하나이다. 서원군 이친과 도총제 이맹균이 명나라에 갔을 때 서반(序班) 이첨상(李添祥)이 "당신 나라에는 한 사람의 마음속에 만 사람의 병법을 품고 있는 사람이 있다지요?" 하는 질문을 했는데, 이맹균이 잘 모르겠다고 답하자 이첨상이 다음과 같은 이야기를 했다고 기록한다.

노왕(老王)이 바로 그 사람이지요. 문무의 덕과 재주가 세상에서 비길 사람이 없는 대장군이지요. 다른 사람의 시킨 바대로 압록강에 군대를 이끌고 왔다가 바로 돌아갔으니 진실로 명나라 조정의 충신입니다.

(제9장)

용비어천가는 태종과 명나라의 영락제와의 인연을 소개하며, 영락
제가 태종을 깊이 인정했다는 사실도 암시한다. 용비어천가에서는
영락제를 '태종황제'로 칭하고 있다.

명나라 선비들이 태종을 보고 모두 조선세자라고 하며 매우 공경하
였다. 태종이 연부를 지났다. 태종황제가 친히 태종을 보았는데, 곁에
호위하는 무사도 없이 다만 한 사람이 시립했을 뿐이었다. 온화한 말과
예의로 접대하는 것이 매우 도타웠다. (제94장)

3) 고려왕조의 정통성 상실과 실정

고려가 정통성을 상실한 것과 아울러 거듭된 실정은 정권의 정당
성을 담보하는 '하늘=백성'과 '중국'으로부터 지지의 철회가 있었음을
밝히고자 했다.

(1) 우·창 신씨론(禑昌辛氏論)

'용비어천가'에서는 우왕과 창왕이 왕씨가 아니라 신돈의 자식이
라는 것을 아주 긴 지면을 할애하여 주장하고 있다. 〈제11장〉에서
"고려 우왕은 요망한 중 신돈의 아들이다. 그의 어머니는 신돈의 노
비 첩인 반야이다. 공민왕이 자식이 없어 우를 자기의 자식으로 삼
았다."고 직설적 표현을 하고 있다. 나아가 이러한 사실을 명나라의
권위를 빌어 기정사실화하려 하고 있다. "기사년 겨울에 명나라에
사신으로 갔던 윤승순이 명나라 예부에서 보낸 황제의 자문을 받들
고 돌아왔다. 그 자문의 내용은 다음과 같다. '고려의 임금은 후손이
끊어지고 다른 성을 가진 사람이 거짓으로 왕씨 노릇을 하고 있으

니······'''(제11장)라고 기록하고 있다.

이처럼 명나라의 권위를 차용하여 우왕이 왕씨가 아니라는 것을 말하기도 하지만, 조상이 우왕을 받아들이지 않았다는 것을 전통적인 신앙 가운데 하나인 조상감응과 신령(神靈)의 심판으로 증거 하고자 시도한다. 이때의 신령은 우리의 전통적인 하늘의 현현(顯現)이며, 하늘의 뜻을 보이는 매개체다.

우왕이 장사 치르는 일을 주관하여 현릉(玄陵=공민왕)에 장사지냈는데, 무지개가 태양을 에워쌌다. 그가 제사를 주관할 때 부엉이가 태실에서 울고, 벼락이 치며 땅이 흔들렸다. 그가 현릉에 제사지내고 충숙왕의 능인 의릉(毅陵)에 제사지낼 때 큰 바람이 불고 비가 오며 번개가 치고 우박이 내렸다. 그가 임금의 자리를 이어받자, 조묘(祧廟)와 임금의 능에 있는 소나무가 바람에 뽑히고, 태실의 망새가 부러지며, 묘문이 엎어지고, 어름(御廩)에 저절로 불이 났다. 이것은 선대 임금님들이 신령의 위엄을 움직여 우왕을 끊어버린 것이다.(제11장)

이로써 보면 '용비어천가'의 제작 의도 가운데 하나가 외부의 권위와 전통신앙적 감응현상을 들어 우왕과 창왕이 왕씨가 아니라 신씨였음을 기정사실화하고자 하고 있음을 알 수 있다. 이것은 조선왕조가 왕씨의 나라를 뺏은 것이 아니라 이미 신씨에게 넘어간 왕조를 천명으로 인수한 것이라는 것을 암시하려 하고 있음을 알 수 있다.

(2) 고려의 실정(失政)

용비어천가는 고려왕조가 정통성을 상실했을 뿐 아니라 곳곳에서 고려왕조의 실정을 부각시키고 있다. 그리고 그러한 정통성의 상실에 더하여 '실정'이 천명이 고려왕조에서 떠날 수밖에 없게 하였다는 논리를 전개한다. 이때의 천명은 신이적 맥락에 있는 하늘의 뜻이라기보다는 유교적 맥락에 있는 천명이다. 〈용비어천가〉는 조준의 입을 빌려 고려의 실정을 다음과 같이 정리한다. '탐관오리가 백성을 괴롭히는 것, 용렬한 장수들이 도적을 기르는 일, 못난 관리가 나라의 녹을 허비하는 것, 환관이 임금의 다스림을 더럽히는 일, 장인이나 장사꾼 또는 하인들이 관리를 모욕하는 일, 중이 일하지 않으면서 밭을 가지고 있는 것, 아무 공도 없이 군에 봉함을 받는 것, 악한 자제들이 관직에 있으면서 직무를 태만히 하는 일, 뇌물을 주고 벼슬을 얻는 일'(제12장) 등을 지적하고 있다.

이런 실정을 개혁해야 하는 때에 새로이 등극한 왕씨의 임금인 공양왕은 개혁에는 신경쓰지 않고 공신들을 믿지 않고 해치려고 까지 했으니 부득불 교체할 수밖에 없었다는 논리를 드러내고 있다.

우가 왕위를 도적질하여 차지하고 있을 때 이미 왕씨는 없어진 것이다. 충신과 의사들이 왕씨의 후손을 찾아내어 세웠다. (……) 왕씨의 나라는 망했다가 다시 일어났다. 이에 마땅히 공훈이 있는 현명한 신하를 성심으로 대하고, 충성스럽게 간하는 것은 받아들여 새롭게 다스릴 일을 꾀해야할 것인데, 어찌 인아(姻婭)가 하는 감정을 품은 참소와 부녀자와 환관의 사사로운 청탁만 옳다고 듣고 믿었는가. 공훈 있는 신하를 멀리하고 싫어하며, 어질고 충성스런 사람을 모함하여 해치니, 나라일이 어지러워지고, 인심은 스스로 떨어져 나가고, 천명은 스스로 떠나 왕씨 5백년의 종사가 홀연히 망하게 되니 슬픈 일이다.(제12장)

4. 〈용비어천가〉의 대 중국관

일반적으로 용비어천가는 중국사에서 나타난 뛰어난 인물들(古聖)의 행적과 비교하면서 조선을 개국한 태조와 태종을 중심으로 그 위대성이 동질적임을 드러내는 구조를 갖고 있다. 따라서 용비어천가는 사대관념과 사대질서를 기초로 하여 만들어진 것으로 이해한다. 그러나 용비어천가는 중국과 우리를 일자(一者)로써 동일시하는 것이 아니라, 어디까지나 '타자(他者)'로서의 중국을 전제하고 있다.

기철(奇轍)의 아들인 기세인첩목아가 원나라의 평장(平章)이 되었는데, 원이 북쪽으로 밀려나자 동녕부에 웅거하여 그 아버지의 원수를 갚겠다고 하며 고려를 침입하려 하였다. 이에 공민왕이 이성계와 지용수(池龍壽) 등을 파견하여 치도록 했다. 그 때 금주(金州)와 복주(復州) 등에 붙인 방(榜)의 내용이 〈용비어천가〉에 실려 있다.

우리나라는 요임금과 같은 때에 일어났다. 주나라 무왕이 기자를 조선에 봉하고 준 땅이니 서쪽으로 요하(遼河)에 이르는 땅을 대대로 영토로 지켜왔다. 원나라가 천하를 통일하고는 공주를 시집보내고, 요양과 심양의 땅을 탕읍(湯邑)으로 삼아 성을 나누어 두었다. (……) 대저 요하 동쪽의 우리나라 영토안의 백성과 크고 작은 두목들은 빨리 스스로 내조(來朝)하여 작록을 함께 누리도록 하라.(제42장)

선언적인 의미였는지는 몰라도 요하(遼河)의 동쪽을 우리의 영토라고 하는 인식이 표출되고 있다. 또 우리가 사대주의자로 알고 있는 김부식의 글을 인용하여 안시성 싸움을 평하고 있는데, 중국을 분명한 타자로 인식하는 관점을 내 보이기도 한다.

(……) (당의) 육군(六軍)이 고구려에 쫓겨 거의 힘을 못 쓰게 되었는데, 척후병이 보고하기를, '영공(英公)의 군대가 검은 깃발에 둘러싸여 있다고 하니 황제가 두려워했다.'고 했다. 비록 끝내는 빠져 나갔지만 위험하기가 저와 같았다. 그러나 『신당서(新唐書)』, 『구당서(舊唐書)』그리고 사마공의 『통감(通鑑)』에서 (이 사실을) 말하지 않은 것은 자기나

라를 위해 감춘 것이 아니겠는가?(제41장)

여기에 덧붙여 영명한 당태종을 어려움에 빠지게 한 안시성주의 이름을 잊어버린 것을 아깝게 생각했다는 것을 기록해 두고 있다. 더구나 용비어천가는 당태종의 많은 부분을 긍정적으로 본받을 만한 것으로 기술하고 있으나, 고구려 정벌만은 범조우의 평을 끌어들여 부정적인 평가를 하고 있다.

(……) 나라가 다스려지고 오랫동안 안정되자 팔장을 끼고 그윽히 앉아 있을 수가 없어, 망령된 뜻을 생각하여 주먹을 불끈 쥐고 기세 좋게 뛰며 전쟁을 좋아하게 되니, 마치 풍부(馮婦)가 맨손으로 호랑이 잡는 것을 스스로 그만 둘 수 없었던 것과 마찬가지다. 의리와 이치로써 그 뜻을 기르며, 중용을 지키는 것으로써 그 기운을 기르는 것이 아니고, 용맹으로 시작해서 용맹으로 끝난 것뿐이다.(제41장)

용비어천가에서 당태종을 비판하는 관점을 보이는 부분은 바로 이 고구려 정벌전에 관한 것뿐이다. 심지어는 당 태종이 그의 형인 건성(建成)과 동생인 원길(元吉)을 죽이는 사건도 당 태종의 입장에서 긍정적으로 기술하고 있는 것과 대조적이다.

5. 〈용비어천가〉의 정치적 기능
-집권세력의 단결과 반대세력의 포용

용비어천가에는 세종의 정치철학이 담겨 있는 작품이라고 해도 과언이 아니다. 어렵사리 역성혁명을 이루어 왕조교체의 대업을 이루었으나 정국은 매우 불안하였다. 고려의 유신(遺臣)들과 백성들은 신왕조에 대한 충성의 마음이 없었고, 집권층은 분열의 후유증이 완전히 치유되고 있지 않았다. 정도전과 남은 일파가 몰려 죽었으며, 왕자의 난이 잇달았고, 한 때 세자로 책봉되었던 방석은 죽음을 맞았다.

태종의 시대는 집권세력의 단결과 반대세력의 포용여부가 직접적인 정치적 과제로 대두되어 있었다. 태종은 남아있는 공신들을 보호하고, 고려의 유신들을 포용하는 정책을 적극적으로 전개했다. 태종이 세자시절에 공신인 이거이(李居易), 조박(趙璞), 조준(趙浚) 등이 사병혁파 문제와 관련하여 탄핵을 받아 위험에 처 했을 때, 적극적으로 나서 이들을 구해낸 사실을 수록하고 있다. 〈용비어천가〉는 이 부분을 당의 고조가 공신 유문정(劉文靜), 문기(文起) 형제를 주살한 것과 대비하여 기록하였는데, 즉 당 태종이 중간에 주선하여 이들을 살리고자 했으나 결국 실패했다는 사실을 호인(胡寅)의 평을 끌어다 부각했다.

세민에게 있어서는 당연한 일이었지만, 이강(李綱)과 소우(蕭瑀)도 역린을 건드리지 못하여 공훈이 있는 옛 신하를 원통하게 죽게 했으니 그 책임이 크다.(제104장)

반면 우리나라 태종은 정종이 이거이나 조준 등을 크게 벌주려고 했으나 태종이 중간에 주선하여 살려내었음을 대비시키고 있다. 정종이 조준을 옥에 가두고, 관리를 이거이와 조박이 있는 곳에 보내어 국문하려 하자 태종이 이들을 서울로 불러 올려 말을 들어보고 하는 것이 옳다고 주장하여 관철시켰다는 사실을 기록한다.

태상왕께서 개국하시고, 주상께서 자리를 이어받고, 내가 불초함에도 세자가 되어 이제까지 잘된 것은 모두 조준의 공이다. 이제 지난날의 공을 잊고, 그 허실을 알아보지도 않으면서 단지 사헌부의 장계만을

믿는다면 하늘이 두렵지 않겠는가!(제104장)

하면서 조준의 옥사가 거의 이루어질 번한 것을 태종이 힘써 구하여 면하게 했음을 부각했다. 여기서 당나라와 비교하면서 오히려 우리 태종이 공신 보호에 대해 더 적극적이었음을 보이고 있는데, 은연중 우월적 자부심을 표현하고 있는 것으로도 보인다. 용비어천가에서 이런 사실을 싣고 있는 것은 세종과 집권 사대부들이 이 문제에 대해 공감하고 있다는 표현에 다름 아니며, 개국에 공로가 있는 공신세력을 우대하고 보호하겠다는 의지의 천명이라고 읽어도 무리는 없다.

이와는 반대로 용비어천가는 반대세력에 대해서도 충성의 마음이 굳은 사람이라면 기꺼이 포용할 것이라는 것도 천명한다.

정도전이 죄를 받고 죽으니, 방석의 무리가 모두 흩어졌으나 오직 김계란(金桂蘭)만 도망가지 않았다. 남은(南誾)이 도망치니 그 종들이 모두 흩어졌으나, 유독 최운(崔雲)만이 부축하고 길거리 집에 숨겨주며 끝내 도망가지 않았다. 태종이 두 사람의 의리를 중하게 여겨 불러서 휘하에 두었다. 즉위한 후에는 모두 곁에서 지키는 직책을 맡겼다. 김계란의 품계는 3품에 이르고, 최운의 품계는 2품에 이르렀다. 또 정몽주가 맡은 일에 충성스럽다하여, 특별히 명을 내려 영의정부사를 증직하고 문충공이라는 시호를 내렸다. 그리고 그 아들 종성(宗誠)과 종본(宗本)을 등용했다. 방간이 패했을 때, 그 휘하의 군사 강유신(康有信), 장사미(張思美), 이군실(李君實), 정승길(鄭升吉) 등은 모두 그 힘을 다한 자들이다. 태종은 즉위하여 강유신과 장사미를 내금위에 임명하고, 이군실과 정승길은 사복에 임명하였다. 정승길은 일찍 죽었으나 강유신, 장사미, 이군실은 모두 추밀원에 들어갔다.(제106장)

이처럼 세종은 태종이 실행했던 집권세력의 단결과 반대세력의 포용을 통한 통합의 정치노선을 따르겠다는 것을 용비어천가를 통해 천명하고 있는 것이다.

이처럼 〈용비어천가〉 구성의 사상적 배경은 반드시 성리학적 정치사상에 국한되어 있지 않다. 체제구성이 『주역』을 기초로 하고 있고, 서경과 맹자의 내용이 소박하게 인용되고 있으며, 무엇보다도 '고성(古聖)'을 유교적 학자집단의 정의에 따르는 것이 아니라, 현실정치에 성공한 중국의 명군(名君)들을 그 범주에 포괄했다. 따라서 성리학적 왕도만이 아니라 패도적 군주까지 포함했으며, '괴력난신(怪力亂神)'으로 기피해야 할 이야기도 많이 실려 있다. 하늘의 경우도 유교적 '천(天)=백성'의 맥락에서만 사용되는 것이 아니라, '하늘=신령'이라는 전통신앙의 맥락에서도 사용된다. 그리고 도참과 비기적 성격의 이야기도 긍정적 맥락에서 수록되고 있다. 아마도 〈용비어천가〉가 조선 후기 순정성리학자들의 논의에 거의 등장하지 못한 이유도 여기에 있었을 것이다.

세종은 〈용비어천가〉의 구성을 한당유교와 성리학적 관점(특히 호인과 범조우의 평은 성리학적 요소가 많다.)을 비롯해, 백성들의 정서와 신앙과 밀접한 관련을 갖는 '신이(神異)'의 요소를 과감히 채용하여 새 왕조 개창에 적대적이거나 무관심한 사람들에게 왕조개창의 정당성을 납득시키고자 했던 것이다. 동시에 개국세력의 단결과 반대세력에 대한 포용의 방침을 드러내고 있다. 이상 〈용비어천가〉의 분석에서 볼 수 있듯이 이 시기 광의의 '유자관료'의 사상은 후기와 달리 성리학(주자학)에 관한 신념의 수준이 그렇게 높지 않았음을 짐작할 수 있다. 다음 편에서는 '유자관료'에 대한 보다 깊은 인식을 위한 논의를 시작하려고 한다.

6부

조선조의 엘리트 구조와 유자 관료의 특성

1장 조선조의 엘리트 구조와 관료의 위상

1. 전통적 신분주의와 유교 이념

조선조 사회 구조는 신분 계층으로 대표되며, 시공간에 따라 상당한 변이를 나타내는 복잡한 것이었다. 즉 조선조는 법제적인 신분 구조와 현실적인 신분 분화가 일치하지 않고, 중앙과 지방 간에도 차이가 있으며, 시대에 따라서도 서로 다른 복잡한 신분적 사회 계층으로 이루어졌다. 그러나 현실적인 신분 계층이 언제나 강고한 세습력에 의해 뒷받침된 것은 아니다. 우리나라 역사에서 통치 제도로서의 관료제는 신분적 사회 계층과 밀접한 관련이 있다.

관료제 자체의 구성이 강력한 씨족이나 부족의 협동과 연합으로 출발했기 때문에 통치 관료제적 성격이 강하고, 사회 체제 내에서 차지하는 관료의 위상도 본질적으로 높았다. 따라서 관료제에 참여하는 문제는 사회적 신분을 결정하는 데 중요한 변수였다. 관료제 참여가 귀속적(ascriptive) 기준에 따르는지, 아니면 성취적(achievement) 기준에 따르는지는 사회적 신분 결정에 중요한 영향을 미쳤다.

그런데 귀속적 기준과 성취적 기준은 반드시 양립 불가능한 모순 관계에 있는 것은 아니며 결합이 가능하다. 일반적으로 안정되고 단순한 사회에서는 귀속적 기준이 강하게 작용할 것이고, 불안정하거나 복잡한 사회에서는 전문성과 능력이 필요하게 됨으로써 성취적 기준이 강세를 띨 것이다.

유교적 비전에 따라 정치 사회 질서를 의도적으로 편성하려는 유교주의는 관료제 충원의 가장 기본적인 방식으로 과거 제도와 친화적이다. 과거의 특징은 성취적 요소를 중심으로 관료를 선발한다는 점이다. 이러한 성취적 요소는 전통적인 귀속적 요소와 일정한 긴장과 결합 관계를 유지하면서 발전해 갔다. 과거제는 원칙적으로 능력 중심으로 인재를 선발한다. 어떤 능력을 요구하는지는 시대적 가치와 연관되지만, 능력 중심의 발상은 기득권 구조를 위협하는 요소를 가지고 있다. 전쟁을 통한 왕조 교체가 많았던 중국에서는 군공(軍功)을 세우거나 군수(軍需), 조세 행정 같은 실무 능력을 중시했고, 체제 안정에 기여하는 유교적 경술(經術)도 중시했다. 왕조 교체기의 불안정한 상황에서는 문벌보다 개인의 능력을 중시했다. 반면 왕조 교체가 빈번하지 않고 안정적인 우리나라에서는 능력보다 신분이 관료가 되는 데 더 중요했다.

우리나라에서 신분주의 이데올로기나 그것에 의해 파생된 신분 제도의 연원은 아주 오래되었다고 볼 수 있다. 신분 간 사회적 유동성(social mobility)이 완전히 닫혀 있었다고 볼 수는 없지만, 신라 시대의 골품제에 의한 관료제 규제[1]에서부터 고려조와 조선조에 이르기까지 사회 구조로서의 신분은 엄연히 존재했다. 즉 신분 구별의 기준이 무엇이든, 또한 신분을 구성하는 사람과 가계의 변동이 심했든 그렇지 않든 신분은 생활을 제약하는 기본적인 조건으로 작용했다.

한반도에서 신분주의의 정착과 공고화 과정은 다양한 측면에서 설명할 수 있다. 한반도는 산악이 많고 평야가 적은 지역적 특성을 가지고 있다. 지리적 경계는 자연적으로 나(우리)와 너(너희)를 구분했다. 소통은 쉽지 않았고, 나와 너를 식별할 수 있는 차별적 표지를

---

1 이기동, 「신라 중대의 관료제와 골품제」, 『진단학보』 50(서울대출판부, 1980).

부여하는 방식이 일찍부터 발달했다. 상대적으로 많은 인구가 평야 지대에 밀집하면서부터는 갈등과 투쟁이 격화했고, 정치권력은 갈등과 조정의 기제로 서열과 차별을 강조했다.

중국보다 좀 더 강고하게 신분주의 이데올로기가 지탱된 배경에는 삼국 시대 이후 지속적으로 입지를 굳혀 온 지방 호족 세력의 존재가 있다. 그들은 중앙 정치세력의 변동과 큰 상관없이 지방 지배 질서를 구축했고, 급격한 변동 없이 세력을 유지할 수 있었다. 정치적, 경제적, 사회적 지배의 지속은 혈통을 신성화하는 데까지 이르렀다. 혈통과 출신을 불가침으로 규정한 신라의 골품제가 비록 후삼국의 쟁패 과정에서 균열이 생기고 고려의 건국으로 완화되었지만, 신분제적 구조는 여전히 강고했다. 고려의 과거제 역시 신분제를 흔드는 유력한 제도였으나, 결국 신분제 속으로 포섭되었다. 즉 신분제 내의 경쟁으로 자리매김된 것이었다. 고려를 이은 조선조에서도 신분주의 이데올로기는 행정 체계 전반에 영향을 미쳤다. 이러한 영향은 관료 충원 과정에서 드러났으며, 특히 직역(職役) 체계에서 극명하게 드러났다.[2] 과거(특히 문과), 음사(蔭仕), 서경과 청요직(淸要職) 선발 등에서 신분적 자격 요건을 강화한다거나, 신분에 따라 역(役)을 고정화하는 경향이 그것이다. 서얼차대도 동일한 맥락에서 이해할 수 있다.

신분의 결정은 사회와 조직 내의 권력 투쟁이나 중심 권력과의 친소(親疎) 등에서 말미암았겠지만, 신분주의의 핵심적 특징은 세습성에 있다. 고려 관료 체제가 귀족제인지 관료제인지에 대한 논쟁[3]의 핵심도 여기에 있다. 신라 원성왕 때 처음 도입한 성취주의적 관료 선발 제도인 독서삼품과[4]는 신분주의 이데올로기 아래의 골품제를

---

2 김석형, 「이조 초기 국역 편성의 기저」, 『진단학보』 14(박문서관, 1941) 참조.
3 김의규 편, 『고려 사회의 귀족제설과 관료제설』(지식산업사, 1985).

극복하는 데는 크게 미치지 못했다. 이것의 연장선상에서 고려 관료 체제를 관료제설로 이해하려는 관점에서는[5] 광종 때 채택한 과거 제도가 귀속적, 신분적 요소를 충분히 극복할 수 있었다고 강조한다. 반면 귀족제설을 주장하는 쪽에서는 과거 제도 실시에도 불구하고 귀족적, 신분적 요소를 극복하지 못했음을 강조한다.[6] 그 주요 논거로 음서제가 광범위하게 퍼져 있었다는 점을 든다.

그런데 사실은 세족 출신의 자제가 과거를 통하여 고위직을 점유하는 경우가 많았지만,[7] 상대적으로 한미한 가문의 자제가 과거를 통하여 입신하고 세족으로서의 기반을 갖추는 경우도 다수 생겨났다. 이와 같은 것을 귀족화(aristocratize) 현상으로 볼 수 있는데, 신라의 골품제를 기반으로 한 귀족제와 비교하면 그 의미상의 차이는 상당히 크다. 과거제 실시는 문벌 사회에 일정한 충격을 지속적으로 주었고,[8] 급기야는 이 통로를 통해 중앙 정계에 진출한 관료들이 새 왕조 탄생의 중추 역할을 했다. 결론적으로 고려의 과거제 실시와 공민왕의 개혁은 새로운 유형의 관료들을 탄생시켰고, 이러한 역사적 배경 위에서 고려 말과 조선 초에 신흥 사대부 세력이 새롭게 등장할 수 있었다. 이들은 새 왕조가 통치의 지배 이념으로 유교(성리학)를 받아들이도록 했다.

---

4 『三國史記』, 卷第十, 新羅本記 第十, 元聖王 四年.

5 박창희, 「고려 시대 '관료제'에 대한 고찰」, 『역사학보』 제58집(역사학회), 191~215면.

6 김의규, 「고려 관인 사회의 성격에 대한 시고」, 『역사학보』 제58집(역사학회), 217~231면.

7 김광철, 「고려 후기 세족층과 그 동향에 관한 연구」, 동아대학교 문학 박사 학위 논문(1987), 115~130면 참조.

8 『高麗史』 列傳, 卷第三十一 趙浚 참조. 조준(趙浚)은 문하시중 조인규(趙仁規)의 증손으로 문벌가 출신이라 할 수 있는데, 그 어머니 오 씨(吳氏)는 아들들이 과거에 급제하지 못했음을 탄식했다. "母吳氏 嘗見新及第綴行 呵謂嘆曰 吾子雖多 未有登第者 何用哉 (…)."

성리학이 조선조 관료 체제의 제도나 구조에 구체적으로 어떠한 영향을 미쳤는지는 간단히 말하기 어려우나, 『용비어천가』에서도 나타나듯이 성리학이 조선 초기의 문물제도를 창정하고 기능을 배분하던 권력 상층부의 가치 체계나 사유 구조를 지배하고 있었다고 단언하기는 어렵다.[9] 조선왕조 설계자 정도전은 '심(心) = 불교', '기(氣) = 도교', '이(理) = 유교'의 관계를 이유심기(理喩心氣)로 정의하고,[10] 유교가 불교와 도교를 깨우쳐서 이끌어 가는 것임을 정당화했다. 이것은 불교적 신앙을 근거로 구축된 고려 사회를 해체하고 새로운 유교적 사회 건설을 선언하는 것이기도 하면서 동시에 당시 불교와 도교의 사회적 영향력이 여전했음을 반증하는 것이기도 하다.

불교의 세계관에서 업(業)의 사상은 현실의 신분 제도를 비롯한 사회 질서에 대한 긍정과 밀접한 연관이 있다. 현실 세계에서 부귀한 권력자는 전생에서 쌓은 선업의 당연한 결과이고, 가난한 자나 미천한 자는 전생에서 쌓은 악업의 결과[11]로 이해했기 때문에 불교는 문벌 지배 체제를 정당화해 주는 역할을 수행한 것이다. 물론 고려 시대에도 과거제 실시나 최승로의 시무(時務) 28조 등 여러 곳에서 유교적 편린을 볼 수 없는 것은 아니다. 그러나 그것이 국왕이나 관료들에게 내면화되어 정책 입안과 집행, 행위의 준칙으로까지 심화한 것으로 보기에는 무리가 있다. 씨족과 족당, 신분의 이해(利害)가 우선되었고 유교적 교훈은 겉돌았다. 고려 유학의 주류가 사장(詞章) 중심이었다는 평가는 이를 말해 준다. 정도전 등 조선왕조 건국과

---

9 정도전이 쓴 심기리(心氣理)에 관한 글이나 권근의 「입학도설」 등에서 그 사실을 확인할 수 있다.

10 『三峰集』, 心氣理.

11 Wolfram Eberhard, "Social Mobility and Stratification in China", *Class, Status and Power*, eds. by R. Bendix and S. M. Lipset(London: Routledge & Kegan Paul Ltd., 1967), p.172.

설계를 담당한 그룹은 유교적 교훈이 관철될 수 있는 관료 정치 체제를 구상했고, 그 핵심은 유자들만이 고급 관료로 진출할 수 있게 하는 것이었다.

만약 정도전이 구상하는 새로운 유형의 유자들이 엘리트 관료를 독점한다면 조선조 관료 체제의 외형적, 제도적 골격이 고려조의 그 것과 거의 비슷하다고[12] 하더라도 정책 과정의 전 영역에서 유교적 가치 체계의 영향을 받을 수밖에 없다.[13] 조선조가 단순히 고려의 제도를 답습했다고 하기 어려운 질적인 차이가 여기에 있다.

조선조가 성리학을 통치 이데올로기로 삼았다 함은 이러한 의미를 함축한다. 즉 성리학적 가치 체계와 사유 구조가 현실과 상호 작용을 하면서 사회 구조나 문화 전반에 영향을 미치리라는 것을 예정하는 것이다. 그런데 통치 이데올로기 도입은 완전한 백지 위에 그림을 그리는 것과는 달리 기존의 사회 문화, 전통, 관습 등과 갈등하고 타협하면서 그 존재 방식을 결정해 나가는 것이다. 앞에서 살펴본 전통적인 차별적 신분주의 이데올로기와 유교의 철학 사상은 깊은 연관이 있는 것으로 인식된다.[14] 그러나 이후 구체적으로 논의하겠지만, 유학 사상의 핵심 논리와 고정적 신분주의는 친화 관계가 아니라 오히려 모순 관계에 있다.[15] 실제로도 조선조 전기에 왕을 비롯

---

12 『太祖實錄』, 卷之一, 元年 七月 丁未條, "國號仍舊爲高麗 儀章法制一依前朝故事 (…)."

13 이것의 예로 고려조에서라면 비보 사원(裨補寺院) 건축이 정책 의제로 채택되었겠지만, 조선조에서는 채택되지 않았을 것이다.

14 김만규, 『조선조의 정치 사상 연구』(인하대학교출판부, 1982), 5~15면.

15 임효선, 『삶의 정치 사상』(한길사, 1984), 161면. "음, 양이나 부(夫), 부(婦), 군, 신의 각각의 역할의 경우와 마찬가지로, 어느 특정 구성 부분의 기능 역할은 다른 부분에 의해 대체될 수도 없고 대체되어서도 안 된다. (……) 어느 것은 높게, 어느 것은 낮게 여겨질 수도 있고, 어느 것은 고귀하고 영광스럽게, 어느 것은 비천하게 여겨질 수도 있다. 그러나 모든 개개의 부분은 전체를 형성하는 필요하고 본질적인 구성 요소들이라는 점에서 그 '가치'에 있어 다 같이 동등한 것이다."

한 대관들은 관료 충원과 신분이 연계되는 문제에 대해 대체로 부정적이었다. 가령 "하늘이 백성을 있게 함에 본래 양천(良賤)의 구별은 없었다"[16]는 원칙론이나, 서리 출신을 수령으로 임용하는 문제에 대해 "사람이 현명하고 현명하지 못함은 출신에 관계되는 것이 아니다"[17]라고 한 의정부의 견해가 그러한 기본 관점을 잘 보여 준다. 특히 태종은 "사천(私賤)이 아니면서 재행(才行)이 있는 자는 그 세계(世系)가 비록 한미하다 하더라도 경대부에 이를 수 있는데, 하물며 이전(吏典)은 종공수직(從公受職)까지 했는데 차별하는 것은 불가하다"[18]라는 원칙을 견지했다. 유교 사상이 차별 위주의 신분주의와 밀접한 관련이 있다고 인식되는 것은 현실적으로 유교의 성취주의적 요소가 신분주의 이데올로기를 완전히 극복하지 못하고 타협한 데서 비롯한 오해다. 유가 사상과 신분주의 이데올로기는 조선조 관료 체제에서 서로 절충하고 제약하면서 영향을 미쳤다. 특히 유학의 논리는 능력주의와 결부하여 국가시험(과거) 등을 통하여 일정 부분 구현되었고, 신분주의는 귀속적인 신분을 기준으로 하여 조선조 관료 체제 구성과 엘리트 구조 형성에 영향을 주었다. 그렇지만 유교관료제의 정착 과정에서 신분주의 이데올로기는 극복해야 할 대상이었지 본질적 성격은 아니었다. 즉 사관(士官) 일치와 사농(士農) 일치의 소통 구조를 파괴하는 신분주의는 원칙상 유교관료제의 기본 축과는 모순되는 것이었다.

---

16 『太宗實錄』, 卷之二十九, 十五年 正月 己未條, "刑曹判書沈溫等 上疏 疏略曰 天之生民 本無良賤 (…)."

17 위의 책, 卷之八, 四年 八月 己丑條, "議政府議 人之賢否 不係出身 槪以吏胥出身 不除守令 則有違於國家用人之義 擇其才能者任用 (…)."

18 위의 책, 卷之二十七, 十四年 二月 庚戌條, "河崙啓曰 (…) 又請 '吏典出身者 考四祖 曾無六品之職者 不許東班敍用'. 上曰 '不干私賤且有才行者 其世系雖微 可至卿大夫, 矧此吏典從公受職 不可以區別也.'"

2. 조선조 엘리트 구조와 관료

조선조의 관료 계층을 단순히 양반 신분으로 규정하고, 또한 양반, 중인, 양민, 노비라는 4대 신분(현실적인 신분 분화)에서 최상층으로 규정하는 것은 문제가 있다. 조선조 관료의 범위 설정과 관련하여 본질적인 문제는 성중관(成衆官),[19] 이전(吏典),[20] 아전(衙前)[21]이라는 이른바 일선 행정 업무를 담당하는 사람들을 관료의 범주에 포함시킬 것인지 여부다. 조선조 관료를 논하면서 지금까지는 대체로 관인(mandarin)이라는 용어로 상층 지배층 관료를 나타냈으며, 이들을 관료의 대표로 보았다. 반면 성중관, 이전, 아전 같은 이른바 서리[胥吏]들은 관료에 포함시키지 않는 것이 통례였다.[22] 그러나 그들이 실무 행정을 담당한 것은 인정했으며,[23] 그 직무를 비교적 상세히 소개하기도 했다.[24]

조선조 고급 아문을 포함한 모든 아문에서 실제적인 행정은 서리들이 담당했다. 조식이 공개적으로 '서리 망국론'을 말한 것은 '활수(活手)'의 능력을 갖추지 못한 고급 관료들의 실무 능력이 모자람을 비판한 것이기도 하지만, 서리의 작폐가 사회적, 정치적으로 큰 문제가 된 것은[25] 따지고 보면 실제 행정상에서 그들이 맡은 역할이 컸음

---

19 한영우, 「조선 전기의 상급 서리 '성중관'」, 『동아문화』 제10집(1971. 9.); 신해순, 「조선 전기의 녹사」, 『성균관대학교 논문집』 제18호(1973), 171~191면 참조.

20 신해순, 「조선 초기의 하급 서리 이전」, 『사학 연구』 35호(한국사학, 1982. 12.), 1~62면 참조.

21 김필동, 「조선 후기 지방 서리 집단의 조직 구조」 상, 하, 『한국학보』 제28집, 제29집.

22 박동서, 「한국 관료제도의 역사적 전개」, 한국연구총서 제11집(1961), 12면; 이성무, 「조선 초기의 향리」, 『한국사 연구』 제5집, 65면.

23 박동서, 위의 글, 11면; 이성무, 위의 글, 65면.

24 김운태, 『조선왕조 행정사 - 근세편』(박영사, 1981), 125~129면.

25 『宣朝實錄』, 卷二, 元年 五月 乙亥條; 李睟光, 『芝峰類說』, 卷十六, 語言部, 雜說,

을 반증하는 것이기도 하다. 이러한 상황을 두고 성호 이익(星湖 李瀷)은 다음과 같이 말했다.

지금 모든 관부에 속한 관리들은 자주 이리저리 옮기면서 오직 자신의 이익을 도모하기만 생각하고 맡은 공무에는 유의하지 않는다. 무릇여러 가지 헌장의 조항에 대해서는 아는 바 없어 머리만 숙이고 앉았을 뿐 서리에게 의존하고, 공경대신이 입대할 때면 반드시 조리(曹吏)를 찾아 물어본 다음에 결정하면서도 부끄럽게 여기지 않으니 이것이무슨 도리인가? 속담에 "조선은 서리 때문에 망한다"라고 하나, 나는오히려 조선은 서리 때문에 유지되고 이 서리가 없다면 온갖 제도도장차 없어질 것이라 생각한다.[26]

이렇게 중요한 서리들을 관료로 인정하지 않는다면 그 주된 이유는 어디에 있을까? 그것은 아마 서리들의 직책이 국가에서 녹을 받는 관직이라기보다는 입역(立役: 의무)이라는 관념이 크게 작용했기때문일 것이다. 그러나 사실상 조선조는 양반의 관직을 포함하여 국민 개역 체제(國民皆役體制)로 이해하는 것이 본질상 타당할 뿐만 아니라, 경아전(京衙前)만 하더라도 약 1,300명에[27] 이르는 서리들이 문서, 기록, 회계 등을 담당했으며, 지방의 아전들도 그곳의 실질적인행정을 담당했다.[28] 성호 이익이 서리들을 "서인으로서 관직에 있는

"曺南冥云 朝鮮以吏胥亡國 (…) 吏胥之害滋甚 爲官者朝更暮遞 席不暇暖 吏胥輩從少至老 任事自若 (…) 俗所謂江流石不轉以此"

26 李瀷, 『星湖僿說』, 卷之十, 人事門, 胥徒褒貶, "今諸司之官 惟思數遷規利 不曾留心曹務 凡憲章條令 俛首刮席 寄命於胥吏 公卿大臣入對前席 又必出訪曹吏 而後斷事 不以爲恥 是何道理 俗諺云 朝鮮亡於胥吏 余則曰 國家賴胥吏 而猶存 無此 將百度廢矣."

27 『經國大典』, 吏典, 京衙前.

28 이방(吏房)은 인사, 출장 명령, 서무를 맡았고, 호방(戶房)은 수세(收稅), 균역(均役), 호구, 농사, 둔전(屯田), 관우(官牛), 사창(司倉), 각곡(各穀), 시직(市直), 제언(提堰),

재[胥徒亦庶人在官者]"라고 파악했듯이,[29] 행정학적 관점에서는 이들을 행정 관료로 파악하지 않을 이유가 없다. 관료의 범위를 이렇게 광의로 설정할 때, 관료들의 사회 계층은 동일하지 않을 뿐더러 성격도 동일할 수가 없다.

정치와 행정의 준거로 작용하는 유교주의 이념을 도입하고 실천하는 것은 조선조의 상층 엘리트 관료인 조관(朝官) 관료(정치직 관료)와 연관이 있으며, 그들을 충원하는 문제와 직접적인 관계가 있다. 이들 상층 관료와 하층 관료, 그리고 그들의 공급원으로서의 사회 계층은 어떤 관계 구조를 가지고 있는지를 고전적 엘리트론을 모형 삼아 재구성해 보자.

엘리트 구조를 다루는 것은 지배 구조와 엘리트의 존재 양식과 변동을 이해하기 위해 의미 있는 인식을 얻기 위함이다. 특히 엘리트 선택 체제(selective system)는 지배 구조의 성격과도 깊은 상관관계가 있다. 고전적 엘리트 이론의 기본 명제는 '엘리트 구성은 변화할 수 있어도 소수의 지배라는 형식은 영원하다'는 것이다.[30] 즉 엘리트 구성은 상대적으로 지속적이거나 폐쇄적일 수도 있고, 아래로부터의 접근을 허용하는 개방적인 것일 수도 있다. 혹은 광범위한 대항 엘리트(counterelite)들에 의해 지배 엘리트가 교체될 수도 있다. 그러나 그 어떤 경우라도 소수에 의한 지배(ruled by the few)는 관철된다는 것이다.

엘리트론에 대한 접근 방식에는 명백히 구분되는 두 가지가 있는

회계를 맡았다. 예방(禮房)은 전문(箋文), 제사, 예절, 빈객, 유생, 개인(改印), 관교(官敎), 첩문(帖文), 사문(赦文), 문음관(文蔭官)의 이력, 의원 등에 관한 일을, 병방(兵房)은 군사(軍事)와 병선(兵船)의 일을 맡았다. 형방(刑房)은 재판, 금령, 형구, 죄수, 감옥 등에 관한 일을, 공방(工房)은 공장(工匠), 영선(營繕), 공용지(公用紙) 등에 관한 일을 관장했다. 김운태, 앞의 책, 126면.

29 李瀷, 앞의 책, 卷之十一, 胥吏陞黜.

30 Martin N. Marger, *Elites and Masses*(New York: D. Van Nostrand Co., 1981), p.65.

데 실제로는 자주 중첩되어 나타난다. 첫째는 엘리트는 대중과 다른 자연적 능력 - 지성과 지략, 용맹 같은 - 을 소유하고 있다는 관점이다. 둘째는 엘리트를 현대 사회 조직의 필연적인 산물로 보는 관점으로, 구조적, 조직적 접근 방식에 해당한다.

엘리트론의 고전 이론가라 할 수 있는 빌프레도 파레토(Vilfredo Pareto)는 엘리트 개념을 파악하면서 수월성(秀越性)을 핵심이라고 보고, 엘리트는 명백한 정도의 지능, 성격, 기술, 능력을 소유한 사람[31]으로 보았다. 이는 엘리트를 경제력의 산물이거나 조직적인 요인으로 인해 지배적인 지위를 확보한 것이 아니라, 역사를 통해 끊임없이 지속되는 인간 속성의 한 결과[32]로 본 것이다. 파레토는 자질론적 관점에서 모든 사람은 인구에서 선택된 존재인 엘리트의 지배를 받는다고 보았다. 그는 모든 국민을 엘리트와 비엘리트로 구분하고, 엘리트를 다시 통치 엘리트(governing elite)와 비통치 엘리트(nongoverning elite, other elite)로 구분했다. 또한 복종적인 대중 속에서 탁월한 자의 상승 운동을 엘리트 순환의 동인으로 보았으며, 이러한 운동이 엘리트층의 활력을 지속시켜 준다고 보았다.[33]

또 한 사람의 대표적 고전 이론가인 가이타노 모스카(Gaetano Mosca)는 엘리트에 대하여 개인적 특성뿐만 아니라 구조적이고 조직적인 요인도 강조했다. 모스카는 지배 계급(ruling class)의 권력은 '조직되지 않은 다수'에 대한 '조직된 소수'에게서 연원한다고 보았다. 조직된 소수 앞에 홀로 서 있는 개개의 다수는 무력하다.[34] 그리고 모스

---

31 Vilfredo Pareto, *The Mind and Society*, Vol. 4(New York: Harcourt, Brace & Co. Inc., 1935), p.1421.

32 Geraint Parry, *Political Elites*(London: George Allen & Unwin Ltd., 1971), p.30.

33 Vilfredo Pareto, "Elites and Force", *Power in Societies*, ed. by Marvin Olsen(New York: Macmillan, 1970), p.118.

34 Gaetano Mosca, *The Ruling Class*, ed. by A. Livingstone(New York: McGraw-Hill Book Co. Ltd., 1939), p.29.

카는 지배 계급의 바로 하위에 군대의 하급 장교와 같은 계층을 지칭하는 하위 엘리트(subelite) 집단을 상정했다.[35] 이 두 계층을 묶어 정치 계급(political class)이라고 했다. 한편 엘리트의 순환에 관하여 모스카는 파레토와는 달리 사회 구조의 변화, 특히 정치 제도의 변화에서 야기된다고 인식했다. 그는 새로운 사회적 경향과 기술, 이데올로기는 새로운 유형의 엘리트를 만들어 낼 수 있다고 보았다. 유교 이념의 심화가 사회 구조의 변동과 더불어 조선조에 새로운 엘리트 유형을 창출했다고 본다면 모스카의 이해 방식이 의미하는 바는 크다.

여기서는 파레토와 모스카의 분류 개념을 응용하여 조선조의 엘리트 구조를 살펴보자. 우선 파레토의 분류를 그림으로 나타내면 다음과 같다.

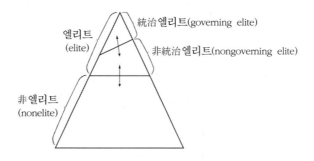

위 그림에서 통치 엘리트로 진입하는 데 우선권을 확보하고 있는 것은 비통치 엘리트라고 생각할 수 있다. 그렇다고 해서 비엘리트가 통치 엘리트로 진입하는 것이 봉쇄되어 있는 것은 아니다. 그것은 파레토가 말한 것처럼 엘리트의 주요 속성을 자연적 자질에 두는 한 부정될 수 없는 것이다.

---

35 위의 책, p.405.

그러면 조선조에서는 어떠했는가? 성리학적 이념형에서는 파레토의 이러한 자질론적 모형이 상당히 부합한다. 그런데 현실은 어떠했는가? 우선 조선조의 통치 엘리트를 구체적으로 어떻게 파악할 것인가? 그것은 관점에 따라 달라질 수 있는데, 엘리트 중에서 당상관(堂上官) 이상을 통치 엘리트로,[36] 나머지를 비통치 엘리트로 보는 방식이 있을 수 있다. 이 방법에 의해 실직(實職)을 맡은 당상관 이상을 통치 엘리트로 본다면, 당하의 실직 관료들과 전직 당상관, 당하관(堂下官)인 공신, 포의(布衣)의 유림 영수, 진사, 생원, 지방의 호강 양반(豪强兩班) 등은 모두 묶어 비통치 엘리트로 분류할 수 있다.

또 다른 분류 방법으로는 관료 체제에 중점을 두어 현직의 모든 조관 관료와[37] 국왕을 통치 엘리트로 확대해서 보고, 전직 조관 관료와 생원, 진사, 지방의 사림 집단 등을 비통치 엘리트로 보는 것이 있다. 물론 이 경우 통치 엘리트 중에서 정무직 활동을 하는 관료(반드시 당상관만이 아님)를 따로 분류해서 정치 계급[38] 같은 개념으로 지칭할 수도 있다. 이 분류 방법에서는 국왕을 정점으로 한 공식적인 관료적 위계 체제에 실질적으로 참여하고 있는지를 기준으로 통치 엘리트와 비통치 엘리트를 구분한다. 물론 이때의 두 집단은 상호 가역적이며, 세습적으로 폐쇄된 것은 아니었다. 이러한 기준 아래에서 비엘리트와 비통치 엘리트는 관료적 위계 체제에 실질적으로 참

---

36 김영모, 『조선 지배층 연구』(일조각, 1981), 6~8면. 조선 시대 관료 체제에서 당상관을 관료 지배층으로 보고, 관료 지배층을 정치 지배층으로 본다.

37 Robert M. Marsh, *The Mandarins: The Circulation of Elite in China, 1600~1900*(The Free Press of Glencoe, 1961), p.94. 여기서도 중국 사회의 관료(mandarins: 조관 관료)를 엘리트로 본다.

38 Raymond Aron, "Social Class, Political Class", *Class, Status and Power*, eds. by R. Bendix and S. M. Lipset(London: Routledge & Kegan Paul Ltd, 1967), pp.204~205. 모스카는 정치 계급을 지배 계급(ruling class)과 하위 지배층(subelite)을 포괄해서 본 반면, 여기서의 정치 계급은 실제로 정부의 정치적 기능을 수행하는 이들로서 지배 계급의 상위에 있는 소수 집단을 가리킨다.

여할 가능성이 있는지, 그리고 관료제 사다리[階梯]에서 상승 가능성
이 열려 있는지에 따라 구분할 수 있다. 위의 분류 기준에 따라 조선
조의 엘리트 구조와 신분 구조를 함께 도시하면 다음과 같다.

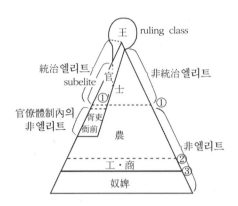

  그림을 보면 관료 체제 내의 모든 관료가 통치 엘리트층에 포함되
지는 않는다. 서리 계층은 관료적 위계 체계 내에서 비엘리트로 분
류된다.
  ①의 선은 해석상 많은 문제를 야기한다. 이것은 조선조의 신분제
문제와도 관련되고, 통치 엘리트[朝官] 공급원의 범위 결정과도 관련
된다. 이 선이 대체로 폐쇄적이고 신분적 구별이 뚜렷하다는 것이
통설적 견해다.[39] 반면 ①의 선이 폐쇄적이지 않고 신분적 구분이 뚜
렷하지 않고 개방적이라고 보는 쪽도 있다.[40] 즉 양인 신분이면 누구

  39 이성무, 「조선 초기 양반 연구」, 서울대학교 박사 학위 논문(1979); 김영모, 『조
  선 지배층 연구』(일조각, 1981); 송준호, 「조선 양반고」, 『한국사학』 4(1983)는 이런 관
  점에 서 있다.
  40 한영우, 「조선 전기 사회 계층과 사회 이동에 관한 시론」, 『조선 전기 사회 경제
  연구』(을유문화사, 1983); Yong-ho Choe, "Commoners in Early Yi-dynasty Civil
  Examinations: An Aspect of Korean Social Structure, 1392~1600", *The Journal of Asian
  Studies*, Vol. 33~34. No. 4(1974) 등은 이런 관점에 서 있다.

나 과거를 볼 수 있기 때문에 그것을 통하여 통치 엘리트로 나갈 수 있다는 것이다.

그런데 ①의 선에 관하여 논의할 때는 법제적 신분 구분(양/천 구분)과 현실적 신분 분화와 사회적 유동성의 문제는 분리해서 접근하는 것[41]이 중요하다. 그리고 이 이면에는 세습성의 문제가 이론적인 핵심에 자리하고 있음도 유의해야 한다. 법적으로 구분된 양/천은 현실의 양반, 중인, 상한, 노비라는 신분 구조와 반드시 일치하지 않는다. 국가 권력이 양/천 이분의 신분제를 국정 운영에서 얼마나 관철해 낼 수 있었는지에 대해서는 별도의 논의가 필요하다. 오히려 현실적 신분 구분이나 차별은 사회 문화적으로 내재화되고 공고화되어 갔다. 신분의 분화는 법제나 국가 권력에 의해서라기보다는(노비 신분을 제외하고) 혼인, 관직, 족보, 사당, 의례, 문집, 집의 크기, 학문적 계보, 정려, 향안입록 등 수많은 상징들을 만들어 냄으로써 일어났다. 이러한 상징적 작업이나 관직, 지역의 헤게모니 학파에 소속될 수 없는 씨족 집단은 평가가 하락한 반면, 그 반대 집단은 평가가 상승했다. 이러한 현실은 유교적 가치의 조선적 세속화 과정과도 밀접하게 관련되었다. 그리고 상징물들을 창조하고 계승하는 것은 경제력과 깊은 연관이 있었다.[42]

①, ②, ③의 선 중 ③은 명백하게 신분적 구별이 가능한 선으로, 법적으로도 명시되었다. 노비 문서가 그것이다. 그러나 ①과 ②의 선은 법적으로 확연히 구분되지는 않았다.[43] 공상(工商)이 생업을 버

---

41 유승원, 「조선 초기 신분제 연구」, 서울대학교 박사 학위 논문(1986).

42 보편적 사례라고 말하기는 어렵지만 조선조 말 밀양 지역 출신의 중앙 관직자를 보면 대개 만석꾼으로 불리던 가문에서 나왔다. 다른 지역도 유사했을 것으로 짐작된다.

43 송준호, 앞의 논문, 344면, "사족의 범위 내지 한계에 관한 어떤 객관적인 기준 같은 것이 관에 의해 공식적으로 제정된 일은 없다."

리고 토지를 매득하여 농업으로 전환하면 그는 자영 농민이 되는 것이었다. 우리가 주의를 기울여 살펴보아야 할 것은 ①과 ②의 경계에 위치한 경계인(marginal man)이나 경계 집단(marginal group)이다. 이들 경계인들이 ①의 선을 둘러싸고 상승하고 하강하는 것이 법제적으로 금지되어 있지는 않았다. 다만 농업을 생업으로 하는 이들이 실질적으로 학문에 열중할 수 있겠는가 하는 경제력의 문제가 있었다. 특히 지역 사회의 사족 네트워크에 가입하지 못하면 향교 입학이 좌절되고, 이는 과거 응시 제한으로 이어졌다.

특히 엘리트층이라고 해서 국가에서 그 경제적 권리를 법적으로 보장해 준 것은 아니었기 때문에 균분 상속에 의한 분재(分財), 또는 사치나 도박으로 말미암아 경제력이 빈곤해진 엘리트층이 직접적 농업 생산자로 지위가 하강하는 것을 방지하는 아무런 법적 제어 장치가 없었다. 그러므로 사회 신분과 경제적 계급이 반드시 일치하지는 않았다.[44] 씨족적 공동체 내에서 지주인 핵심 가(家)와 소작인인 주변 가(家)는 경제적 계급으로는 지주-소작인으로 분리되지만 신분적으로는 차이가 없는 경우가 많았으며, 씨족적 활동에서 그런 경제적 차이가 메워지는 기제가 존재했다. 이런 구조로 인하여 소작 계층이나 고용 노동 계층의 계급적 연대가 씨족이나 지역을 넘어 조직되기 어려웠다. 조선 왕조에서 본질적인 '혁명'이나 '혁명 운동'이 불가능했던 것은 이러한 사회 구조와 무관하지 않다. 어쩌하든 간에 지배 계급인 양반은 존재했다. 이런 엘리트 구조와 관련하여 중요한 것은 누가, 무엇으로, 엘리트가 되느냐 하는 문제인데, 유교는 조선 사회의 엘리트 구조를 관통하는 가장 본질적인 요소 중 하나이며 특징적인 부분이다.

---

44 강신택, 정홍익, 앞의 책, 80면. 베버 역시 경제적인 계급 위치와 지위 서열의 상관성이 항상 일치하는 것은 아니라고 보았다.

2장 행도형(行道型) 유자관료의 성격

비통치 엘리트층이 통치엘리트층으로 진출하는 통로로는 과거, 음서, 유일 천거(遺逸薦擧), 군공 등이 있지만, 그중 가장 중요한 것은 과거였다. 과거에서도 문과는 유교 경전을 해석하는 능력과 문장 능력이라는 성취적 요소를 중심으로 하는 인재 선발법이다. 가산관료제론의 시각에서는 유교주의 국가(한국, 중국)의 관료 선발 기준은 일반교양을 습득했는지의 여부이며, 과거 응시 자격은 개방적인 것으로 인식된다. 그러나 유교관료제의 시각에서는 유교 이념에 대한 해석 능력과 응용 능력이라는 철학적, 실용적 소양을 기준으로 관료를 선발한다고 본다. 따라서 가산관료제설과 유교관료제설에서 본 특징적 관료상은 서로 다르다.

관료 선발 기준과 관료 충원의 개방성이라는 두 가지 차원을 교차하여 간단하게 유형화해 보면 관료상의 차이가 뚜렷해진다. 관료 선발의 기준은 관료 체제의 성격에 따라 다양할 수 있으나, 여기서는 가산관료제적 관점과 유교관료제의 관점만을 보기로 하자. 그리고 한 관료 체제의 관료 선발 기준이 단일하기만 한 법도 아니다. 예컨대 상층 관료는 이념에 대한 해석 능력을 기준으로, 하층 관료는 전문 기술을 기준으로 충원할 수 있는 것이다.

관료 선발 기준과 방법을 어떻게 하는지는 관료의 성격과 유형을 결정하는 데 결정적이다. 아울러 관료제가 국가 권력 체제에서 어떠한 위상을 갖는가 하는 것과 맞물려 관료의 정치적, 사회적 위상이 결정된다. 관료를 공급하는 모집단이 어떤 계층이며, 어떤 사회적 위상을 갖고 있는지도 중요한 고려 대상이다.

관료 선발 기준 관료 충원의 개방성	이념에 대한 해석과 응용 능력	일반교양	전문 기술
개방	행도자형	독서인형	기술인형
폐쇄	세습 사제형	귀족 문인형	천민 사역인형

행도자형

관료가 되는 통로가 모든 사람에게 원칙적으로 개방되어 있고, 관료 선발의 기준은 지배 이념의 체계에 대한 이해와 신념의 정도와 이를 응용하는 능력이라고 할 때, 선발된 관료들은 이념 실천을 위한 행도자형(行道者型)의 특징을 띠게 된다. 이때는 이념이 강조된다. 유가에서는 이도사군(以道事君: 도로써 군주를 섬기고 보좌한다)을 관료의 모범으로 본다. 유학을 가치 실현적 성격의 도학(道學)으로 이해하는 사림을 모집단으로 한 조선조 관료는 이런 유형과 유사하다. 특히 고려 관료의 귀족 문인형과 조선 전기의 사림파 관료, 그리고 후기의 산림(山林)을 설명하는 데 유용하다. 구체적인 역사적 추이를 살펴보자.

도학과 관련하여 나타나는 유자관료에 관한 역사적 용어로는 '유현(儒賢)'과 '선정(先正)' 또는 '선정신(先正臣)'의 용어가 있는데, 『고려사』에서는 '유신(儒臣)'과 달리 '유현(儒賢)'이라는 용어와 '선정신(先正臣)'의 용어는 한 건도 검색되지 않는다. '선정(先正)'의 경우는 송(宋)과 금(金)에서 고려의 왕을 봉한다는 책문(冊文)에서 돌아가신 임금(先王)을 칭할 때 사용한 사례가 몇 건 있을 뿐이다.

이로서 보면, 고려에서는 문인형(文人型) 유자관료가 나타났지만, 이치(吏治)와 공존한 것으로 이해할 수 있다. 그들은 주로 문한(文翰)에 관련된 지제고(知制誥), 사업(司業)등의 관직을 맡아 고문(顧問)의 기능을 담당했다.

반면 『조선왕조실록』에는 '유신(儒臣)', '유현(儒賢)', '도학(道學)', '선정(先正)',[45] '선정신(先正臣)' 등, '유자관료'의 유형과 관련되는 용어가 빈번히 등장한다. 그런데 용어의 왕대(王代)별 빈도는 차이를 보이는데, 재위(在位)연수를 감안해도 그 차이는 유의미한 경향을 보인다.

표1 '유신(儒臣)'의 왕대(王代) 별 빈도[46]

태조	정종	태종	세종	문종	단종	세조	예종	성종	연산	중종	인종	명종	선조
2	1	17	25	5	4	32	3	20	5	29	1	20	102

광해	인조	효종	현종	숙종	경종	영조	정조	순조	헌종	철종	고종	순종
68	96	40	91	360	31	814	145	72	8	17	79	2

표2 '유현(儒賢)'의 왕대 별 빈도

태조	정종	태종	세종	문종	단종	세조	예종	성종	연산	중종	인종	명종	선조
0	0	0	0	0	0	0	0	2	1	8	0	0	17

광해	인조	효종	현종	숙종	경종	영조	정조	순조	헌종	철종	고종	순종
4	8	13	47	224	11	100	58	73	13	24	66	1

표3 '도학(道學)'의 왕대 별 빈도

태조	정종	태종	세종	문종	단종	세조	예종	성종	연산	중종	인종	명종	선조
0	1	6	11	1	0	1	1	10	1	45	3	11	29

광해	인조	효종	현종	숙종	경종	영조	정조	순조	헌종	철종	고종	순종
7	7	10	3	48	3	37	35	10	4	3	21	0

---

45 '돌아가신 현신(賢臣)'의 뜻인데, 조선 전기와 후기에는 의미에 미묘한 변동이 있다. 세종 3년(1421) 1월 24일 정해조 기사에는 김사형(金士衡)을 선정(先正)으로 표현하고 있다. 그런데 김사형은 과거출신자가 아니었고, 나라에 공이 있은 것이 중요한 원인으로 거론되고 있다.

46 광해군은 〈중초본〉, 현종은 〈개수본〉의 횟수를 택했고, 국사편찬위원회의 『조선왕조실록』을 이용했다.

표 4 '선정(先正)'의 왕대 별 빈도

태조	정종	태종	세종	문종	단종	세조	예종	성종	연산	중종	인종	명종	선조
0	0	0	4	2	0	1	0	3	1	0	0	1	12

광해	인조	효종	현종	숙종	경종	영조	정조	순조	헌종	철종	고종	순종
33	17	31	25	402	34	397	244	82	14	24	132	3

선정(先正)을 보다 구체적으로 표현한, '선정신(先正臣)'은 제한적으로 사용된다.

즉, 도학(道學)의 종사(宗師)급에 해당하는 인물이거나 절의와 기개로 사림의 존중을 받는 인물로 제한되고, 당쟁이 격화된 후에는 당파에 따라 달라지기도 한다.

표 5 '선정신(先正臣)'의 왕대 별 빈도

태조	정종	태종	세종	문종	단종	세조	예종	성종	연산	중종	인종	명종	선조
0	0	0	1	0	0	0	0	0	0	0	0	0	1

광해	인조	효종	현종	숙종	경종	영조	정조	순조	헌종	철종	고종	순종
12	13	18	20	257	23	280	77	56	5	12	90	1

일반적으로 '유자관료' 가운데 '유신(儒臣)'이 가장 보편적이면서 제도와 관련되는데 주로 홍문관, 예문관에 소속된 관료들을 말할 때 사용했다. 그러나 후기로 갈수록 유현(儒賢)과 같은 의미로 사용되었다.

위의 표들에서 보아도 '유신(儒臣)'은 전 후기를 불문하고 모든 왕대에서 나타나지만, '유현(儒賢)'은 『고려사』에서는 전혀 나타나지 않고, 조선왕조에 들어와서도 예종 대 까지는 한 번도 나타나지 않는다. 또한 도학(道學)이 번성한 후에 나타나는 '선정신(先正臣)'의 용어도 세종 대(세종 27년 10월 18일)의 권근(權近)을 제외하면 명종 대까지는 전혀 나타나지 않는다. 이것은 성리학, 특히 주자학의 번성과 궤를 같이 하고 있음을 보여 준다. 그리고 유현(儒賢)과 선정신(先正臣)의 용어는 더욱 특수적 상황을 반영하고 있음을 보여주는 근거가 된다. 이들은 고려의 유신(儒臣)들과도 학문의 내용과 가치관에서 상당히 다른 경향을 나타낸다. 이들은 유교적 이념을 현실 정치에서 구현하려는 열망이 고려의 유신과 달랐다. 조광조가 내세운 '지치주의(至治主義)'는 그 구체적 표현이었다.

유교관료제를 구성하는 핵심 요소는 관료다. 이들을 이념형으로는 유자 관료라 지칭할 수 있다는 것은 이미 언급했다. 원칙적으로 이들은 군주의 가산을 관리하거나 그의 탐욕에 봉사하는 하수인형 관료가 아니다. 그들은 유교적 교훈과 원칙을 실현하려는 군주를 도와서 정당한 다스림을 구현하는 존재다. "도로써 군주를 섬기되 그것이 아니라면 그만두는[以道事君, 不可則止]" 것이다. 조선조 제왕학의 중심 텍스트인 『대학연의(大學衍義)』에는 이러한 사상을 강조하고 있다.

공자께서 말씀하시기를 대신이라는 자는 도로써 군주를 섬기되 그것이 가능하지 않으면 그만둔다(라고 했습니다). 신은 생각하기를 도라는 것은 바른 이치[正理]이고, 대신은 바른 이치에 따라 군주를 섬깁니다. 군주가 행하는 바가 바른 이치에 합당하지 않으면 반드시 바로잡아 고치게 하고 구차하게 따르지 않아야 합니다. 도에 맞지 않으면 떠나고 구차하게 머무르지 않습니다.[47]

조선조의 국왕과 신하들은 이러한 언명에 공감대를 형성하고 있었다고 보는 것이 타당하다. 남명 조식이 제자들에게 보낸 편지에서 "내가 경여(景餘)에 대해서는 벼슬길에 나아가기를 권유하고, 자강(子强)

---

47 『大學衍義』, 卷第十, 格物致知之要一, "子曰 所謂大臣者 以道事君 不可則止 臣按 道者正理也 大臣以正理事君 君之所行有不合正理者 必規之拂之 不苟從也 道有不合則 不苟留也."

에 대해서는 만류하며 물러나게 하였는데, 이는 녹사(祿仕)와 행도(行道)는 진실로 다르기 때문입니다."[48]라고 한 것은 고위 관료는 행도자여야 한다는 인식이 자리 잡고 있었음을 보여 주는 사례다. 유자 관료의 존재와 유교관료제 존립의 중요한 근거도 여기에 있다. 그러나 바른 이치가 무엇인지에 대해서는 시공과 사람을 초월해서 명백한 것이 아니었기 때문에 현실의 역사 전개에서 유자 관료의 구체적인 모습은 달리 나타났다.

역사적으로도 '어떤' 인물이 '무슨' 자격으로 관료가 되는지의 문제는 특정 시대의 국가나 왕조의 상황과 깊은 관련이 있다. 중국에서는 과거제를 도입하기 이전부터 유생들이 정부 관료로 진출했고, 기존의 문법리(文法吏)들과 갈등을 일으켰다. 넓은 지역과 다양한 민족을 다스리는 중국의 왕조는 유교적 이상만으로는 현실 정치를 이끌어 가기 어렵다는 것을 잘 알고 있었다. 따라서 역대 왕조의 당면 문제는 이 두 종류의 관료를 어떻게 조화시킬 것인가 하는 점이었다.

중국의 전국 시대와 진한 시대에는 유(儒)와 법(法) 사이에 다툼이 있었고, 이는 곧바로 유생(儒生)과 문리(文吏) 두 집단 간의 갈등을 수반했다. 예악시서를 전승하는 민간학자들인 유생과 법률에 정통한 정부의 문리는 아주 큰 차이가 있었다. 그러나 유생들이 관료화 과정을 거치면서 법률과 정사에도 능통한 문리화(文吏化) 경향을 나타내었고, 이는 중국 고대 사대부 정치의 가장 기본적인 특징이 된 것은 이미 살펴 본 바다.[49] 후한 광무제 이후에도 문법(文法)과 유술(儒

---

48 『南冥集』, 書,〈答吳子强裵景餘書-裵名紳〉. …吾於景餘則勸之進 子强則挽而退 祿仕與行道 固有異也. 녹사(祿仕)는 녹봉을 타서 생계를 유지하기 위하여 부득이 벼슬하는 것이고, 행도(行道)는 도를 행하기 위해 벼슬 하는 것을 말한다. 배 경여는 낙천(洛川) 배신(裵紳)이고 오 자강은 덕계(德溪) 오건(吳健)으로 남명의 문인들임.

49 閻步克,「帝國開端時期的官僚政治 - 秦漢」, 앞의 책, pp.64~65.

術)이라는 다른 이름으로 진시황과 왕망(王莽)의 정치를 계승하는 것이 정국 운영의 기본 방침이었으며, 유술을 앞에 내세웠으나 이화(吏化)도 포기하지 않는 왕패(王霸)의 조화를 지향했다.

조선의 설계자인 정도전 역시 이 문제를 통찰했다. 그는 새롭게 건설하는 유교 국가의 관료는 유(儒)와 이(吏)가 분열되어 있지 않은 통합된 인격을 갖추어야 한다고 보았다. 이때 '유'는 유교적 가치와 정신, 지식을 내면화한 인물이며, '이'는 실제의 정치와 행정에서 구체적인 법령에 관한 지식과 효율적인 성과를 낼 수 있는 기술과 능력을 갖춘 인물을 의미한다. 그러나 조선 전기의 유자 관료와 후기의 유자 관료는 성격상 상당한 차이를 보이는데, 이에 대해서는 뒤에서 구체적으로 살펴볼 것이다.

독서인형

시와 문학 등 일반교양을 관료 선발 기준으로 하고 관료가 될 수 있는 대상을 특정 신분이나 계급으로 제한하지 않을 경우, 관료는 베버가 말한 독서인형(讀書人型: Literati)의 특징을 띤다. 유학과 연관된 맥락에서 보면, 유학을 실용적 장식 학문으로 이해하고 시험 과목도 시와 부 등을 중심으로 문장 구사 능력 위주로 평가할 때 선택되는 관료 유형이라 할 수 있다.

세습 사제형

이념을 해석하는 능력을 선발 기준으로 하되 관료가 될 수 있는 사람을 특정 신분으로 한정하는 경우다. 주로 종교적 성격이 강한 곳에서 나타난다. 교황청 권력이 막강하던 중세의 서구, 인도의 바라문 등에서 비슷한 유형을 볼 수 있다. 종교와 신분을 관료제 구성의 골격으로 하는 나라에서 희귀하나마 찾아볼 수 있는 유형이다.

귀족 문인형

일반적인 교양을 선발 기준으로 하나 관료가 될 수 있는 신분이 정해져 있는 경우다. 중국의 역대 왕조나 고려조에서 볼 수 있는 유형이다. 고려의 건국이 골품제적 제약을 일정 부분 완화했다고는 해도 그 신분적 제약은 여전히 존재했다. 죄인은 물론 천인도 과거 응시 자격이 없었으며, 8대에 이르는 할아버지까지 천인 계열의 혈통이 없어야만 출사가 가능했다.[50]

고려는 과거 제도를 도입함으로써 관료 체제 구성에 획기적인 변화를 가져왔다. 과거제가 가지고 있는 성취주의적 요소는 고려 관료 체제의 귀속주의적, 귀족적 성격과 충돌했다. 과거제를 통한 인재 등용에서도 세족 문벌이 거의 독점했고, 간혹 어렵게 과거를 통해 진출하는 신진들도 문벌 대족과 혼인 관계를 맺음으로써 귀족화되어 갔다.[51] 이러한 구조의 형성에는 고려 과거의 좌주(座主)-문생(門生)의 관계와 혼인이 중요한 역할을 담당했다. 좌주는 과거의 고시관인 지공거(知貢擧)를 가리키는데, 출제와 인선을 전담했다. 그에 의해 선발된 관료들은 평생 그와 사제 관계로 결속되었다.[52] 조선조 태조가 즉위 후 처음으로 국민(중외의 대소 관료와 한량, 기로군민)에게 반포한 교령에서 다음과 같이 말한 것도 이것을 가리킨다.

인재를 기르고 과거를 하는 법은 본래 나라를 위하여 인재를 선택하는 것이다. 좌주문생이라는 것은 공적인 인재 선택을 사사로운 은혜로 삼는 것이니, 입법한 본뜻에 크게 어긋난다.[53]

---

50 조좌호, 『한국 과거 제도사 연구』(범우사, 1996), 91면.
51 허홍식, 「고려 과거 제도의 검토」, 『한국사 연구』 10(한국사연구회, 1974. 9.), 54면.
52 위의 논문 참조.
53 『太祖實錄』, 卷之一, 元年 七月 丁未條, "王若曰 (…) 養育人材 其科擧之法 本以爲國取人 其稱座主門生 以公擧爲私恩 甚非立法之意 (…)."

조선은 관료들의 공적 성격을 강화하는 조치로 관료 선발이 군주가 아닌 사적인 인적 네트워크에 의해 좌우되는 것을 방지하려 했다. 여기서 등장하는 논리가 군사론(君師論)이다. 즉 군주는 정치적 최고 권력자이면서 동시에 관료단의 스승이라는 것이다. 유교에서는 군주가 도덕적 인격의 완성자이기를 요구한다. 즉 내성외왕이라야 완전한 군주라 여긴다. 조선조의 서연(書筵)과 경연(經筵)은 세습적 외왕(外王)에 내성(內聖)을 갖추게 하려는 교육프로그램이었다. 조선에서 군주가 전시(殿試)를 관장하고 최종 합격자의 등위를 부여하는 것은 고려의 좌주를 대체하는 것이었다. 과거 합격자는 군주의 문생으로 의제되었다.

　고려의 과거 제도에서는 문한(文翰) 위주의 사장을 중심으로 인재를 선발했기 때문에 유가 사상이 관료들에게 내면화되는 데는 한계가 있었다. 고려 관료의 일반적 특징이 이와 같았다면 성리학의 전래와 공민왕의 시관(試官) 제도 개혁과 사부(詞賦) 중심에서 경의(經義)와 대책(對策) 중심으로 바꾼 과거 제도 개혁은 새로운 유형의 관료단이 형성되는 기틀을 마련한 것이라고 평가할 수 있다. 이는 중소 지주와 지방 출신 인재들의 활발한 중앙 진출과 맞물려 권력 구조와 관료 체제 개혁의 중추 세력을 형성하게 했다. 이렇게 형성된 신흥 관료 지식인들은 비록 심화된 이해에 도달하지는 못했지만 유교에 관한 새로운 해석 체계인 성리학에 근거하여 당시의 정치적, 경제적 현실 질서를 비판적인 눈으로 바라보았다. 그들은 구가(舊家) 세족(世族) 중심의 불교적 정치 사회 기반을 해체하고 새로운 성리학적 질서를 확립하려고 했다. 이들에게 무력을 뒷받침해 주고 정치력의 구심점 역할을 한 사람이 태조 이성계였다. 그는 무인으로서 입신했지만 명 태조 주원장과는 다르게 학문과 경륜에서 신흥 관료 지식인들의 비전을 충분히 수용할 수도 있었고, 성격도 비교적 관대했다. 창업주로서 이성계 개인의 인격은 이후 조선조 관료 체제의 성

격 형성에 중요한 영향을 미쳤다. 조선조 개창은 단순한 역성혁명이
아니라, 지배 구조와 토지 제도 개혁을 골간으로 한, 경제 구조에 대
한 일대 개혁을 수반하는 것이었다.[54] 이러한 개혁의 성공을 지속적
으로 담보할 수 있는 조직과 계층이 관료제와 관료였다. 특히 관료
제도의 구성은 전래의 틀에서 크게 바뀌지 않았다 하더라도, 그것을
작동하는 관료단은 귀족 문인형에서 행도자형으로 변해 간 점, 이것
이 조선조 유교관료제의 가장 큰 특징이라 할 수 있다. 즉 행도자형
유자 관료야말로 조선조 유교관료제의 본질을 나타낸다. 그러면 이
들이 기왕의 관제 속에서 어떤 변화를 가져왔는지를 살펴보자.

---

54 김태영, 「과전법 체제의 연구」, 고려대학교 박사 학위 논문(1982) 참조.

7부

조선조 관료제의 기본 구조와 정책 과정

1장 조선조 관료제의 기본 특징

수당 이전 진한 관료제의 기본 골격은 삼공열경제(三公列卿制)였
다. 삼공은 승상, 태위, 어사대부를 말한다. 집행 기구의 우두머리로
는 구경(九卿)을 배치했는데, 봉상, 낭중령, 위위, 태복, 정위, 전객,
종정, 치속내사, 소부가 그에 해당한다. 대부, 낭, 령, 승, 정, 감 등의
관계와 관직 명칭도 생겨났다.[1] 아직 국가 사무와 궁중 사무 간에 명
확한 구분이 생기지 않았고, 대부분 황제의 개인적 업무를 보좌한다
는 성격이 강하게 드러났다.[2]

반면 수당 이래 관료제는 삼성제를 기본 골격으로 했다. 삼성이란
상서성, 중서성, 문하성을 말한다. 원래 성(省)의 뜻은 금(禁: 금하다)
이었다. 황후의 아버지 이름이 금(禁)이었으므로 피휘(避諱)[3]하여 성
이라 했다.[4] 상서성, 중서성의 이름은 이미 진한 시대에도 나타났
만, 엄밀한 시스템으로 정비되려면 당 태종 이세민을 기다려야 했다.
'정관(貞觀)의 치(治)'는 당 태종이라는 영걸스러운 리더의 개인적 역
량도 중요했지만, 잘 정비된 관료 체제의 도움도 필수적이었다.

당나라의 삼성제는 유교권 국가 관료제 구성의 핵심적인 아이디

---

1 張創新, 『中國政治制度史』, p.161.
2 위의 책, pp.161~167.
3 황제나 고귀한 사람의 이름에 사용한 글자를 피하는 전통 시대의 규범.
4 衛宏, 『漢官舊儀』, 注, "省中 禁中也 成帝外家王禁貴重 朝中諱禁 故曰省."; 楊鴻年
外, 『中國 政制史』(武漢大學校出版社, 2005), 95면에서 재인용.

어를 보여 준다. 앞에서 본 것처럼 당 태종 때 비로소 삼성 상호 간에 유기적인 연관을 설정했고, 정책 입안과 결정, 집행을 제도와 관련지었다. 즉 출명(出命)과 봉박(封駁), 봉행(奉行), 또는 취지(取旨)와 복주(夏奏), 시행(施行)을 상호 검사(檢査)하고 보정(補正)할 수 있게 시스템화했다.

상서(尙書)는 원래 진한 시기 문서 수발을 담당하던 소부(少府)의 낮은 관직이었다. 이처럼 한나라 때는 삼공구경이 느슨하게 연결되어 각자의 사무를 처리했으나, 천자의 비서격인 상서가 정치의 실권을 장악하면서 체제의 변화가 일어났다.

당나라 삼성제의 구성 원리와 운영 방식의 대강을 파악했다면, 조선조 관료제의 핵심적 관서인 의정부와 육조, 대간을 어떻게 이해할 수 있는지, 또한 조선 나름의 특수한 관서와 운영은 어떤 것이 있는지를 판별해 낼 수 있는 준거를 확보했다고 할 수 있다. 당나라 제도와 고려의 제도, 조선의 관료 제도를 상호 비교하면서 접근할 때 가장 정확한 이해에 도달할 수 있을 것이다. 예를 들면 관제를 유품(流品)으로 편성하고, 유외(流外)와 유내(流內)로, 실직(實職)과 산직(散職)으로 나누는 기본적인 방법도 당제를 모델로 한 것이다.

그리고 조선조 의정부의 역할과 기능을 제대로 이해하기 위해서는 원 지배 아래의 첨의부, 도평의사사 같은 조직과 그 기능도 필수적으로 참고해야 한다. 물론 의정부의 역할과 기능이 시기에 따라 달라지고, 특히 비변사(備邊司) 체제가 성립한 이후의 그것은 다시 평가해야 할 일이다. 삼성제의 기본 역할및 기능과 관련하여 조선조에서는 어떤 부서에서 그러한 역할과 기능을 담당했을까?

의정부사인(議政府舍人)이라는 직책이 있다. 청요직의 하나로 일컬어지지만, 현재까지는 의정부와 육조 사이에 연결 역할을 한 정도로만 알려져 있다. 그러나 사인(舍人)이라는 직명이 당과 고려의 중서사인에서 유래한 것이라면 그 직무를 유추할 수 있는 근거는 충분하다. 즉 조선의 의정부는 당제나 고려의 정사당 또는 중서문하의 기능처럼 재상들의 의정처 기능을 하는 곳으로 설계되었음을 유추할 수 있다.

의정부에서는 삼정승이 집무실에 좌정하면 육조의 속료들이 각기 임무를 가지고 와서 조방(朝房)에서 회동했다. 계하(啓下)된 공사(公事)가 있으면 사인 이하 관료가 분방(分房: 직무를 나눔)하여 심사하고, 정승과 왕의 결재를 얻은 뒤에 해당 관서로 하여금 시행하게 했다.[5] 이것으로 보면 의정부가 당 중서문하의 역할뿐만 아니라 상서도성의 일부 기능과 박정(駁正)하는 문하성의 기능도 일부 흡수했음을 짐작할 수 있다.

그리고 당의 관료 정치 체제에서 나타난 봉박의 역할과 기능도 고려와 조선의 관제 속에서 중요하게 존속되었다. 즉 고려에서는 그것을 중서문하성에서 담당했지만, 조선조에서는 주로 사간원에서 담당했다. 또한 홍문관과 승정원 등에서도 일정 부분 그 역할을 맡았다. 승정원은 육조와 관련한 주요 업무를 분방에 따라 계달(啓達)하고 계하하며, 담당 육조의 관원과 사무를 논의하고, 해당 업무에 관하여 국왕의 자문에 응했다.[6] 즉 조선의 승정원은 상서성과 문하성의 역할 중 일부를 수행했음을 알 수 있다. 특히 잘못된 왕의 하교에 대해서는 받지 않고 왕에게 도로 올리는 복역(復逆)의 권한도 있었으니,[7] 문하성의 봉환제칙하는 권한의 일부가 승정원에 있었음을 알 수 있다. 특히 한림원의 학사승지의 업무를 공식 직제인 승정원으로 옮긴 것은 학술 정치를 본격적으로 제도화한 것으로 이해할 수 있다.

당의 삼성과 정사당 또는 중서문하의 역할과 기능은 조선조에 와

---

5 『增補文獻備考』, 議政府, "今每三公坐堂 則六曹之屬 各執其任 來會朝房 凡遇啓下 公事 則舍人以下 分房評理 以取相君專決 然後該官執行其事 (…)."

6 위의 책, 職官考 五, 承政院.

7 李珥, 『栗谷全書』, 經筵日記, 萬曆 六年 戊寅 五月.

서도 그 기본 정신이 거의 그대로 전승되었다고 할 수 있다. 다만 그 역할과 기능을 담당하는 조직은 조선의 실정에 맞게 나누고 상호 소통을 강화하는 방향으로 보완했다. 즉 당제에서 백사(百司)의 주초(奏抄)를 맡아 상주하던 상서성의 역할은 육조에서 주로 담당했다. 『경국대전(經國大典)』 잡령(雜令) 용문자식(用文字式)에 다음과 같이 나와 있다. "이품아문(二品衙門)은 직계하고 바로 공문을 보내어 의첩(依牒)한다. 그 나머지 관아는 모두 소속 조에 보고한다." 대표적인 이품아문이 육조인 것은 더 말할 필요가 없다. 상호 협의가 필요한 사건은 해당 관서에 공문을 보내 상의했다. 특히 입법에 관한 일은 예조에서 담당했는데, 왕의 비준을 받은 입법안은 대간(사헌부와 사간원)의 서경을 받아 해당 관서에 관(關)으로 하달했다. 이를 통해 대간이 제칙(制勅)을 성(省), 독(讀), 심(審)하던 문하성의 역할과 기능을 주로 담당했음을 알 수 있다. 그러면 삼성제의 중서성이 하던 역할을 맡을 주요 관서로는 의정부만 남는데, 국왕과 승정원, 예문관의 역할을 감안하면 상당한 수정이 가해졌음을 알 수 있다. 의정부 서사제가 아닌 육조 직계제를 유지하는 경우, 의정부는 공식적으로는 국왕이 심의를 의뢰한 부분에 대해서만 의견을 제시할 수 있는 것으로 보인다. 그러나 이 부분에서는 조선조만의 독특한 공론 형성 구조와 정책 결정 구조가 있었던 것으로 보이는데, 그것은 국왕의 적극적인 역할이었다. 즉 당나라와 달리 조선에서는 중요 안건에 대해 국왕이 직접 대신들을 소집하여 의견을 듣고 정책을 결정하는 것이 일상적이었다는 것이다.

정치와 행정 권력 배분에서 조선조가 보여 준 가장 큰 특징은 왕실과 환관 세력에 대한 확실한 억제책을 만든 점이다. 당나라는 황실 구성원에 대해 특별한 대우를 했다. 그러나 조선은 그들에 대해 녹봉과 명예는 제공했지만, '종친에게는 구체적인 직사를 맡기지 않는다. 종친불임이사(宗親不任以事)'라는 원칙에 따라 친진(親盡)하기

전에는 과거를 볼 수도, 관직에도 나갈 수 없게 했다. 물론 이러한 원칙이 확립되기 전에는 정종 때 태종이 영의정 역할을 했고, 수양대군도 단종 때 영의정을 지낸 바 있으며, 구성군(龜城君) 이준(李浚)도 영의정을 역임한 적이 있다.

환관에 대해서도 그 폐해를 알고 강력한 억제책을 시행했다. 당나라 후기에 이르러 제칙 선포를 환관들이 맡았는데, 조선조에서는 환관에게서 이런 역할을 거두어 문관 엘리트들로 보임하는 승정원으로 이관했다. 당나라 초기에는 환관 세력을 억제하기 위하여 내시성(內侍省)을 삼품아문(三品衙門)으로 삼지 않고, 종사품 상으로 규정했다. 당 현종의 천보 연간에는 내시감 두 명을 두어 종삼품으로 삼고 궁궐 안에서 황제에 대한 시봉(侍奉)과 제령(制令)을 선포하는 역할을 맡겼다. 그런데 이들은 점점 세력을 확장하여 중종 때는 3천 명을 넘었고, 목종 때는 4,618명에 이르렀다고 한다. 당의 후기에는 환관들이 점점 내시성 본연의 임무를 벗어나 특별 임무를 맡아 파견되면서 직급도 높아지고 정사에 관여하여 권력을 잡게 되었다.[8]

조선조에서도 당제의 틀을 유지하여 내시부를 설치하고, 종이품 상선(尙膳)부터 종구품 상원(尙苑)에 이르는 직급으로 구성했다. 이들은 주로 군주의 일상과 관련한 잡무를 맡았다.[9] 왕과 왕비의 명령을 출납하는 승전색(承傳色: 승전환관, 승전내시)을 둔 것도 당제의 그것과 유사하다. 다만 조선에서는 큰일과 관련해서는 승정원에서 왕과 왕비의 전교(傳敎)를 담당하게 하여 내시부의 권한을 줄였다. 그중에서도 가장 중요한 것은 의정대신과 승정원의 승지와 사관, 그리고 홍문관의 문관 관료 등이 경연 등을 통하여 언제나 군주의 지근에 위치하면서 국사를 의논할 수 있게 한 시스템이다. 이는 환관의 발호

---

8 余華靑, 『中國宦官制度史』(上海人民美术出版社, 1993), pp.248~251.

9 『經國大典』, 吏典, 內侍府.

를 미리 예방한 것이다.

당의 삼성제가 보여 준 의안 제기와 그것에 대한 심사와 봉박을 거쳐 시행하도록 하는 일련의 과정을 조선조 관료제가 충실히 구현했다는 것은 틀림없는 사실이다. 이와 함께 조선은 정책 논의를 위한 회의체 구성의 전통 또한 충실히 계승했다. 즉 신라의 화백 회의나 백제의 정사암의 고사에서 보듯이 군주의 독단이 아니라 귀족, 대신, 부족의 대표자들과 함께 의논하여 결정하는 전통이 꾸준히 이어졌다.

이러한 특징이 반영되어 경연 같은 제도도 중국과 달리 하루에도 세 번을 여는 것이 정칙이었고, 그 밖에도 대신들을 소집하여 의논하는 것이 일상적이었다. 예를 들어 조선의 경연은 원래 그 취지가 국왕과 함께 유교적 경서[사서삼경(四書三經)]뿐만 아니라 사서(史書), 『정관정요(貞觀政要)』, 『대학연의』 등도 포함를 강독하고 토론하여 학문을 높이는 것이었다. 그러나 이 자리에서 정책을 결정하는 일도 매우 많았다. 주요 구성원도 대체로 영의정이 겸임하는 영사(領事)와 2품관이 겸임하는 지사(知事)를 제외하면 승정원의 육승지와 홍문관 관원들로써 대표적인 학술관료들이었다. 중국에서는 제도화된 문서에 의한 정치와 행정이 중심이었다면, 조선에서는 군주와 직접 대면하여 논의하고 토론하는 시스템이 훨씬 발달했다. 다시 말하면 언로의 확장과 공론 형성 과정이 중국 왕조들에 비해서 훨씬 넓고 활발하며 직접적이었다는 것이 큰 특징이다. 다만 이것은 장점인 동시에 언론에 의한 정치 투쟁을 활발하게 함으로써 효율적인 정책 결정을 방해했다는 단점도 노출했다.

2장 조선조 관료제의 기본 구조

1. 조직 구조의 특성

현대의 행정과 관료제는 그것의 기능적 성격에 따른 조직 원리로 구성된다. 반면 유교 국가의 관료제에는 정치적 성격과 업무의 성격에 따른 조직 원리가 당연히 개입되었다. 특히 유교적 준거 틀에 따른 정치와 행정에 관한 이해는 다양한 특징을 가진 제도를 낳았다. 이 점에서는 역사적 유학이 철학적 유학(성리학)보다 더 깊은 영향을 미쳤다고 할 수 있다.

조선 초기만 해도 유교적 준거 틀은 다분히 법가적 요소를 포함한 전통적 경세 유학이 중심을 이루었다. 정도전이 진정한 유자는 유(儒)와 이(吏)가 분리되지 않고 통합되어 있다고 한 것도 이런 흐름을 반영한다. 『경국대전』도 이러한 사고방식의 결과물이라 할 수 있다. 그러나 조선 후기로 접어들면서 정치와 행정에 대한 이해에 주자학적 준거 틀이 깊이 침투했다. 예송(禮訟) 같은 것이 대표적 사례다. 주자학적 이해와 가치가 관료와 학자들의 신념을 지배하면서부터 법의 규정력은 임의적인 것으로 변해 갔다. 예를 들면 『경국대전』에는 조상에 대한 제사와 양자(養子)에 대한 규정이 있다. 사대부라 하더라도 육품 이상만 3대에 제사할 수 있고, 칠품 이하는 아버지와 할아버지 2대에만 제사할 수 있으며, 서자라도 자식이 있으면 양자를 들일 수 없는 것을 원칙으로 했다.[10] 그럼에도 조선 후기에 이르러서는 왕실이나 제후들에게 해당하는 4대 봉제사가 서민에게까지 전파되었고, 각종 불천위(不遷位) 제사가 범람했다. 서원의 남설 역시 이러한 경향을 확대하고 재생산했다.

조선조가 개국하면서 역대의 관제를 연구하고 참조하고 고려의 제도를 참작하여 관료 체제가 정비되었다.[11] 그 조직 구조는 비슷한 성격을 가진 역할별로 묶어서 크게 세 가지로 나누어 볼 수 있다. 첫째는 계선(系線) 조직 구조라 할 수 있는 것으로, 실질적인 정책 입안과 집행 역할을 맡았다. 둘째는 특수 조직 구조라 할 수 있는 것으로, 정책 결정 과정에 참여하거나 정책 집행을 통제하는 역할을 담당했다. 셋째는 실무 조직 구조라 할 수 있는 것으로, 주로 구체적인 물품과 관련한 업무를 담당했다. 이러한 구조에 영향을 미치는 것으로는 유교 이념과 관료, 정책 결정 과정을 들 수 있다.

1) 계선 조직 구조

계선 조직의 중심 골격은 의정부, 육조와 그리고 외관(지방관)인 수령과 방백으로 구성되며, 국왕과 연결된다. 이러한 조직 구조 속의 관료들은 18등급으로 분류되었고, 당상관, 참상관, 참하관으로 구분되었으며, 그 기준은 재결권자인 국왕과 얼마나 가까이 있는지다. 관료 배치의 지표는 품계(직급)와 직사(職事: 보직)였다. 관품의 형식 체계는 종친, 의빈, 문반, 무반, 토관(土官), 잡직(雜職)으로 구분했고,

---

10 『經國大典』, 禮典, 奉祀, "문무관 6품 이상은 부모, 조부모, 증조부모 3대에 제사하고, 7품 이하는 2대에 제사하며, 서인은 단지 고비(考妣: 돌아가신 부모)에게만 제사한다"; 『經國大典』, 禮典, 立後, "적처와 첩에 모두 아들이 없는 자는 관에 신고하여 동종(同宗)의 지자(支子)를 세워 뒤를 잇게 한다."

11 鄭道傳, 『三峰集』, 卷之十三, 朝鮮經國典 上, 官制, "殿下卽位之初 首命儒臣 講採歷代之典, 參以前朝之舊 建立官府 制其名稱 (…)."

종친과 의빈에 대해서는 정치 행정 참여를 제한했다. 종친과 의빈의 정치 참여를 제한한 것은 조선만의 특수한 현상이라 할 수 있는데, 성종 대에 이르러 정착한 것 같다. 앞서 단종 대에는 숙부인 수양대군이 영의정을 맡았고, 세조 대에도 조카인 구성군 이준이 영의정을 맡은 적이 있었다. 종친이 영의정을 맡는 것은 곧바로 왕권의 불안정과도 연결되기 때문에 점차 금지한 것으로 보인다.

품계는 국왕이 포함되는 모든 의례의 기준이 된다. 실질적인 정치 행정 체계는 유학을 전수한 문반 우위로 편성되었다. 관품 체계를 문반을 중심으로 보면 대부와 낭(郞)의 구분이 있는데, 임명 형식의 차이가 그 기준이다. 대부계(大夫階)는 왕의 교(敎) 형식으로 직접 내리는 것인 반면, 낭계(郞階)는 전조(銓曹: 인사담당부서: 이조와 병조)의 낭청과 당상의 결재를 얻어 내렸고, 대간의 서경을 거쳐야 했다. 당상과 당하, 또는 참상과 참하는 권력 배분이나 직무의 중요도에 따른 구분[12]이기는 하나(정치적 기능, 실무와 목민 기능, 보조 업무 기능) 정확한 것은 아니며, 국왕이 중심인 각종 의례에서 관료의 위치를 표시하는 기본이었다. 관직은 특정 품계와 연결되어 있었는데, 실제의 임용에서는 항상 일치시킬 수 없으므로 일정한 범위 내에서 행수법(行守法)[13]을 사용했다. 일반적으로 권력의 비중 면에서 당상관이 다른 직급의 관료보다 우월하나, 구체적으로는 직무의 성질에 따라 변동이 있었다.

그런데 기본 골격인 계선 조직과 국왕 간의 연결 구조가 어떠한지에 따라 권력 구조도 변동했다. 육조가 소관 업무를 국왕에게 직계

---

12 남지대, 앞의 논문, 86면 참조.

13 관료의 품계가 관직 품계와 동등하거나 높을 때는 행(行) - 예를 들어 '通訓大夫行成均館司成 某, 通訓大夫行三嘉縣監 某' - 으로, 관료의 품계가 관직 품계보다 낮을 때는 수(守) - 예를 들어 '通善郞守咸安郡守 某' - 로 표시하는 것이 그것이다. 그런데 품계는 형식이고 맡은 직사가 중요한 것이었다.

하는 육조 직계제에서는 국왕과 측근 기관인 승정원의 권력이 강화되는 반면, 육조에서 소관 업무를 의정부에 보고하고 의정부가 가부를 논의하여 국왕에게 아뢴 뒤 시행하게 하는 의정부 서사제에서는 상대적으로 대신들의 권력이 강화되었다. 외관인 관찰사와 수령은 사안에 따라 전결권을 가진 관료로서, 중앙 정부의 특정 부서에 소속되지는 않았다. 외관의 원칙적인 보고 통로는 수령-관찰사-(승정원)-국왕이었다. 물론 업무 영역에 따라서는 중앙 각 조의 검토를 거쳐서 보고되기도 했다. 각 계선 조직의 구성과 역할을 살펴보면 다음과 같다.

의정부

정책 결정의 핵심에 있는 정일품 아문으로서, 백관을 통솔하고, 서정을 고르게 하며, 음양을 조절하고, 나라를 경륜하는 것을 임무로 한다.[14] 주제(周制)의 삼공(三公: 태사, 태부, 태보)이 "도를 논하고 나라를 다스리며, 음양의 조화를 다스린다[論道經邦 燮理陰陽]"는 것에서 유래했다.[15] 정부는 영의정, 좌의정, 우의정 각 한 명, 좌찬성과 우찬성 각 한 명, 좌참찬과 우참찬 각 한 명, 사인 두 명, 검상 한 명, 사록 두 명으로 모두 열두 명의 조관과, 수종녹사(隨從錄士) 일곱 명, 본청녹사(本廳錄士) 열두 명, 수종서리 일곱 명, 본청서리 열네 명으로 모두 사십 명의 이서(吏胥)로 구성되었다.

영의정은 백무를 총괄하고, 좌의정은 주로 이조, 예조, 병조에 관한 사무를, 우의정은 호조, 형조, 공조에 관한 사무를 관장하는 것이 일반적이었다. 찬성과 참찬은 의정부 당상 회의의 구성원으로서 정책 결정에 참여했고, 찬성은 정승이 유고할 때 직무를 대행하기도 했

---

14 『經國大典』, 吏典, 京官職, 議政府條.
15 『成宗實錄』, 卷之一○六, 十月 七日, 丙辰條.

다.[16] 그들은 대신 회의의 구성원이 됨으로써 오늘날의 차관과는 다른 상당한 권력적 지위에 있었으며, 이상(貳相)으로도 불렸다. 사인은 재상을 보좌하는 것이 그 임무인데,[17] 의정부 당상 회의의 결과를 가지고 왕에게 계달했다. 또한 왕이 의정부에 전교할 때도 사인을 불렀다.[18] 정승이 집무실에 좌정하면 육조의 속료들이 각기 임무를 가지고 와서 조방에서 회동했다. 계하된 공사가 있으면 사인 이하 관료가 분방하여 심사하고, 정승과 왕의 결재를 얻은 뒤에 해당 관서로 하여금 시행하게 했다.[19]

의정부 제도는 조선조 정치와 행정의 특징을 반영한 것이라 할 수 있다. 고려 말 무신 정권의 중방, 정방, 도방 같은 집권자의 막부에서 정책이 결정되거나, 많은 수의 재추(宰樞)가 참여하는 집단 지도 체제에 따른 혼란을 제거하고, 권력관계를 합리적으로 조정한 상징적인 관부가 의정부였다. 고려는 문하부(門下府)가 이전(理典; 인사업무 등)을 맡고, 삼사(三司)가 재정을 맡았으며, 밀직(密直)이 군정(軍政)을 맡았는데, 국가에 중대사가 있으면 삼부(三府)가 모여 의논하였다. 이것이 도평의사사였다. 처음에는 상설 부서가 아니었으나 후에 문하시중과 수문하시중(守門下侍中)을 판사(判事)로 삼고, 삼사의 판사 이하와 문하부의 찬성사 이하로 동판사(同判事) 밀직은 판사이하를 사(使)로 삼아 상설 부서로 하였는데[20], 의정부의 전신이다. 이것은 당제의 삼성, 특히 중서문하를 조선의 특성에 맞게 바꾼 것이라

16『增補文獻備考』, 卷之二百十六, 職官考三, 議政府, "世宗朝 以申槩爲贊成 始命三公有故 贊成代行 (…)."

17 위의 책, 議政府, "李克堪舍人司題名記曰 萬機之煩 一人所不能獨理 於是乎有宰相焉 相亦不能獨理 於是乎有僚佐焉 (…)."

18『文宗實錄』, 元年 九月, 戊辰.

19『增補文獻備考』, 議政府, "今每三公坐堂 則六曹之屬 各執其任 來會朝房 凡遇啓下公事 則舍人以下 分房評理 以取相君專決 然後 該官敢行其事 (…)."

20『燃藜室記述』〈官職典故〉, 議政府.

할 수 있다.

당제의 삼성은 상서성, 중서성, 문하성인데, 이것의 기본 틀은 이미 당나라 이전부터 존재했다. 동한 시기에는 상서대(尙書臺)가 있어 국가 정무의 중추 역할을 담당했고, 삼국 시대에는 중서성이 설치되어 국가 기무를 담당했다. 이후 중서성의 권한이 강대해지자 남북조 시기에는 문하성을 설치하여 중서성을 견제했다. 수나라 문제는 내사(중서)성은 취지(取旨)를 담당하고, 문하성은 심핵(審核)을 담당하며, 상서성은 집행을 담당하게 했다. 당나라는 처음 이 시스템을 유지했으나 삼성 체제가 정사를 지체시키는 등 상호 충돌하는 경우가 많아지자 당 태종은 문하성에 정사당을 설치하여 모순을 해결했다. 정사당은 삼성 장관들이 모여 함께 논의하고 결정하는 연합판공처(聯合辦公處) 구실을 했다.[21] 이는 현대 중국의 정치국 상무위원회의 원형으로도 볼 수 있다. 조선의 의정부도 이 정사당 모델을 일정 부분 차용했다고 할 수 있다.[22] 의정부 제도는 고려가 시행한 삼성제의 폐단을 제거하고 의사 결정의 효율성을 도모하기 위한 것이었다. 당 현종 시기에 정사당이 중서문하로 개칭되었고, 분방하거나 분조(分曹)하여 업무를 처리했다. 송나라도 금중에 정사당을 설치했는데, 역시 중서문하로 부르고 간단히 '중서'라고 약칭했다. 공목방(孔目房), 이방(吏房), 호방(戶房), 병례방(兵禮房), 형방(刑房) 이렇게 오방을 두어 행정 사무를 처리했는데, 조선의 의정부도 이처럼 분방(分房)하여 업무를 처리했다.

육조

육조는 각종의 정치 행정 사무를 입안하고 집행하는 중심 부서

---

21 兪鹿年 編著, 앞의 책, pp.186～187.

22 정도전이 당나라 제도에 대해 상당한 지식을 가지고 있었다고 추측할 수 있는 근거는 여러 가지가 있다.

다.[23] 이품 판서를 장관으로 하며, 이, 호, 예, 병, 형, 공 이렇게 육부로 나누어진다. 이렇게 여섯으로 나누는 것은 주(周)의 육경제(六卿制)를 기본 모델로 한 것이다.[24] 이러한 육분법은 중앙 관제뿐만 아니라, 승정원과 지방 관아의 사무 편제, 의정부의 사무 처리를 위한 분방에도 적용되었다.

원래 유교적 사유 양식에서는 인간 사회의 제도나 법칙은 우주적 질서에 상응해야 하며[25] 통일된 원리인 천도에 따라 움직여 가는 것으로 보았다. 주의 육관도 천지춘하추동의 자연적 질서에 부응하는 것이었다. 천관은 대총재(大冢宰)라 하여 일반 행정을 통할하고 내외의 사무와 궁정 사무를 관장했다. 지관은 대사도(大司徒)라 하여 교육과 농공상업과 지방 행정을 관장했다. 춘관은 대종백(大宗伯)이라 하여 제사와 조빙(朝聘), 회합 등의 예의를 다스렸고, 하관은 대사마(大司馬)라 하여 군사와 국토 사무를 담당했다. 추관은 대사구(大司寇)라 하여 법령, 소송, 국제 사무를 취급했고, 동관은 대사공(大司空)이라 하여 토목, 공작, 자원을 관리했다.[26]

진한 시대에는 중앙과 지방의 각종 행정 기구가 충실히 정비되어 각 부문에 주관(主官), 좌관(佐官), 속관(屬官), 연속(掾屬)의 체계가 갖추어졌다. 이때의 중앙 부문은 이른바 삼공구경 체제를 갖추었는데, 대체로 태위(太尉), 사도(司徒), 사공(司空)을 삼공이라고, 태상(太常), 낭중령(郎中令), 위위(衛尉), 태복(太僕), 정위[廷尉: 대리(大理)], 전객[典客: 대홍로(大鴻盧)], 종정(宗正), 치속내사[治粟內史: 대사농(大司農)], 소부

23 『高麗史』, 卷之百十八, 列傳, 卷第三十一, 趙浚, "盖六部百官之本 而政事之所出也 (…)."

24 徐居正, 「經國大典序」, "自古制作之隆 莫如成周 周官以六經 配天地四時 六經之 職 闕一不可也. (…) 其曰六典 則周之六經 (…)."

25 『高麗史』, 列傳, 卷第三十一, 趙浚, "今日 侍中 曰 平章 曰 參政 曰 政堂 五者 法 天之五星也, 樞密之七 則法天之北斗也 (…)."

26 김운태, 앞의 책, 83면.

(少府)를 구경이라고 지칭했다.[27]

이 중에서 소부는 황제의 사부(私府)로서 황실 재산과 황제의 의식주, 의료, 오락 등의 일상생활을 담당했다. 동시에 황제의 정무 처리 문서와 각종의 부절(符節: 권한이 있음을 증명하는 신표) 등을 수장하는 임무를 맡았다. 그러나 한 무제 이후 정치 활동이 점점 확대되었고, 동한 때는 승상과 어사 양부(兩府)의 직권이 거의 전부 소부 내의 상서대와 어사대(御使臺)로 집중되었다. 상서대는 원래 진한의 소부 중에서 문서를 관리하던 작은 기구로, 최초에는 단지 6~7명의 관원[朝官]이 배속되었다. 그 장관을 상서령(尙書令), 부장관을 상서복야(尙書僕射)라 했다.

한 무제가 재상의 권한을 약화하기 위하여 상서대에 상서 네 명을 임명하여 네 조(曹)로 나누어 정사를 보게 한 것이 육조, 육부 체제의 출발이었다. 즉 상시조(常侍曹) 상서는 승상과 어사와 관련한 사무를 주로 담당했고, 이천석조(二千石曹) 상서는 지방의 자사와 이천석 관료들의 일을 담당했다. 호조(戶曹) 상서는 서인들이 상서(上書)한 일을 맡았고, 주객(主客) 상서는 외국과 관련한 일을 주로 담당했다. 성제(成帝) 때 옥사를 판결하는 삼공조(三公曹)가 신설되었고, 후한 광무제 때 삼공조, 이부조(吏部曹), 민조(民曹), 객조(客曹), 이천석조, 중도관조(中都官曹) 육조가 비로소 설치되었다. 진과 남조를 거치면서 명칭과 담당 업무의 차이는 있었으나 육조 체제는 유지되었고, 수당에 이르러 이, 호, 예, 병, 형, 공이라는 육부 체제가 정립되었다가 발전하여[28] 육부 이십사사(二十四司)로 정형화되었다.[29]

조선조의 육조 체제는 주의 육경제를 모델로 했다지만, 사실 그

27 左言東, 『中國古代官制』(杭州: 浙江古籍出版社, 1988), pp.24~27.

28 兪鹿年 編著, 앞의 책, pp.387~388.

29 위의 책, p.35.

직접적인 모델이 된 것은 위와 같은 발전 경로로 정착한 당제 육부 이십사사다. 조선조는 육조 십구사의 기본 체제를 갖추었는데, 그 업무 분장은 다음과 같다.

표 7-1 조선조 육조 십구사의 업무 분장[30]

육조 (六曹)	업무	십구사 (十九司)	세부 담당 업무
吏曹	文選, 勳封	文選司	종친, 문관, 잡직, 승직 임명, 告身, 祿牌, 문과생원 진사시 합격자에 대해 賜牌, 差定, 取才, 改名, 贓汚, 敗常人, 錄案.
	考課	考勳司	宗宰, 공신에 대한 封贈과 諡號, 享官, 老職, 命婦의 爵帖, 鄕吏, 給帖.
		考功司	문관의 功過, 勤慢, 휴가, 諸官司 아전의 근무 일수, 향리 자손의 분별 처리.
戶曹	戶口 貢賦	版籍司	戶口.土田.租稅.賦役.貢獻.農桑의 勸奬.豊凶의 調査, 賑貸穀의 出入(斂散)
	田粮 食貨	會計司	서울과 지방의 儲積, 歲計, 解由, 虧欠
		經費司	서울 各官司의 支調, 倭人의 粮料
	禮樂 祭祀	稽制司	儀式.制度.朝會.經筵.史官.學校.科擧.印信.表箋.册命.天文.漏刻.國忌.廟諱.喪葬
禮曹	宴享 朝聘	典享司	宴享.祭祀.牲豆.飮膳.醫藥
	學校	典客司	使臣, 倭人.野人의 迎接, 外方의 朝貢과 이에 대한 宴設과 賜與
	武選 軍務	武選司	武官.軍士.雜職의 임명과 告身.祿牌.附過.給暇 및 武科
	儀衛 郵驛	乘輿司	鹵簿.輿輦.廐牧.程驛.補充隊.皂隷.羅將.伴倘
兵曹	兵甲 器仗 門戶 管鑰	武備司	軍籍.馬籍.兵器.戰艦.軍士의 點乎.查閱.武藝의 訓練.宿衛.巡綽.城堡.鎭戍.備禦.征討.軍官
			軍人의 派遣.軍役의 交代.給保.給暇.侍丁.復戶.火包.烽燧.改火.禁火.符信.更籤

---

30 『경국대전』 참조.

	法律	詳覆司	死罪(大辟)의 상세한 覆審
刑曹	詳獻	考律司	律令, 按覈
	詞訟	掌禁司	刑獄, 禁令
	奴隷	掌隷司	奴婢의 帳籍(簿籍), 捕虜(俘囚)
工曹	山澤	營造司	宮室, 城池, 公廨, 屋宇, 土木, 工役, 皮革, 氈罽
	工匠	攻冶司	工匠(百工)의 制作, 金銀珠玉과 銅鐵의 冶鑄, 陶瓦, 權衡
	營繕 陶冶	山澤司	山澤, 津梁, 園囿, 種植, 炭, 木材와 石材, 舟車, 筆墨, 水鐵, 漆器

육조의 업무는 조선조 국가 사무의 기본 영역을 이해하는 데 매우 중요하다. 국가 사무의 세부 영역은 조선의 특수성을 반영한다.

이조는 당나라 제도의 이부(吏部)와 상응하는 부서다. 이부에서는 이부사(吏部司), 사봉사(司封司), 사훈사(司勳司), 고공사 이렇게 사사(四司)를 두었고, 전국 문관에 대한 임면, 승강, 고핵, 상벌을 담당했다. 반면 조선의 이조는 삼사만 두었고, 관장 업무와 관료 수에서도 당과는 큰 차이가 있었다. 당제에서는 상서, 시랑, 낭중, 원외랑 외에 영사, 서령사, 정장, 장고 등을 합쳐 총 288명이 정원이었다.[31]

당나라의 이부사는 "천하 문리(文吏)의 반질(班秩)과 계품(階品)을 고(考)"하고 "구류(九流) 외의 관직에 관한 인사"를 전담했다. 즉 관료 선발과 인사가 중심 업무였다. 사봉사(司封司)는 봉작(封爵)을 담당했고, 사훈사는 궁인들의 훈급을 담당했으며, 고공사(考功司)는 내외 문무 관리의 고과를 담당했다. 이것으로 미루어 보건대 조선의 이조에서는 당의 이부사가 맡은 업무를 문선사(文選司)가 담당했고, 사봉사와 사훈사의 업무를 합쳐 고훈사가 맡았음을 알 수 있다. 물론 세부 업무는 우리나라 전통의 관습과 중국의 제도에 나타난 국가 경영 철학이 융합된 바탕 위에서 조정되었다.

---

31 張創新, 앞의 책, pp.169~170.

호조는 당나라 제도의 호부(戶部)와 상응한다. 호부는 원래 민조 (民曹) 또는 민부(民部)로 불렸는데, 한나라의 상서(尙書) 중 민조에서 출발했다. 관장 업무는 서한 때는 이민(吏民)의 상서(上書)를 다루는 것이었으나, 동한 때는 선수(繕修)와 공작(工作) 등의 일을 맡았다. 위 진남북조 시대에는 탁지상서(度支尙書)가 국가 재정을, 좌민상서(左民 尙書)가 호적을, 우민상서(右民尙書)가 공사전택(公私田宅) 등의 일을 맡았다. 수나라 때 민부를 탁지조에 합했다가 개황(開皇) 3년(583)에 민부로 개칭하고 탁지, 민부, 금부(金部), 창부(倉部) 사사를 통괄했 다. 당나라 초기에 태종의 이름인 민(民)을 피휘하여 호부로 개칭했 고, 전국의 호구, 토지, 부세, 전량(田粮), 재정 수입을 담당하게 했다. 오대와 북송 때는 호부가 있었으나 실제의 직무는 삼사가 맡았다. 고려의 삼사는 이것을 모델로 한 것이다. 이후 청나라 광서(光緖) 12 년(1906)에 탁지부로 개편될 때까지 관할 업무의 변동은 있었으나 명 칭은 유지되었다.

조선의 호조는 중국의 제도를 참작하되 실정에 맞게 업무를 조정 했다. 즉 판적사, 회계사, 경비사로 영역을 나누고, 중국 제도에 나타 난 업무를 통폐합하여 나누어 귀속시켰다. 예를 들면 중국에서 중시 하던 도량형이나 시장과 교역에 관한 업무를 조정한 대신 왜인에 대 한 양료(粮料) 등을 새로 설정했다. 시장과 교역을 경시한 것은 조선 유교관료제의 가장 큰 약점이라 지적할 만하다. 토지 관련 세금과 인두세에 의존한 국가 경비는 항상 부족했고, 관료제의 부패와 고위 관료의 실무적 능력 부족은 백성을 힘들게 하고 국가를 허약하게 하 는 데 크게 기여했다.

예조 역시 그 모델은 당나라의 예부(禮部)라 할 수 있다. 그 직무의 원형은 『주례』에서 춘관(春官) 종백(宗伯)의 업무 영역에 명시되어 있다. 한 성제 때 객조를 두어 외국과 이적(夷狄)의 일을 담당시켰고, 동한 때는 이부조를 두어 선거와 사사(祠祀)를 주관하게 했다. 동진

때 처음 사부상서(祀部尙書)를 두었고, 북위에서는 의조상서(儀曹尙書)라 불렀다. 수나라 때 비로소 예부를 설치하고 예부사(禮部司), 사부사(祀部司), 주객사(主客司), 선부사(膳部司) 사사를 설치했다. 당나라는 이를 계승하여 전국의 예의에 관한 사항과 제사, 교육, 과거 등에 관한 정령을 관장하게 했다. 중국의 역대 왕조에서는 예부의 업무를 중시하여 이것의 영역은 큰 변동 없이 계승되었다. 예부의 업무는 유교관료제의 특징을 가장 잘 보여 준다. 여기에 규정된 수많은 의례와 의식, 연향 등에는 유교적 가치와 학설, 관습 등이 반영되어 있다.

조선의 예조에서는 유교적 가치와 질서를 담보하는 규정을 많이 제시했다. 다만 그런 규정 중에는 종전의 신분주의 전통을 강화하는 것도 있어 유가 사상이나 유교적 가치의 본질을 반영한다고 보기 어려운 대목도 많다. 또한 국가는 물론 사대부와 서민 모두 길(吉), 흉(凶), 가(嘉), 빈(賓), 군(軍)의 오례를 행하거나 제사, 상례, 혼례 등을 치르는 데 지나친 시간과 경비를 허비해야 하는 규정도 많았다. 이것은 유교관료제의 가장 특징적인 요소라 할 수 있다. 특기할 것은 명나라에 대한 사대를 강조한 조선에서 명나라의 제도를 따르지 않은 점이다. 즉 명나라에 있던 네 개의 청리사(淸吏司)와 한 개의 사무청(司務廳) 제도를 따르지 않았으며, 당나라 제도의 기본 틀을 준용하되 조선의 관습을 감안하여 설계했다.

병조는 당나라 제도의 병부(兵部)와 상응하는 부서로, 최고 군사 행정 기관이다. 고려에서는 병부(조) 위에 추밀원이 있었지만, 조선에서는 실질적인 군사 행정을 병조로 일원화했다. 중국의 진한 시대에는 원래 태위(太尉)의 관장 업무였다. 병부의 출발은 삼국 시대 위나라의 오병상서(五兵尙書)였다. 북주(北周) 때 『주례』에 따라 하관부 대사마경(夏官府大司馬卿)을 설치하고 속관으로 병부중대부(兵部中大夫)를 두었다. 수나라 때 북주를 계승하여 병부라 하고 병부사(兵部司), 직방사(職方司), 가부사(駕部司), 고부사(庫部司) 이렇게 사사를 두었다. 당나라는 수나라 제도를 이어받아 육품 이하 무관 선발과 임명, 고과, 군령, 군정을 담당했다. 이후 각 왕조에 따라 변화가 있었다. 명나라에서는 오군도독부(五軍都督府)가 군령을 장악하고 병부가 군정을 담당했다. 병조는 원래 무장들이 장악하는 것이 순리였으나, 조선에서는 초기를 제외하고는 거의 문관들이 우위를 점했다. 문관들을 통해 군사 통제를 강화한 것은 왕권에 대한 잠재적 위협을 없애려는 목적과 함께, 중국을 의식하여 약한 군대를 합리화한 측면이 있다. 조선의 약한 군대는 국가 재정의 피폐와 함께 더는 강한 군대로 탈바꿈하기 어려웠다. 그로 인해 임진왜란과 병자호란이라는 외침을 스스로 극복하지 못한 결과를 낳았다.

형조는 당나라 제도의 형부에 대응되는 부서다. 한 성제가 상서성에 삼공조를 설치하여 재판과 옥사를 담당하게 한 것에서 시작했다. 진(晉)나라 초에 삼공상서(三公尙書)를 두어 형옥을 담당하게 했고, 남조의 송(宋)에서는 도관상서(都官尙書)를 설치하여 그 일을 맡겼다. 수나라도 초기에는 도관상서를 두었으나 개황 3년(583)의 개혁 때 형부로 이름을 바꾸고 형부사(刑部司), 도관사(都官司), 비부사(比部司), 사문사(司門司) 사사를 두었다. 조선과 같은 시대에 명과 청은 형부 외에 대리시(大理寺)를 회복시켜 형벌을 신중하게 하는 뜻을 취했다. 특히 중국은 정치적으로 복잡하고 관할하는 지역도 넓어 형벌로 질서와 치안을 유지하려면 이중 삼중의 조직이 필요했다. 청나라에서는 직례청리사(直隸淸吏司)를 위시한 17청리사와 독포청리사(督捕淸吏司)를 두었다. 이 외에도 추심처(秋審處), 감등처(減等處), 속죄처(贖罪處), 사무청(司務廳) 등의 특별 부서가 있었다.

이에 비하면 조선의 형조는 중국의 여러 제도를 포괄적으로 요약하여 반영했다. 다만 당송 시대의 형부는 사법 행정도 장악하여 관리를 처분하는 일까지 담당했으나, 명청에서는 관리와 관련한 것은 이부와 도찰원(都察院)에서 처리했다. 조선에서도 사대부와 관료의 범죄는 의금부(都察院)를 두어 특별히 관리했다.

마지막으로 **공조**에 대해 살펴보자. 동한 시대 상서에 민조(民曹)가 있어 수선과 수리, 공작 등의 일도 맡았는데, 이것이 공부(工部)의 시작이다. 위진남북조 시대에는 좌민상서와 우민상서를 두었고, 진송(晉宋) 이래로는 기부상서(起部尙書)를 두었으나, 항상 설치한 것이 아니라 종묘나 궁궐을 영건할 때 임시로 설치했다. 북주에서는 동관부(冬官府)에 공부중대부(工部中大夫)의 직이 있었다. 이로 인하여 수나라가 공부를 설치하고 공부사, 둔전사(屯田司), 우부사(虞部司), 수부사(水部司) 사사를 두었다. 수 양제는 상서와 시랑을 두어 정부장관으로 삼았다. 당나라는 수나라 제도를 존치하고 공부로 하여금 토목, 수리 공정, 전국의 농업, 임업, 군마를 제외한 목축, 어업에 관한 정령을 담당하게 했다.

조선은 수당의 제도를 모델로 했지만 구체적 직무에서는 상당한 차이가 있다. 예를 들면 목축과 어업의 직무가 빠져 있고, 농업에 관한 직무는 호조에서 관할하게 한 것이 그것이다.

외관

조선조의 지방관을 외관이라 한다. 태종 13년(1413) 좌정승 하륜의 건의에 따라 지방 행정의 기본 골격을 8도, 1유도부, 6부윤, 15대도호부, 20목, 74도호부, 73군, 154현으로 정했다.[32] 그러나 엄격한 계층상의 편제가 아니라 관찰사의 관할 아래에서 병렬적인 지위를 갖는 각 수령들은 행정상의 독자성을 가지고 있었다.[33] 다만 수령이 겸대하는 군사직 계통에서 상하의 명령 계통이 정립되었다.

주관(主官)인 조관 관료로는 도의 방백인 관찰사(觀察使: 종이품, 감

---

32 『太宗實錄』.
33 김운태, 앞의 책, 115면.

사)와 그 휘하의 수령인 부윤(府尹: 종이품), 대도호부사(大都護府使: 정삼품), 도호부사(都護府使: 종삼품), 군수(郡守: 종사품), 현령(縣令: 종오품), 현감(縣監: 종육품)이 있다. 좌관인 조관 관료로는 도사(都事: 종오품), 경력(經歷: 종사품), 판관(判官: 종오품) 등이 있어 관찰사나 유수(留守)를 보좌했는데, 특히 중앙과의 연결에서는 도사의 역할이 중요했다. 이들 정식적 지방 관제상의 행정관 외에 관찰사, 병(兵), 수사(水使)와 대읍의 수령은 함께 임지에 부임하는 비장(裨將)을 두었다. 도(道)에서는 여덟 명의 비장이 있는데, 여섯 명은 육방(六房)의 사무를 감독하고 두 명은 관찰사의 비서 역할을 수행했다.[34] 관찰사는 사헌부와 행대(行臺), 분대(分臺) 등의 통제를 받았지만, 조선조 전체를 통하여 볼 때 일도(一道)의 행정, 군사, 감찰권을 장악했다.[35] 외관들은 근민지관(近民之官)으로서 유교적 민본주의 정치 행정 이념 아래에서는 특히 중요하게 여겨졌다. 이들은 국가 체제 유지를 위한 인적, 물적 자원을 확보하는 데, 그리고 사회 질서 확립이라는 기본 목표를 구체적으로 설정하고 그 달성 수단을 채택하는 데 민본주의 이념의 영향을 강하게 받았다.[36]

지방 관청은 실질적 행정 업무를 수행하기 위해 조직을 중앙 관청의 육조에 상응하게 육방으로 편제했다. 실무는 연속(掾屬) 관료인 세습적인 하급 관리들이 맡았다.

전통시대 중국의 관료제와 조선의 관료제 구성에서 나타나는 특징적인 차이 가운데 하나가 연속(掾屬)관의 편제와 운영이다. 연속관은 주관(主官)을 보좌하는 참모직인데 한 나라시대에는 삼공(三公)에서 군현의 수령에 이르기 까지 연속이 있었다. 정직(正職)을 '연(掾)'

---

34 위의 책, 125면.
35 이수건, 『조선시대 지방 행정사』(민음사, 1989), 209면.
36 鄭道傳, 『三峰集』, 卷之十, 經濟文鑑 下, 郡守民之本也, "夫民者 國之本也 郡守縣令 民之本也."; 『世祖實錄』, 卷之三十二, 十年 三月, 癸亥條.

이라 하고 부직(副職)을 '속(屬)'이라 했는데, 주관이 스스로 선발했으며, 조정의 임명을 거칠 필요가 없었다. 따라서 주관과 연리(掾吏)는 군신관계와 같은 것이 성립했다.[37] 위진(魏晉)이후에는 바뀌어서 이부(吏部)의 임명을 거치도록 했다. 그럼에도 중국의 고관은 '자기 사람'을 측근으로 데리고 다니는 것이 일반적이었음에 반해 조선은 직역에 속한 신분의 사람들이 고정적으로 업무에 종사토록 하고 있다. 그리고 육방(六房)의 업무는 중앙의 육조와 직접적인 종적 명령 관계에 있는 것이 아니라, 관찰사나 수령의 시정을 실무적으로 돕는 것이었다. 중앙과 지방 행정 업무를 연결하는 고리의 중심에 관찰사가 존재했으며, 중앙의 육조와 지방의 육방은 직접적인 관계가 없었다.

2) 특수 조직 구조

일반 행정과 통상적인 정무를 담당하는 계선적인 조직 배열 외에 특수한 기관과 조직이 있는데, 유교주의 국가와 관련하여 특히 중요한 것으로는 승정원, 홍문관, 사헌부, 사간원, 경연 등이 대표적이다. 이들 기관은 정책 결정 과정의 핵심에서 막강한 권력을 행사하거나 통제하는 권한을 가지고 있었다.

승정원

승정원은 왕명 출납을 관장하는 기관이다.[38] 이곳은 왕명 하달과 복명에 관한 사무를 관장하는 국왕의 측근 비서 기관으로, 내외의 보고 문서와 하달 문서가 모두 이곳을 경유해야 했다. 조관 관료로는 육승지(도승지, 좌우 승지, 좌우 부승지, 동부승지)와 주서(注書) 두 명으

---

37 兪鹿年, 앞의 책, p.175.

38 『經國大典』, 吏典, 京官職, 承政院, "掌出納王命 堂下官並用文官."

로 구성되며, 각기 분방하여 육조와 대응했다. 분방하는 데는 반드시 일정한 원칙을 고수한 것은 아니지만,[39] 대체로 도승지가 이방을, 좌승지가 호방을, 우승지가 예방을, 좌부승지가 병방을, 우부승지가 형방을, 동부승지가 공방을 담당하여[40] 육조와 연결되었다.

승정원의 주 임무는 왕명 출납이지만, 이 일과 관련하여 일어나는 다양한 정치적 임무도 수행했다. 승지는 입시(入侍)하거나 등연(登筵: 경연에 참가하는 것)하여 자기의 의견을 개진할 수 있었고, 왕명을 받아 직접 지시 명령을 하달할 수도 있었다.[41] 육승지는 모두 경연 참찬관(參贊官)을 겸대하여 국왕을 보좌할 임무와 함께 정치적 견해를 피력할 기회도 가졌다. 이는 학술 정치 혹은 학사 정치를 제도화한 것으로 볼 수 있으며, 유자 관료들의 정치행정적 영역의 확대는 물론 정치의 핵심에 진입하게 하는 제도적 장치였다.

육조와 관련하여 승지들의 주요 업무는 육조 사무를 분방에 따라 계달하고 계하하며, 담당 조의 관원과 사무를 논의하고, 해당 업무와 관련하여 국왕의 자문에 응하는 것이었다.[42] 또한 각 조(曹)의 의의(擬議: 주요 정책 결정 회의)에 해당 승지가 참여하고 왕의 명령을 받아 의정부에 가서 대신과 국사를 논의하기도 한다.[43] 그렇다고 이들이

---

39 『世祖實錄』, 卷之四十二, 十三年 四月, 甲子條, "命以都承旨尹弼商掌刑 左承旨魚世恭掌戶 右承旨李封掌禮 左副承旨韓致亨掌吏 右副承旨權孟禧掌工 同副承旨李克增掌兵 舊例都承旨掌吏 而今命掌刑者 重刑事也.";『成宗實錄』, 卷之二七九, 十九年 六月, 甲子條, "刑房承旨 若不能當 則吏房工房無事 亦可分授 (…)."

40 『增補文獻備考』, 卷二一八, 職官考 五, 承政院, "承政院 掌出納王命 都承旨吏房左承旨戶房 右承旨禮房 左副承旨兵房 右副承旨刑房 同副承旨工房 (…)."

41 『世祖實錄』, 卷之四十二, 十三年 四月, 己亥條, "承政院奉旨馳書于密陽府使(…).";同 戊午條, "承政院奉旨馳書于平安道節度使 (…)."

42 『世祖實錄』, 卷之二十八, 八年 四月, 丙子條, "上謂申叔舟等曰 洪應久爲刑房承旨每議獄 予曰可殺 應必救生道活人之志 多者也."

43 『世宗實錄』, 卷之六十四, 十六年 六月, 丙午條, "命都承旨安崇善 往議政府 與領議政黃喜等 議事 (…)."

왕의 하교를 일방적으로 따른 것은 아니며, 잘못된 하교가 있을 때는 복역하여 왕에게 도로 올리는 권한도 가지고 있었다.

홍문관 · 예문관

당 나라 무덕(武德) 4년(A.D. 621), 문하성에 수문관(修文館)을 설치하고, 문학하는 선비를 배치하여 서적등을 관리하게 했다. 당 태종이 즉위한 후 20여만 권의 책을 수집하고, 소문관(昭文館), 수문관 등으로 개칭하다가 개원(開元) 7년(A.D. 719)에 홍문관(弘文館)으로 정했다. 관주(館主) 1인을 두어 관의 업무를 총괄하게 하고, 판관사(判館事) 1인을 두어 일상 사무를 관리하게 했다. 학사(學士)는 인원에 제한을 두지 않았는데, 도적(圖籍)의 교정(校正)과 생도를 가르치는 업무 외에 정사(政事)에 참여하여 논의할 수 있었다(參議政事).

5품 이상은 학사, 8품 이하는 직학사(直學士)로 하고 문학담당은 관학사(館學士)라 했는데, 타관(他官)이 겸직했다. 소속관원은 교서랑(校書郎) 2인, 영서(令書) 2인, 해서수(楷書手) 30인, 전서(典書) 2인, 탁서수(拓書手) 3인, 필장(筆匠) 3인, 숙지장황장(熟紙裝潢匠) 9인, 정장(亭長) 2인, 장고(掌固=掌故) 2인을 배치했다.

학생 정원은 30인으로 학사의 가르침 아래서 경사(經史), 서법(書法) 등을 수업했는데, 황족과 귀척(貴戚), 고위 경관(京官)의 자제를 선발했다.

조선의 홍문관과 예문관에서는 제학(提學)이상은 다른 관사의 관원이 겸임했다. 대부분 학문에 특출한 실력을 갖춘 인물이 선발되어 왕의 고문(顧問)에 대비했으며, 모두 경연관의 직무를 겸했다. 겸직이 아닌 최고의 관직은 부제학(副提學)이고, 부제학에서 부수찬(副修撰)에 이르는 관원은 모두 지제교(知製教)의 임무를 겸했다.

세조 30년 9월 6일 홍문관이 신설 된 뒤에 송의 비서각(秘書閣) 직제에 따라 응교(應教), 부응교 등을 증설한 것⁴⁴으로 보기도 하나 비서각이 고금의 경적, 도서, 국사, 실록, 천문, 역수(曆數) 등의 일을 관장[45]한 것과는 잘 맞지 않는다. 차라리 당나라 홍문관의 '참의정사' 기능의 확장이라는 차원에서 보는 것이 타당한 것 같다.

요컨대, 홍문관의 관원은 '권점(圈點)'이라는 평가절차를 통해 엄격하게 선발 되었으며, 선발되어 '홍문록(弘文錄)'에 오르는 것은 큰 영광이었다. 홍문관은 조선조 유교적 정치와 행정의 표상이자 학술정치의 중심이었다. 대제학은 '문형(文衡)'이라는 영예로운 칭호로 불렸고 홍문관의 관원들은 승정원의 6 승지와 함께 경연에 고정적으로 참여하여, 삼정승 등과 함께 정책을 논할 수 있었다. 또 홍문관은 '언관삼사(言官三司)'로 언론권까지 갖고 있었다.

예문관의 경우 제학 이상은 타관이 겸직했고, 1명인 직제학은 도승지가 겸임했으며, 1명인 응교는 홍문관 직제학, 전한, 응교, 부응교, 교리 가운데 한 사람이 겸임하기 때문에 전임직은 봉교(奉教)이하만 해당 된다.

조선 후기에는 유학에 조예가 깊은 대유(大儒)로 관직을 가졌던 사람을 높여 '선정신(先正臣)'이라 하고 통상 '유신(儒臣)'이라 표현했는데, 원래는 홍문관(=玉堂)의 관원을 '유신(儒臣)'이라 불렀다. 유교관료제에서 유자관료의 핵심적인 활동 공간이 바로 홍문관과 승정원, 경연이었고, 이러한 관청이 유교관료제의 학술정치를 담보했다.

사헌부

종이품관을 장관으로 하는 관청으로, 현행 정치의 잘잘못을 논하고, 모든 관료를 감찰하며, 나아가 사회의 기강을 바로잡고, 억울한 일을 풀어 주며, 월권이나 속이는 행위를 금하는 직무를 관장한다.[46]

---

44 한우근 외, 『역주 경국대전』(주석편), 79면.
45 兪鹿年, 앞의 책, p.318.

조관 관료로는 대사헌(大司憲: 종이품) 한 명, 집의(執義) 한 명, 장령(掌令) 두 명, 지평(持平) 두 명, 감찰 스물네 명으로 구성되었고, 연속 관료로는 서리 사십 명이(시기에 따라 변동이 있었다) 배정되었다.

사헌부의 임무 중 논집시정(論執時政)과 정풍속(正風俗)은 당송대의 제도에서는 보이지 않는다. 특히 논집시정은 우리나라 대관 제도의 특징 중 하나다. 그리하여 우리나라의 대관은 관료 사회의 기강을 바로잡는 풍헌관(風憲官)이자 정치의 시비를 논하는 언관(言官)으로서의 성격이 중국의 어사대보다도 강하게 나타났다.[47] 운영 면에서도 우리나라의 사헌부는 당송대와는 달리 직품에 따라 업무가 분장되지 않았고, 동일한 내용의 직무를 전원 참석 아래 합의제 원칙[完席 僉議]에 따라 수행했다. 사헌부 내 상하의 기강은 매우 엄했으나, 종속 관계가 아니라 예의 관계였다. 상관이라도 비행(非行)이 있으면 하관들이 상관으로 예우하지 않았다.

사간원

정삼품 아문으로 국왕에게 간언하고 정사의 잘잘못에 대해 논박하는 직무(간쟁, 논박)를 담당했다. 대사간(정삼품), 사간(종삼품), 헌납(獻納: 정오품) 각 한 명과, 정언(正言: 정육품) 두 명으로 구성되었다.[48]

간관(諫官)은 국왕의 결정이나 언행에 대해서 득실을 따져 간쟁하고 보도(輔導)하며, 제반 국가사의 시비를 논박하며, 인물의 현부(賢否)를 언론하는 중요한 직책이었다. 사간원 내의 간관 상호 간에는 헌부(憲府)의 대관과는 달리 존비의 예도 심하지 않아 완의석(完議席)에서 술자리를 벌려 취하도록 마실 수도 있었다.[49] 이러한 특별 대우

---

46 『經國大典』, 吏典, 京官職, 司憲府, "掌論執時政 糾察百官 正風俗 伸冤抑禁濫僞 等事."

47 최승희, 『조선 초기 언관, 언론 연구』(서울대학교 한국문화연구소, 1976), 17면.

48 『經國大典』, 吏典, 京官職, 司諫院.

는 군주의 흠을 적발하고 간쟁하는 직책의 어려움으로 인해 그 기개를 보전해 줄 필요성이 있었기 때문이다. 아울러 간관은 유교주의 국가에서 가장 중요한 격군의 임무를 맡았다는 점에서 유자들이 흠모하는 직책이기도 했다.

경연

경연은 국왕에게 유교 경서를 강독하고 토론하며 국왕의 학문을 지도하는 임무를 관장했다. 모든 관원은 타 관사의 문관으로 겸임했다. 의정이 겸임하는 영사와 2품관이 겸임하는 지사를 제외하면 대체로 승정원의 승지들과 홍문관의 관료들이 겸임했다.[50] 그 밖에 사관과 간관이 참여하도록 되어 있었다. 물론 참여 관원은 시대에 따라 약간의 변동이 있었다.

경연에서 하는 강학은 유교 경전이 중심이었다. 그러나 현실의 정무에 관해서도 토론을 했다. 유교적 정치 교의에 대한 토론은 정책 그 자체를 결정하는 것은 아니더라도(실제로 상당히 구체적인 정책 결정을 행했다) 엘리트들의 정치 사회화 과정으로 중요한 의의가 있었다.[51] 이러한 내용을 가진 경연 제도는 유교적 이상 정치 구현을 궁극의 목적으로 하는[52] 유교 관료제의 가장 현저한 특징 중 하나다. 또한 조선 왕조에서 가장 모범적으로 운영된 사례로서, 유자 관료의 주된 활동 무대 중 하나였다.

---

49 최승희, 앞의 책, 29면.

50 『經國大典』, 經筵.

51 김운태, 앞의 책, 227면.

52 남지대, 「조선 초기의 경연 제도」, 『한국사론』 6(서울대학교 한국사학회, 1980. 12.), 159면.

3) 부속 실무 조직: 속아문

육조 십구사 외에도 각 조 안에는 약 60개에 달하는 속아문이 있었다. 속아문의 장(長)은 모두 당하관으로 보임하고 당상관을 제조(提調)로 삼아 각 기관을 다스리도록 했다. 제조는 각 기관에서 자문 역할을 하는 고문 같은 존재가 아니라, 해당 관아를 감독하고 각 관원을 통솔할 권한을 가졌다.[53]

속아문의 배열은 일정한 규칙이 없이 무질서하게 나열되어 있는 감이 짙다. 고위 관료가 겸임하는 제조제(提調制)는 당하아문(堂下衙門)으로, 국왕과 직접 연결되지 않는 관아를 중신이 관장하게 함으로써 군주에게 직결(直結) 집중(集中)하는 형태를 취한 것이라고 일반적으로 이해된다.[54]

다음에 살펴보겠지만 속아문의 직무는 구체적으로 획정되어 있다. 일반적으로 실물과 관련되어 있으며, 왕실의 소용과 관련한 업무도 많다. 어떤 의미에서는 가산제적 특징이 가장 많이 나타나는 부분이다.

속아문의 업무와 담당 관원의 상대적 지위 하락과(당상관 승진직소(昇進職巢)가 두 개밖에 없다) 정무직 활동을 하는 관직의 상대적 지위 상승은 무엇을 의미할까? 이는 가산관료제적 요소가 유교적 이념 관료제의 토착화와 정착 과정을 통해서 극복되어 가는 현상으로도 이해할 수 있을 것이다. 아무튼 속아문에 대비해서 사헌부, 사간원, 홍문관(예조 속아문으로 편제되어 있었으나 경연관 겸대로 인해 기능상의 변화가 있음), 경연, 사관 제도 등은 유교라는 이념 요소 도입이 없이는

---

53 이광린, 「'제조' 제도 연구」, 『동방학지』 제8집(연세대학교 동방학연구소, 1967. 10.), 69면.

54 천관우, 「유형원 연구」, 『역사학보』 제3집(역사학회, 1953. 12.), 103면.

그 설치 이유를 설명하기가 어렵다. 그리고 이러한 관사의 존재가 조선조 관료 체제의 본질적 특징을 나타낸다.

2. 직무 구조

조선조의 관료제는 정일품에서 종구품까지 18등급으로 나누어지며, 각 관서도 계서적 구조를 갖추었다. 전체의 직무는 크게 정치직과 기술직으로 나눌 수 있다. 이러한 이중 구조적 편성은 인사와 운영의 원칙 면에서 본질적으로 이중 기준을 갖게 했다. 또한 권력 면에서도 현저한 차이를 보였으며, 법적인 것은 아니지만 신분상으로도 차이가 있었다. 정치직은 다시 정무직과 실무직으로 나눌 수 있는데, 정무직에서는 품계에 따른 명령 계통이 엄격하지 않은 반면, 실무직에서는 상대적으로 엄격했다.

1) 정치직과 기술직

조선조 관료는 관품이 있는 조관 관료와 관품이 없는 하급 관료로 구분할 수 있고, 관품이 있는 관료는 정치직과 기술직으로 구분할 수 있다. 문과 출신의 조관 관료를 일단 정치직으로 분류하면, 나머지 관품 기술관을 위시하여 잡직자(雜職者), 성중관(成衆官), 이전(吏典), 아전 등은 모두 기술직으로 분류할 수 있다. 관품 기술관으로는 계선 조직인 호조와 형조 소속의 종육품 산학교수(算學敎授)와 율학교수(律學敎授), 종칠품의 산사(算士)와 명률(明律), 종팔품의 계사(計士)와 심률(審律), 정구품의 산학훈도(算學訓道)와 율학훈도(律學訓道), 종구품의 회사(會士)와 검률(檢律)이 있었다. 관품 기술관은 그 밖에도 실무 조직인 관상감(觀象監), 전의감(典醫監), 사역원(司譯院) 등에 집중 배치되었다. 이들은 정책 결정 과정에서 배제되었으며, 정치직으로 진출하려고 해도 문과를 거치지 않는 한 어려웠다.

중앙 정부는 공식적 인재 양성 분야를 유학, 한학, 몽학, 여진학, 왜학, 의학, 천문학, 명과학, 산학, 율학, 서학, 도학으로 나누어 두고,[55] 유학을 제외한 나머지 학문 분야는 기술직에 대응시켜 잡과를 통해 선발했다. 즉 과거에는 문과와 무과만 있은 것이 아니라 잡과도 있었는데, 잡과의 선발 분야와 시험 과목은 표 7-2와 같다.[56]

상기에 규정된 여러 시험 과목은 당시 해당 분야에 관한 전문적 교과서임은 논란의 여지가 없다. 모든 시험 과목에 『경국대전』이 들어 있는 것도 특기할 부분이다. 그리고 유의해야 할 것은 유교 경전에 관한 시험은 공통적으로 없다는 점이다.

여기서 정치직 관료를 충원하는 문과시(文科試)의 과목을 잠시 살펴보자.[57] 문(文) 초시(初試)의 초장(初場)에서는 오경사서(五經四書)의 의의(疑義) 혹은 논(論) 중에서 두 편을, 중장(中場)에서는 부(賦), 송(頌), 명(銘), 잠(箴), 기(記) 중 한 편과 표(表)[58]와 전(箋)[59] 중에서 한 편을, 종장(終場)에서는 대책(對策)[60] 한 편을 시험했다. 이러한 시험 과목의 범위는 문과복시(文科覆試)나 문과전시(文科殿試)에서도 벗어나지 않았다. 다만 문과복시에서는 『경국대전』과 가례(家禮)를 강(講)하게 했다. 합격자의 등위를 결정하는 전시(殿試)에서는 제(制)와 조(詔)가 새롭게 선택 과목에 포함되었다.

과거 과목을 이렇게 편성하는 것은 무엇을 의미할까? 이는 관료

---

55 『經國大典』, 禮典, 生徒.
56 위의 책, 禮典, 諸科.
57 『經國大典』, 禮典, 諸科, 文科.
58 국왕에게 올리는 글의 한 형식. 또는 조선조의 왕이 중국의 황제에게 올리는 사대(事大) 문서 중 하나.
59 국가의 길흉사가 있을 때 올리는 사륙체 형식의 글.
60 임금의 물음에 대안과 정책의 방향을 제시하는 정책 논문 형식의 글.

체제를 정치직과 기술직 이중 구조로 편성하고자 하는 의도가 깔려 있다고 보아야 할 것이다. 즉 정치직 관료는 유교 이념에 근거한 이념성과 실용적인 문장 능력을 기준으로 충원하고, 기술직 관료는 해당 분야에 대한 전문성을 기준으로 충원한 것이었다. 문과 초시와 복시의 초장에서는 유교 경전에 관한 이해도를 시험하고, 중장과 종장에서는 표, 전(箋), 대책을 시험한 것은 충원하는 정치직 관료에 대해 국가가 요구한 것이 무엇인지를 잘 보여 준다.

표 7-2 조선조 잡과

선발 분야	시험 분야	시험 방법	과목
역과	한학	강서	사서(四書), 노걸대(老乞大), 박통사(朴通事), 직해소학(直解小學).
		역어	경국대전.
	몽학	사자	왕가한(王可汗), 수성사감(守成事鑑), 어사잠(御史箴), 고난가둔(高難加屯), 황도대훈(皇都大訓), 노걸대, 공부자(孔夫子), 첩월진(帖月眞), 토고안(吐高安), 백안파두(伯顏波豆), 대루원기(待漏院記), 정관정요, 속팔실(速八實), 장기(章記), 하적후라(何赤厚羅), 거리라(巨里羅).
		역어	경국대전.
	왜학	사자	이로파(伊路波), 소식(消息), 서격(書格), 노걸대, 동자교(童子敎), 잡어(雜語), 본초(本草), 의론(議論), 통신(通信), 구양물어(鳩養物語), 정훈왕래(庭訓往來), 응수기(應水記), 잡필(雜筆), 부사(富士).
		역어	경국대전.
	여진학	사자	천자(千字), 천병서(天兵書), 사아론(小兒論), 삼세아(三歲兒), 자시위(自侍衛), 팔세아(八歲兒), 거화(去化), 칠세아(七歲兒), 구난(仇難), 십이제국(十二諸國), 귀수(貴愁), 오자(吳子), 손자(孫子), 태공(太公), 상서(尙書).
		역어	경국대전.
의과	의학	강서	찬도맥(纂圖脈), 동인경(銅人經), 직지방(直指方), 득효

			방(得效方), 부인대전(婦人大全), 창진집(瘡疹集), 태산집요(胎産集要), 구급방(救急方), 화제방(和劑方), 본초(本草), 경국대전.
음양과	천문학	강서	보천가(步天歌), 경국대전.
		산	칠정산내편(七政算內篇), 칠정산외편(七政算外篇), 교식추보가령(交食推步假令).
	지리학	강서	청오경(靑烏經), 금낭경(錦囊經), 호순신(胡舜申), 명산론(明山論), 지리문정(地理門庭), 감룡(感龍), 착맥부(捉脈賦), 의룡(疑龍), 동림조담(洞林照膽), 경국대전.
	명과학	강서	원천강(袁天綱), 서자평(徐子平), 응천수(應天歌), 범위수(範圍數), 극택통서(剋擇通書), 경국대전.
율과	율학	강서	대명률(大明律), 당률소의(唐律疏議), 무원록(無寃錄), 율학해이(律學解頤), 율학변의(律學辨疑), 경국대전.

베버는 중국의 과거 시험을 교양 시험으로 보고, 그것이 갖는 사회적 의미나 중국 관료 체제의 성격을 이로부터 설명했다. 그러나 당시의 문과 시험 과목의 성격을 반드시 '교양'으로만 볼 이유가 있을까? 현대의 모든 인문학을 교양이라고 할 수 있는가? 본질적으로 그 성격이 서로 다른 사회의 교양 개념을 확대해서 적용하는 것은 문제가 있다. 당시 동북아의 중국적 세계 질서 속에서 유학적 지식과 외교 문서 작성 기술, 『경국대전』에 대한 이해 등은 교양 수준에서 습득할 수 있는 것이 아니라고 이해함이 타당할 것이다. 오히려 당시의 세계 질서 속에서 볼 때 정치적 차원의 전문성으로 보는 것이 바른 이해일 것이라고 생각한다. 앞 장에서 살펴본 것처럼 유교 관료제에서는 정치적 관료로 '교양인'을 요구한 것이 아니라 유자, 즉 '행도자'를 요구한다.

이처럼 정치직과 기술직을 구분하는 것은 관료들이 갖는 권력에서 실질적인 엄청난 차이를 가져왔고, 기술 관료들이 신분적으로 중인화되는 경향을 초래했다. 그러나 하급 기술 관료들은 통역이나 의

료뿐만 아니라, 부서기회(簿書期會), 전곡(錢穀) 출납, 형옥과 사송 등의 행정 실무를 장악함으로써 정책 입안을 주로 담당하는 정치직 관료들과 상보하도록 편제되었다. 그리고 그들 직무의 기술적 전문성이 증대함으로써[61] 정치직 관료들에 대한 일정한 견제 능력도 가질 수 있었다.

2) 정무직과 실무직

이처럼 관직 체계를 크게 정치직과 기술직 두 가지 범주로 나눈다 해도 그 범주 안에 있는 관료들의 활동 영역이 모두 동일하다거나, 향유하는 권력의 수준이 비슷한 것은 아니다. 기술직 안에서도 품관인 관료와 그렇지 못한 관료(아전) 등이 있듯이, 정치직의 활동 영역에도 구분이 있었다.

조선조 관직 체계의 중심은 의정부-육조였다. 이러한 골격 외에 사헌부, 사간원, 종친부, 충훈부, 의빈부, 돈녕부, 의금부, 중추부, 승정원, 한성부, 개성부 등의 특수 기관 체계가 있었다. 또한 구체적 실무를 담당하는 행정 부서로 약 60개의 속아문이 있음은 앞에서 살핀 바와 같다.

이러한 편제에서 육조의 본사(本司)인 열아홉 개의 사(司)와, 육조의 속아문인 약 60개의 아문을 구분한 것은 어떤 의미가 있을까? 각 조의 단일 체계 속으로 편제하는 것이 훨씬 이해하기 쉽고 행정 통제상으로도 편리한 점이 많을 텐데, 본사와 속아문 체제로 편성한 이유는 무엇일까? 일반적으로 육조가 정책적인 행정을 담당하고, 이를 더욱 세분화하여 육조의 감독 아래 실무를 단독으로 담당하는 기관

---

61 김호동, 「조선 전기 경아전 '서리'에 관한 연구」, 『경남사학』(경남사학회, 1984. 4.), 14~15면.

을 속아문으로 본다.[62] 과연 정책적인 것과 아닌 것을 구분함으로써 이러한 편제가 형성된 것일까?

호조를 예로 들어 보자. 우선 호조 본사의 업무 분장을 살펴보면 다음과 같다. 호조는 호구(戶口), 공부(貢賦), 전량(田粮), 식화(食貨)에 관한 정사를 맡았다. 호조 안에는 세 개의 사가 있어 각기 낭관(郎官)이 주가 되어 실무를 관장했다.

> ○ 판적사(版籍司): 호구, 토전(土田), 조세, 부역, 공헌(貢獻), 농상(農
> 桑) 권장, 풍흉(豊凶) 조사, 진대곡(賑貸穀) 분급(分給)과 회수 등에
> 관한 사무를 맡았다.
> ○ 회계사(會計司): 서울과 지방에서의 저적(儲積),[63] 계(計), 해유(解
> 由),[64] 휴흠(虧欠)[65] 등에 관한 사무를 맡았다.
> ○ 경비사(經費司): 서울 각 관사의 지조(支調)와 왜인의 양료(粮料)
> 등에 관한 사무를 맡았다.

이러한 호조의 업무를 담당하는 관료로는 판서, 참판, 참의 삼당상(三堂上)과, 이들을 제외한 실무진으로 정랑 세 명, 좌랑 세 명, 산학 교수 한 명, 별제 두 명, 산사(算士) 한 명, 계사(計士) 두 명, 산학훈도 한 명, 회사(會士) 두 명으로 구성되었다. 그리고 실무 하급 관료로는 녹사 여섯 명, 서리 서른여덟 명(이들의 숫자는 시기에 따라 약간의 변동이 있다)으로 구성되었다.

그런데 좀 더 상세한 직무 분장을 살펴보면 호조 담당 사무가 많

---

62 신석호 외, 『한국사 10 - 양반 관료 국가의 사회 구조』(국사편찬위원회, 1977), 36면.
63 미곡 등 물화를 축적하고 예비해 두는 일.
64 재임 중 제반 관재물(官財物) 관리의 책무를 완수했음을 증명해 주는 문서. 호조에서 확인하고 이조에서 발급했다.
65 재화의 손실이나 부족함.

아짐에 따라 삼사(三司) 십사방(十四房) 체제가 성립했다.[66] 이에 의하면 판적사는 잡물(雜物), 금은(金銀), 주전(鑄錢), 수세(收稅), 사섬(司贍), 이렇게 오방(五房)을 관장했다. 잡물색(雜物色)에서는 당랑구채(堂郞丘債), 원역의자(員役衣資), 작지(作紙), 역가(役價)를 관장했고, 금은색(金銀色)에서는 채금은(採金銀)을, 주전소(鑄錢所)에서는 주전(鑄錢)을, 수세소(收稅所)에서는 유하목술수세(流下木物收稅)를, 사섬색(司贍色)에서는 백휴지(白休紙)와 노비공작지작역가(奴婢貢作紙作役價)를 관장했다.

경비사는 전례(前例), 별례(別例), 판별(版別), 요록(料綠), 세폐(歲幣), 응판(應辦), 별고(別庫), 별영(別營), 사축(司畜), 이렇게 구방(九房)을 관장했다. 전례방(前例房)에서는 종사봉심(宗社奉審), 예장(禮葬), 사대(事大), 무원공별무(無元貢別貿)를 관장했고, 별례방(別例房)에서는 궐내외 수리, 봉심(奉審), 진연(進宴), 휼전(恤典), 교린(交隣), 무원공별무를 관장했다. 판별색(版別色)에서는 인삼(人蔘), 공무물종(公貿物種), 예단물종(禮單物種), 방물백면지(方物白綿紙), 무원공별시별무(無員貢不時別貿)를, 요록색(料綠色)에서는 반록(頒綠)과 산료(散料)를 관장했다. 세폐색(歲幣色)에서는 세폐각종(歲幣各種)을, 응판색(應辦色)에서는 지칙각종(支勅各種)을 관장했다. 별고색(別庫色)에서는 봉세곡(捧稅穀), 각 사 원역산료(各司員役散料), 별무공가(別貿貢價)를, 별영색(別營色)에서는 봉삼수미(捧三手米), 훈국군병방료(訓局軍兵放料)를, 사축색(司畜色)에서는 진연(進宴)할 때 군병(軍兵)의 호궤(犒饋)를 담당했다.

회계사는 분방 없이 각 도의 전곡 회계와 각 사 물종 회계, 해유휴흠(解由虧欠), 회창적몰(回倉籍沒)을 관장했다. 나아가 호조 소속의 계

---

66 서울대학교 고전간행회, 『탁지지(度支志)』(민족문화사, 1982, 영인본), 11면. "戶曹凡三司十四房, 蓋版籍司漢之司農也 經費司唐之左藏也 會計司宋之審計院也 當初設置之意. 略倣漢唐宋之遺制 而事務日繁策應歲加 不得不分房而掌之 (…)."

사들은 대체로 각 도의 전안(田案), 곡부(穀簿)와 속아문의 회계도 관장한 것 같다.[67]

그런데 위의 직무는 정책적 업무라기보다는 구체적인 실무 행정의 성격이 오히려 큰 것으로 보인다. 다음으로 호조 속아문의 관장 업무를 살펴보자.

○ 내자시(內資寺): 궁중의 미곡, 면류, 장, 기름, 꿀, 채소, 과일, 궐내의 연향(宴享)과 직조(織造) 등에 관한 사무 담당.

○ 내섬시(內贍寺): 각 궁과 전에 대한 공상(供上), 2품 이상에게 하사하는 술, 왜인과 야인에게 공급하는 음식물과 직조물 등 담당.

○ 내도시(內㯢寺): 어용 창고[御廩]의 미곡과 궐내에 공급하는 장(醬) 등을 담당.

○ 사섬시(司贍寺): 저화(楮貨) 제조와 외거 노비(外居奴婢)의 공포(貢布) 담당.

○ 군자감(軍資監): 군수 물자 저장 담당.

○ 제용감(濟用監): 진헌(進獻)하는 포물과 인삼, 하사하는 의복과 사라능단(紗羅綾緞) 포화(布貨)에 대한 물감 염색, 직조 등 담당.

○ 사재감(司宰監): 궁중에서 사용하는 어물(漁物), 육류, 식염(食鹽), 연료, 횃불[炬火]등 담당.

○ 풍저창(豊儲倉): 궁중에서 필요한 미곡, 콩, 초둔(草芚),지지(紙地) 등 담당.

○ 광흥창(廣興倉): 모든 관원의 녹봉 담당.

○ 전함사(典艦司): 서울과 지방의 주함(舟艦).

○ 평시서(平市署): 시장과 점포를 단속하고, 도량형기를 공평히 하며, 물가를 조절.

---

67 위의 책, 12~13면 참조.

○ 사온서(司醞署): 궁중에서 필요한 술과 단술을 공급.

○ 의영고(義盈庫): 기름, 꿀, 밀[黃蠟], 채소, 후추 등의 물품 담당.

○ 장흥고(長興庫): 돗자리, 유둔[油芚: 방수구(防水具)의 일종], 지지 등을 관리 공급.

○ 사포서(司圃署): 궁중의 채소전과 원포(園圃) 관리.

○ 양현고(養賢庫): 성균관 유생들에게 미두(米豆) 등 공급.

○ 오부(五部): 각 부 소관 내 방리 주민의 범법 사건과 교량, 도로, 반화(頒火), 금화(禁火), 이문(里門)의 경계와 가옥과 대지 측량, 검시(檢屍) 등의 사무.

여기서 우리는 호조 속아문의 관장 직무만 구체적으로 살펴보았지만, 다른 속아문의 업무 내용도 감안해 보면 몇 가지 공통점을 찾아볼 수 있다.

첫째, 구체적인 물품을 생산하고, 조달하고, 관리하고, 보관하고, 공급하는 것과 관련한 것이 많다.

둘째, 군주나 궁중과 관련한 것이 많다.

셋째, 수행하는 업무가 구체적으로 지정된 좁은 분야의 것이라는 점이다. 즉 그 기본 특징이 실물 관리 부서라는 점이다. 나아가 이러한 실물 관리에서 파생된 직무를 수행하는 아문도 생겨난 것 같다. 예를 들어 예조 속아문으로 분류되는 홍문관을 보면 원래는 궁중의 경서와 역사서적 등을 관리하는 것이 임무였는데, 이로 인하여 문한(文翰)을 관장하고 국왕의 자문에 응하는 기관으로 변한 것이라 볼 수 있다. 이러한 변화 과정도 우리에게 시사하는 바가 크다.

이러한 속아문 체제의 행정은 베버가 말한 가산적 관료제의 본질에 가까우며, 전통적 배열의 특징을 띤다. 그런데 육조 십구사의 업무 내용을 보면 국왕의 사적인 용도와 관련한 것은 잘 보이지 않고 거의 전부가 국가 사무와 관련되어 있다. 우리는 여기에서 각 조 본사와 속아문의 직무가 그 성격에서 차이가 있음을 간과해서는 안 된다. 이때의 차이란 정책적인 것과 그것을 단지 세분화하여 단독 집행하는 것의 차원이 아님은 지금까지의 논의를 통해 어느 정도 밝혀졌다고 볼 수 있다.

속아문의 직무는 상당 부분이 궁내용과 왕의 사적 용도와 관련 있는 매우 구체적인 것이며, 그 관장 범위가 뚜렷하게 획정되어 있다. 반면 각 조 본사의 직무는 군주 개인과 관련한 것은 보이지 않고 주로 국가 사무와 관련되었다. 아울러 국가 재정 운용에서도 국왕이 사용하는 것과 국가가 사용하는 것을 일반적으로 구분했다.[68] 또한 전통적으로 군왕은 군왕불감기조의 원칙에 따라 한 가계의 시조가 되지 못하는 대신 공가(公家), 즉 국가 권력의 담당자가 된다고 여겨졌는데,[69] 이에 따라 군왕에게 바치는 여러 의전이나 상공(上供)도 국가 원수에 대한 전통 시대의 의례에 해당한다고 볼 수 있다. 그렇다면 이것도 국가 사무에 해당한다 할 것이다. 종친불임이사의 원칙[70]에 따라 종친이 국정에 관여할 수 없는 것도 서구적 가산제 국가에서는 생각할 수 없는 부분이다.

각 조 본사의 직무는 주로 낭관(정랑, 좌랑)이 관장했고, 속아문은 당하 실무직위에 제조제를 설치하여 고관으로 하여금 인사와 같은 주요 사항을 통괄하게 했다(홍문관과 성균관은 속아문이라도 부제학(副提學)과 대사성(大司成)은 겸직 직소가 아니면서 당상관이다). 정일품직자를 도제조(都提調)라 하고, 종일품 이하 종이품직자를 제조(提調)라

---

68 『度支志』, 卷之一, 官制部, 戶曹, "經國典賦典摠序曰 賦者軍國所需之摠名也 分而言之 則用之於國曰錢穀 (…) 曰上供 曰國用 曰綠俸 曰軍資 曰義倉 曰惠民 曰典醫 賦之用也 (…)."

69 『全州李氏孝寧大君靖孝公派世譜』(청권사, 1983), 首卷, 凡例一, "君王은 不敢其祖로 하는 옛 제도에 따라 (……)."

70 김성준, 「조선 초기의 종친부」, 『한국 중세 정치 법제사 연구』(일조각, 1985). 특히 307~332면 참조.

하며, 정삼품 당상[통정대부(通政大夫)]은 부제조(副提調)라 했다. 제조
는 해당 각 사에 상시 출근하여 해당 아문 운영을 통괄하고, 예하 관
원에 대하여 해당 조의 당상관과 함께 고적(考績)과 포폄(褒貶)에 관
여했다.[71] 이와 같이 상층의 고급 관료, 특히 당상 문관은 여러 가지
실무에 관여하면서 그와 동시에 조참(朝參), 상참(常參), 경연 등에서
는 정무직 활동을 수행했다. 다시 말하면 동일인이 행정 실무의 장
으로서 실질적인 업무에 관여하는 한편, 정치나 정책 활동도 한 것이
다. 이른바 청요직이라는 것은 이러한 정무 활동에 참가할 수 있거
나 나아갈 가능성이 예정되어 있는 직위라고 볼 수 있다. 사관이 입
시하여 기록으로 남기는 부분도 국가 운영의 대강과 원칙을 정하고
또한 구체적인 정책 결정을 하는 정무직 활동이 중심이었고, 간쟁이
나 당쟁도 모두 이러한 정무직 활동에서 파생되는 것이었다. 특히
합법적으로 정치 활동이 보장되어 있는 사헌부, 사간원에서는 상하
의 위계질서를 가볍게 여기는 관청 문화가 있었다. 즉 상하 간에 엄
격한 명령과 복종의 관계가 없이 합의를 원칙으로 운영한 것이었다.
이러한 운영 방식은 다음 장에서 구체적으로 고찰하겠지만 실무직
체계에서는 볼 수 없는 것이었다.

위에든 두 기관 외에 상참[72] 등 정무 활동에서도 엄격한 위계질서
는 무시되었다. 특히 유학적 지식과 인품이 중요한 경연에서는 유학
적 소양이 뛰어난 관료가 직위에 우선하여 큰 활약을 하고 조정의
정론도 좌지우지할 수 있었다.[73] 국가 정책을 결정하는 주요 과정인

---

71 한우근·이성무 외, 『역주 경국대전 - 주석편』(한국정신문화연구원, 1986), 86면.

72 權橃, 『沖齋集』, 卷之四, 日記, 丁卯 十二月 三日 壬申, "朝參朝宗常行之法也 逐
日 御便殿 以接群臣 謂之常參 間一日 御正殿 以朝群臣 謂之朝參 先告烽燧 次告囚徒 次
告軍政 因以百官啓辭 臺閣論劾 政曹除拜 皆於 榻前 (…)."

73 중종조의 정암 조광조는 정육품 경연검토관으로 있을 때 이미 정론을 이끄는
지위에 오르기 시작했고, 정삼품 경연참찬관(홍문관 부제학)일 때는 정론을 이끌었다.
『靜菴先生文集』, 卷之三, 檢討官, 侍讀官, 參贊官時 啓를 참조. 선조조의 고봉 기대승

상참에 참여하는 대관(大官)들은[74] 실무 관직 체계에서도 상위직을 겸함으로써 정치적 활동과도 상호 유기적인 관련을 가질 수 있었다. 그러나 정치적 활동 영역 내에서 그들은 특정 관직 체계의 소속인으로서가 아니라 개개의 정치적 관료 개체로서의 역할을 수행했다. 즉 독자적인 계사가 가능했던 것이다. 이들은 국왕이 유교적 이념 체계에 따른 위민 정책을 재결하고 시행하는 데 적극적으로 참여하여 박순채납(博諫採納)의 실(實)을 거두게 함으로써 민본주의적 왕도 정치가 펼쳐지도록 도왔다.[75] 이와 같은 실무직과 정무직 체계의 구성은 조선조 관료 체제의 여러 특징을 파생시켰다.

지금까지 논의하는 과정에서 정치직과 기술직을 구분하고 정치적 관료의 활동을 다시 정무 활동과 실무 활동으로 나누었는데, 이들이 전체 관료 총원에서 차지하는 비율은 어느 정도일까? 경관직만 보면 종구품 이상(잡직 제외)으로 무록관까지 포함한 정수는 겸직 관료를 제외한 경우 650명 내외다.[76] 거기에다 녹사, 서리 등의 하급 행정 관료는 대체로 약 1,300명에 달하며, 또한 잡직까지 고려하면 중앙 관청에서 행정 업무에 종사하는 관료 총수는 대략 2,000명 정도로 계산할 수 있다.

이들 중에서 정무직을 수행하는 관료의 수는 어느 정도였을까? 우선 중앙행정부의 내직 당상관부터 살펴보면 다음과 같다. 의정부에 삼정승, 좌우찬성, 좌우참찬 총 7명, 육조에 판서, 참판, 참의 각 3명으로 18명, 여기에 병조참지 1명이 더 있어 모두 19명이 있었다. 또

도(『고봉집』, 「논사록」), 율곡 이이도(『율곡집』, 「경연일기」) 그러했음을 확인할 수 있다.

74 조참은 모든 백관이 참여하는 의례적 성격이 강하고 그 횟수도 한 달에 네 번이다. 반면 상참은 의정대신들과 중요 아문의 당상관, 경연관, 승지, 사관 등 이른바 정치직 관료들이 매일 왕을 뵙고 국사를 아뢰고 의논하는 정규의 정책 결정 회의다. 『國朝五禮儀』, 四, 嘉禮, 朝參儀, 常參朝啓儀 참조.

75 김운태, 앞의 책, 111면.

76 『經國大典』, 吏典, 京官職을 참고로 하여 계산함.

한 한성부 판윤, 좌윤, 우윤 3명, 사헌부 대사헌 1명, 개성유수 2명(1 명은 경기관찰사가 겸임), 승정원 승지 6명, 장례원 판결사 1명, 사간원 대사간 1명, 홍문관 부제학 1명, 성균관 대사성 1명으로 모두 42명의 정무직 수행 관료가 있었다. 이들은 대부분 실무직의 도제조와 제조, 또는 겸직 아문(춘추관, 예문관, 승문원 등)의 장이나 실무 책임자를 역임하면서 동시에 정무 활동에서 핵심적 역할을 할 수 있는 위치에 있었다.

당하관으로서 중요한 정무 활동에 관여할 수 있는 이들은 다음과 같다. 각 조의 정랑 20명, 특히 이조의 문선사 낭관과 병조 무선사 낭관, 의정부의 사인 2명, 사헌부의 집의 1명, 장령 2명, 지평 2명, 승정원 주서 2명, 사간원 사간 1명, 헌납 1명, 정언 2명, 홍문관 전한(典翰) 1명, 응교(應敎)와 부응교(副應敎) 각 1명, 교리와 부교리 각 2명, 수찬 (修撰)과 부수찬(副修撰) 각 2명 등으로 모두 44명 정도다. 이들은 실무를 통해서, 또는 고관회의의 실무 간사로서, 또는 경연의 시강관, 시독관, 검토관의 겸직을 통해서 정무를 수행했다. 즉 육조의 낭관, 그중에서도 이조와 병조의 문선사 낭관은 이른바 '전랑(銓郎)'이라고 하여 관리 전형에 결정적인 권한을 가지고 있었다. 특히 삼사 관원을 택하여 추천하는 것과 자신의 후임자 추천은 이들의 전임 사항이었다.

사헌부 사간원의 당하 관료들은 탄핵과 서경을 위한 합좌회의와 같은 합의제 운영 원칙에 따라 아문의 당상관과 거의 동등한 권한을 행사했다. 홍문관의 당하관들도 언관삼사(言官三司)로서의 역할과 함께 경연 등에 참여할 수 있는 기회를 많이 부여받았으므로 정사에 깊이 개입할 수 있었다. 물론 상참이나 조계(朝啓)에 참여하지 못하는 각 아문의 문관 육품 이상과 무관 사품 이상의 조관은 윤대제(輪對制)를 통하여 정무 활동을 할 수 있었지만 위에서 든 관직과 비교할 수는 없었다. 결국 조선조에서 중앙에서 정무직 활동을 하는 관료들은 전체 중앙 관료인 2,000명 중 약 20분의 1에 해당하는 100명 내외인 것이었다. 이를 간명하게 표현하면 아래의 그림과 같다.

이처럼 조선조 관료 체제는 자체의 구조 내에 유교 이념에 따른 정치 활동 부분을 포함하고 있었다.

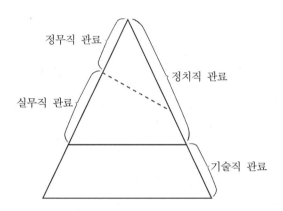

조선조에서 권력 구조의 변동은 바로 이 정치 활동 부문인 정무직에서 일어났다. 관료 선발, 임용, 보직에 관한 모든 권한과 통제 감독권도 정책 결정권과 함께 이 부문에 집중되어 있었다. 이 부문에서는 유학을 전수한 문과 출신자가 거의 전부를 차지했는데, 이것이 조선조 관료제의 본질적 특징을 형성했다. 정치 행정적 권력이 여기에 집중되어 있었으므로 권력 투쟁도 이 부문에서 일어났다. 사화는 유교적 이념에 의거한 도학 정치를 주장하는 신진 사림파와 기성의 훈구 대신 사이에서 발생한 것이며, 당쟁은 사림이 정권을 장악한 뒤에 발생한 것이었다. 정무직 내의 권력 구조는 노성한 대신과 기예(氣銳)한 젊은 관료가 상보하는 구조로 편성되었다. 또한 대신 간에도 상보 구조로 편성함으로써 독단을 배제했다.

3) 가산관료제적 특징과 비교

지금까지 조선조 관료 체제의 기본 구조에 관해 논했다. 이로부터 그 성격을 분명히 하기 위해 가산관료제의 특징과 비교해 볼 수 있다. 베버는 업무 수행 절차가 형식적 규칙에 따라 중립적으로 실시되는 것을 관료제적 요소로 보았다. 그리고 가산관료제는 업무 수행 절차가 본질적으로 군주의 자의에 의한 것이라고 파악했다.

조선조 관료제에서는 기술직과 실무직의 직무 범위가 『경국대전』에 비교적 명확하게 규정되어 있다. 또한 실제로도 그러한 직무 권한에 따라 업무를 수행했다는 점에서 가산관료제와는 서로 차이가 있다고 볼 수 있다. 반대로 정무 활동과 관련해서는 관료의 직무 범위가 명확하게 획정되어 있지 않았는데, 이는 업무의 성격상 그러하다고 볼 수 있다. 그렇다고 해도 상참이나 경연, 차대(次對) 등의 정무 활동 과정 자체는 자세히 정해져 있었으며,[77] 군주가 이를 자의로 바꿀 수 있는 것은 아니었다. 이런 사실로 미루어 볼 때 조선조 관료 체제에서는 관료의 직무를 군주가 마음대로 결정한다는 것은 일단 부정된다.

관료를 임용하는 것 역시 마찬가지였다. 군주는 객관적인 자격 증명이 끝난 관료 자격자에 대한 보직 부여를 독단으로 할 수 없었다. 그것은 인사 규칙에 의해서 제한받았다. 또한 비삼망(備三望: 세 사람의 후보자를 추천하는 것), 단망(單望: 한 사람의 후보자를 올리는 것), 복상(卜相: 재상이 후임자를 추천하는 것), 전랑자대(銓郎自代: 인사 부서 실무자의 후임자 추천권) 등의 관습적 절차에 의해서도 제약을 받았다.

상급 관료와 하급 관료가 전인격적인 지배와 복종의 관계에 있다는 것도 가산관료제의 또 다른 특징으로 꼽힌다. 이에 대해 살펴보

---

77 『春官通考(中)』, 卷之五十一. 가례, 상참조계의(常參朝啓儀), 경연, 조강(朝講), 주강(晝講), 석강(夕講) 등의 진강(進講)에 관한 형식 참조.

면 우선 정치직 관료(조관)와 기술직 관료 사이에는 분명한 차별이 존재했다. 특히 고관을 수행하는 녹사, 서리와 해당 고관 간의 관계를 볼 때 이러한 관점은 어느 정도 타당성이 있다. 그러나 그러한 차별이 고정적인 신분상의 차이인지는 의문스럽다. 기술직 관료의 최하층에 있다고 할 수 있는 향리에게도 과거 응시 자격은 당연한 전제로 부여되었다.[78] 실제로 서리의 아들이 문과에 급제하여 상신(相臣)의 지위에 오른 대표적인 예가 『해동명신록(海東名臣錄)』에 보인다.[79] 조선 후기에 이를수록 신분적 성격의 제약이 나타났지만, 원칙적으로는 공(工), 상(商), 천례(賤隷)를 제외하고는 누구도 관료가 되는 데 신분적인 제약은 없었다고 볼 수 있다.[80] 특히 정무직 관료 안에서는 그러한 차별이나 전인격적인 지배와 복종의 관계가 성립하지 않았다. 이조와 병조의 인사 문제에서 낭관들이 가진 권한이나, 사헌부와 사간원의 합좌제적 운영, 젊은 경연관들의 활동 등에서 볼 때 직위상의 상하 관계가 전인격적인 지배 관계로 전화하기는 불가능했다. 이렇게 본다면 인격적 종속 관계라는 가산관료제의 특징도 조선의 관료 체제에는 해당하지 않는다고 할 수 있다.

가산관료제의 또 다른 특징인 관료 선발의 비전문성에 대해서는 앞에서 살펴본 바 있다. 조선조 관료 체제에서는 기술직 관료의 대

---

78 『經國大典』, 卷之一, 吏典, 鄕吏.

79 金堉, 『海東名臣錄』. 세조에서 성종 연간의 명신인 윤효손(尹孝孫)의 부친 윤처관(尹處寬)은 의정부의 녹사로서 좌상 박원형(朴元亨)을 보좌하는 일을 했다. 어느 날 윤처관은 박원형의 사제에 출근했으나 그의 낮잠 때문에 종일 그를 만나지 못하고 집으로 돌아왔다. 그는 아들에게 "나는 재주가 없어 이런 모욕을 당했지만 너는 모름지기 학업에 열중하여 아버지처럼 되지 말아 다오"라고 당부했다. 윤효손은 그 뒤 문과에 급제하여 박원형의 사위가 되었고, 재상의 반열에까지 올랐다. 한영우, 앞의 논문.

80 송준호, 「조선시대의 과거와 양반 및 양인 1」, 『역사학보』 제69집(역사학회, 1976. 3.), 105~139면; Yong-ho Choe, "Commoners in Early Yi Dynasty Civil Examinations: An Aspect of Korean Social Structure, 1392~1600", *The Journal of Asian Studies*, Vol. 33~34, No. 4(1974).

부분이 전문성을 기준으로 선발되었다. 정무 활동을 하는 관료들도 전문성이 아닌 기준에 의해서 선발되었다고 보는 것은 문제가 있다.

공사(公私)를 구분하지 않는 특징에 대해서도 앞에서 논의한 바 있다. 종친의 정치 불간섭 원칙, 친진의 제도, 왕이 한 가문의 시조가 되지 못한다는 관습과 전통적인 신념, 궁중과 부중이라는 개념, 상공과 국용(國用) 구분 등에서 볼 수 있듯이 조선조 관료 체제에서는 공과 사도 상당히 엄격하게 구분했다고 판단된다.

결국 조선조의 관료제는 유교적인 상보와 호혜의 원리를 기초로 했음을 알 수 있다. 즉 군신 간, 정치직과 기술직 간, 노성과 기예 간의 상보를 통하여 규범과 현실을 매개하고, 유교적 이상인 여러 요소의 조화(태평, 대동 세계)를 기본 목표로 한 것이었다. 그러나 그러한 상보 구조가 갈등 구조로 성격이 바뀌면서 조선조 관료제는 원래의 구조적 편성 의도를 구현하지 못하고 좌절해 갔다. 그것은 조선조 관료제의 정무직 구조가 가지고 있던 상보적 편성이 관료 개개인의 인격적 원숙성과 지혜를 전제로 한 것이라는 점에서 유교 이념의 현실적인 한계를 보여 준다.

3장 조선조 정책 과정의 특징

1. 조선조의 개창과 유교이념의 수용

태조가 즉위한 지 3일째가 되던 7월 기해일에 사헌부는 10가지 국
정운영의 방책을 올리면서 먼저 군왕의 마음가짐의 대강(大綱)에 대
해 다음과 같이 충고하고 있다.

"--무릇 경(敬)이란 것은 한 마음의 주재(主宰)이고 모든 일의 근저(根
柢)이니, 그러므로, 큰 일로는 하늘을 섬기고 상제(上帝)를 제향(祭享)
하는 것과, 작은 일로는 일어나고 자고 밥 먹고 휴식하는 것까지 이를
떠날 수는 없습니다. 천도(天道)를 공경하고 높여서 이른 아침부터 밤
늦게까지 조심하고 두려워하는 일은 탕왕(湯王)과 무왕(武王)이 흥(興)
한 이유이며, 덕(德)을 없애고 위력(威力)을 사용하여 경(敬)을 행할 것
이 못된다고 한 것은 걸왕(桀王)과 주왕(紂王)의 망한 이유입니다. 역대
(歷代)의 치란(治亂)과 흥망(興亡)을 상고해 보아도 모두 이로 말미암아
나오게 되니, 이것은 경(敬)이란 한 글자가 진실로 임금의 정치를 하는
근원입니다. 하물며, 지금 전하께서는 왕위에 오른 초기에 기업(基業)
을 세워 후세에 전하여 자손에게 물려주는 계획이 바로 오늘날에 있으
며, 하늘이 길흉(吉凶)을 명하고 역년(歷年)을 명함도 또한 오늘날에 있
으니, 원하옵건대, 전하께서는 거처할 때도 마음을 간직하여 상제(上帝)
를 대한 듯이 하시어 비록 일이 없을 때를 당하더라도 항상 상제가 굽

어보신 듯이 하며, 그 일에 응접할 즈음에는 더욱 그 생각이 처음 움직일 때를 삼가 하신다면, 이 마음의 경(敬)이 천심(天心)에 감동하여 지치(至治)를 일으킬 수가 있습니다.(… 夫敬者 一心之主宰 萬事之根柢 故大而事天饗帝 微而起居食息 不可得而離也 欽崇天道 夙夜祗懼 湯武之所以興也 滅德作威 謂敬不足行傑紂之所以亡也 考之歷代治亂興亡 皆由此出 是則敬之一字 固人君出治之源也 況今 殿下卽祚之初 創業垂統 貽厥孫謨 正在今日, 而天之命吉凶 命歷年 亦在今日 願 殿下 存心以居 對越上帝 雖當無事之時 常若有臨 及其應事之際 尤謹其念慮之萌 則此心之敬 足以感天心而興至治矣.)

이 상소의 배경을 이루는 핵심 사상은 '경(敬)'이다. 경은 유학에서 중시하는 인격 교육의 방법론이자 수양론의 요체다. 탕왕과 무왕은 마음의 경을 유지하고 실천했기 때문에 일어났고, 걸왕과 주왕은 그렇지 못했기 때문에 망했다고 하면서 왕조의 길흉과 수명(역년)은 금일 태조가 경의 자세로 통치에 임하느냐 임하지 않느냐에 달려 있다고 강조했다. 이것은 고려의 멸망이 군주가 경을 실천하지 못한 것이 원인이라는 당시 유가 관료들의 이해 방식을 보여 준다.

이러한 시각의 연장선상에서 구체적인 실천 강령으로 입기강(立紀綱), 명상벌(明賞罰), 친군자원소인(親君子遠小人), 납간쟁(納諫爭), 두참언(杜讒言), 계일욕(戒逸欲), 숭절검(崇節儉), 척환관(斥宦官), 태승니(汰僧尼), 엄궁위(嚴宮闈) 이렇게 열 개 조항을 제시했다.[81] 역으로 보면 고려조의 정치를 이러한 열 개 조의 영역에서 유자 관료들이 비판적 시각을 갖고 있었음을 보여 주는 것이기도 하다.

그런데 태조는 환관과 승려들을 척태(斥汰)하는 일은 개국 초라서 시행할 수 없다(宦官僧尼斥汰之事 開國之初不可遽行)고 했는데, 고려조

---

81 『太祖實錄』, 卷之一, 元年 七月 己亥條.

에 환관과 승려들의 세력이 어느 정도였는지 짐작할 수 있게 한다. 당시 유자 관료들은 고려조가 멸망한 것은 군주가 경이 부족하여 기강의 혼란, 상벌의 문란, 소인의 집권, 일욕과 사치, 간쟁을 받아들이지 않음, 환관과 승려의 발호 등을 야기했기 때문이라고 진단했다. 그런 그들이 경을 강조한 것은 당연했다.

퇴계에 의하면 경이란 "생각하고 배우는 것을 함께하며, 동과 정을 일관하며, 마음과 행동을 합일하고, 드러난 곳과 은미한 곳을 한결같이 하는 도(持敬者又所以 兼思學貫動靜 合內外一顯微之道也)"다. 그 실천 방법은 "보이지 않고 들리지 않는 곳에서 경계하고 두려워함을 더욱 엄하고 공경스럽게 하고, 은미한 곳과 혼자 있는 곳에서 더욱 정밀하게 성찰하는 것(不睹不聞之前, 所以戒懼者愈嚴愈敬, 隱微幽獨之處, 所以省察者愈精愈密)"으로 보았는데,[82] 그 성찰적 성격을 강조했다. 물론 위와 같은 견해는 주자(朱子) 이래의 정통적 견해이기도 한 것이다. 그러면 성리학의 이러한 실천 철학적인 명제인 경과 유교주의 아래의 관료 체제와는 어떤 연관성이 있는 것일까? 퇴계는 이에 관해 다음과 같이 자신의 견해를 피력했다.

임금의 한 마음은 만기(萬幾)가 말미암는 곳이며, 백 가지 책임이 모이는 곳이다. 온갖 욕심이 서로 침해하고 뭇 간사함이 서로 꿰뚫어 만약 조금이라도 태홀하여 방종이 따른다면 산이 무너지고 바다가 들끓는 것 같을 것이니, 누가 이를 막을 수 있겠는가? 옛날의 뛰어난 군주들은 이것을 근심했다. 따라서 항상 조심하고 두려워하여 하루하루를 삼갔다. 그래도 오히려 모자라서 스승과 간쟁하는 직책을 만들었는데, 앞에는 의(疑)가 있고, 뒤에는 승(丞)이 있으며, 왼쪽에는 보(輔)가 있고 오른쪽에는 필(弼)이 있다. 수레를 탈 때는 여분(旅賁)의 경계가 있고,

---

82 李滉, 『退溪先生文集 內集』, 卷之七, 箚, 進聖學十圖箚.

위저(位宁)[83]에는 관사(官師)의 법이 있으며, 의궤에는 훈송(訓誦)의 간 (諫)이 있고, 거침(居寢)에는 근시(近侍)의 잠언이 있으며, 일을 당해서 는 고사(瞽史)의 인도가 있고, 연거(宴居)에는 공사(工師)의 송(誦)이 있다.[84]

유교주의 관료 체제에서 설관분직(設官分職)의 주요 목적(특히 정무 직에서) 중 하나는 이처럼 군주의 심적인 상태를 경건하게 유지하기 위한 것이었다. 군주의 인격 완성과 잘못을 시정하기 위한 관직 체 계를 갖추고 있었다는 것은 유교주의 관료 체제의 본질적 특성 중 하나다. 나아가 이들 관료는 녹봉으로 생계를 유지하기 위한 녹사(祿 仕)하는 관료가 아니라, 군주를 도와 함께 유가적 가치를 실현하는, 다른 말로 하면 왕도를 구현하는 행도(行道)하는 관료를 전제하고 있 는 것이다.

2. 정책 결정 과정의 특징

앞에서 우리는 유교 이념이 관료 체제의 구조적 배열, 특히 상위 에 있는 정무직 구조 창출과 깊은 연관이 있음을 보았다. 이것은 조 선조 사회에서 유교를 단순히 허위의식이라는 개념으로 이해할 수 없음을 의미한다. 역사적으로 유교주의 관료 체제는 오랜 세월을 통 하여 변화 발전한 것이다. 제자백가의 사상은 그 나름의 독자성 있

---

83 군주가 조회(朝會)를 받는 자리.

84 李滉, 위의 책, 같은 부분. "人主一心萬幾所由百責所萃 衆欲互攻群邪迭鑽 一有怠 忽而放縱繼之 則如山之崩如海之蕩 誰得而禦之 古之聖帝明王有憂於此 是以兢兢業業小 心畏愼 日復一日猶以爲未也 立師傅之官諫爭之職 前有疑後有丞左有輔右有弼 在輿有旅 賁之規 位宁有官師之典 倚几有訓誦之諫 居寢有贊御之箴 臨事有瞽史之導 宴居有工師之 誦 (…)."

는 구조 창출에 실패했다. 반면 유교는 광범한 지식인층의 공감과 수용을 바탕으로 현실의 관료 조직 구조에 영향을 미쳤고, 그 결과가 각종 제도로 나타나거나 기존 제도의 성격을 변화시켰다. 조선조에서 유교 이념이 관료의 성격과 체제의 구조 배열에 특정한 영향을 미쳤다는 것은 내부의 정책 결정 과정에도 영향을 끼쳤음을 함의한다. 그렇다면 도대체 근본적으로 어떤 영향을 미쳤는가?

가산관료제에서는 관료가 군주에게 예속되는 것이 특징으로, 타율적인 행정을 본질로 한다. 반면 유교관료제에서는 관료가 군주를 돕는다는 상보적 관계를 강조한다. 따라서 관료는 독자적 지위를 가지고 도덕률과 중재법적인 법 규범[85]에 따라 자율적인 행정을 한다.

여기서 관료가 독자적 지위를 가지고서 자기 견해를 당당하게 피력하면서 정책 결정 과정에 참여할 수 있는지의 차원과, 그러한 결정 과정의 형식이나 내용에 이념적 요소가 어느 정도 영향을 미칠 수 있는지의 차원을 교차해 봄으로써 이해를 위한 간단한 비교 유형을 얻을 수 있다.

이념의 결정 과정 구속성 / 군주와 관료의 관계	크다	작다
자율성 (독자성)	합의형 결정 과정 (이념 합치성)	협상형 결정 과정 (이해관계형)
타율성 (예속성)	교조적 결정 과정 (권위적 교의성)	전제형 결정 과정 (군주의 사적 욕구)

첫째, 이념이 정책 결정 과정의 형식과 내용에 적극적인 영향을 미치고, 동시에 여기에 참여하는 관료들이 이념적으로나 경제적으로 독자성과 자율성이 있을 때, 정책 결정 과정은 이념 합치성에 준거한

---

85 송두율, 『계몽과 해방』(한길사, 1988), 171면.

합의형(collegial type)의 특징을 나타낸다. 사회주의의 집단 지도 형식이나 상무위원회, 중앙위원회 등이 이 유형과 비슷하다. 다만 이때는 마르크스 이념의 내용상 제약에 의해 관료의 경제적 독자성의 기반은 약한 것으로 보인다. 왜냐하면 국유제 원칙 아래에서 수입과 품위 유지는 관직에 의해서만 매개되는 것이기 때문이다. 이 점 때문에 다음 유형인 교조형 결정 과정으로 옮겨 가기가 한결 쉽다.

둘째, 이념이 정책 결정 과정의 형식이나 내용에 적극적인 영향을 미치기는 하지만, 여기에 참여하는 관료의 지위가 군주에게 예속되어 있어 타율적 행정을 보일 때, 정책 결정 과정은 권위적 교의성에 근거한 교조형(dogmatic type)의 특징을 나타난다. 수령(首領) 중심의 공산주의 북한 체제나, 천황제 아래에 있는 군군주의 일본이 이 유형에 가깝다. 이때 천황이나 수령의 결정은 거의 절대적이고 종교적 색채까지 띠어서 관료들이 이의를 제기하기도 어렵다. 관료들은 군주나 수령을 신적이고 초월적인 존재로 상정하고, 권위의 원천을 전통과 신성(神性)에 둔다. 여기서 행정의 타율성은 위계질서의 엄격성에 의해 유발되거나, 경제적 기반의 관직 의존성에 의해 강화된다. 군국주의 일본의 경우 이념 자체도 낮은 수준의 행동 중심적 국수주의였던 점이 특징이다. 그러나 창조된 신성에 맹목적으로 귀의하는 것은 제어 장치의 약화를 초래한다. 이로 말미암아 한 개인에 의해 엄청난 폭발력을 가진 결정이 내려질 수도 있다.

셋째, 이념이 정책 결정 과정의 형식이나 내용에 적극적인 영향을 미치지 못하고, 관료도 군주에 대하여 상당한 자율성을 확보하고 있을 때, 정책 결정 과정은 이해관계성에 근거한 협상형(bargain type)의 특징을 나타낸다.

넷째, 정책 결정 과정에서 이념의 구속성이 낮고, 여기에 참여하는 관료도 군주에 예속되어 있을 때는 토론을 할 수 없다. 이때 정책 결정 과정은 군주 자신의 사적 욕구나 호오(好惡)의 감정에 근거한 전제형(despotic or tyranical type)의 특징을 나타낸다.

가산관료제에서는 관료의 타율성이 근본 전제 중 하나다. 그러므로 가산관료제에서의 정책 결정 과정은 교조적이거나 전제적인 것으로 결론지어진다. 따라서 조선조를 가산관료제 체제라고 보는 것은 그 정책 결정 과정이 권위적 교의성에 근거한 교조형이거나 군주의 사적 욕구(자의)에 근거한 전제형이 혼합된 것으로 파악하는 셈이다.

반면 유교관료제에서는 유교 이념이 정책 결정 과정의 형식과 내용에 적극적인 영향을 미치며, 동시에 제5장에서 본 바와 같이 유교적 관료의 이념적, 경제적 자율성도 인정한다. 그러므로 조선조 관료 체제에서의 정책 결정 과정은 행도형 관료들의 주도아래 이념 합치성을 추구하는 합의형의 특징을 나타낸다고 볼 수 있다. 그러면 조선조 정책 결정 과정의 구체적인 특징을 간단히 투입, 전환, 산출 과정으로 나누어 살펴보기로 하자.

1) 의제(議題)화 과정

현대의 다원적 사회에서는 다양한 부문의 이해관계가 분출하여 상호 경쟁하면서 문제를 제기한다. 그리고 이러한 문제가 관료 체제에 투입되는 형태를 상정한다. 즉 사회는 문제를 적극적으로 제기하고, 행정이나 관료 체제는 그것을 수동적으로 취사선택하는 반응자로 인식된다.

그런데 무엇이 해결해야 할 문제로 등장하는지에 대해서는 기본적으로 여러 가지 관점이 있을 수 있다. 다원론적 관점에서는 비교적 공정하게 모든 계층의 이해관계가 균형 있게 반영된다고 보지만, 엘리트론적 관점에서는 그렇지 않다고 본다.[86] 더욱이 계급론적 관점

---

86 정정길, 「정책 결정과 정책 문제 채택」, 『한국 정치 행정의 체계』, 김운태 외(박

에서는 특정 계급이나 계층의 이익이 반영될 수밖에 없다고 이해한다. 설사 어떤 결정이 국민 대중을 위한 것이라고 표방할 때조차도 구조적으로는 지배 계급의 이익을 반영한다고 본다.

그러면 조선조 관료 체제에서 문제 제기와 반영은 어떤 형식과 성격을 가지고 있었을까? 유교주의에서는 원칙적으로 관직에 있는 공경대부는 물론 관직에 있지 않은 선비나 평민, 장사꾼이나 물건 만드는 천한 사람[사(士), 서(庶), 상공(商賈), 백공(百工)]에 이르기까지 모두 문제 제기를 할 수 있다.[87] 제6장에서 살펴보았듯이 조선조에서는 조관 관료, 그중에서도 지배 계급에 해당하는 정무직 관료들을 중심으로 정치적인 의견을 개진했다. 그렇지만 다른 조관과 재야 유교적 지식인(사림)들의 의견 개진이 완전히 봉쇄된 것은 아니었다. 통치 엘리트 관료들은 조정의 공식적, 비공식적 정책 결정 과정에서 자신의 의견을 피력할 기회가 많았다. 반면 비통치 엘리트인 재야 사림이나 전직 관료가 이용할 수 있는 주된 형식은 '상소'였다.

상소는 반드시 승정원을 거쳐야 했다. 지방에서 올라온 상소는 때로 수령과 감사를 경유하여 승정원에 전달되는 경우도 있는데, 원칙적으로 중도에서 물리칠 수는 없었다. 또한 상소는 등철(登徹: 어람되도록 함)되어야 하며, 이러한 상소에 대해서는 국왕이 그 내용에 동의하는지 여부를 불문하고 비답해야 할 책무가 있었다.[88] 그 밖에도 구언(求言)이라는 형식이나, 의례 문제 등에 대해 널리 유림들의 의사를 모으기 위한 유현수의(儒賢收議)나 유현징소(儒賢徵召)라는 형식도 있었다.

조관 관료들이 의사를 전달하는 데는 여러 형식이 있었다. 각 관

영사, 1982), 252면.

　　87 鄭道傳, 『三峰集』, 卷之六, 經濟文鑑 下, 諫官. "上而公卿大夫下而至於士庶商賈百工之賤 莫不得以諫 是擧天下 皆諫諍者也."

　　88 김운태, 『조선왕조 행정사 - 근세편』(박영사, 1981), 236면.

사에서는 독자적으로 계품이나 상소를 통해 정책을 문제화하고 동시에 해결 방안도 건의할 수 있었다. 간단하거나 일상적인 전례가 있는 문제에 대해서는 국왕이 직접 재결했다. 반면 해결 방안이 마련되어 있지 않은 정책이나 대안 선택에 어려움이 예상되는 것은 의정부에 계하[89]하거나 경연 등에서 직접 토론하여 방향을 결정하기도 했다.[90]

정책 문제화나 의견 개진은 관사만이 할 수 있는 것은[예를 들어 예조계(禮曹啓)……, 병조계(兵曹啓)……, 사헌부상소왈(司憲府上疏曰)……] 아니었으며, 당상관을 비롯한 정무직 관료 개인 자격으로도 가능했다.[예를 들어 이조판서모계(吏曹判書某啓)……, 사헌부집의모상소왈(司憲府執義某上疏曰)……] 즉 독자적인 계사(啓事)가 가능한 직위에 있는 관료에게는 의견 개진이 보장되어 있었다.

지방에서는 관찰사나 수령이 군주의 대리인으로서 지방적 차원의 정책 결정권을 가지고 있었다. 이 점에서 수령 방백은 중앙 관료와 차이가 있었다. 수령 방백은 중앙의 특정 관사에 소속된 것이 아니라, 국왕과 계통상 직접 연결되어 있었다. 지방에서 발생한 문제가 중앙과 관련이 있거나 국가적으로 중요한 경우에는 장계(狀啓)로 국왕이나 해당 중앙 관서에 보고했다. 중요한 사안일 경우 국왕에 의해서 직접 중앙 정책 결정 기관에서 문제화했다. 대체로 도내에서 발생한 문제에 대해서는 관찰사의 판단에 의해 관찰사가 계문(啓聞)했다.[예를 들어 경기관찰사거계좌우도수군절제사정(京畿觀察使據啓左右道水軍節制使呈)……]

따라서 백성들이 의사를 개진하려면 일차적으로 성주(城主:수령의

89 최승희, 『한국 고문서 연구』(한국정신문화연구원, 1981), 119~121면 참조.
90 『太祖實錄』, 卷之六, 三年 八月, 己巳條. "諫官全伯英等上疏 (…) 人主聽斷 日有萬機 不可不勤 願殿下御正殿 各司啓事 面加可否 事之大者 必與輔臣謀議施行."

익숙한 표현임)를 상대로 해야 했다. 그 형식은 정장(呈狀)이고, 이에 대한 수령의 답은 관제(官題)이며, 감사(監司)의 대답은 영제(營題)다.[91] 그러나 실제로 정치 단위로서 백성들의 의사 개진은 극히 보잘 것없었다.[92] 그 이유는 그들이 그렇게 할 수 있는 통로가 폐쇄되었다기보다는 현실적인 제약이 있었기 때문이다.

조선조는 정착적 농업 경제를 중심으로 한 자급자족적 공동체 중심 사회로서, 씨족적이고 지역적 연대를 중심으로 형성되었다. 이러한 사회에서 발생할 수 있는 문제의 유형이나 내용은 비교적 단순할 수밖에 없었다. 이와 같은 본질적인 여건으로 말미암아 지방 민중의 의사가 관료 체제 안으로 개진되는 빈도나 다양성의 측면에서 분화된 현대 산업 사회와 평면적으로 비교할 수는 없다.

당시 일반 서민들은 생계와 직접 관련된 것 외에는 무엇이 문제라고 인식할 수 있는 체계적인 지식이나 틀을 가지고 있지 못했다. 그러므로 공동체 내의 유교적 지식인이 유교적 가치관에 따라 문제를 인식하고 표출하는 역할을 담당했다. 일상적으로 발생하는 문제는 공동체 내에서 형성된 비공식적 권위[문장(門長), 종손, 유학자 등]나 비공식적 권위 체계[향약, 문중회의, 동약(洞約) 등] 내에서 해결했고, 중앙 정부나 지방 관아에까지 들고 가는 문제는 그리 많지 않았다. 어떻게 이러한 투입 구조가 형성될 수 있었을까?

조선조는 집권적 통치 질서를 강화하려고 했지만, 현실적으로 여러 한계가 있었다. 그로 인해 군현제적 지배는 군현 이하 촌락 내부의 생산과 자치 활동에 이르기까지 직접 미치지는 못했고 외부적 힘으로만 존재할 수밖에 없었다.[93] 대신 성리학적 가치 체계의 확산과

---

91 이수건, 『조선시대 지방 행정사』(민음사, 1989), 212~213면.
92 김운태, 앞의 책, 235면.
93 김홍식, 『봉건사회의 구조 연구』(박영사, 1981), 139면.

더불어 유교적 명분관과 충성관으로 무장한 새로운 유형의 세력이 지방의 헤게모니를 장악해 갔다.[94] 이들은 통치 체제의 안정에도 근본적인 기여를 했다.

중앙 정부는 타협의 산물로 유림으로 대표되는 지방 지배 세력으로 하여금 지방 행정에 적절히 참여할 수 있게 했다. 또한 제한적이지만 실질적인 민중 지배를 용인하면서 국가의 통치 질서 내로 포섭하는 방식으로 그들의 도움과 충성을 기대할 수밖에 없었다. 이러한 이원적 지배 구조 안에서 지방 세력은 향약 등을 통해 독자적 영역을[95] 구축할 수 있었다.

독자적 영역이 존재하는 구조 속에서 일상적인 문제는 씨족적이거나 지역적인 권위 체계 안에서 자체적으로 해결되었다. 그 밖의 씨족 간 갈등이나 지역 내 공동 문제 같은 것은 연합하여 소지(訴志)나 정장 등을 통하여 관료 체제에 반영하는 형태를 띠었다. 문제를 제기하는 것은 주로 문서에 의했으므로 그것은 글을 아는 유생에게나 가능했다. 따라서 유림은 지방적 문제를 표출하는 중심에 있었다. 중앙 정부에 직접적으로 문제를 표출하는 형식인 상소도 전직 조관 관료나 대유(大儒)가 앞장서거나, 다수의 유림 회동[96]에서 만들어졌다.

조선조의 사회적, 경제적 상황을 보면 관료 체제에 문제를 조직적으로 반영할 수 있는 사회 조직이나 이익 집단이 존재하기 어려웠다. 따라서 환경으로부터 문제를 적극적으로 수용하고 이에 반응하는 것을 주로 하는 관료제 모형이 아니라, 관료 체제 스스로가 문제를 탐

---

94 제5장 참조. 박병련, 「조선조 정치 행정 연구의 기초 개념에 관한 소고」, 『정신문화연구』 봄호(한국정신문화연구원, 1986) 참조.

95 우홍준, 「조선왕조 통치체제에 있어서 鄕約의 위상과 기능에 관한 연구」, 서울대학교 행정학 박사 학위 논문, 1990.

96 이수건, 「조선 후기 영남 유소에 대하여」, 『두계 이병도 박사 구순 기념 한국사 논총』 참조.

색하고 확인된 문제를 정책 결정 체제에 반영하는 형태를 띠었다. 문제 확인이나 탐색을 위해 관료제가 환경과 접촉하는 통로도 특정되어 있지 않았다. 거의 모든 관료가 문제를 확인하고 반영할 수 있었으며, 또한 그것을 보장하는 것이 조선조 관료제였다.

중요한 것은 이들 관료가 '무엇'을 문제로 인식했는가 하는 것이다. 조선조 관료제에서는 문제를 인식하고 대안을 건의할 수 있는 위치에 유교를 전수한 관료들을 배치했다. 그렇기 때문에 그들이 문제를 인식하는 상위문맥(context)은 유교적 가치 체계였다. 유교주의는 문제 해결에 대한 접근 방향이나 사회의 복잡성을 단순화하여 이해할 수 있도록 했다.[97] 실무에 관련된 것 외에는 유교적인 틀로 걸러진 문제만이 표면화될 수 있었다. 강상(綱常)과 관련하여 유교적 윤리 체계에 어긋나는 것은 예외 없이 중대한 정책 문제로 채택된 점은 그 좋은 예라 할 수 있다.

관료 체제는 백성들의 뜻을 억압하고 통제하려는 것이 아니다. 오히려 그들의 질고는 무엇인지, 호강양반(豪强兩班)들에게 침학(侵虐) 당하지는 않는지, 관할 지역 안에서 나이 삼십이 되어도 시집 장가를 가지 못한 처녀 총각은 없는지 등을 적극적으로 살펴야 할 임무가 수령과 방백에게 있었다. 따라서 백성들의 문제가 반드시 관료제에 반영되지 않았다고 볼 수는 없다. "제왕의 도는 천심에 순응하고 백성들의 뜻을 따를 뿐(帝王之道 在於順天心從民志而已)"[98]이라는 유교적 왕도와 민본 정치 행정의 틀 안에서 유자 관료들에 의해서 문제가 더 잘 반영될 수 있다고 본 것이었다.

그런데 특정적인 것은 계(啓), 차(箚), 상소(上訴) 등의 투입방식이

---

97 L. T. Sargent, *Contemporary Political Ideologies*(Illinois: The Dorsey Press, 1975), p.3. 참조.

98 『世宗實錄』, 卷之八十, 二十年 正月 壬辰條.

모두 '글-특히 정제된 문장'으로 이루어진다는 것이다. 대화와 논의
는 부수적인 것이고, 최종적으로는 문장으로 된 문서로 투입된다는
것이다. 따라서 준비되지 않은, 공부가 이루어지지 않은 글은 관료의
실력평가에 치명적이었다. 관료가 학문을 계속하지 않을 수 없게 하
는 것도 유교관료제의 중요한 특징이다.

2) 전환 과정

유교적 정치 이론은 조선왕조 정치 행정 과정의 기본 성격을 특징
지었다고 할 수 있다.[99] 즉 유교 이념이 구체적인 정책 결정 과정에
영향을 미친 것이다. 조선조의 정책 결정 과정에서는 기본적으로 민
본주의적 위민 정치 행정과 이를 보장하기 위한 공정성과 결정자의
현명성을 확보하기 위하여 박순채납(博詢採納)의 형식을 취했다. 이
러한 과정에서 지켜야 할 기본 원칙은 다음과 같았다.

공개성의 원칙

관료 개인이 국왕과 독대(獨對)하여 국무를 비밀스럽게 논의하는
것은 원칙적으로 금지되었다. 주요 국정 논의는 반드시 사관(史官)의
입회 아래 기록으로 남겨야 했다. 따라서 국왕이나 관료는 항상 역
사의 평가라는 것을 염두에 두고 인의와 명분에 합치하는 최선의 결
정을 하려고 노력했다. 태종 14년(1414) 11월 을미일에 당시 사헌부
장령이던 하연(河演)이 대궐에 와서 친계(親啓)할 것을 청하자 태종
은 다음과 같이 답했다.

말하고자 하는 바가 공적인 것이면 마땅히 공개적으로 해야지 어찌

---

99 김운태, 앞의 책, 215면.

하여 면대해서 비밀스럽게 계사를 하려 하는가(所言公 宜公言之 何用面
對密啓乎).[100]

또한 인조 14년(1636)에 이조판서 최명길(崔鳴吉)이 "신이 정무를
아뢸 때는 청컨대 승지와 사관을 내보내고 혼자 입대하게 해 주소서"
하고 독대를 청한 일이 있었는데, 이에 대해 교리 윤집(尹集)이 이것
은 나라를 망하게 하는 행동이라며 차자(箚子)를 올려 논박하기도 했
다.[101] 이 같은 독대 금지는 유교적 공도(公道)에 따른 정치 행정을 보
장하고 사욕을 경계하기 위한 것이었다.

토론 수의(收議)의 원칙

조선조에서 정책 결정은 고위직이 독단적으로 할 수 있는 것이 아
니라 합의제를 원칙으로 했다. 묘당인 의정부는 삼정승으로 구성되
었고, 중요한 안건은 삼상의 합의를 통해 결정했다. 삼상 외에도 좌
우찬성, 좌우참찬 역시 정책 논의 과정에 직접 참여했다. 당하관인
사인(舍人)은 전문적 식견으로 삼상(三相)의 결정에 조언하고 보좌했
다. 이러한 사인은 상신이 스스로 천거하여 임용했다[자벽(自辟)].[102]
의정부는 국왕의 명을 받아 정무를 수행하는 수명(受命) 활동, 국
왕에게 상언·상소·계언 등을 통해 의견을 개진하는 계문 활동, 국
왕의 명을 받아 정무를 논의 결정하는 의의 활동으로 나누어 볼 수
있다.[103] 의의나 수명이 원칙적으로 합의제로 운영되었음은 물론이

---

100 『太宗實錄』, 卷之二十八, 十四年 十一月 乙未條.

101 『增補文獻備考』, 卷之七十七, 禮考 二十四, 朝儀. "仁祖十四年 吏曹判書崔鳴吉
白 上曰 臣之奏事時 請去承旨史官 獨爲入對 校理尹集 以爲亡國之擧 上箚爭之."

102 위의 책, 卷之二百十六, 職官考 三.

103 한충희, 「조선 초기 의정부 연구(상)」, 『한국사 연구』 31(한국사연구회, 1980),
112면.

고, 개인이 아닌 관사(官司)이름으로 하는 계문도 역시 그러했다고 볼 수 있다.

명종 10년(1555)에 비변사가 설치되자 시 원임(時原任) 의정, 변방의 일을 아는 재신(宰臣), 이조·호조·예조·병조의 판서(숙종 원년에는 형조판서, 고종 8년에는 공조판서도 포함), 낭관 12명(8명은 무신, 3명은 문관, 1명은 병조 무비사 낭관) 등 문무의 요직자가 그 구성원이 되었다.[104] 문무의 요직자들이 주축이 되어 일종의 상설 회의체를 구성하여 국방과 국무를 토의하고 결정한 것이었다.

각 조의 정책 결정 과정에서도 판서의 독단이 아니라 당상관 세 사람인 판서, 참판, 참의의 전원 일치 의결제로 운영되었다. 또한 낭관과도 합의해야 했다.[105] 문관과 무관의 인사 담당 부서인 이조와 병조의 낭관(특히 문선사, 무선사의 정랑)은 관료 천거권과 후임자 추천권 등 독특한 권한을 가지고 있었다. 이러한 전랑권(銓郞權) 설치와 제도화는 인사에 대한 대신의 권한을 제약하면서 청의(淸議: 유교적 가치관에 따른 공론과 이에 따른 인사)를 보호하는 것을 목적으로 했다.[106] 이것은 고위직에 있는 노성한 대신들이나 훈척들에 의한 정실 인사를 방지하고, 젊은 신진 관료들의 정기(正氣)와 재야의 사론(士論)을 반영하기 위한 조선조 특유의 제도적 장치였다. 전랑권이 당쟁을 불러왔다고 하는 인식이 보편적이지만, 조선 후기에 전랑권을 회수한 것이 벌열세력을 조장한 측면도 무시하기 어렵다.

사헌부, 사간원의 의사 결정에서도 하관이 기안하고 상관이 결재

---

104 『增補文獻備考』, 卷之二百十六, 職官考 三, 備邊司. 조선 후기로 갈수록 참여 인원은 점점 늘어나 개성유수, 팔도구관당상, 어영대장, 금위대장도 포함되었다. 영조 23년에는 수어사, 총융사도 포함되었다.

105 김운태, 앞의 책, 224면.

106 『增補文獻備考』, 職官考 五, 六官, 吏曹. "金宇顒上疏曰 大臣以擅權 請罷郞薦 臣 竊以爲過矣 在衰世扶淸議 不至殘滅者多矣 郞僚之議 今日尤當遵守."

를 하는, 위계제에 따른 품의제 방식이 아니라, 제좌(齊坐)하여 합의하는 방식을 따랐다. 특히 이 양사(兩司)는 인사에 대한 최종 승인권인 고신서경(告身署經: 당상관에 대해서는 하지 않고 대신 논박할 수 있었다)의 권한을 가졌는데, 유교적 가치 체계에 어긋나는 사람에 대해서는 관직 취임을 거절할 수 있어서[107] 유교관료제의 안전판 구실을 했다.

이와 같은 공개성의 원칙과 토론 수의 원칙에 따른 정책 결정 과정에는 지배자의 현명과 피치자에 대한 윤리적 선, 그리고 지배의 정당성을 확보하려는 유교적 통치 원리가 반영되어 있다.[108]

3) 구체적인 정책 결정 과정: 시사(視事)와 경연

결정을 요구하는 많은 문제들은 관료 체제 내부는 물론 외부 환경에서도 발생한다. 외부에서 발생한 문제일 경우에도 전직 관료나 유림들이 중심이 된 상소나 소지 등을 제외하고는 주로 관료들 스스로 문제라고 파악한 것이다. 관료 체제 내외에서 파악된 문제들은 상소, 차자(약식 상소), 계본(啓本: 大事일 경우), 계목(啓目: 小事일 경우), 장계, 초기(草記), 상주 등의 형식을 통하여 국왕에게 전달된다. 이러한 문제들은 분류하여 정책 결정 기구에 상정하거나, 바로 국왕이 해당 관사에 처리를 지시한다(啓下).

비일상적이거나 중대한 문제는 국왕이 대신과 근신들의 의견을 들어 결정했는데, 그 대표적인 형식이 시사(視事)와 경연이다. 이 두 가지는 모두 최종 재결자인 국왕이 정무직 관료들과 더불어 정기적으로 정책을 결정하는 형식이다. 그러나 대체로 시사는 정무 그 자

---

107 『世宗實錄』, 卽位年 十月 壬寅條. "司憲府不署 持平李佐告身, 以姊壻鄭擢誣構以不孝也."

108 김운태, 앞의 책, 226면.

체를 처리하기 위한 실무적 과정인 반면, 경연은 국왕이 유자 관료들과 더불어(人主與儒臣) 유교 이념에 비추어 현실 정치 행정에 적용할 실천적 원리를 모색(講道義論政治)[109]하는 강독논사(講讀論思)의 과정[110]이다.

이 두 과정은 모두 토론의 형식을 갖추고 있다. 물론 경연에서도 현실 정치 행정에 관한 문제를 논의하기도 했다. 따라서 양자의 본질적 차이가 불명확할 경우도 있다. 다만 시사가 대체로 좀 더 공식적이고 구체적인 문제가 중심인 반면, 경연은 자유스럽고 비공식적이며 유교적 원리에 근거한 토론이 중심이었다. 그러나 실제로 이 둘을 분리된 것으로 보지는 않았다. 유교의 체용(體用) 사상에 근거한다면 정치 행정에서도 이론과 실천, 원리와 적용은 하나이지 둘일 수 없다. 따라서 시사와 경연은 넓은 의미의 시사에 포괄되는 것이었다.[111]

통상적인 의미의 시사 중 가장 대표적인 형식이 상참(常參)이다. 이것은 날마다 행했는데, 의정부, 종친부, 충훈부, 중추부, 의빈부, 돈녕부, 육조, 한성부 등의 당상관 전원을 비롯하여, 사헌부와 사간원에서 각 한 명, 경연당상과 당하 각 두 명이 순차적으로 상참했다. 계사가 없는 사람은 예를 행하고 물러 나오며, 계사할 것이 있는 사람은 남아서 전에 올라 일을 아뢰었다.[112]

각 조나 해당 관사에서 올린 안건과 관련하여 시비를 논해야 하거나, 대안 중에서 선택만 하면 되는 문제에 대해 국왕이 동의하면 종

---

109 『增補文獻備考』, 卷之二百二十, 職官考 七, 經筵廳. "世祖乙亥 (…) 申叔舟曰 經筵人主與儒臣 講道義論政治者也 (…)."

110 『經國大典』, 吏典, 京官職, 經筵. "掌講讀論思之任 (…)."

111 『增補文獻備考』, 經筵廳. (英祖)"弘文館志曰 國朝故例 主上每日行常參御經筵承政院每日稟定視事與否 視事卽常參經筵之合稱也."

112 『經國大典』, 禮典, 朝儀; 『增補文獻備考』, 卷之七十七, 禮考 二十四, 朝儀; 『春官通考』, 常參朝啓儀 참조.

지(從之) 또는 계의윤(啓依允)하여 집행할 것을 지시한다. 반면 동의하지 않을 때는 불윤(不允), 보류해 둘 때는 유중(留中)한다. 또한 대신과 의논하여 적극적인 지시를 하는 경우도 있음은 물론이다.

경연은 일일 삼진강(三進講: 조강, 주강, 석강)이 원칙이다. 조강은 일반적으로 정책 결정 과정인 상참과 병행했다. 여기에는 정무직 관료들이 중심을 이루었지만, 성종조 이후 특진관 제도를 두어 문무 이품관 이상의 관료들 중에서 의정부, 육조, 한성부 등 정책 결정과 집행 기관을 거친 이들을 뽑아서 참여시켰다. 이는 강학과 논정(論政)을 연결하려는 뜻으로 보인다. 효종조에는 산림의 석유(碩儒)들도 경연에 입시할 수 있게 했다. 이로써 경연은 유교 경전을 통한 치도 강론과 함께, 일반 정무와 정책의 방향까지 논의하는 폭넓은 토론장이 되었다. 경연에서의 강독과 토론은 유교 경전을 중심으로 행해졌다. 논의의 주제는 역사와 왕조의 흥망치란, 역(易), 음양설, 역(曆), 음악 등 시사에 비하여 광범위했다.[113]

유교적 정치 이념에 대한 토론은 정책 그 자체를 결정하는 것은 아니라고 하더라도 엘리트 관료들과 국왕의 정치사회화 과정으로서 중요한 의의가 있었다. 유교 이념은 토론 과정을 거치면서 의식 형성으로 이어졌고, 결정을 정당화하는 이론적 근거로 작용했다. 그럼으로써 실천적인 정책 결정 과정과도 그대로 직결되었으며, 조선조의 독특한 정치 행정 문화의 형성에 막대한 영향을 미쳤다. 경연에서의 구체적인 논의 과정을 사례를 통해 살펴보자. 먼저 정책 방향과 관련한 사례다.[114]

---

113 『增補文獻備考』, 經筵廳. (成宗) "仍講大學 又講心經 又講中庸 又以理學先後 出入經史 縱橫問難 又問天地度數 漏刻置閏 河洛律呂等事 以及歷代治亂之迹 (⋯)."

114 奇大升, 『論思錄 上』, 宣祖 一年 十二月 十九日 晝講.

승지 기대승(奇大升)이 『논어』를 진강했다. 이것이 끝난 뒤 조세에 대한 의견을 다음과 같이 개진했다.

기대승: 전교에서 백성을 괴롭히거나 중세를 거두어들이지 말라고 하셨습니다.[115] 이것은 매우 지당한 말씀이라 감격했습니다. 백성에게 중세(重稅)를 거두는 것으로 근본을 삼는다면 이미 그 나라는 근본이 상하게 된 것이므로 안 될 일입니다. (……) 전년의 세금이 7만 석이 들어왔고 하나도 도적당하지 않았음에도 나라 재정이 부족했습니다. 나라 경비는 실로 큰 문제이기 때문에 반드시 옛일을 상고해서 전례를 살피고 일절 절약해서 들어오는 세금을 토대로 지출책을 강구함이 옳을 듯합니다. 자고로 폐법을 고치려면 반드시 그 근원을 알아서 다스려야 합니다. 근본이 되는 문제는 버려두고 그 말류만 막으려 하니 되지도 않고, 또 폐단만 없애려 하니 일이 이루어지기 어렵습니다.

다음은 치도와 관련한 사례다.[116]

승정원에서 일기가 차니 비현합(丕顯閤)에서 주강과 석강에 임하도록 청했으나, 임금이 전례가 아니라고 허락하지 않았다.

이이: 전하께서 단지 심상한 전례만 따르신다면 결코 사업을 일으킬 도리가 없습니다. 비현합에서 진강하는 것이 무슨 대단한 어려움이라고 허락하지 않으십니까? 오늘날 전하께서는 모름지기 큰 뜻을 분발하여 정치를 일신하고 한 시대를 움직일 만한 결단을 하신 뒤라야 세도

---

115 호조참판 류경심(柳景深)이 국가의 재정이 핍박하니 특별 조치로 세금을 거두자고 청했다. 이에 선조가 위와 같은 내용의 전교를 내렸다.

116 『栗谷全書』, 卷之二十九, 經筵日記 二, 萬曆 二年 二月 甲戌.

(世道)를 돌이킬 수 있을 것입니다.

선조: 매번 경연에서 정성껏 치도를 말하여 그렇지 않을 때가 없으니 참으로 가상하다. 지금은 무슨 일을 해야 잘 다스려질까?

이이: 치도를 어찌 한마디로 다 말씀드릴 수 있겠습니까마는, 대체로 먼저 큰 뜻을 정하시고 어진 사람을 얻어 위임하시는 것이 옳습니다. 다만 사람 알아보기란 정말로 어려운 일이어서 반드시 먼저 학문에 마음을 두고 궁리, 거경, 역행에 더욱 힘을 기울여 이치가 밝아지고 덕이 이루어지는 경지에 이르게 되면 인물의 현우(賢愚)와 사정(邪正)을 훤히 알게 되어 털끝만치도 틀리지 않을 것입니다. 그러나 학문은 반드시 신하들의 도움을 받으셔야 하리니, 모름지기 유신(儒臣)을 가까이 하시고 정성을 다하여 보도하게 하셔야 할 것입니다. 이런 것이 다스리는 근본이 되는 것이요, 그 밖에는 별로 다른 교묘한 술책은 없습니다.

심의겸: 조종조(祖宗朝)에서는 뭇 신하들을 친근히 하시기를 마치 집안사람이나 부자간과 같이 하셨기 때문에 신하들이 사뢰는 데 정성을 다했다 합니다.

이이: 만일 뭇 신하들에 대해 친밀하고 간격이 없게 하시면 정상(情狀)을 자세히 알게 되어 취사(取捨)가 정당하게 될 것입니다. 세종대왕께서 사람을 알아보고 임무를 잘 맡긴 것도 역시 그 정상을 아신 까닭입니다. 세종조에서는 사람을 쓰시되 경력이 오래되고 오래되지 않은 것이나 위계의 높고 낮음을 묻지 않았습니다. 오로지 사람과 직책이 서로 부합하게 했습니다. 그래서 한 가지 직책에 종신하는 이도 있었고, 얼마 안 되어 경상(卿相)에 이른 이도 있었으나, 육경과 백사(百司)가 구임(久任)[117] 아닌 사람이 없었기 때문에 모든 일이 잘되었습니다. 유신에 대해서는 돌보심이 특별했기 때문에 신하들이 모두 죽음으로써 은혜를 갚을 생각을 가졌습니다. (……) 지금 주상께서는 믿고 위임하

---

117 한 직책을 오랫동안 담당하게 하는 것.

시는 신하가 없으며, 모든 관직의 사람을 자주 바꾸기 때문에 백사가
다스려지지 않는 것입니다.

위의 인용문은 유교적 정치 행정을 구현하기 위한 방안을 건의하
는 대목이다. 그 배경에는 현실 정치에 대한 비판 의식이 깔려 있음
을 알 수 있다. 유신(儒臣)을 가까이 할 것을 지속적으로 충고하는 것
도 그런 까닭이다. 그 밖에도 구체적 사안이나 인물에 대한 평가, 역
대 왕조의 치란 등 여러 논의가 있으나, 공통적인 점은 유교적 사상
과 이론 체계에 근거해 있다는 것이다. 이러한 현상은 유교만이 유
일한 정치 이데올로기로서 숭봉되던 조선왕조 특유의 경향으로, 조
선조 정치 행정 질서에 독특한 성격을 부여했다.[118]

4) 정책 산출 과정

문제가 파악되고 의제로 수용되어서 정책 결정 과정을 거친 뒤 국
왕이 재결하면(從之, 允之, 啓依允) 전교(傳敎)로 구체화되어 나타난다.
전교를 내리는 정책의 대상은 국가 사무의 전 영역에 걸쳐 광범위하
다. 그런데 단순한 실무적 정무를 재결하거나 집행하는 것이 아닌
새로운 법 제정이나 구법 개정에는 의정부의 역할이 특히 중요했다.
오늘날 입법부의 역할에 비정될 수 있는 부분을 의정부가 담당하여
법을 개폐하고 창정(創定)하는 일을 주요 임무 중 하나로 삼았다.

태종 14년(1414) 10월 병신일에 의정부는 새로운 법을 만들 때는
반드시 의정부의 논의[擬議]를 거쳐 수판시행(受判施行)할 것[119]을 임

---

118 김운태, 앞의 책, 228면.

119 『太宗實錄』, 卷八, 十月 丙申. "議政府請 凡立新法 必報本府擬議 受判施行 從之
其書曰 凡所以立法者 必傳之萬歲而無弊 然後可以爲法也 (…) 今後各司立法之事 必報
政府 擬議受判施行."

금에게 청하여 관철시켰다. 이것이 『경국대전』에는 "새로운 법을 만들거나 옛 법을 고칠 때, 또는 상중에 있는 관리를 기복(起復)할 때, 의정부에서 논의하여 왕에게 아뢰고, 예조에서 사헌부와 사간원의 서경을 거쳐 공문(依牒)을 낸다"[120]라고 규정되었다. 이로 보건대 해당 관사에서 입법 발의를 하면(各司立法之事) 의정부의 의의를 거치고, 국왕의 재결을 얻은 다음, 사헌부와 사간원의 서경을 경유하여, 예조에서 공포하는 형식이었음을 알 수 있다. 중종조의 조광조도 다음과 같이 말했다.

　　법을 변경하거나 개정하는 것은 삼공육경이 할 바이고, 법사(法司)에서는 다만 규찰할 따름입니다. 이조에서는 이조의 법을, 형조에서는 형조의 법을 집행하는 것이 옳습니다.[121]

이는 입법과 개법에 관한 업무가 대신에게 있음을 말해 준다.

실록을 통해 조선 초기 의정부가 다룬 업무를 살펴보면 대체로 형정(刑政: 노비), 인사, 군사, 부역, 축성, 진제, 시무조진(時務條進), 교육, 과거, 풍속, 입법, 의례, 사행(使行), 통교(通交), 경제, 국도 경영(國都經營), 불사(佛事) 등 국정 전반에 걸쳐 있었으며,[122] 다양한 정책을 산출했다. 이에 대한 반응으로서의 정책 환류(還流: feedback) 통로도 정책 의제화(agenda setting) 통로를 거의 그대로 이용했다.

이처럼 관료 기구는 거의 모든 분야의 국사를 결정하는 데 관여했다. 앞에서 살펴본 정책 의제화와 전환 과정에서 나타나는 바와 같이 당시의 시대적 여건이나 세계사적 발전 단계에 비추어 보더라도

---

120 『經國大典』, 禮典, 依牒.

121 趙光祖, 앞의 책, 卷四, 經筵陳啓, 大司憲時啓 二. "法之變改 三公六卿之所爲也 若法司則只爲糾察而已 吏曹行吏曹之法 刑曹行刑曹之法可也."

122 한충희, 앞의 논문, 123면.

기능상 상당한 분화와 독특한 특징을 보여 주었다. 그런데 다양한 정책 산출이 있었지만 여기에는 한 가지 공통점이 있었다. 그것은 유교적 가치관이 문제 인식에서부터 대안 탐색, 채택, 집행에 이르는 전 과정을 제약했다는 점이다. 따라서 정책 산출의 내용도 유교 이념의 테두리 안에서 결정된 것이 대부분이었다.

유자 관료(유신), 즉 행도자적 관료들은 군주를 자기가 터득한 가치 규범[道]에 따라 섬기는 것이지, 녹을 바라고 출사하는 것이 아니었다. 그들은 군주가 헌책(獻策)을 잘 받아 수용하면 벼슬하고, 그렇지 않으면 물러나는 것을 모범으로 삼았다. 이들은 본질상 인격적 자율성을 특징으로 했다.[123] 군주가 선비를 죽일 수 있을지는 모르지만 그 뜻을 빼앗을 수는 없다. 또한 그들은 유교 이념이 제시하는 가치 기준(대의명분)에 따라 행동하고, 정치 행정을 그러한 기준에 부합시키려 노력했으며, 군주의 사적 욕구 충족에 영합하지 않았다. 심지어 그들은 국왕의 여성 문제까지 거론하고 제약하려 했다.

자율성을 기초로 하는 행도자적 관료 충원을 중요시하는 관료제는 그 자율적 특성으로 인해 정책 결정 과정도 합의제를 띨 수밖에 없었다. 이러한 새로운 유형의 관료와 유교 이념을 배경으로 정비된 여러 제도적 장치와 운영의 관습, 그리고 『경국대전』 같은 법전의 규정 등으로 인해 국왕이 국사에 대해 자의를 관철할 수 있는 여지는 매우 제한적이었다. 설령 일시적인 폭압으로 자의를 관철할 수 있어도 결국은 민심의 이반과 관료 집단의 완강한 반대에 굴복하거나 반정에 의하여 국왕이 교체되었다. 유교 사상에서 혁명론은 왕조 체제 자체를 부정하는 것이 아니라 지배자 교체론이지만, 백성이 국

---

123 이러한 특징은 자유인(소유 주체)은 군주 한 사람뿐이라는 헤겔적 관점과 충돌한다. 조선 사회에서 유자 관료들은 정신적인 면뿐만 아니라 경제적 측면에서도 상당한 정도의 자유인이었다. 조선시대 토지 소유 형식이 사적 소유였다(이 부분은 논쟁이 있다)는 사실이 이를 뒷받침한다.

왕의 단순한 소유물이거나 사적 지배의 대상이 아님을 분명하게 보여 준다. 군주는 백성들에 대하여 도덕적 책임을 져야 하며, 백성들은 군주가 펼치는 선정의 덕을 누릴 권리가 있는 것으로 여겨졌다. 이러한 유교 정치 사상에 대하여 지식인과 백성들의 광범위한 합의가 존재하는 사회에서 국왕이 전제성을 띠기란 현실적으로 불가능에 가까웠다. 조종의 성헌(成憲)에서도 이러한 것을 금했다.

그러나 과정과 절차가 온전히 마련되어 있다 하더라도 '어떤 인물'이 '무슨 생각'을 가지고 있고, '어떤 자리'에서 '정책'을 결정하고 집행하는지는 과정의 적부를 뛰어넘는 문제였다. 율곡 이이가 위의 사례에서 치세와 관련하여 세종조와 선조 연간의 특징을 몇 가지 열거한 것과 같이 조선 전기와 후기는 이 문제에서 상당한 차이를 보였다. 즉 이이는 '구임'과 '전문성', 그리고 그에 맞춘 '적재적소'의 인사를 세종조 정치의 성공 요인으로 보았다.

그러나 관료제 시스템 설계의 (상대적인)정밀성과 합리적 운영과정도 시스템을 구성하는 '사람'이 어떤 사상과 가치관을 갖고 있는가에 따라 목표설정이 달라지고, 좋은 정치와 행정의 기준이 달라졌다.

조선 후기에 이르러 '삼정(三政)의 문란'과 유자관료들 사이에 일어난 '극심한 당쟁'으로 인해 관료제시스템이 효율적으로 작동하지 못한 것은 정치사상의 지형변화와 이에 따른 유자관료의 성격변화가 근본 원인이었다. 그들은 '인의', '왕도'라는 유교적 정치에 공감하면서도 현실정치의 '의리(義理)'의 해석에서 '독선(獨善)'을 벗어나지 못하고서 조선조 관료정치 시스템의 정상적인 작동을 망가지게 했다. 사욕을 끊고 공공의 정의를 구현한다는 성리학적 정치관이 결국 집권 관료엘리트들의 탐욕에 의해 '허울뿐인 명분'이었음을 보여 주었다. 스스로는 군자(君子)고 반대편은 소인(小人)으로 낙인(烙印)하여 다투었는데, 결국 조선왕조는 군자와 소인이 다투다가 멸망의 길로 들어섰던 것이다. 자세한 제도 변화는 김운태의 연구가 자세하게 밝

히고 있으므로 여기서는 그 이면(裏面)의 흐름인 조선조 정치사상의
변화와 행도형 유자관료의 변이(變異)를 개괄하는 한편, 지금까지의
논의를 요약하는 것으로 결론하고자 한다.

8부

정치사상의 변화와 행도형 유자 관료의 변이

1장 조선 전기 정치사상의 특징과 경세형 유자 관료

1. 선존백성(先存百姓)의 노선과 정책 의제의 형성

유교적 관료제가 표방하는 정치 행정의 궁극적 대상은 '민'이다. 유가 사상에는 그들을 어떻게 다스려야 정당한지에 대한 성찰이 담겨 있다. 과정과 절차는 큰 차이가 없다 해도 어떤 사람이 무슨 생각과 가치관에 따라 정치와 행정을 하는가 하는 것은 본질적인 문제다. 여기서는 이 부분에 초점을 두고 조선 전기 유교 사상과 유자관료의 특징을 살펴보기로 하자.

현대의 민주적 시각에서 보면 유교에서 주장하는 '정당한 다스림'은 일방적일 수 있다. 백성의 의지나 의견을 담아내는 적극적 장치가 결여되어 있기 때문이다. '민유방본(民惟邦本: 백성이 나라의 근본)'의 사상은 유교권 국가의 오랜 역사 속에 녹아 있다. 그러나 여기서 말하는 인민은 주체적이고 능동적인 존재가 아니다. '적자(赤子: 벌거 벗은 어린아이)'로서 배려와 보살핌의 대상이다. 배려하고 보살피는 주체는 지배층이다. 그러나 우리는 유가 사상의 연원과 관련하여 그러한 사상이 태동한 사회적 조건과 정치군사적 상황을 이해해야만 한다. 중국 고대 사회에서 벌어진, 힘을 가진 자들의 탐욕과 그로 인한 수많은 전쟁은 여자와 어린이들은 물론, 젊은 남자들을 굶주림과 죽음으로 내몰았다. 이러한 상황을 보고 지배층의 자기 조절과 도덕 의식 고양을 통해 해결의 실마리를 찾고자 한 것이 유가 사상이었다.

이것은 지배 계급의 선의(善意)와 배려에 의지한다. 또한 '성인되기'를 격려함으로써 백성들의 안녕을 유지하고자 한 유가들의 현실적 타협안이라는 성격을 갖는다. 그러나 지배 계급의 선의라는 것이 너무나 불안정했기 때문에 맹자는 '누구나 성인이 될 수 있다'고 하면서 동시에 '폭군은 방벌할 수 있다'는 주장으로 온건했던 유교 정치 사상의 패러다임을 혁명적으로 전환했다. 맹자의 이러한 생각은 중국 고대 왕조 교체의 역사를 근거로 하여 이론화한 것이었다.

일반적으로 조선조는 성리학을 통치 이념으로 하여 개국했다고 말한다. 그러나 조선 전기의 정치를 이끈 사상적 배경을 자세히 살펴보면 반드시 성리학이 독점적 지위를 보장받은 것은 아니었음을 알 수 있다. 그것은 오히려 한층 포용적인 사유(비판적으로 말하면 정밀한 논리적 체계가 성립하지 않은)를 나타내는 수사학(洙泗學)에 가까웠다. 불교와 도교 사상이 공존할 수 있었고,[1] 전통적인 신앙도 사유 세계의 일각을 차지했다.

신라와 고려에서 불교 사상은 정치와 사회에 깊은 영향을 미쳤다. 신라에서 불교의 보편적 '자비' 사상과 '인과응보'의 교리는 지배층의 자발적 자제를 유도하고 생명 존중의 관념과 보시적 행위를 강화했다. 그럼에도 '차별적 지위'를 강조하는 정치적, 사회적 시스템은 바뀌지 않았다. 즉 정치 엘리트들은 백성을 노동을 제공하는 수단이나 전쟁터의 병졸 그 이상으로 인정한 것 같지는 않다. 당(唐)과의 교섭은 활발했으나, 당의 관료 정치 체제 구성의 기본 정신은 이해되지

---

1 조선 초기의 문집으로서 그 편집 형태가 온전한 변계량의 『춘정집(春亭集)』을 보면 도교의 청사(青詞)와 수련에 관한 글과 불교에 관한 글이 가감 없이 실려 있다. 이 문집은 변계량의 사후에 세종의 명으로 발간되었다. 그러나 근 300년간 자취가 보이지 않다가 1800년대에 시골의 한 정자를 수리하면서 발견되었다. 그래서 조선 초기 문집의 형태를 온전히 가지고 있다. 이것은 조선 초기 인물의 것이면서도 후대에 편찬되면서 가감첨삭이 이루어진 문집과 비교할 때 그 가치가 매우 높다.

않았다. 물론 율령 체제 도입처럼 단편적인 모방은 있었으나, 토착적인 인민 관리 시스템이나 지배 계급 내의 권력 배분과 권력 행사 시스템은 바뀌지 않았다.

유교의 '백성'과 불교의 '중생'은 정치적 맥락에서 보면 '어린아이'와 '깨닫지 못한 미망'의 존재다. 그럼에도 유교와 불교는 인간 존재를 교육과 수행에 의해 '성인'과 '부처'가 될 수 있는 '가능성'의 존재로 보는 보편적 성격을 가지고 있다. 불교 사상이 불교적 관료 체제 창출에 실패하고 종교적 영향을 끼치는 데 머문 반면, 유교는 다른 사상을 포용하면서 스스로의 가치관을 구현해 나갈 수 있는 관료 체제를 형성해 갔다. 이 백성에 대한 보편적 사상을 어떤 형식으로 담아내고 실천해 갔는지가 유교관료제의 수준과 성격을 규정한다.

조선 관료 체제의 형성과 운영에 핵심적인 영향을 미친 세종은 개인의 신앙 차원에서 신라와 고려를 통해 전해 온 불교적 자비 정신을 체득하고 있었다. 유불이 큰 갈등 없이 신앙과 사상으로 공존할 수 있었던 것도 조선 전기 상황의 특징이었다.

앞에서 살펴본 바(5부 3장)처럼 세종이 당대의 석학들에게 명하여 편찬한 『용비어천가(龍飛御天歌)』는 신유학의 관점과는 달리 정치에서 현실적 업적을 남긴 한 고조, 당 태종, 송 태조 등을 '옛 성인[古聖]'의 범주에 포함시키는 현실적 접근을 보여 준다. 오히려 송대의 이학자(理學者)들은 거의 언급되지 않는다. 당 태종의 정론(政論)이 주로 피력된 『정관정요』는 진덕수(眞德秀)의 『대학연의』와 함께 제왕학으로 존중받았다. 태조 이성계는 『정관정요』를 교정해서 올리게 했고,[2] 경연에서도 강론하게 했다.[3]

2 『太祖實錄』 四년 九月 四日, 乙未.
3 위의 책, 七年 十月 五日, 丁未.

군주의 도는 **백성을 먼저 생각하는 것**(先存百姓)이 필수
다. 백성에게 손해를 보여 자신을 봉양하는 것은 마치 자신의 허벅지
살을 베어 자기 배를 불리는 것과 같다. 배는 부를지라도 목숨은 부지
하기 어렵다.[4]

당 태종의 이 말은 유가 정치의 핵심을 표현한 것이었다. 조선 전
기의 정도전, 하륜 등 대표적인 유자 관료들은 한 고조를 도운 소하
와 조참, 당 태종을 도운 방현령과 두여회, 위징 등을 높이 평가했다.
토론과 직간(直諫)을 격려하는 『정관정요』의 사상은 조선조 관료 체
제 운영에 깊은 영향을 미친 것으로 보인다.

이는 정호(程顥) 등의 송대 이학자들이 한 문제와 당 태종의 업적
을 폄하한 것과는 다른 관점이다. 이 외에도 조선 전기에는 전통적
인 신이(神異) 사상은 물론 불교적 가피(加被) 사상까지도 포용했다.
특히 『서경』에 나타난 은주 교체기의 천명사상을 조선 건국의 정당
화와 깊이 연관 지었다. 여기서 '백성'은 '하늘[天]'의 배려와 보호를
받는 존재로서, 정치의 정당성을 담보해 주는 최종적 근거로 인식되
었다.

하늘이 백성을 도와 임금을 삼고 스승을 삼는 것은 능히 상제를 도
와 사방을 사랑하고 평안케 하라는 것이니(……) 하늘은 백성을 불쌍히
여기므로 백성이 하고자 하는 일을 반드시 따른다.[5]

이러한 사상은 선언이나 표방된 구호가 아니었다. 세종 같은 군주
는 백성을 하늘이 배려하는 존재이며, 군주는 그 하늘을 대신해서 백

---

4 『貞觀政要』, 君道, "爲君之道 必須先存百姓 (…)."
5 『용비어천가』, 제9장.

성을 사랑하고 배려해야 할 의무를 가진 존재로 인식했다. 결론적으로 조선 전기의 유학은 '도통(道統)'이나 '정학(正學)'을 내세우며, 이단(異端)을 격렬히 배척하는 조선 후기의 유학과는 차이가 있었다.

유교관료제가 베버의 가산관료제론에 포섭될 수 없는(물론 논의의 층차와 방향이 서로 다른 이론 틀이지만) 가장 큰 이유 중 하나는 정책 의제 형성에 유교 사상이 매우 깊숙이 영향을 미치고 있다는 것이다. 유교는 한 국가와 사회에서 '가치 있는 것'에 대한 평가 기준을 제공한다. 유교 국가는 그 '가치 있는 것'을 실현하기 위하여 유교관료제를 구성하고 작동시킨다. 그런데 유교가 가르치는 가치 있는 것과 전통적 관습에서 내려오는 가치 있는 것은 반드시 일치하지 않는다. 유교적 정치는 유교적 가치를 전통의 질곡을 넘어 실현하려는 의지를 담고 있다. 그 구체적인 사례는 노비의 출산 휴가에 관한 세종의 지시에서도 드러난다.

옛적에 관가의 노비가 아이를 낳을 때는 반드시 출산하고 나서 7일 이후에 복무하게 했다. 이것은 아이를 버려두고 복무하면 어린 아이에게 해로움이 닥칠까 염려했기 때문이다. 일찍 1백일 간의 휴가를 더 주게 했다. 그러나 산기에 임박하여 복무했다가 몸이 지치면 미처 집에 이르기도 전에 아이를 낳는 경우가 있다. 만일 산기에 임하여 1개월간의 복무를 면제해 주면 어떻겠는가. 가령 그가 속인다 할지라도 1개월까지야 넘을 수 있겠는가. 그러니 상정소(詳定所)에 명하여 이에 대한 법을 제정하게 하라.[6]

이어서 여자 종[婢子]이 아이를 낳으면 그 남편에게까지 30일의 휴가를 주도록 지시했다.[7] 유교적 가치는 현실의 관습과 충돌하는 경우

---

6 『世宗實錄』 十二年 十月 十九日, 丙戌.

가 많았다. 맹자가 표방한 '누구나 성인이 될 수 있다'는 주장은 기득
권의 안정을 지향하는 현실의 관습에는 근원적인 위협이었다. 우리의
전통 사회가 가지고 있던 강고한 골품제적 전통은 문화적 고층(古層)
으로 남아 여전히 현실에 영향(골품제는 조선 사회의 양반-상놈의
구조로 전환되고, 오늘날에는 자본계층과 권력계층, 관료계층의 갑
질 문화로 정착하고 있다.)을 미쳤다. 세종은 이러한 끈질긴 관습의
영향을 억제하고 유교적 원리와 관점을 수용하여 조선조 유교 정치
의 방향성을 정립하고 조선적 유교관료제 운영의 관례를 만들어 나
갔다.

 (현명한 군주들은: 필자) 사람을 등용하는 데 세계(世系)나 친속(親屬)
 에 구애받지 않은 지 오래입니다. 비록 장리(贓吏)의 자손일지라도 현
 능(賢能)하다면 써야 할 것이니, 어찌 정부, 육조, 대간의 벼슬은 제한
 하고 반드시 군관직에만 써야 하겠습니까. 사람을 씀에 한계를 정해 놓
 는다면 사람 쓰는 도리에 어찌 도량이 좁다고 하지 않겠습니까.[8]

 장리의 자손이 청직(淸職)에 진출하는 것을 제한하자는 주장에 대
하여 황희(黃喜)와 맹사성은 위와 같이 말했다. '사람을 씀에 한계를
정하지 않고' 오직 해당 인물의 '현능'을 기준으로 해야 한다는 점을
강조했다. 이러한 관점은 유가 사상이 가지고 있는 보편적 원칙이었
다. 그러나 그렇다고 하더라도 유가 사상이 전통적 관습과 의식의
영향을 철저히 제거하기는 매우 어려웠다.
 우리나라의 전통적 관습에서는 혈통에 의한 차별 의식이 강고했
다. 신라의 골품제를 비롯하여, 고구려의 오부족, 백제의 팔성 귀족

---

 7 위의 책, 十六年 四月 二十六日, 癸酉.
 8 위의 책, 十四年 五月 十四日, 辛未.

은 그러한 전통을 말해 준다. 귀천에 따른 차별 전통은 매우 강고했다. 우리 역사에서 차별에 기초한 관습과 유교적인 인재 등용의 원칙은 매우 심각한 갈등을 유발했다. 조선 초기에는 확립된 군주권과 유가적 기본 원칙에 충실한 대신들에 의해 기존의 차별적 관습을 넘어서는 정책이 표방되었다.

김인(金忍)은 평양의 관노였으나, 날래고 용맹한 것이 보통 사람보다 뛰어나므로 태종께서 특별히 호군(護軍)을 제수하셨다. 그것만이 특례가 아니오라 이 같은 무리 중에는 호군 이상의 관직을 받는 자가 매우 많사온데, 유독 영실(英實)에게만 어찌 불가할 리가 있겠습니까.

세종조의 과학 기술 발전에 공로가 큰 장영실에게 관직을 주는 문제가 제기되었고, 이에 대해 대신인 허조가 장영실이 기생의 소생임을 문제로 삼아 불가하다고 하자, 황희와 맹사성 두 정승이 불가할 것이 없다는 논리를 표현한 것이다. 그러나 귀천을 차별하자는 사대부 관료들의 주장은 계속되었다. 그러나 세종은 그러한 차별을 완화하려 했다. 이처럼 조선 전기에는 '날래고 용맹함(김인)'과 '과학적 지식과 제작 능력(장영실)'과 같은 능력도 현능의 범주에 포함되었음을 알 수 있다. 그것은 태종과 세종이 그것을 가치 있는 것으로 인정했기 때문이었다. 이것은 조선 후기 유자 관료들이 '명분', '도통', '주자학적 지식', '혈통', '가통' 등을 가치 있는 것으로 본 것과는 큰 차이가 있다.

또 다른 사례를 보자. 승정원에서 천한 신분의 노인에 대해서는 양로연에 나오지 말게 하자고 건의하자, 세종은 연령의 고하가 핵심이며 신분의 귀천과는 상관없다는 논리로 물리쳤다.

양로하는 까닭은 그 늙은이를 귀하게 여기는 것이고, 그 지위가 높

고 낮음을 헤아리는 것이 아니니, 비록 지극히 천한 자[至賤]라도 모두 들어와 참예하게 하라.[9]

세종의 이 몇 가지 사례는 유가 사상이 정책 결정에 어떤 영향을 미쳤는지를 보여 준다. 백성을 국가나 정권이 수탈하여 지배층의 이익을 보장해 주는 수단으로 보는 관점은 모든 왕조 국가에 적용되지 않는다. 오히려 세종은 힘 있는 자의 수탈과 압제로부터 백성을 보호하고 배려하는 유교적 정치가의 모습을 구체적으로 보여 주었다. 더군다나 일시적인 배려가 아니라 입법을 통하여 항식(恒式)으로 삼으려 한 데서도 유가적 의식의 새로운 면모를 알 수 있다. 이것은 '선존(先存) 백성'의 정치 강령을 현실에서 구현하려는 의지의 표현이기도 했다.

2. 유리(儒吏) 융합형 유자 관료의 지향

신흥 관료 지식인들은 유교 사상을 내면화하고 실천하는 데 한계를 지닌 고려의 귀족 문인형 문벌 관료들에 대해 철저한 비판을 가하면서 새로운 유교적 가치를 따르는 행도자형의 관료상을 제시했다. '유(儒)'와 '이(吏)'를 나누거나 통합하여 인식하는 것은 중국 관료제의 역사와 깊은 관련이 있다. 전국시대 사회 분화가 진행되면서 문리(文吏)와 학사(學士)라는 두 개의 중요한 집단이 형성되었다. 이후 다시 법가 사상에 기반을 둔 문법리(文法吏) 계층과 유가와 도가 사상에 기반을 둔 유생 계층으로 나누어졌다. 진시황은 정치와 행정을 문법리 중심으로 진행하려다 실패했고, 왕망의 신정(新政)은 유술 중

---

9 위의 책, 十四年 八月 十七日, 癸卯.

심으로 꾸미려다 실패했다. 동한에 이르러서는 유술을 표방했으나 실제 행정에서는 이화(吏化)를 버리지 않았고 왕도와 패도를 적절히 함께[10] 구사했다. 고려와 조선을 이러한 구도에 맞추어 이해할 수 있는지는 또 다른 문제이지만, 정도전이 유와 리의 나뉨과 통합에 관한 흐름을 상당한 수준에서 이해하고 있었음은 분명한 사실로 보인다. 정도전은 유도(儒道)와 이술(吏術)을 동시에 갖춘 인재가 새로운 조정의 관료가 되어야 한다고 생각했다. 정도전의 새로운 유(儒)는 유교의 이념을 내면화했으면서도 행정의 기술을 동시에 갖춘 경세형 학자 관료(scholar official)를 가리켰다.

중국에서는 전국시대와 진한시대에 걸쳐 유가와 법가 사이에 다툼이 있었고, 유생과 문리 두 집단 간에 갈등이 있었다. 그러나 관료화 과정을 거치면서 유생들은 경전뿐만 아니라 법률과 정사에도 능통한 문리화 경향을 드러내었고, 이것은 중국 고대 사대부 정치의 기본 특징이 되었음은 이미 살펴 본 바다.

이러한 지적 바탕 위에서 정도전은 도덕적 수양과 세계를 읽는 철학적 차원에서는 이기론에 기초한 주자학의 '천리/인욕'의 구도를 수용했다고 할 수 있지만, 경세적 차원에서는 법가와 병가의 학술도 배척하지 않았음을 알 수 있다. 즉 개인적, 가족적 차원을 기초 단위로 해서 형성된 유교적 질서관을 국가적 차원에까지 무리하게 관철하려는 교조적 태도를 갖고 있지 않았던 것이다. 동시에 그는 관료 등용이 신분에 의해 귀속적으로 결정되는 것에 동의하지 않았고, 도덕성과 경세적 능력에 따른 등용을 당연한 전제로 받아들였다.

조선조는 처음 이러한 유형의 관료 양성을 지향했다. 권력에 봉사하는 녹사(祿仕)가 아니라, 유교적 가치를 실현하는 행도(行道)하는 학자 관료들을 통해서 유교적인 정치 행정, 즉 왕도정치를 담보하려

---

10 吳宗國 主編, 『中國古代官僚政治制度研究』(北京大學出版社, 2004), p.63.

했다. 조선조가 고려조와 다른 점은 체계화된 정치, 행정 행위의 준거 이념을 채택했고, 그러한 이념을 내면화하고 실천할 행도자적 학자 관료군 양성을 지향했다는 점이다. 조선조 관료의 이와 같은 특징을 간략히 요약해 보면 다음과 같다.

첫째, 조관(朝官) 관료는 대체로 독자적인 경제적 기반을 가지고 있었다. 중앙의 훈신 관료 외에 지역 출신의 관료들도 대체로 노비 노동에 의존하는 전래의 지주적 경제 배경을 가진 사람들이었다.[11] 따라서 이들은 관직에 따른 녹봉에 자신과 가족의 전 생계를 의지하는 그런 관료가 아니었다. 오히려 고려조부터 이어져 온 호족적 유산을 기반으로 하여 중앙 관계에 진출하는 경우가 많았다. 이들은 군주의 재고(財庫)에서 생계가 보장되는 가산관료보다는 오히려 신분제적 가산제 관료에 가까워 보인다. 즉 소유하고 있는 경제적 기반이 군주가 봉(封)으로 준 것이 아니라 전래의 자기 소유였다는 점이 특징이다.[12] 그렇지만 신분제적일 수 없는 것은 관료 충원이 성취적 요소와 개방적 요소를 가진 과거 제도를 중심으로 했기 때문이다. 조선조 최고 관직인 삼정승 가운데 과거 출신이 아닌 이는 극소수였다. 앞에서 자세히 살펴본 바처럼 조선 초기 김사형(金士衡), 최윤덕(崔潤德) 등 무반 출신과 조선 후기의 산림 정도가 과거 출신이 아니었다. 이것은 고려의 재상인 재추(宰樞)의 구성과 대비되는 부분이다. 물론 조선 왕정의 파행으로 외척 정치, 벌열 정치, 세도 정치가 고착되면서 특정 가문이나 인적 네트워크 안에 있는 사람들이 고위직을 독점하는 현상이 나타나기도 했다. 안동김씨, 광산김씨, 연안이

---

11 이수건, 「영남 사림파의 경제적 기반」, 『영남 사림파의 형성』(영남대출판부, 1980).
12 조선조의 토지 소유 형태가 국유제인지, 사유제인지, 아니면 중층적 소유제였는지에 대해서는 논란이 있고 시기별로도 차이도 있다. 그러나 이념상 '왕조는 바뀌어도 백성은 영원하다'는 전제와 실제의 재산권 행사가 가능했다는 점에서 명목상으로는 국유제이어도 실질적으로는 사유제였다고 보는 것이 타당하다고 생각한다.

씨, 동래정씨, 여흥민씨, 달성서씨, 청풍김씨, 은진송씨 등 특정 가계에서 권력을 독점한 현상이 그것이다. 오히려 조선 초기의 과거가 개방성, 성취성의 정도가 높고, 후기로 갈수록 신분주의적, 문벌주의적 속성이 과거제를 파행으로 몰아간 역할을 했다.

둘째로는 관료의 이념성이다. 조선조 개국의 이념적 주역인 정도전은 유술(儒術: 이념성)과 이치(吏治: 전문성)를 겸비한 학자 관료를 조선조 관료의 전형으로 제시했다. 그는 근본 원칙과 현실을 항상 상호 관련지으면서 정치 행정을 할 수 있는 관료상을 이상적으로 생각했다. 즉 사장(詞章)과 법률로써만 정치 행정을 하는 독서인적인 관료상은 배격했다. 그러나 조선조에 와서도 진유(眞儒)이면서 순리(循吏)인 그러한 관료를 확보하기란 현실적으로 쉬운 일이 아니었다. 조선 초기에 과거의 과목을 놓고 정도전을 중심으로 한 강파(講派)와 권근, 변계량 등을 중심으로 한 제파(製派)의 대립[13]도 이러한 사정을 반영한 것이었다. 어떻든 정도전의 의도와는 큰 관계없이 초기에는 사장과 법률을 주요 도구로 하는 이치 중심의 관료들이 많이 진출한 것으로 보인다. 오히려 대관(大官)들인 조준, 정도전, 남재(南在), 황희, 류관(柳寬), 맹사성, 허조, 양성지 등이 유리를 겸비한 행도자적 관료의 속성을 보여 주었다. 태종 14년 7월 무자일에 실시한 성균관시의 친책시제(親策試題) 중에는 다음과 같은 문제가 나온 것도 이런 현실을 반영한다.

학교를 권장하지 않는 것이 아닌데 기송사장(記誦詞章)의 구습은 여전히 남아 있고 바르게 알고 실천하는 사람은 어찌하여서 적은가? 교학을 함께 밝혀서 인재를 배출하려면 어떻게 해야 하겠는가?[14]

---

13 이성무, 「선초의 성균관 연구」, 『역사학보』 35, 36 합집(역사학회, 1967), 241~245면; 박천규, 「문과 초장 강제시비고」, 『동양학』 6집(단국대부설동양학연구소, 1976).

'기송사장의 구습'은 독서인형 관료와 연결되고, '바르게 알고 실천하는 사람'은 행도자형 관료의 속성이다. 이처럼 조선조는 후자의 관료형을 지향했다. 그렇지만 유리 겸비의 행도자적 관료의 전통은 세조의 계유정난(癸酉靖難)을 거치면서 많은 관료들이 도덕적 논란에서 자유로울 수 없어지면서 위기에 처했다. 당시 세조의 왕위 찬탈에 대해 비판적 의식을 가진 관료군이 등장했는데, 그들이 이른바 사림파 관료들이다. 고려 말 절의파의 학문 전통은 지방의 지주 세력에 의해 수용되어 정착되었다. 여기에 동조하는 많은 신진 인사들이 기호와 영남을 막론하고 확대되어 갔다.[15] 사림파는 바로 이러한 배경 위에서 등장했다. 그들은 이치보다는 도학(유교 정신을 함양하고 실천하는 것을 중심 테마로 하는 학문을 지칭)에 치중했다. 즉 개국 초기에 강조한 유리 겸비(이념성과 전문성의 조화)보다는 유(이념성)에 더욱 무게를 둔 관료형을 추구했다. 조선조 행도형 유자관료가 경세형에서 이념형으로 변화하기 시작했다. 중국 역사를 보면 이치형 관료가 중심이던 진(秦) 제국과 유자형 관료가 중심이던 왕망의 신(新) 제국이 모두 오래가지 못하고 실패했다. 이에 대한 반성으로 동한에서는 유리 통합의 관료형을 지향했던 것은 이미 언급한 바 있다. 이런 과정과 비교하면 조선에서는 그 반대로 진행된 것이다.

　고려에서는 사족과 이족 사이에 명확한 구분이 없었고, 도필리(刀筆吏) 출신들이 고위직에 진출한 사례도 보인다. 조선에 와서는 조관(朝官)과 서리(胥吏) 사이에는 건널 수 없는 간격이 생겼다. 유/리의 괴리는 법제에도 반영되었다. 유생 출신의 조관은 논도경방(論道經邦)을 하는 업무에 배치되었고, 행정 실무는 서리의 몫으로 치부되었다.

---

　14 『太宗實錄』卷二十八, 十四年 七月, 戊子條. "學校非不勸也 而記誦詞章之習猶在 眞知實踐者蓋寡 何以使敎學俱明而人材輩出歟."

　15 이병휴, 『조선 전기 기호 사림파 연구』(일조각, 1984).

조선에서는 조관과 서리의 업무를 엄격히 구분했다. 이제 조관 관료는 실무에 어두워도 생존할 수 있는 공간이 생겼고, 산림의 이데올로그들에게는 고위직으로 갈 수 있는 통로가 생겼다.

이들 이념파의 사상은 조선 중기 이후의 관료 정신을 지배했다. 이들은 경세형 유자 관료들에 대해서도 비판적 시각을 가졌다.

정치사상을 체화하고 체제에 참여하여 정책을 입안하고 실현하는 것은 관료다. 유자 관료들이 유교 정치사상을 이해하는 것은 반드시 동일하지 않았고, 시대에 따라 서로 다른 뚜렷한 경향을 나타내었다.

신라의 골품제는 거의 천 년에 걸쳐 인사 운용에 영향을 미쳤다. 여기에서 관료가 되는 가장 중요한 기준은 신분과 혈통이었다. 이러한 차별 사상은 사회 구성과 구체적 정치 운영의 중심 축 가운데 하나였다. 이 시대의 불교는 지배층의 지배를 정당화해 주는 관념적 장치로 기능했을 뿐 사회 변혁의 동력을 제공하지는 못했다. 신라 말에 번성한 선종(禪宗)은 한층 근본에 충실한 실천의 풍조를 일으켰고, 차별의 고리를 일정 부분 끊는 역할을 수행했다. 왕건을 도와 고려를 건국한 세력은 신라의 차별적 질서에서 이탈했지만, 그들 역시 새로운 차별적 질서를 부정한 것은 아니었다. 그렇다 해도 신라식의 철저한 골품제적 사고의 틀은 해체되었으며, 그에 따라 관료 예비군도 한층 넓게 포진되었다.

과거제 실시는 우리나라 인사 제도의 틀을 근본적으로 바꾼 혁명적인 것이었다. 물론 제한적 경쟁의 틀을 벗어난 것은 아니었지만, 유교적 가치와 명분을 담보한 것 외에도 기왕의 공신과 호족 세력을 견제하는 의미를 가지고 있었다.

수당의 과거제 실시는 위진남북조의 구품관인법(九品官人法)의 폐해를 교정하는 의미가 있었다. 거천(擧薦)과 징소(徵召)로 인재를 등용하는 방법은 세족 문벌들로 하여금 관직을 세습하게 했다. 이에 따라 전통적 문벌은 그 권위가 제실(帝室)을 능가할 정도였다. 선현임능(選賢任能)의 원칙은 문벌들의 기득권에 가로막혔다. 비록 수당의 과거제 실시는 문벌들이 벼슬길을 농단하는 것을 타파할 목적을 가지고 있었으나 제대로 달성되지는 않았다.[16]

고려 역시 공신과 귀족 세력을 견제하려는 목표를 가지고 있었으나 그 영향력은 제한적이었다고 평가할 수밖에 없다. 고려의 과거제 역시 그 기본 모델은 당나라 제도였다.[17] 중국과 마찬가지로 고려의 과거제도 능력에 따른 등용이라는 보편적 원칙을 관철하는 데는 일정한 한계를 드러내었다. 그럼에도 과거제가 인재 등용의 기준을 객관화하고 잠재적 관료 모집단의 범위를 확대한 것은 틀림이 없다.

과거제는 학교 제도 실시와 표리 관계에 있었다. 중국에서는 교육의 확대와 더불어 사대부 집단이 널리 분포되었는데, 과거제는 그들의 욕구를 수용하는 한편 문벌 세력을 억제하고 황제에 충성하는 관료군을 확보하는 효율적인 제도였다. 반면 고려에서는 과거제 도입이 위로부터의 개혁으로, 공신과 귀족, 호족 세력을 국가와 왕에 충성하는 사대부 계급으로 재편하는 혁명적 수단에 가까웠다. 즉 고려의 과거제는 한반도의 왕조에서 사대부 계층을 형성하는 핵심 역할을 수행했고, 유자 관료 탄생의 자양분이 되었다. 특히 시험 과목의 중심이 유교 경전인 것은 유교관료제 성립의 핵심적 전제가 되었다. 그것은 "공신 세력이나 반독립적인 지방의 호족 세력을 누르는 한편 이들을 충량한 중앙의 문관 관료로 흡수할 필요"[18]라는 이중적 수요를 반영한 것이기도 했다.

유자 관료에 대한 정도전의 문제의식은 그 의미가 매우 크다. 그는 어떤 글에서 구체적 행정의 결과를 내지 못하고 입으로만 큰소리

---

16 王亞南, 『中國官僚政治硏究』(中國社會科學出版社, 2005), p.89.

17 『高麗史』, 選擧志 一. "三國以前未有科擧之法 (…) 光宗用雙冀言以科擧選士一大抵其法用唐制."

18 이성무, 『한국 과거 제도사』(민음사, 1997), 89면.

와 좋은 말만 하는 유자들을 부유(腐儒)라고 했는데, 이것을 보면 그의 생각이 어디에 있는지 분명히 알 수 있다. 정도전의 진유에 관한 논의의 바탕에는 「유리론(儒吏論)」이 있는데, 그 역사적 연원은 다음과 같다.

중국 한위(漢魏) 시기에 왕찬(王粲)은 「유리론」을 남겼다. 이 글에서 왕찬은 "법을 집행하는 이(吏)는 선왕의 가르침을 배우지 않고, 진신(搢紳)의 유자는 법령의 요점에 통하지 못하니(……) 선왕이 이와 같음을 보고서(……) 이(吏)에게는 선성의 가르침을 배우게 하고, 유에게는 문장과 법률에 통하게 한 까닭으로 관(寬)과 맹(猛)이 서로 조화되었고, 강(剛)과 유(柔)가 스스로 조절되었다"라고 했다. 정도전이 왕찬의 「유리론」을 정당하다고 수용한 것은 구체적 정치란 도덕이나 유술만으로는 가능하지 않다는 역사적 자각에 기초한 듯하다.

선현임능의 원칙은 유자 관료 등용의 기준이 현능에 있음을 나타낸다. 그런데 무엇을 기준으로 현능을 파악할 것인지의 문제는 조선에 한정해서 보아도 전기와 후기가 다르다. 이것은 유교관료제의 핵심인 유교에 대한 해석과 그 성격 변화와 관련된다. 조선 전기에는 모범적인 유교 정치가의 모델로 한 고조, 당 태종 등을 당연히 포함시켰으며, 제왕학의 교과서인『정관정요』를 군주가 본받아야 할 보전(寶典)의 하나로 간주했다. 따라서 조선 전기에는 유리 융합, 왕패 병용을 현실의 국가 운영을 위해 묵인했다. 그러기에 정도전은 법률과 관련 있는『조선경국전』을 저술했고, 조준과 하륜 등 당대의 중신들도『경제육전(經濟六典)』등을 주도적으로 편찬하는 것을 꺼리지 않았다.『경국대전』편찬에 최고의 학자 관료들이 참여한 것도 당시의 분위기와 관련이 있다. 아울러 훈민정음 창제에 엘리트 관료들이 참여한 것도 조선 후기 유자 관료형에게는 상상하기 어려운 일이다. 따라서 조선 전기의 경세형 유자 관료는 후기의 유에 편향된 이념적 관료상과는 일정한 차이를 보인다. 세조가 문과 급제자 가운데 뛰어난 관료들을 전문 분야로 나누어 그것을 전공하게 한 것은 조선 전기의 이러한 경향을 단적으로 보여 준다.

3. 우산, 황소, 피리로 상징되는 유자 관료

세종의 정치와 행정이 돋보이는 데는 여러 가지 이유가 있다. 그 중에서도 가장 중요한 것은 최고 엘리트 관료들의 '훈련된 능력과 단련된 인품'이었다. 세종조의 정치와 행정을 이끌어 간 인물들인 황희, 맹사성, 이직(李稷), 허조, 유관(柳寬), 최윤덕, 하연 등의 명신들은 거의 모두 태종 시대에 양성된 인재들이었다. 태종은 인재 양성에 각별한 공을 들였다.

내가 황희에 대해서는 사람이 남의 자식을 양육하듯이 했고, 또 부모가 자식을 무육하여 기르는 것과 같이 했다. 대언(代言)에 구임(久任)했는데 전직시켜 성재(省宰)에 이르게 한 것은 공신에 비할 바가 아니었다.[19]

태종과 세종 시대의 엘리트 관료들 가운데 많은 이들이 국가 경영에 관한 지혜는 물론 도덕적으로도 탁월하게 건강했다. 이들에 관한 일화는 백성들의 입이나 야사의 기록을 통해 전해오고 있다. '황희의 부인과 딸이 속옷 한 벌을 번갈아 가며 입었다'는 이야기나, '정승 유관이 아내와 함께 비가 새는 초가집 안에서 우산을 받치고 있으면서 우산 없는 백성들을 걱정했다'는 이야기 등은 그들의 청렴성을 보여 준다.

---

19 『太宗實錄』, 十八年, 五月 十二日, 辛酉.

맹사성은 정무를 파하면 서울에서 구한 조그만 집으로 돌아와 달 밝은 밤에는 피리를 불었다고도 한다. 그가 고향에 내려갈 때 어린 아이 하나만 데리고 소를 탔는데, 고을 원이 정승을 위해 길을 닦고 있다가 알아보지 못하고 인수를 못에 빠뜨렸다는 인침연(印沈淵) 고사도 널리 회자된다. 그가 자신의 호를 고불(古佛)로 한 것도 당시 선비들의 정신세계를 엿보게 하는데, 즉 유가와 불교, 도가의 사상을 융회한 자취를 보여 준다. 그들은 현실 속에서 유교적 가치를 구현하는 데 노력했지만, 개인적 차원에서 자아를 구성하는 데는 불교의 자비와 생명 존중의 사상, 그리고 도가적 담연(澹然)과 무욕의 경지를 수용한 것으로 보인다. 이것은 유교적 가치를 실현하면서 처할 수 있는 전투적 독선(獨善)을 억제하는 바탕이 되었다.

사실 최치원이 묘사한 현묘지도(玄妙之道)의 전통은 다양한 형태로 전해져 온 것으로 보인다. 그것의 요체는 다양한 사상의 정수를 융회하여 자신을 단련하고 수양하는 데 적용하는 것이다. 그리하여 때로는 불교에 중점을 둔, 탁월한 선풍(禪風)을 일으킨 인재들이 나왔고, 때로는 도가적 수련에 방점을 둔, 북창 정렴(北窓 鄭磏), 토정 이지함(土亭 李之菡), 망우당 곽재우(忘憂堂 郭再祐) 같은 특색 있는 영웅이 배출되었다.

조선 전기에는 성리학(주자학)이 주류 학문으로 공인되었음에도 다양한 사상이 함께했다. 김시습(金時習)과 같은 인격 현상도 예외적이지는 않았다. 특히 이 시기에는 문관과 무관을 차별하는 것도 심하지 않았다. 태종은 무관인 최윤덕을 중군도총제에서 의정부 참찬으로 발탁하여 그에게 후일 세종조에서 좌의정으로 봉직할 수 있는 기회를 열어 주었다.

이 시기의 유자 관료는 책상 앞에서 경전을 암송하고 주자의 주석에 정통한 이들을 가리키지 않았다. 오히려 정치와 행정의 현장에서 성장한 인물들이 대부분이었다. 오늘날 황희는 널리 '관대함'의 대명사로 인식되지만, 영의정 하륜은 그를 '간악한 소인'으로 평가하기도 했고,[20] 양녕대군 폐립 사건에 연루되어 전리(田里)에 방축(放逐)되어 서인이 되기도[21] 했다. 태종은 왕위를 세종에게 물려주면서 "이직과 황희는 비록 죄를 범했으나 '일에 익숙한' 옛 인물이므로 버릴 수 없다"[22]라고 하면서 소환하여 세종을 보좌하게 했다. 여기서 '일에 익숙한' 것이란 국가 경영의 노하우를 말하며, 이것이 인재 등용의 기준이 된 것은 조선 후기의 경향과는 일정한 차이가 있다. 요컨대 조선 전기의 기준으로는 황희, 맹사성, 유관 등은 진정한 선비 관료이지만, 조선 후기의 관점에서는 그렇지 않다는 점이다.

---

20 위의 책, 十六年 六月 二十二日, 壬午.
21 위의 책, 十八年 五月 十一日, 庚申.
22 위의 책, 十八年 五月 十二日, 辛酉.

2장 조선 후기 정치사상의 특징과 이념형 유자 관료

1. 주자학 독존과 선존중화(先存中華) 이데올로기

조선 후기 유교 사상도 관점에 따라 여러 각도에서 평가할 수 있는 매우 복잡하고 거대한 대상이다. 이에 대한 이해를 두고 학계는 분열되어 있고, 통합적인 관점이 정립되어 있지 않은 것 같다. 여기서는 정치학적, 행정학적 관점을 원용하여 도대체 백성을 어떻게 생각하고 어떤 존재로 인식했는지에 초점을 두어 정리하고자 한다.

성종 조에 성장한 사림 세력은 이른바 훈구 세력과 갈등하고 투쟁하는 과정을 거쳐 선조 조에 자신들의 정권을 탄생시켰다. 6부 2장의 자료에 나타난 바처럼 '유현', '선정(先正)', '선정신(先正臣)'의 용어는 선조 집권을 기점으로 그 빈도가 폭발적으로 증가하고 있다. 이처럼 선조 조에 이르러 번성한 성리학은 명분론과 화이론에 치중하면서 국가 질서와 사회를 바라보는 눈에 매우 큰 변화를 초래했다. 조선 개국에 반대한 정몽주와 길재를 추앙했고, 세조의 집권에 저항한 사육신이 재평가 받았다. 반대로 개국의 원훈인 정도전과 조선 초기의 유학을 진흥시킨 권근은 상대적으로 폄하되었고, 세조 정치의 일등공신인 신숙주의 공로는 퇴색했다.

태종이 정종에 이어 왕통을 잇고 세종이 태종의 셋째 왕자로서 왕통을 이은 것은 문제 삼지 않으면서도, 성종의 덕종 추숭, 선조의 덕흥군 추숭, 인조의 원종 추숭, 정조의 사도세자 추숭 등을 비롯한 전례(典禮) 문제나 왕실의 복제(服制)와 관련한 예송 문제, 호락(湖洛) 논쟁, 회니시비(懷尼是非) 같은 것이 중앙 정치의 핵심 의제로 떠올랐다. 여기서 백성은 문제의 핵심에서 사라졌다.

이미 이황과 기대승이 사단칠정에 관한 논변을 일으켰을 때, 조식은 과거를 통해 벼슬하러 나간 인물들이 수십만 명이 굶어 죽어 가는 국가의 현실을 외면한 채 무익한 논변을 한다고 비판했다. 조식은 이황의 상달(上達)처에 관한 '이기론'은 하학(下學)의 바탕이 약해 '그림의 떡'이 될 가능성이 높은 것으로 보아 비판했다. 그는 하학을 통해 도달한 상달처(上達處)를 살활수(殺活手=活手: 致用에 능수능란한 사람)로 보았다.[23]

신흠(申欽)이 "학술이란 현실에 적용할 수 있어야 귀한 것이다. 그런데 세상에서 장구(章句)나 찾고 뒤적이는 자들은 걸핏하면 성명(性命)을 끌어대곤 하는데, 막상 정사(政事)를 처리하는 지위에 앉혀 놓으면 멍청해져서 어떻게 해야 할지를 모른다."[24]고 한 말은 같은 맥락이라 할 만하다. 그런데 이황이 주창한 주자학 독존(獨尊)의 학문과 사상이 주류가 되고 송시열에 의해 정치이데올로기로 확대 강화[25]되면서 그 이데올로기 유지를 위해 정치적 에너지를 과도하게 소모했다.

주희의 화이론은 민족적 차별을 강조했다. 중화와 오랑캐를 준별하는 차별의 논리는 이기(理氣)를 이원적으로 인식하는 철학적 기반과도 무관하지 않다. 정치적으로는 군자소인론(君子小人論), 학문적으로는 사문난적론(斯文亂賊論), 사회적으로는 반상차별론(班常差別論)

---

23 「남명집」 書, 又與肅夫書. …精於講究 而拙劣於致用 短於殺活手…

24 『象村先生集』 卷四十四, 外集 第四.

25 유학사에서는 송시열의 학통을 이황에게 연결시키지 않는다. 그러나 주자학 독존을 정치사회적 규범으로 관철하려고 한 점에서는 이황과 같다. 이런 점에 대해서는 박충석 교수가 논증한 바 있다. 박충석, 『한국 정치사상사』(삼영사, 1981).

의 논리적 구조와 유사하다. 이제 가치 있고 정당한 것을 판정하는 기준이 현실 정치에서 벗어나 멀고 먼 도(道)와 이(理)의 세계로 가 버렸다. 그것도 주희가 인식한 도와 이에 최고의 권위를 부여했다. 그리고 주희의 권위에 도전하는 것을 용납지 않았다. 이제 그 도와 이에 대한 해석권을 장악한 당파의 유림 영수는 일종의 메시아로서 군주의 권한을 제약할 정도로 강력해졌다.

그들은 노장과 불교는 물론 유학 내에서도 사공학(事功學)과 양명학(陽明學)에 대해서도 적의를 보였으며, 경전에 대한 주자의 해석과 다르면 사문난적으로 몰아 배척했다. 그러면서도 망해 버린 명나라에 대한 의리는 국가와 백성의 운명보다 앞서는 절대 명제로 내세웠다. 윤휴(尹鑴)를 이단으로 몰아 죽게 했고, 없어진 명나라에 대한 지나친 사대 정신은 병자호란을 초래했다. 결과적으로 척화신들의 명예는 높였지만, 수많은 백성들을 어육(魚肉)으로 만들었다. 그럼에도 백성의 편에 서서 성찰하는 지성이 주류가 되지 못했다. 주자학 위주의 척화(斥和) 사상은 오늘의 학계에도 여전히 영향을 미친다.

이것은 오늘날 우리의 조선 역사 소비 방식에서 사림은 정의와 정당성을 담보한 세력이고, 훈구는 탐욕과 사리사욕의 세력으로 이해하는 것과도 맥이 닿아 있다. 그러나 다스림의 대상이던 백성의 관점에서는 주자학을 공부한 사림도 차별의 이념을 가장 확고히 하고자 한 세력일 뿐이었다.

유가의 정치와 행정은 그 표준이 백성에게 맞추어져 있다. 그러나 조선 후기 주자학 이데올로기는 주자학 옹호와 명(明)에 대한 의리를 백성보다 앞세웠다. 선존백성(先存百姓)이 아닌 선존중화(先存中華)가 이데올로기가 됨으로써 백성은 제2의 지위로 격하되었다.

조선 후기에는 주자학 독존의 관념이 지성계와 관료 사회를 지배했다. 많은 정책이 주자의 화이론을 배경으로 친명반청 노선을 고수하는 맥락에서 결정되었다. 만동묘 건설, 어리석은 자질로 나라를 망하게 한 명나라의 마지막 황제인 숭정제(崇禎帝)를 숭모하는 열풍, 역량을 헤아리지 못한 북벌론도 이 시기에 있었다.[26] 조선 전기에 나타난, 민생을 우선으로 하는 절실한 정책과 실천은 보기 어려웠다. 자신들의 명예나 체면을 위해서라면 글자 하나에도 목숨을 걸고 다투는 고관(高官)과 석유(碩儒)들이 백성들의 생사에는 큰 관심을 기울이지 않았다. 정책 집행의 구체적 절차와 결과 관리에 관심이 없는 대신들은 국가의 행정을 아전과 서리의 손에 맡겨 두고 자신들은 권력과 이념 투쟁에 몰두했다.

국왕은 분열된 신하들의 갈등을 조정하는 데 정치력을 소모했고, 편당을 나눈 신료들은 서로 헐뜯고 비방하는 데 정력과 지모를 소모했다. 문제를 이해할 수 있는 실무적 능력이 결여된 관료들이 제대로 된 정책 의제를 제안할 수는 없었다. 제안했다 하더라도 제대로 추진할 동력을 확보하기란 어려웠다. 김육(金堉)이 류성룡(柳成龍), 이원익(李元翼) 등이 이미 착상한 대동법을 구체적으로 실현하기 위해 노심초사한 것이나, 대동법이 정착되는 데 근 100년이 소모된 것을 보면, 당시 민생에 절실한 정책을 제안하는 것과 그것을 실행하는 것이 얼마나 어려웠는지를 알 수 있다.

병자호란이 일어나고 행궁이 있던 남한산성이 포위된 극단적 상황에서 항복이나 옥쇄냐를 두고 일어난 일련의 논의 과정은 조선 후기의 정책이 어떤 가치관과 신념의 틀 속에서 결정되었는지를 극명하게 보여 준다. 신료들 사이에서는 '나라가 망하고 임금이 죽어도' 명에 대한 의리를 지키고 오랑캐에게는 항복할 수 없다는 분위기가 퍼져 있었다. 그리고 이러한 사상은 청에 대한 원한과 맞물려 가치

---

26 병자호란 이후 인물들의 비문에는 '유명조선국(有明朝鮮國)'이나 '숭정처사모(崇禎處士某)'라고 쓰여 있는 사례가 많다. 또한 연호에도 '숭정기원후(崇禎紀元後)'라고 쓰면서 자랑스러워하는 가문도 있었다.

있고 명예로운 것으로 평가받았다. 그런 명예의 이면에 수많은 백성들의 죽음과 청에 잡혀 간 부녀자들이 존재했음을 제대로 기억하지 않았다. 오늘날의 많은 사람들은 삼학사(三學士)나 김상헌(金尙憲)을 추모하는 것은 당연시해도 당시 백성들이 겪은 실존적 고통과 절망에 대해서는 주의하지 않는다. 유학적 안목이 아닌 정치학적 안목에서는 쉽게 수용할 수 없는 역사 기억의 방식이다. 조선 후기는 어떤 의미에서는 극단화된 유교관료제의 모습을 보여 주는 역사적 사례라 할 수 있을 것이다.

한편 일상의 행정에서도 제기되는 이슈는 유교적으로 편향되어 있었다. 백성들[27]이 군주에게 청원할 수 있는 통로인 상언(上言)과 격쟁(擊錚)의 내용을 보아도 대부분 충신과 효자 열녀에 대한 정려(旌閭) 요청을 비롯하여 조상 증직, 설원(雪冤), 관작 복구, 양자를 들이는 입후(立后) 요청이 대부분[28]이었다. 이것은 유교화가 향촌 사회에까지 광범위하게 이루어졌음을 보여 주는 징표이기도 하다.

2. 유리(儒吏) 분리형 유자 관료

유자 관료는 유학 경전을 전수한 집단에서 선발하는 것이 기본이다. 따라서 과거를 통해 선발한 이들은 유자 관료라 할 수 있다. 조선 전기의 유자 관료들은 정도전 같은 예외를 제외하고는 불교에 비교적 관대했다. 또한 유교 정치의 전범인 '선왕의 도'와 '세속의 시의(時宜)'를 고려하여 현실적인 절충점을 찾으려는[29] 상황적 사고를 당

---

27 이 경우 백성은 대부분 고관을 지낸 사람의 후손인 경우가 많았다. 그들은 벼슬이 없으면 민(民)일 수밖에 없고, 사림공의(士林公議)의 이름으로 상언하는 경우가 많았다.

28 전경목 외 옮김, 『유서필지(儒胥必知)』(사계절, 2006).

연하게 받아들였다. 선왕의 도를 이해하고 담지한 사람을 유(儒)라고 하면, 세속의 현실과 조건을 감안하여 해결책을 찾는 사람을 이(吏)라고 할 수 있다. 이것은 정도전이 가지고 있던 유리관과 큰 차이가 없다. 그러나 조선 후기에 이르러 유와 이 사이에는 정신적으로나 신분적으로 건널 수 없는 간격이 생겼다. 즉 살아서는 유신(儒臣), 죽은 뒤에는 선정신(先正臣)으로 일컬어지는 것을 최고의 영예로 생각했는데, 이들은 이사(吏事)를 모르는 것을 당연시했고, 또 잘 아는 것을 수치로 여겼다. 이익이 '서리가 없으면 국가의 행정이 마비된다.'고 본 것은 당시 상황을 정확하게 지적한 것이었다. 조식의 선비란 '도덕적 주체성'과 '경세적 능력'을 갖춘 '활수(活手)'가 되어야 한다는 사상은 더 이상 조명되지 않았다. 주자학과 '이기론'이 만능열쇠가 아님에도 이와 연관된 각자의 '의리'론으로 '옹고집'이 되어 정책논의의 범위와 수준을 스스로 제한했다. 윤휴와 윤선거에게 가한 '이데올로기적 폭압'이나 주자학을 앞세워 박세당에게 자행한 비난과 핍박은 그 구체적인 사례다.

앞에서 본 것처럼 선정신이라는 말은 조선 전기에는 거의 사용되지 않았으며, 세종 시대에 권근을 선정신이라 칭한 것이 거의 유일하다. 선조 시대에 몇 번 사용되다가 광해군 시대를 지나면서 폭발적으로 늘어났다. 이제 성리학적 권위가 왕실과 왕권을 압박할 지경에까지 이르렀음을 보여 주는 하나의 사례다. 조선 후기의 유신들은 행정에는 어두운 대신 복제 논쟁 등 자질구레한 절차적 예에는 밝았다. 그들은 국가적 정책 의제를 그들이 잘 아는 분야에 한정해 버렸다.

그들은 복잡한 사안에 당면하면 대부분 군주의 일심(一心) 문제로 환원하여 군주가 마음만 바로 먹으면 만사는 저절로 해결될 것이라는 추상적 도덕론을 견지하면서 군주의 구체적 정치 행위를 방해했

---

29 卞季良, 『春亭集』 卷之七, 殿試賦策.

다. 그들은 유교적 이상론인 경도(經道)만 강조했다. 왕패 겸용은 그들에게는 이단이었다. 그들에게 주자학은 정학(正學)으로서, 모든 정치적 사고와 정책 결정이 주자학에 근거를 두어야 한다고 요구했다. 유신들은 조선 후기 이념적 유자 관료의 전형이라 할 수 있다. 이들은 권력을 두고서는 예론에 근거한 각 당파의 의리[30]로 다투었고, 정치 문제에 대해서는 당파가 옳다고 생각하는 천리와 정리(正理)에 따라 당부(當否)를 주장했다.

이것은 "성현의 정치에는 경도와 권도(權道)가 있다"[31]라는 사상에 근거하여 본말과 선후, 손익을 따져야 한다고 생각한 조선 전기의 유자 관료들과는 크게 다른 점이다. 조선 전기에는 본말, 선후, 손익(損益)을 잘 따져 보는 이가 현능한 사람이었던 반면, 조선 후기에는 주자학에 근거하여 정파(政派)의 이해를 잘 합리화하는 인물이 그러한 존재였다. 조선 후기 유신들은 손익을 말하는 것은 체통에 손상이 간다고 생각했다. 이런 관점에 따라 정도전, 하륜, 권근 같은 대학자도 이단으로 간주되었다. 백성이 아니라 정학을 이단에서 보호하는 위정(衛正)이 정치의 근본 목표가 되었으니, 유자 관료의 극단적 사례라 할 수 있다.

유교가 조선조의 통치 이념으로 수용되어 정무 활동을 하는 관료들의 인식과 평가의 틀(appreciative system)로서 수용되었다 하더라도 관료 공급원의 성격 변동이 전제되지 않고는 지속적인 유교주의에 입각한 정치 행정을 보장하기가 어렵다. 일반적으로 조선조 사회는 엄격한 신분제적 사회 구조와 그에 따른 제약, 그리고 토지 생산양식의 절대성이라는 조건에 의해 정치 외적인 영역에서도 사회적 유동성이 거의 나타나지 않았다고 평가받는다.[32] 그러나 통치 이념으로서

---

30 현대에 비추어 보면 각 정당의 당론과 유사한 점이 많다.
31 河崙, 『浩亭集』, 疏, 上決訟事依啓.

의 유교(성리학)가 민간의 생활양식과 가치 체계에까지 영향을 미치는 16세기 중반 이후부터는 관료 공급원의 성격에도 변화가 나타났으며, 이는 이후의 관료 성격을 규정했다. 이른바 사림파의 등장과 확산 현상이 그것이다. 이념형 유자 관료의 공급은 조선 사회의 유교화 과정과 맞물려 있다.

유교화 과정에서 중요한 역할을 수행하던 집단은 왕조 개국 때부터 관료 체제에 몸담아 온 관학파 관료들이나 종실, 훈척 세력이 아니었다. 성리학적 질서관과 세계관을 실제의 생활 방식에까지 도입하는 데 앞장선 이들은 절의파의 전통을 계승한[33] 지방의 사림들이었다. 이들은 관직에 진출하게 되자 유교적 가치관을 따르는 더욱 철저한 행도자형의 관료를 지향했다.

사림파는 16세기 중엽 이후 크게 일어나 지역의 주도 세력이 되었고, 향촌 질서와 가치 체계를 바꾸어 놓았다. 절의파의 전통을 계승한 성리학적 가치관은 중앙을 제외한 중요 지역에서 가치 판단의 확고한 기준이 되었다. 동시에 엘리트 선택 기준에도 상당한 수정이 가해졌다. 원래 한 가계나 가문이 사족으로서의 지위를 획득하고 유지하고 상실하는 것과 같은 변동은 다분히 지방 차원의 일이지, 중앙에서 통합적으로 관리할 수 있는 일은 아니었던 것으로 보인다.[34] 다시 말하면 양반 사족은 중앙 통치 기구에서 법제적으로 그들의 신분을 보장해 줌으로써 세습적으로 유지한 것이 아니라, 향촌 질서 내에

---

32 진덕규, 「한국 정치 사회의 권력 구조에 관한 연구」(연세대학교 정치학 박사 학위 논문), 76면.

33 대체로 조선조에서는 도학의 전승 과정을 정몽주–길재–김숙자–김종직–김굉필–조광조로 보았다. 이들은 군신 공동 책임관에 근거한 절의를 중요한 가치로 여겼다.

34 김용덕, 『향청 연구』(한국연구원, 1978), 137~138면을 보면 시임 대사헌 송순과 시임 이조판서 정탁이 고향의 향안에 오르기 위해 애쓰는 광경을 예로 들었다. 사례의 원출전은 허균의 『식소록(識小錄)』과 『증보문헌비고(增補文獻備考)』 직관고(職官考) 향리조(鄕吏條)다.

서의 전통과 기준에 따라 변동하는 측면이 있었다.[35] 그러므로 지방
의 권력 구조가 안정적일 때는 새로운 사족 신분의 형성이 어려웠으
나, 외적인 충격이나 새로운 가치 기준이 도입되면 신분이나 위세가
상당한 정도로 유동적이 되었다. 사실 지방의 비통치 엘리트가 과거
를 통해 통치 엘리트가 됨으로써 자신과 후손의 신분을 유지하는 것
은 어려운 일이었다. 따라서 성리학의 보급과 더불어 지방에서는 도
학, 문장, 충절 같은 가치 기준이 신분을 결정하는 중요한 요소로 등
장했다. 지방에 따라서는 이런 기준이 기존의 과거나 군공을 능가하
기도 했다. 즉 성리학이라는 학문을 닦은 수준이나 사우연원(師友淵源)
등이 향촌 사회에서의 신분 결정에 중요한 역할을 하게 된 것이었다.
주된 관료 공급원의 이러한 의식 변화는 관료의 성격 변화마저도 예
견하게 하는 것이었다.

　물론 성리학이 보급되던 초기에는 절의파의 전통을 이은 사람들
도 중앙 정부의 통치 엘리트 선택 기준인 과거를 거친 경우[36]가 많았
다. 그러나 그런 경우이더라도 형식적으로는 과거를 경시했다.[37] 이
황은 이와 같은 생각을 조식에게 보낸, 출사를 권유하는 편지에서 나
타냈다.

　그런데 혹 선비가 벼슬하는 것을 어렵게 여기는 것은, 다만 과거가
　사람을 더럽히고 잡진(雜進)의 길은 더욱 천하므로 몸을 깨끗이 보전하

---

　35 『太宗實錄』卷之三十三, 十七年 二月 庚辰條를 보면 사간원에서 건의한 몇 가지
정책 방향 중에서 소재지의 신명색(申明色)으로 족속을 구별하여 과거에 응시토록 하
자는 내용이 있다. 이는 중앙에서는 지방에서 응시하는 거자(擧者)들의 족속을 구별
할 능력이 없음을 나타낸다고 볼 수 있다. 그러나 이 건의는 국왕의 결재를 받지 못
하고 보류되었다.

　36 조광조, 이언적, 이황, 류성룡, 이이, 김성일, 기대승, 김우옹 등의 경우.

　37 조광조도 원래 과거에 뜻을 두지 않았다고 한다. 『靜菴集』附錄, 卷之五의 年譜,
卷之六의 行狀. "慷慨有大志 獨不屑意於科擧之文 (…)."

려고 하기 때문입니다. 그런 선비는 종적을 감추고 숨어서 벼슬하는 것을 달갑게 여기지 않습니다. 그런데 지금의 일은 산림에서 천거하는 것이니, 과거처럼 어지럽지 않고, 품계를 뛰어넘어 육품을 제수하니 잡진처럼 더럽지도 않습니다.[38]

과거가 선비를 더럽힌다는 생각이 언제부터 어떤 이유로 생겨났는지는 또 다른 차원에서 고찰할 문제이지만, 일단 퇴계의 시대에 이미 이러한 사상이 태동하고 있었음은 분명하다. 이것은 성리학의 실천적 성격을 중시하는 도학의 심화와 더불어 생겨난 사고방식으로 보인다. 김종직, 김굉필, 정여창(鄭汝昌), 박한주(朴漢柱), 조광조, 이언적, 이황, 조식, 성수침(成守琛), 서경덕(徐敬德), 성운(成運), 성혼(成渾), 이이, 류성룡, 김성일(金誠一), 기대승, 김우옹(金宇顒) 등의 시기에 걸쳐서는 도학과 과거가 병행되었다. 이어 정인홍(鄭仁弘), 정구(鄭逑), 조호익(曺好益), 김장생(金長生), 김집(金集), 장현광(張顯光), 송시열, 송준길(宋浚吉), 박세채(朴世采), 윤휴, 허목(許穆), 윤증(尹拯), 권상하(權尙夏), 이현일(李玄逸) 등 처사 혹은 산림이 등장[39]하면서부터는 과거 경시 경향이 도학자 집단 사이에 정착되어 갔다. 이때부터 관료사회에서는 일반 관료에 비해 유신을 높이 평가하는 경향을 띠기 시작했다.

조선조에서 과거 제도 정비는 과거 출신 관료들을 유자 관료로 명명할 수 있게 했다. 그러나 훈구와 사림의 대립은 유자 관료의 의미와 범주에 변화를 가져왔다. 태조에서 세조에 이르는 초기의 관료들

---

38 李滉, 『退溪全書』, 續內集, 卷之十, 書, 與曺楗仲. "而士或難於進用者 徒以科擧溷人 雜進之路 則又其每下者 此欲潔其身之士 所以不得不藏踪晦迹 逃遯而不屑就也 今也擧於山林 非科目之溷 超授六品 非雜進之汚 (…).

39 우인수, 「17세기 산림의 진출과 기능」, 『역사 교육론집』 제5집(경북대 사대, 1983), 143~175면.

은 유리 융합을 당연하게 받아들였다. 그들은 후기와 달리 다스리는 도[爲治之道]를 '군주의 일심'으로 환원하지 않았다. 일에는 본말과 선후, 손익을 따져 보아야 한다고 생각했다. "어찌하면 부역이 균등해지고 민산(民産)이 유족해지며, 군정이 바로잡아지고 사졸이 정예하게 되며, 사송이 간편하게 되고 원망과 억울함이 펴질 수 있을까? 어찌하면 백성들이 일정한 거처를 갖게 되어 유망민을 돌아오게 할 수 있을까?"[40] 하는 상황적 사고 혹은 시중적(時中的) 사고를 드러냈다.

유교 정치의 보편 원리인 '선왕의 도'와 '세속의 시의'를 절충하고 조화[41]하려는 상황적 사고를 중시한 것은 조선 전기 엘리트 체제 유학자 관료들의 중요한 특징이었다. 국가 경영에서 본말과 선후를 찾고, 앞 시대의 정치에서 덜어 내고[損] 더할[益] 것을 찾는 사고방식은 "성현의 정치에는 경도와 권도가 있다[聖賢之治有經有權]"[42]는 사상에 뿌리를 두고 있다. 그들이 젊은 엘리트들에게 요구하는 국가적 질문(과거의 책문)은 다음과 같은 것이었다.

"군주를 보필하는 직무는 진실로 어려운데, 그 직무를 완전히 할 수 있는 바는 무슨 도인가?", "촉한의 제갈공명이 이윤과 태공망에 필적한다고들 하는데 어떤 도에서 그러한가?", "송나라에 이르러 일컬을 만한 인물이 누구인가? 진유가 배출되고 도학이 다시 밝아졌는데도 기용된 사람을 볼 수 없으니 어쩌된 까닭인가?", "단군의 조선은 자료가 없어 생각해 보아야 하나 기자의 조선과 혁거세의 신라는 모두 역년이 일천 년에 이르는데, 그 다스리는 도는 어디에서 말미암았는가?"[43]

치도에 대한 그들의 관심은 반드시 주자학적 맥락에만 갇혀 있지

---

40 河崙, 앞의 책, 策問 二.
41 卞季良, 『春亭集』 卷之七, 殿試賦策.
42 河崙, 앞의 책, 疏, 上決訟事宜啓.
43 河崙, 위의 책, 策問.

않았다. 고유의 전통에서도 계승할 것은 계승하겠다는 의식을 보여주었다. 관료의 역할 모델도 송대의 성리학자들만으로 한정되지 않았다. 오히려 송대의 이학자들은 소홀히 취급되었다. 조선 전기 관료들의 역할 모델은 공자보다는 주공이었고, 장량이나 소하, 제갈량 등 실제로 치적을 남긴 이들이었다. 이것은 주자학적 통치가 이루어지기 전의 역사를 오랑캐의 역사로 인식하던 조선 후기 유신의 사상과는 궤를 달리한다.

> 오호라! 우리나라는 기자가 돌아가신 뒤로 성학이 전하지 않았으니, 어리석어 오랑캐의 땅으로 떨어진 지 몇 천 년이 넘었다.[44]

사림파의 등장 이후로는 이데올로기적으로 유(儒) 일변으로 기울었고, 이(吏) 영역은 특수 신분층이 담당하는 것으로 고착화되었다. 유교적 명제에 관한 해석이 이데올로기화되고 정치 판도와 연관되면서 권력 투쟁의 수단으로 전화했다. 자기 당파의 이데올로기를 생산하는 인물을 유신 또는 선정신[45]으로 특별히 추앙했다. 조선 전기의 유신은 '유학을 전수한 인물'에서 '글을 읽은 사람' 정도에 이르기까지 포괄하는 범위가 매우 넓었으나, 후기에는 정국을 좌우하는 한 당파의 사상적 리더에 해당하는 인물에게만 제한적으로 사용되었다. 심지어는 당파가 다르면 유신을 칭하는 대상도 달라졌다.[46]

---

44 朴世采, 『南溪集』 卷之七十, 謁先祖潘南先生墓文. "嗚呼 東方自殷太史歿 聖學不傳 貿貿然淪於夷狄之域者 幾千有餘年."

45 선정신이라는 용어는 조선 전기에는 매우 까다롭게 쓰였다. 세종 시대에 유일하게 권근에게 이 칭호를 사용했다(『世宗實錄』, 二十七年 十月 十八日 己未). 이후 선조 전에는 사용한 예가 없다. 선조 시대에 이르러 몇 번 사용했다가 광해군 시대를 지나면서 폭발적으로 늘어났다. 이는 성리학자의 권위가 점점 높아지면서 왕권을 압박하는 현상과 맞물려 있다고 이해할 수 있다.

46 숙종 때 예송 논쟁이 일어나자 송시열을 비판한 곽세건(郭世健)은 그를 유신으

이러한 도학 거유들은 권위의 원천으로 숭앙되었다. 나아가 중앙 정부는 고위의 관직을 주어 징소(徵召)하면서까지 그들의 권위를 차용하는 경우도 생겨났다. 중앙의 훈척 거실 출신 관료들도 이러한 산림의 영수에게 학문의 연원을 대면서 정치에 이용했다. 거유들의 영향력은 16세기 중엽 이후 지방 사족 세력의 개편에도 중대한 영향을 끼쳤다. 영남좌도에서는 이언적, 이황의 직계 후손이나 문인 가문이 지역의 사림 세력을 장악했고(『세종실록지리지(世宗實錄地理志)』나 『동국여지승람(東國輿地勝覽)』에는 이들이 활동하기 이전의 토성 세력이 나오는데, 사림과 비교해 보면 씨족 간의 부침과 씨족 내의 계층 분화가 나타났음을 알 수 있다), 영남우도에서는 김종직, 김굉필, 정여창, 노진(盧禛), 조식의 후손과 그 문인 가문들이 세력을 장악해 나갔다. 기호에서는 김장생과 김집 부자, 송시열, 송준길, 윤증 등을 정점으로, 호남에서는 김인후(金麟厚), 기대승, 고경명(高敬命), 정철(鄭澈) 등을 정점으로 그 후손과 문인 가문들이 세력을 확대해 나간 것으로 보인다. 특히 김장생의 후손들은 왕실과 혼인을 하면서 중앙 정치의 핵심 문벌 중 하나로 부상했다. 이 시기(16세기 중엽) 이후에는 성리학적 가치 기준에서 본 명조(名祖)의 존재 여부가 그 후손의 사족 지위 유지에 필요 조건이 되었다.

조선조의 사회 계층을 반드시 경제적 계급으로만 획일화해서 볼 수 없는 이유도 여기에 있다. 이러한 관료 공급원 변동의 유형을 보기 위해서는 기존의 지방 세력, 즉 전통적으로 우세를 유지해 오던 지방의 세족 양반[47]과 성리학 보급 후에 등장하는 사림 간의 관계를

로 칭하지 않았다. 반면 노론 관료들은 송시열을 이름 대신 유신으로 칭했다. 원래 군주 앞에서는 이름을 정서(正書)하거나 바로 부르는 것이 원칙이다.

47 이성무는 지방의 토성을 사족으로 보았다. 이성무, 「조선 초기의 향리」, 『한국사 연구』 5(1970), 74~76면. 그런데 이수건은 토성이 곧 사족 계층인지에 대해서 의문을 제기했다. 이수건, 「토족 연구」, 『동양 문화』 16(영남대동양문화연구소, 1975), 25면.

살펴볼 필요가 있다. 일반적으로 양반사림으로 통칭하고 조선 후기에는 '양반=사림'으로 생각했지만, 처음부터 동일한 것으로 보는 데는 무리가 있다. 다음 표를 보자.

구분	양반(세족)	비양반
사림	유형 1	유형 2
비사림	유형 3	유형 4

위 표에서 보듯 양반은 사림[48]이 형성되기 이전부터 지방에서 세력을 가지고 있던 토성 사족 이상의 신분층으로 보고, 비양반은 이들을 제외한 이족(吏族)이나 평민, 노비까지 포함하는 것으로 보자. 사림은 일반적으로 말하는 사족이나 사대부를 모두 의미하는 것이 아니라, 앞에서 열거한 인물들, 즉 영남을 예로 보면 김종직, 김굉필, 정여창, 이언적, 이황, 조식 등과 사우 관계에 있었던 사람이나 그 후손으로 정의하고, 비사림은 그 이외의 그룹을 지칭하는 것으로 규정하면 유의미한 이해의 틀이 구성된다.

○ 유형 1은 기존의 토성 사족 세력이나 중앙의 관인 세력에 속하면서 도학 거유들과 사우연원을 가진 집단이다. 이들은 양반이면서 사림에 해당한다.
○ 유형 2는 토성 사족이나 관인 세력이 아니면서 상기의 대유학자들과 사우연원을 가진 집단이다. 양반은 아니지만 사림에 해당한다.
○ 유형 3은 토성 사족 세력이나 관인 세력에 속하면서도 상기 대유

한 씨족 전체를 동일한 지위로 파악하는 것은 실제에 부합하지 않으므로 엄밀하게는 이수건의 견해가 타당하다. 그러나 대체로 토성 세력이 그 지역의 사족 신분에 해당하는 정도가 다른 씨족보다는 컸을 것이다.
48 사림이라는 용어는 일찍부터 사용되었으나 성리학 보급 후의 사림과는 내용면에서 차이가 있다.

학자들과 연결되지 않는 집단이다. 양반이면서 비사림인 사람들과 그 후예를 지칭한다.

○ 유형 4는 양반도 사림도 아닌 집단이다.

신분 변동과 관련해서는 유형 2와 유형 3이 중요하다. 유형 2 집단은 16세기 중엽 이후 사림적 성격으로 인해 지역에서의 평가가 높아지면서 유형 1로 진입하는 경우가 있었다. 유형 3 집단은 비사림적 성격으로 인하여 유형 4의 방향으로 지위가 하락하는 경우가 있었다. 이러한 경향은 씨족 간에서만 일어나는 것이 아니라 씨족 내의 신분 분화(유형 1과 3은 본래 동등한 성격이었다)에서도 나타났다.[49]

---

49 사림파 등장 이전의 토성 세력을 일단 각 지방의 지배 세력으로 보아 큰 오차가 없다고 하면, 『세종실록지리지』와 『동국여지승람』에 나타난 토성 세력과 성리학 보급 후 지방의 헤게모니를 장악한 가(家) 혹은 씨족 간에는 상당한 차이가 있다. 더구나 같은 씨족 내에서도 사림가와 비사림가의 위세에는 큰 차이가 있었다. 영남좌도의 예를 보면, 퇴계 연원가가 대부분 좌도 지방의 세력가로 등장했다. 아래의 예시는 가전(家傳)의 옛 문서에서 전재한 것인데, 망라되거나 정확한 것으로 보기는 어렵다. 다만, 전래의 토성과는 큰 차이를 보이고, 또 토성 가운데서도 특정 가계가 부각된다는 사실을 보이기 위한 자료다.

○ 安東, 禮安: 溪洞李氏(李滉), 河回柳氏(柳成龍), 琴嶺金氏(金誠一), 錦谷趙氏(趙穆), 川前金氏(金克一), 梧美洞金氏(金應祖, 金奉祖), 法豊柳氏(柳致明), 竹村柳氏(柳雲龍), 風洞金氏(金宇宏), 舟村裵氏(裵尙龍), 淵村琴氏(琴蘭秀), 龜坪權氏(權泰一), 酉谷權氏(權橃), 蘇湖李氏(李象靖), 石村李氏(李瀣), 烏川金氏(金富弼).

○ 大丘, 漆谷, 善山, 仁同: 南山徐氏(徐思遠), 上枝李氏(李彦英), 西部沈氏(沈議謙), 海平崔氏(崔晛), 月村禹氏(禹性傳), 南山張氏(張顯光), 石田李氏(李潤雨), 妙洞朴氏(朴彭年).

○ 尙州, 星州, 玄風: 池洞金氏(金宏弼), 北角李氏(李觀徵), 枝村鄭氏(鄭逑), 華嶺盧氏(盧守愼), 牛山鄭氏(鄭經世), 洛東柳氏(柳袗), 漁軒趙氏(趙靖), 沙道谷金氏(金宇顒), 達來李氏(李埈), 公亭宋氏(宋言愼), 溪村裵氏(裵三益).

○ 密陽, 昌寧, 靈山: 五榜洞曺氏(曺光益), 後沙浦朴氏(朴愼, 朴壽春), 藿川成氏(成安義), 釜谷李氏(李道孜), 大川李氏(李厚慶), 茶苑(一直)孫氏(孫肇瑞), 茶苑(密城)孫氏(孫起陽), 校洞孫氏(孫英濟), 龍山趙氏(趙任道), 道泉裵氏(裵大維), 桂城辛氏(辛礎), 桂八金氏(金立).

○ 慶州, 永川, 義城: 良佐洞李氏(李彦迪), 菊村金氏(金富信), 良洞孫氏(孫仲暾), 山雲李氏(李光俊), 枰金金氏(金命元), 後谷南氏(南致利), 雲村金氏(金守一), 愚村李氏(李道

인재가 집중되는 서울과 경기에서도 특정 성씨의 특정 가계로 고위관직의 집중현상이 심화되었다. 관료 공급원의 이러한 변화는 드디어 출사한 관료들 사이에서도 '어느 집안' 뿐만 아니라 '누구의 문인'또는 '누구의 학파'라는 요소가 중요한 배경으로 자리하게 되었다. 붕당 간의 분쟁에는 이러한 관료 성격의 변화도 하나의 원인이었다.

그러나 현실적으로는 유형 1이 사림 형성의 중심으로서, 대체로 전래의 강력한 경제적 기반 위에서 존재했다. 이 때문에 이들은 성리학이 보급된 이후 오히려 신분의 유동성을 제약하는 경향이 있었으며, 그들의 광범위한 연합은 지역적인 신분 구조를 더욱 고착화했다. 조선 전기에는 국가 권력이 특정 인물이나 가계의 신분 변동에 중요한 영향을 미칠 수 있었으나, 성리학적인 권위가 강고하게 된 이후에는 학문적 권위나 특정 사생 집단(師生集團)이 가문끼리의 혼인과 연결되어 사회적 신분 결정의 핵심 기제가 되었으며, 붕당유지의 에너지를 공급했다.

관직진출이 활발하지 못한 지방에서는 학문 집단의 종사(宗師)가 인정하는 것은 가치 상승의 지름길이었다. 그에게서 받은 한 장의 편지나 조상의 묘도문자(墓道文字) 등은 가문의 지위를 유지하는 데 매우 중요한 요소가 되었다. 성리학은 조선시대의 특징적 권력창출의 중요한 매개체였고, 관료 정치 체제를 운영하는 데 결정적인 요인으로 작용했다.

한편 중앙정부에서는 당쟁을 빌미로 '전랑권(銓郎權)'을 없앤 것이

一), 五宗洞曺氏(曺好益), 沙村金氏(金復一), 眉洞金氏(金延祖), 北谷權氏(權春蘭).
○ 青松, 豊基, 榮州, 奉化, 清河: 月村黃氏(黃俊良), 秋洞鄭氏(鄭琢), 雲洞金氏(金富仁), 龜洞金氏(金明一), 松洞鄭氏(鄭昆壽), 青洞金氏(金富儀), 上墨金氏(金德遠), 黙村金氏(金應南).
○ 其他: 高靈佳谷金氏(金宗直), 咸昌 龍溪金氏(金孝元), 龍宮 華洞金氏(金富倫), 寧海 翼洞李氏(李玄逸), 醴泉 梅洞琴氏(琴應夾), 高靈 麥洞 吳氏(吳澐) 等.

오히려 벌열·외척들의 주요관직 독점을 강화시켜 나가는 계기가 되었다.

특히 노론 일가 출신의 사림 벌열이 관료제 상층부를 전유한 현상은[50] 유교관료제의 이념적 지주인 능력 우선주의를 파괴하는 결과를 초래했다. 그 결과 정권 기반이 축소되고 관료제의 기능이 저하됨으로써 정치체의 붕괴로 이어졌다. 나아가 유교 이념 실천의 중추이던 정무직 관직을 일개 파가 전유함으로써 관료의 성격도 행도자형에서 세습 사제형(유림 영수와 그 제자들)과 귀족 문인형의 특징을 나타내기도 했다. 조선 말기 세도가문인 안동김씨 가문의 혼인관계와 그들의 관직점유 현황을 간단히 정리해 보는 것으로도 관직점유의 집중도를 알 수 있다.

이로써 조선 후기에는 유교관료제의 타락한 형태가 두드러지게 나타났다. 즉 교조적 이념파 관료들과 문벌 척족 중심의 세속적 실권 관료들 간의 타협이 조선 후기를 질식하게 했다.[51] 그럼에도 모든 상층의 정치적 관료들이 정도의 차이는 있을지언정 유학(성리학)이라는 하나의 이념에 사유와 행위, 생활양식까지 의존했는데, 이러한 관료 체제는 세계에서 그 유례를 찾아보기 힘든 것이었다.

---

50 숙종조 이후 외척 세력의 등장과 함께 일가 일파(一家一派)에서 고위 관직을 독점하는 현상이 나타났다. 이로써 유교관료제의 통합 능력과 기능은 땅에 떨어지기 시작했으며, 개혁의 기운은 관료제의 중심에 도달할 수가 없었다. 고위 관직 전유 현상은 상상을 초월했다. 예를 들면 안동김씨 청음파(김상헌) 일문에서만도 15명의 정승을 배출했고, 청음의 외가인 동래정씨 문익공파(정광필)에서도 13명의 정승을 배출했다. 그 밖에도 양주조씨(조계원 후손), 여흥민씨(민광훈 후손), 광산김씨(김장생 후손), 달성서씨(서 성 후손), 풍산홍씨(홍리상 후손), 청풍김씨 일문, 풍양조씨 일문 등의 친외계(親外系)에서 요직을 독점했다. 그들은 대체로 왕실과의 혼인을 배경으로 등장했다. 반면 영남 지방에서는 인재의 부고(府庫)라는 이름에 걸맞지 않게 인조조 이후 정승의 지위에 오른 이가 1명(고종 때의 류후조)에 지나지 않았다. 따라서 조선 후기 영남 세력, 특히 경상우도는 중앙권력에서 소외되었다.

51 김운태, 앞의 책, 53면.

3. 숭정처사로 상징되는 유자 관료

병자호란 이후로 각 지역에서는 숭정처사(崇禎處士)가 많이 생겨났다. 임금이 죽고 나라가 망해도 청나라에게는 항복하면 안 되고, 명나라에 대한 의리를 지키는 것이 천리이자 정도라고 믿었던 관료나 사대부를 정당화하는 작업이 수백 년에 걸쳐 일어났다. 지금도 당시에 이름난 명망가의 집안에서는 제사를 지낼 때 '숭정기원후(崇禎紀元後)'라고 연도를 표시하는 관습이 남아 있을 정도다.

병자호란이 일어나 수도의 수많은 백성들이 어육이 되거나 유린당할 때, 남한산성 안에 있던 국가 지도부 사이에서는 옥쇄론이 강경하게 대두되었다. 명에 대한 의리, 청을 오랑캐로 보는 증오와 멸시의 관념이 현실 그 자체를 읽는 능력을 소멸시켰다. 그들의 논의에서 백성은 보이지 않았다. 변하지 않고 지켜야 할 강령과 의리는 명나라의 재조지은(再造之恩)에 대한 보답에 근거한 존중화(尊中華)였다. 이 의리는 군주의 생사와 국가의 흥망을 초월하는 가치여야 했다.

호란이 끝난 뒤 오랑캐에게 무릎을 꿇은 나라에서 벼슬하는 것을 더럽게 여기고 이미 망해서 없어진 명나라의 연호를 사용하면서 그 신하를 자처하는 것이 정당하다고 믿는 사대부들이 존경을 받았다. 이때 세상을 떠난 많은 인물들에게 후손들은 숭정처사라는 칭호를 붙였다. 이 시기 조선적 지성의 가치 지형도를 극단적으로 짐작하게 하는 것이 바로 숭정처사다. 그런데 사실 명나라는 정치와 행정에서 유교적 가치를 실현하지 못하여 멸망했다고 해도 과언이 아니다. 특히 멸망의 직접적인 원인은 청의 침공이 아니라 이자성(李自成)의 반란이었다. 그들은 강희제(康熙帝)가 유교적 정치와 행정으로 성공한 것을 주목하려 하지 않았다.

조선 후기의 이념형 유자 관료는 좁게 해석된 이데올로기에 의해 구속된 타율적 존재가 되었다. 스승의 학설이나 자기 당파의 명분에서 벗어난다는 것은 쉽지 않았다. 협상과 타협은 불가능했고, 증오가 생활화되었으며, 확신범들이 양산되었다. 군주가 타협과 탕평을 사정해도 문제에 대한 공통의 인식을 끌어내는 것은 불가능했다. 그들은 반대당을 '독물(毒物)' 등으로 부르며 배척했다. '독선(獨善)'은 대화와 타협을 불가능하게 했다. 군주가 탕평(蕩平)을 기치로 내걸어도 변하지 않았다. 구체적 행정은 서리들의 몫이었고, 큰 벼슬아치들은 이념 투쟁에 몰두했다. 그런 사람들을 유신으로 부르며 대표적인 유자 관료로 추앙했다. 조선 후기의 이데올로그 유자관료는 조선전기 유자관료의 계승자가 아니었다. 유신(儒臣)의 변이(變異)는 정치과정과 정책과정의 내용을 변화시켰다. 조정의 정책의제(政策議題)도 달라졌다.

주자학이 독존적 이데올로기로 확립된 이후 조선의 최고 지성인 산림에게는 자신이 속한 붕당의 이데올로기를 유지하는 임무가 부여되었다. 그들 한 사람을 유지하는 데 수백 명의 백성과 노비들의 노동이 필요했다. 그들은 서원과 향교를 장악하고 붕당을 만들어 평민들의 참여를 제한하고 차별을 강화했다. 이제 유자 관료는 조선 초기의 개혁적이고 헌신적인 성격에서 벗어나 백성의 삶을 잊었다. 그들은 관념의 공간에서 명분을 찾았고, 붕당 간 권력 투쟁의 선봉에 서는 존재가 되었다. 그 결과가 조선 관료정치체제의 완전한 붕괴로 이어졌다. 관료의 머리를 지배하는 '이념과 사상'이 국가경영에 어떤 결과를 초래하는지를 보여주는 역사적 사례다.

▶참고문헌

- 자료집

『書經』, 『大學集註』, 『論語集註』, 『孟子集註』, 『史記』, 『朝鮮王朝實錄』,
『高麗圖經』, 『經國大典』, 『全州李氏孝寧大君靖孝公派世譜』, 『國朝五禮儀』,
『增補文獻備考』

權橃, 『沖齊集』.

金埔, 『海東名臣錄』.

奇大升, 『論思錄』.

金富軾, 『三國史記』.

董仲舒, 『春秋繁露』.

李彦迪, 『晦齋集』.

李珥, 『栗谷全書』.

李瀷, 『星湖僿說』.

李滉, 『退溪先生文集 內集』.

李滉, 『退溪先生文集 續集』.

李滉, 『陶山全書』.

朴世采, 『南溪集』.

朴天翊, 『松隱集』.

卞季良, 『春亭集』.

申叔舟, 『保閑齋集』.

安鼎福, 『東史綱目』.

鄭道傳, 『三峰集』.

程頤, 『二程全書』.

趙光祖, 『靜菴集』.

曹植, 『南冥集』.

朱熹, 『朱子大全』.

朱熹, 『朱子語類』.

河崙, 『浩亭集』.

黃宗羲, 『明夷待訪錄』.

- 국내도서

강신택, 「정치 환경과 행정 기능: 행정 국가의 등장과 작용」, 『행정논총』 26
　　　권 1호, 서울대 행정대학원, 1988. 6.

강신택, 『사회과학 연구의 논리』, 박영사, 1995.

강신택, 『사회과학 연구의 논리』(개정판), 박영사, 2000.

金成彦, 「龍飛御天歌에 나타난 朝鮮初期 政治思想硏究」, 『石堂論叢』 제9집,
　　　동아대 석당학술원, 1984.

금장태, 「조선 시대의 선비, 그 이념과 실천」, 『민족혼』 제2집, 바람과물결,
　　　1988.

김관도, 「중국 봉건 사회의 장기 지속 원인에 대한 구조 분석」, 『중국 문화의
　　　시스템론적 해석』, 김관도, 유청봉 엮음, 김수중 외 옮김, 천지, 1994.

김광철, 「고려 후기 세족층과 그 동향에 관한 연구」, 동아대학교 문학 박사
　　　학위 논문, 1987.

김만규, 『조선조의 정치 사상 연구』, 인하대학교출판부, 1982.

김석형, 「이조 초기 국역 편성의 기저」, 『진단학보』 14, 박문서관, 1941.

김성준, 『한국 중세 정치 법제사 연구』, 일조각, 1985.

김영모, 『조선 지배층 연구』, 일조각, 1981.

김옥근, 『고려 재정사 연구』, 일조각, 1996.

김용덕, 『향청 연구』, 한국연구원, 1978.

김용옥, 『삼봉 정도전의 건국 철학』, 통나무, 2004.

김운태, 『조선왕조 행정사 - 근세편』, 박영사, 1981

김운태, 『고려 정치 제도와 관료제』, 박영사, 2005.

김의규 편, 『고려 사회의 귀족제설과 관료제설』, 지식산업사, 1985.

김의규, 「고려 관인 사회의 성격에 대한 시고」, 『역사학보』 제58집, 역사학회.

김정배, 『한국 고대의 국가 기원과 형성』, 고려대학교출판부, 1986.

김철준, 「고구려·신라의 관계조직의 성립과정」, 『한국 고대 사회 연구』, 지식산업사, 1995.

김태영, 「과전법 체제의 연구」, 고려대학교 박사 학위 논문, 1982.

김필동, 「조선 후기 지방 서리 집단의 조직 구조」 상, 하, 『한국학보』 제28집, 제29집.

김호기, 「동아시아 자본주의 발전과 유교의 역할」, 유석춘 편, 『막스 베버와 동양사회』, 나남, 1992.

김호동, 「조선 전기 경아전 '서리'에 관한 연구」, 『경남사학』, 경남사학회, 1984. 4.

김홍식, 『봉건사회의 구조 연구』, 박영사, 1981.

남지대, 「조선 초기의 경연 제도」, 『한국사론』 6, 서울대학교 한국사학회, 1980. 12.

남지대, 「조선 후기 정치 제도사 연구 현황」, 『한국 중세 사회 해체기의 제문제(상)』, 근대사연구회 편, 한울, 1987.

노중국, 『백제 정치사 연구』, 일조각, 1988.

박동서, 「한국 관료제도의 역사적 전개」, 한국연구총서 제11집, 1961.

박동서, 『한국 행정론』, 법문사, 1981.

박병련, 「조선조 정치 행정 연구의 기초 개념에 관한 소고」, 『정신문화연구』 봄호, 한국정신문화연구원, 1986.

박병련, 「조선조 유교관료제의 성격에 관한 연구」, 서울대학교 행정학 박사 학위 논문, 1991.

박병련, 「동양적 관료 체제에 관한 비교 연구」, 『한국행정학보』 제27권 제4호, 1993, 겨울.

朴龍雲, 『「高麗史」 百官志 譯註』, 신서원, 2009.

박용운, 『고려시대 상서성연구』, 경인문화사, 2000.

박창희, 「고려 시대 '관료제'에 대한 고찰」, 『역사학보』 제58집, 역사학회.

박천규, 「문과 초장 강제시비고」, 『동양학』 6집, 단국대부설동양학연구소, 1976.

박충석·류근호, 『조선조의 정치사상』, 평화출판사, 1980.

박충석, 『한국 정치사상사』, 삼영사, 1982.

변태섭, 『고려 정치 제도사 연구』, 일조각, 1971.

서울대학교 고전간행회, 『탁지지(度支志)』, 민족문화사, 1982, 영인본.

손문호, 「고려 말 신흥 사대부들의 정치 사상 연구」, 서울대학교 정치학 박사 학위 논문, 1990.

송두율, 『계몽과 해방』, 한길사, 1988.

송준호, 「조선시대의 과거와 양반 및 양인 1」, 『역사학보』 제69집, 역사학회, 1976. 3.

송준호, 「조선 양반고」, 『한국사학』 4, 1983.

신석호 외, 『한국사 10 - 양반 관료 국가의 사회 구조』, 국사편찬위원회, 1977.

신채식, 「송 이후의 제왕권」, 『동아사상(東亞史上)의 제왕권』, 동양사학회 편, 한울, 1993.

신해순, 「조선 전기의 녹사」, 『성균관대학교 논문집』 제18호, 1973.

신해순, 「조선 초기의 하급 서리 이전」, 『사학 연구』 35호, 한국사학, 1982. 12.

안해균, 『현대 행정학』, 다산출판사, 1985.

양재혁, 『동양 사상과 마르크시즘』, 일월서각, 1987.

오세덕, 「조선조 집권적 관료 지배 체제의 권력 구조상의 견제와 균형 관계」, 『현대 정치와 관료제』, 윤근식 외 지음, 대왕사, 1978.

우인수, 「17세기 산림의 진출과 기능」, 『역사 교육론집』 제5집, 경북대 사대, 1983.

우홍준, 「조선왕조 통치체제에 있어서 鄕約의 위상과 기능에 관한 연구」, 서울대학교 행정학 박사 학위 논문, 1990.

유명종, 『중국 사상사』 1, 이문출판사, 1983.

유미림, 「세종의 훈민정음 창제의 정치」, 『동양정치사상사』 제4권 1호, 2004.

유승원, 「조선 초기 신분제 연구」, 서울대학교 박사 학위 논문, 1986.

윤사순, 『한국 유학 논구』, 현암사, 1980.

이광린, 「'제조' 제도 연구」, 『동방학지』 제8집, 연세대학교 동방학연구소, 1967. 10.

이기동, 「신라 중대의 관료제와 골품제」, 『진단학보』 50, 서울대출판부, 1980.

이명남, 「정치 이데올로기의 구조와 기능에 관한 연구」, 연세대학교 정치학 박사 학위 논문, 1985.

이병휴, 『조선 전기 기호 사림파 연구』, 일조각, 1984.

이상백, 「조선왕조의 정치적·경제적 구조」, 『한국사: 근세 전기』, 총론 3, 진단학회.

이성무, 「선초의 성균관 연구」, 『역사학보』 35, 36 합집, 역사학회, 1967.

이성무, 「조선 초기 양반 연구」, 서울대학교 박사 학위 논문, 1979.

이성무, 『한국의 과거 제도』, 집문당, 1994.

이성무, 『한국 역사의 이해』, 집문당, 1995.

이성무, 『한국 과거 제도사』, 민음사, 1997.

이수건, 「영남 사림파의 경제적 기반」, 『영남 사림파의 형성』, 영남대출판부, 1980.

이수건, 「조선 후기 영남 유소에 대하여」, 『두계 이병도 박사 구순 기념 한국사 논총』.

이수건, 「토족 연구」, 『동양 문화』 16, 영남대동양문화연구소, 1975.

이수건, 『조선시대 지방 행정사』, 민음사, 1989.

이옥선, 「조선조 사화기의 권력 구조에 관한 연구」, 이화여자대학교 정치학 박사 학위 논문, 1990.

이우성, 「고려조의 '吏'에 대하여」, 『역사학보』 제23집, 역사학회, 1964.

이원순, 『한국사론』 3, 국사편찬위원회, 1983.

이윤수 역, 『龍飛御天歌』 1, 2, 솔출판사, 1997.

李鎭漢, 『고려전기 官職과 祿俸의 관계 연구』, 일지사, 1999.

임치균, 「건국신화의 전통에서 본 용비어천가」, 『문헌과 해석』 통권 18호, 문헌과해석사, 2002.

임효선, 『삶의 정치 사상』, 한길사, 1984.

전경목 외 옮김, 『유서필지(儒胥必知)』, 사계절, 2006.

전낙희, 『동양 정치사상 연구』, 단국대출판부, 1995.

정정길, 「정책 결정과 정책 문제 채택」, 『한국 정치 행정의 체계』, 김운태 외, 박영사, 1982.

조좌호, 『한국 과거 제도사 연구』, 범우사, 1996.

진덕규, 「한국 정치 사회의 권력 구조에 관한 연구」, 연세대학교 정치학 박사 학위 논문.

천관우, 「유형원 연구」, 『역사학보』 제3집, 역사학회, 1953. 12.

최승희, 『조선 초기 언관, 언론 연구』, 서울대학교 한국문화연구소, 1976.

최승희, 『한국 고문서 연구』, 한국정신문화연구원, 1981.

최연식 · 이승규, 「용비어천가(龍飛御天歌)와 조선 건국의 정당화」, 『동양정치사상사』 제7권 1호, 2007.

프레드 W. 리그스, 『신생국 행정론』, 서원우 옮김, 대한교과서, 1984.

한국동양정치사상사학회 편, 『한국 정치사상사』, 백산서당, 2005.

한영우, 「조선 전기의 상급 서리 '성중관'」, 『동아문화』 제10집, 1971. 9.

한영우, 「조선 전기 사회 계층과 사회 이동에 관한 시론」, 『조선 전기 사회 경제 연구』, 을유문화사, 1983.

한영우, 『왕조의 설계자 정도전』, 지식산업사, 1999.

한영우, 『정도전 사상의 연구』, 서울대출판부, 1999.

한영우, 『다시 찾는 우리 역사』, 경세원, 2004.

한우근, 「중앙 집권 체제의 특성」, 『한국사』 10, 국사편찬위원회, 1977.

한우근 · 이성무 외, 『역주 경국대전 - 주석편』, 한국정신문화연구원, 1986.

한충희, 「조선 초기 의정부 연구(상)」, 『한국사 연구』 31, 한국사연구회, 1980.

허범, 「이데올로기와 정책」, 『현대 사상과 정책』, 대영문화사, 1989.

허흥식, 「고려 과거 제도의 검토」, 『한국사 연구』 10, 한국사연구회, 1974. 9.

황산덕, 『막스 베버』, 서문당, 1976.

- 외국도서

祁德貴, 「唐代給事中研究」, 北京大 碩士學位論文, 1993.

潘富恩·徐余慶, 『呂祖謙 評傳』, 南京大學出版社, 1992.

憑友蘭, 『中國哲學史』 上冊, 上海: 商務印書館, 1983.

簫公權, 『中國政治思想史』 上冊, 臺灣: 硏經出版事業公司, 民國 68.

楊子駒 主編, 『中國古代官制講座』, 中華書局, 1992.

楊鴻年, 歐陽鑫, 『中國政制史』, 武漢大學出版社, 2005.

呂思勉, 『中國社會史』, 上海古籍出版社, 2009.

呂思勉, 『中國制度史』, 上海敎育出版社, 2005.

余華靑, 『中國宦官制度史』, 上海人民出版社, 1993.

閻步克, 「帝國開端時期的官僚政治 - 秦漢」, 『中國古代官僚政治研究』, 吳宗國
　　　　 主編, 北京大學出版社, 2004.

吳宗國 主編, 『中國古代官僚政治制度研究』, 北京大學出版社, 2004.

吳晗, 『朱元璋傳』, 陝西師範大學出版社, 2008.

王亞南, 『中國官僚政治研究』, 中國社會科學出版社, 2005.

熊十力, 『原儒』, 〈原儒序〉, 中國人民大學出版社, 2006.

兪鹿年 編著, 『中國官制大辭典』 上卷, 黑龍江人民出版社, 1998.

劉后濱, 「從三省體制到中書門下體制-隋唐五代」, 『中國古代官僚政治制度研究』,
　　　　 吳宗國 主編, 北京大學出版社, 2004.

劉后濱, 『唐代中書門下體制研究』, 齊魯書舍, 2004.

張金鑑, 『中國政治制度史』, 臺北: 三民書局, 民國 70年.

張創新, 『中國政治制度史』, 北京: 淸華大學出版社, 2005.

趙紀彬, 『論語新探』, 人民出版社, 1974.

左言東, 『中國古代官制』, 杭州: 浙江古籍出版社, 1988.

陳茂同, 『中國歷代 職官沿革史』, 天津: 百花文藝出版社, 2005.

陳秀夔, 『中國財政史』, 中正書局, 民國 76年.

陳秀夔, 『中國財政制度史』, 中正書局, 民國 76年.

Ferrel Heady, 『비교 행정론』, 서원우 옮김, 법문사, 1982.

Fritz Morstein Marx, 『행정 국가와 관료제』, 안해균 옮김, 박영사, 1987.

Gaetano Mosca, *The Ruling Class*, ed. by A. Livingstone, New York: McGraw-
    Hill Book Co. Ltd., 1939.

Geraint Parry, *Political Elites*, London: George Allen & Unwin Ltd., 1971.

Henry Stuart Hughes, 『의식과 사회』, 박성수 옮김, 삼영사, 1978.

James A. Medeiros and David E. Schmitt, 『관료제: 가치와 전망』, 백완기 외 옮
    김, 박영사, 1986.

James B. Palais, *Politics and Policy in Traditional Korea*, Cambridge: Harvard
    Univ. Press, 1968.

John W. Sutherland, *A General Systems Philosophy for the Social and
    Behavioral Sciences*, New York: George Braziller, Inc., 1973.

L. T. Sargent, *Contemporary Political Ideologies*, Illinois: The Dorsey Press,
    1975.

Martin Albrow, Bureaucracy, New York: Prager, 1970.

Martin N. Marger, *Elites and Masses*, New York: D. Van Nostrand Co., 1981.

Max Weber, *Economy and Society*, ed. by Guenther Roth and Claus Wittich,
    New York: Bedminister Press, 1968.

Max Weber, *The Theory of Social and Economic Organization*, trans. by Talcott
    Parsons and A. M. Henderson, New York: The Free Press, 1947.

Merle Fainsod, "Bureaucracy and Modernization: The Russian and Soviet Case", *Bureaucracy and Political Development*, ed. by Joseph Lapalombara, Princeton: Princeton Univ. Press, 1963.

Mostafa Rejai, *Decline of Idelogy?*, Chicago: Aldine Publishing Co., 1971.

Nicos P. Mouzelis, *Organization and Bureaucracy*, Chicago: Aldine Publishing Co., 1969.

Peter M. Blau, "Critical Remarks on Weber's Theory of Authority", *American Political Science Review 57*, June, 1963.

Raymond Aron, "Social Class, Political Class", *Class, Status and Power*, eds. by R. Bendix and S. M. Lipset, London: Routledge & Kegan Paul Ltd, 1967.

Raymond Aron, *Main Currents in Sociological Thought*, Vol. II, trans. by R. Howard and H. Weaver, New York: Anchor Books, Doubleday & Company, Inc., Garden city, 1970.

Reinhard Bendix, *Max Weber*, California: Univ. of California Press, 1977.

Robert M. Marsh, *The Mandarins: The Circulation of Elite in China, 1600~1900*, The Free Press of Glencoe, 1961.

Robert V. Presthus, "Weberian vs Welfare Bureaucracy in Traditional Society", *Administrative Science Quarterly*, 6, June 1961.

Shmuel N. Eisenstadt, *The Political Systems of Empires*, New York: The Free Press, 1969.

Stewart Clegg and David Dunkerley, 『조직 사회학』, 김진균 외 옮김, 풀빛, 1987.

Vilfredo Pareto, "Elites and Force", *Power in Societies*, ed. by Marvin Olsen, New York: Macmillan, 1970.

Vilfredo Pareto, *The Mind and Society*, Vol. 4, New York: Harcourt, Brace & Co. Inc., 1935.

Walter Buckley, *Sociology and Modern Systems Theory*, New Jersey: Prentice-Hall, Inc., 1967.

Warren Bennis, "Changing Organizations", *Journal of Applied Science 2*, 1966.

Wofram Eberhard, "Social Mobility and Statification in China", *Class, Status, and Power*, eds. by R. Bendix and S. M. Lipset, London: Routledge & Kegan Paul Ltd., 1967.

Yong-ho Choe, "Commoners in Early Yi Dynasty Civil Examinations: An Aspect of Korean Social Structure, 1392~1600", *The Journal of Asian Studies*, Vol. 33~34, No. 4, 1974.

찾아보기

ㄱ

가산관료제(家産官僚制) 14, 133

가산제(家産制) 39, 141

가산제적 봉건제 158

가신제적(vassalic) 봉건제 158

각간(角干) 59

갈문왕(葛文王) 52

감수국사(監修國史) 119

강희제(康熙帝) 208, 426

거시적 차원 18

걸(桀) 40

걸왕(桀王) 29

『경국대전(經國大典)』 322, 325, 348, 361

『경제문감』 254

『경제육전(經濟六典)』 405

계급적 관료제 166

계루부(桂婁部) 46

계상(計相) 114

계성(計省) 114

고경명(高敬命) 421

『고려도경』 98, 111

『고려사』 112, 308

고자(告子) 193

「곡례(曲禮)」 50

골품제(骨品制) 37

공부상정도감(貢賦詳定都監) 226

공신 세족(功臣世族) 91

공조 338

관료제 13

관료정치제도 15

관제(官制) 16

관찰사(觀察使) 338

관학계(官學系) 38

광종(光宗) 90

교시적 장치(heuristic device) 166, 179

구가세족(舊家世族) 267

『구삼국사』 65

구품중정제(九品中正制) 33

군(群: Band) 45

군도론 204

군부 지배 관료제 168

군신공치(君臣共治) 38, 149

군장(君長: Chiefdoms) 45

군주(軍主) 59

권근(權近) 149

권람(權擥) 150

권부(權溥) 149

권우(權遇) 150

권제(權踶) 150

권채(權採) 150

근구수왕(近仇首王) 82

근초고왕(近肖古王) 80

기계적 관료제 170

기대승 421

길재(吉再) 150

김굉필(金宏弼) 150

김돈중(金敦中) 122

김반(金泮) 150

김부(金傅) 93

김부식(金富軾) 65, 122

김서현(金舒玄) 55

김숙자(金叔滋) 150

김운태 12, 387

김유신(金庾信) 55

김인후(金麟厚) 421

김종리(金從理) 150

김종직(金宗直) 150

ㄴ

「난랑비서(鸞郎碑序)」 61

내두좌평(內頭佐平) 76

내법좌평(內法佐平) 76

내성외왕(內聖外王) 196

내신좌평(內臣佐平) 76

『논어(論語)』 61, 89

농본천상주의(農本賤商主義) 158

ㄷ

담로제(擔魯制) 80

당송제 111

『당육전(唐六典)』 103

대등(大等) 52

대표 관료제 168

『대학(大學)』 194

『대학연의(大學衍義)』 276, 311, 324, 393

데이비드 슈미트(David E. Schmitt) 170

『도덕경(道德經)』 82

도시 지배적 봉건제 158

도통론(道統論) 253

도학(道學) 310

독서삼품과(讀書三品科) 37

독서인형(讀書人型) 313

『동국여지승람(東國興地勝覽)』 421

〈두경승전〉 112

ㄹ

라이투르기(Leiturgie) 봉건제 158

레엔(feudatory) 봉건제 158

ㅁ

막스 베버(Max Weber) 14

맹사성(孟思誠) 150

『맹자(孟子)』 61, 220, 254

『맹자절문(孟子節文)』 215

메를 페인소드(Merle Fainsod) 167

모스타파 레자이(Mostafa Rejai) 187

무왕(武王) 29

『문선(文選)』 89

미시적 차원 18

민유방본(民惟邦本) 391

ㅂ

박천익(朴天翊) 224
박혁거세(朴赫居世) 46
백이정(白頤正) 149
「백제전」 77, 80
변계량(卞季良) 150
병관좌평(兵官佐平) 76
병조 336
보민(保民) 215
보편적 가설 17
복장제(服裝制) 74
봉박권(封駁權) 99, 102
봉사 지향적 관료제 171
봉환제칙(封還制勅) 104
부세법 60
부족적(gentile) 봉건제 158
『북사(北史)』 75
붕당 정치(朋黨政治) 13
빌프레도 파레토(Vilfredo Pareto)
  301

ㅅ

『사기(史記)』 45, 50
사랑방형 관료제 172
사마염(司馬炎) 31
사마의(司馬懿) 31
사무소형 관료제 172
『사서집주(四書集註)』 152
「사택지적비문(砂宅智積碑文)」 82
사학계(私學系) 38
삼공구경제(三公九卿制) 101

삼공열경제(三公列卿制) 319
『삼국사기』 54, 55, 65
『삼국지(三國志)』 41, 47
『삼국지연의(三國志演義)』 28, 31
삼성육부제 109, 100
삼성제(三省制) 98
상대등(上大等) 52
상산사호(商山四皓) 116
상서도성(尙書都省) 113
『서경(書經)』 26, 40, 43, 91, 100,
  394
서경권(署經權) 99
서긍(徐兢) 98
선존백성(先存百姓) 391
설계두(薛罽頭) 62
성골(聖骨) 57
성선론 254
성중관(成衆官) 298
『세종실록지리지(世宗實錄地理
  志)』 421
소노부(消奴部) 46
소문관대학사(昭文館大學士) 119
속아문 346, 355
손문호 159
『손자병법(孫子兵法)』 70
송명이학(宋明理學) 267
「송미자세가(宋微子世家)」 45
송옥구 70
수양론 193
수호적 관료제 166
순 임금 29
순노부(順奴部) 46
순자(荀子) 193

슈무엘 에이젠슈타트(Shmuel N. Eisenstadt) 170
승전색(承傳色) 323
시각(視角) 11, 19
「시무 28조」 94
시좌(視座) 11, 19
신숙주(申叔舟) 150
신이론(神異論) 279
실적주의 관료제 166
심박주초(審駁奏抄) 104

ㅇ

아전(衙前) 298
안방형 관료제 172
안향(安珦) 149
약법삼장(略法三章) 42
『양서(梁書)』 80
양성지(梁誠之) 150
『양자법언(楊子法言)』 61
어비류(於卑留) 65
여민(與民) 215
여조겸(呂祖謙) 20
〈역옹패설〉 111
연합형(聯合型) 24
열경 제도(列卿制度) 28
열경제(列卿制) 109
「영명구년책수재문(永明九年策秀才文)」 60
『예기(禮記)』 50, 89
예조 335
왕융(王融) 60
왕패론(王霸論) 220

요 임금 29
『용비어천가(龍飛御天歌)』 186, 273, 295, 393
원두표(元斗杓) 151
원로제(元老制) 39, 141
원세개(袁世凱) 41
원풍개제(元豊改制) 113
『위략(魏略)』 46
위민(爲民) 215
위사좌평(衛士佐平) 76
유교관료제 38, 88
「유리론(儒吏論)」 405
유문정(劉文靜) 286
유자 관료(儒者官僚) 38
육부 제도(六部制度) 28
윤소종(尹紹宗) 150
을두지(乙豆智) 69
을파소(乙巴素) 65
의리학(義理學) 152
의정부 서사제(議政府署事制) 223
이거이(李居易) 286
이곡(李穀) 152
이극배(李克培) 150
이기론 203, 221, 399
이도사군(以道事君) 308
이맹균 280
이벌찬(伊伐飡) 58
이색(李穡) 149
이석형(李石亨) 150
이선장(李善長) 32
이성계(李成桂) 133, 274, 393
이숭인(李崇仁) 149
이언적(李彦迪) 150

이원(李原) 150

이윤(伊尹) 26

이자성(李自成) 426

이전(吏典) 298

이조 334

이찬(伊湌) 58

이황(李滉) 150, 220

인간적 관료제 170

인식관심(認識關心) 157

ㅈ

자기 지향적 관료제 171

자유 봉건제 158

자율적 자기 지향적 관료제 171

장영실 397

장원영주적(manorial) 봉건제 158

『전고대방典故大方』 151

전랑권(銓郎權) 424

전쟁 기술[武] 64

절노부(絶奴部) 46

『정관정요(貞觀政要)』 276, 324, 393, 405

정당 국가 관료제 168

정도전(鄭道傳) 133, 149, 231, 262

정몽주 150

정복형(征服型) 24

정사당(政事堂) 58

정실주의 관료제 166

정인지(鄭麟趾) 150

정장(亭長) 204

정철(鄭澈) 421

정치적 관료제 170

정치체 25, 34, 35, 44, 56, 57, 74, 425

제갈량(諸葛亮) 28

제임스 메데이로스(James A. Medeiros) 170

조광조(趙光祖) 150

조박(趙璞) 286

『조선경국전』 254, 405

『조선왕조실록』 228, 309

「조선전」 50

조식(曺植) 150, 221

조정좌평(朝廷佐平) 76

조준(趙浚) 286

좌가려(左可慮)의 난 66

『주례』 335

주몽(朱蒙) 63

『주서(周書)』 77

주왕(紂王) 30

주유종법(主儒從法) 257

주자 일존주의(朱子一尊主義) 251

주희(朱熹) 20, 152, 410

준관료제 157

『중국 철학사』 213

중서문하내성(中書門下內省) 112

중서문하외성(中書門下外省) 112

중첩혼(重疊婚) 58

진골(眞骨) 57

진덕수(眞德秀) 393

진한 시대 28

집현전대학사(集賢殿大學士) 119

ㅊ

천명론(天命論) 204, 277
청수잡박(淸粹雜駁) 200
체복영주적(servile) 봉건제 158
최승로(崔承老) 94
최언위(崔彦撝) 90
최치원(崔致遠) 60, 90
최항(崔恒) 150
『춘추좌씨전(春秋左氏傳)』 89
치도(治道) 197

ㅌ

탕왕(湯王) 29
통치 관료제 169
통치자 예속 관료제 171
통치자 지배 관료제 168

ㅍ

팔조법금(八條法禁) 46
평유란(馮友蘭) 213
포사(褒姒) 40
프레드 리그스(Fred W. Riggs) 172
프레벤데적(prebendal) 봉건제 158
프리츠 몰슈타인 마르크스(Fritz
    Morstein Marx) 166

ㅎ

한국관료제 3
한비자(韓非子) 42

항산항심론(恒産恒心論) 254
『해동명신록(海東名臣錄)』 362
행도형(行道型) 307
행인국(荇人國) 68
행정 기술[文] 64
향거리선제(鄕擧里選制) 33
허조(許稠) 150, 397
헴펠류의 이론(Hempelian Theory)
    16
현우정사(賢愚正邪) 200
형조 337
호조 335
홍문록(弘文錄) 343
화랑도 62
화이론 410
활수론(活手論) 221
황희 397
회의제 29
『효경(孝經)』 89
훈고학(訓詁) 152